칼 바르트 말씀의 신학 해설

칼 바르트
말씀의 신학 해설

『교회교의학』 I/1과 『괴팅겐 교의학』을 중심으로

정승훈 지음

1

새물결플러스

신학의 스승 마르틴 안톤 슈미트(Martin A. Schmidt)와
얀 밀리치 로흐만(J. M. Lochman)을 기억하며

추 천 사

오영석 ◦ 전 한신대학교 총장

정승훈 교수가 『칼 바르트 말씀의 신학 해설』이라는 학문적으로 매우 탁월한 저서를 출판하게 된 것을 진심으로 축하한다. 저자는 한신대학교와 대학원을 졸업하고 스위스 바젤 대학교 신학부에서 세기의 신학자인 로흐만 교수(J. M. Lochman)의 지도로 칼 바르트의 신학사상을 깊이 넓게 연구하여 박사학위를 취득했다. 로흐만 교수는 바젤 대학교에서 조직신학과 윤리학을 가르쳤을 뿐 아니라 총장직을 수행하기도 했다.

로흐만 교수가 "하나님의 존재와 악의 문제"라는 주제로 강의를 개설하였을 때, 수많은 법학부 학생들과 의대생들이 강의실 앞자리에 앉아서 로흐만 교수의 열강을 들으면서 토론하던 모습이 기억에 생생하다. 로흐만 교수는 정치사회적인 맥락에서 복음의 진리를 시대의 도전인 마르크스주의와의 대화 및 대결 구도를 통해 잘 해명하곤 했다. 그는 예언자적이고 사도적인 시각에서 그리스도교 전통의 보화들을 창조적으로 수용하여 복음의 진리를 현실 변혁적이고 미래 지향적인 방향에서 해명하였다. 그래서 그가 그리스도교적 인간학과 마르크스주의적 인간학에 대해 강의하였을 때도 강의실은 창조적인 긴장감으로 팽배하였다. 그가 사도신경을 강의하였을 때도 강의실은 초만원이었으며, 청강생 중에는 일반 시민들도 많이 있었다. 칼 바르트가 "신학은 아름답다"라고 했는데, 그의 강의실과 세미나실에서 신학의 아름다움이 흘러넘쳤다.

정승훈 교수는 유학 시절에 이처럼 뛰어난 로흐만 교수와 교회사 교수인 마르틴 A. 슈미트(Martin A. Schmidt)의 인정을 받아서 박사 후 연구과정으로 미국 버클리 대학교의 사회학부와 신학부에서 연구하고 강의하면서 유럽의 대학교수 자격논문에 해당하는 논문을 쓰기도 했다.

그 후 그는 와트버그 신학대학원(Wartburg Theological Seminary)과 루터 신

학대학원에서 조직신학 및 세계기독교 교수로 임용되어 수많은 양질의 논문들을 발표하고 저서들을 출판함으로써 미국신학계에서 학문적으로 크게 인정을 받고 교수로서 교육과 연구 활동을 역동적으로 지속해오고 있다.

정승훈 교수가 그동안 심혈을 기울여 연구한 본 저서를 출간하는 것은 한국 신학계와 교계를 위하여 매우 의미 있는 일이라고 생각된다. 주지하는 바와 같이 칼 바르트(Karl Barth)는 바젤 대학교 신학대학장 하인리히 오트 교수가 천명한 바와 같이 우리의 세기에서 세계적으로 가장 유명한 개혁신학자이다. 바르트가 1965년에 미국 신학교들의 초청으로 미국을 방문하였을 때, 많은 신문기자들이 그를 따라다니면서 열정적으로 취재했다. 그가 프린스턴 신학대학원을 방문하였을 때, 신학대학원 총장이 "우리가 오늘 이처럼 복음의 진리를 수호하게 된 것은 당신 때문이다"라고 발언한 것을 우리는 인지하고 있다.

매우 유감스럽게도 한국의 신학계 특히 보수주의 계통에서는 바르트의 원대하고 심오한 교의학 저서들을 제대로 연구하지 않고 그의 신학 사상을 전혀 모르면서도 바르트의 신학을 자유주의 신학으로 오인하고 매도하고 있다. 그것은 네덜란드 신학자 베르카우어(Berkouwer)가 지적한 것처럼 코넬리우스 반틸의 무지에 근거하는데, 반틸은 도르토 신조의 예정론을 바르게 인식하지 못하였고, 바르트가 삼위일체를 취급하면서 존재론적(내재적) 삼위일체를 다루지 않은 것으로 오해했다. 바르트가 천명한 "하나님의 말씀의 신학"의 핵심을 전혀 파악하지 못한 코넬리우스 반틸의 무지와 오해는 오늘날까지도 보수주의 신학계에 적지 않은 영향을 미치고 있다.

하지만 보수주의 신학계를 덮고 있는 반틸의 오해의 수건이 본서를 숙독함으로써 벗겨지리라 믿는다. 마치 율법의 수건이 그리스도의 영광의 빛으로 말미암아 벗겨지듯이 말이다.

본서는 바르트의 신학 사상 전반을 과거와 현대 학자들의 논의를 통해 더 깊고 넓게 이해하도록 만들어줄 것이며, 복음의 진리가 지니고 있는 예언적이고 비판적인 차원을 사회정치사적 맥락에서 더욱 확실히 이해할 수 있도록 조명해주리라 믿는다. 저자는 바르트가 천명한 "하나님의 말씀의 신학"의 내용들을 독자들이 명백하게 깨닫고 인식하도록 분석하고 종합하여 "하나님의 말씀의 삼중적인 형식"을 선명하게 드러낸다. 저자는 바르트의 말씀의 신학을 근거로 성서 연구에서 역사비평(양식비평, 편집비평)의 가치를 인정하지만, 그 연구의 한계를 분명히 지적하고 제한하며, 역사비평이 발견할 수 없는 성서 본문의 주석을 통해 "살아서 말씀하시고 행동하시는 하나님의 말씀과 계시"를 밝힌다. 여기서 우리는 바르트가 주장하는 신학적 주석을 확인할 수 있다.

본서는 신학자들이 교의학 서론을 강의할 때 대면하게 되는 "교의학의 학문적*비판적 과제"와 교회가 선포하는 "말씀" 간의 신선한 상호관계를 깨닫게 해준다. 또한 우리는 그동안 한국 신학계에 잘 알려지지 않고 논의되지 않던 원형신학과 유비신학, 종교비판과 사회비판의 관계도 살펴볼 수 있을 것이다. 여기서 우리는 교계에서 자주 회자되는 뜨거운 감자인 칼뱅의 예정론과 관련하여, 예정을 복음의 총화라고 천명한 칼 바르트의 신학적 해명을 다시 들을 수 있다.

우리는 본서에서 우리 시대의 대표적인 신학자들, 즉 몰트만과 판넨베르크와 윙엘이 바르트 신학의 정당성을 어떻게 이해했는지 발견할 뿐 아니라 그들의 한계와 과오에 대해서도 인지할 수 있을 것이다. 저자는 한스 큉과 발타자르를 비롯하여 현대의 가톨릭 신학자들, 아퀴나스와 종교개혁가들, 오컴과 개혁파 정통신학자인 헤페의 신학 사상의 주안점들을 바르트의 신학과 관련하여 명확히 제시하고 있다. 아울러 칼 바르트의 제자인 골비처와 특히 마르크바르트의 신학이 가진 요점들을 잘 정리해준다.

또한 저자는 한국 신학계에서 거의 주목받지 못하는 현대 미국 신학자들이 바르트의 신학을 어떻게 인식하고 평가하고 있는지를 소상하게 정리해주고 있어서 바르트와 관련하여 미국의 신학의 흐름을 인식하는 데 큰 공헌을 하고 있다. 특별히 바르트 신학에서 예수 그리스도 안에 나타난 하나님의 유일한 계시와 타종교의 관계 문제는 항상 논의의 초점이 되어왔다. 저자는 예일 대학교와 하버드 대학교의 신학자들을 중심으로 미국 신학자들의 최근의 연구를 분석하고 정리하면서 "특수주의자, 근대성을 초월한 초근대성의 신학자"로서 바르트의 신학 사상을 타종교와의 관계에서 잘 해명하고 있다.

보수와 진보를 아울러 한국 신학계 전반에 매우 유익한 자료가 될 본서가 널리 읽히기를 절실히 바라면서 진심으로 추천한다.

목 차

약 어 표

RI: *Der Römerbrief* (Zurich: EVZ, 1919).

RII: *Der Römerbrief* (Zurich: TVZ, 1922).

KD: *Die Kirchliche Dogmatik* I/1-IV/4 (Zurich: EVZ, 1932-67).

CD: Karl Barth, *Church Dogmatics* I/1-IV/4 (London: T & T Clark, 2004).

CDE: K. Barth, *Die christliche Dogmatik im Entwurf, 1: Die Lehre vom Wort Gottes. Prolegomena zur christlichen Dogmatik* (1927), Neuausgabe, hg. G. Sauter (Zurich, 1982).

GD: Karl Barth, *The Göttingen Dogmatics; Instruction in the Christian Religion*, vol.1. Trans. Bromiley (Wm. B. Eerdmans, 1991).

Registerband: *Die Kirchliche Dogmatik von Karl Barth*, hg. Helmut Krause (Zurich, EVZ, 1970).

FQI: *Anselm: Fides quaerens intellectum*, trans. Ian W. Robertson (London: SCM, 1960).

Christian Life: Karl Barth, *Christian Life: Church Dogmatics IV. Pt. 4. Lecture Fragments*. Trans. G. Bromiley (Grand Rapids: Wm.B. Eerdmans, 1981).

이 책은 칼 바르트의 "말씀의 신학"(하나님의 말씀론)을 『괴팅겐 교의학』 (1924)과 관련지으며 현대신학의 관점에서 분석하고 해석한다. 『괴팅 겐 교의학』은 바르트가 괴팅겐 대학교에서 행한 강의 기록이어서 문체 와 내용이 훨씬 평이하고 역동적이며, 『교회교의학』 I권의 바탕이 되었 다고 평가된다. 하나님의 말씀론의 제2장은 "하나님의 계시"인데, 삼위 일체론을 다룬다. 바르트의 삼위일체론은 추상적 혹은 사변적이라기보 다는 하나님의 말씀을 근거로 해서 철저한 성서 주석을 통해 전통적인 삼위일체 교리를 해명한다고 말할 수 있다. 하나님의 말씀론을 이해하 지 못하면 우리는 바르트의 삼위일체론을 오해하게 된다. 현대의 많은 조직신학자들이 바르트의 삼위일체론이 말하는 진의를 파악하지 못하 는 것은 바르트 신학의 출발점인 동시에 풍부한 신학적인 사유를 담고 있는 하나님의 말씀론을 이해하지 못하기 때문이다.

이 책은 바르트의 "말씀의 신학"을 비판적으로 분석하고 바르트 신 학 전체와의 연관성 안에서 해명한다. 세부적으로는 바르트의 『교회교 의학』 I권에서 서술된 하나님의 말씀의 신학을 우선 분석하고, 그 내용 을 『괴팅겐 교의학』의 맥락에서 해석한다. 그리고 『교회교의학』 안에서 작은 글자로 인쇄된 주석 부분을 집중적으로 분석한 다음, 그에 대한 신학적 배경을 보충한다. 이 점에서 이 책은 바르트 신학에 대한 직접 적인 해설이라기보다는, 현대신학의 관점에서 조명하는 비판적인 주석 과 해석의 성격을 갖는다.

나의 비판적 해석은 독일 조직신학의 새로운 지평을 열어놓은 학자들과 화란의 개혁 신학자 베르카우어(G. C. Berkouwer, 1903-1996), 그리고 북미의 바르트 연구가들의 해석을 소개할 것이다. 베르카우어는 부드러운 정통주의를 표방했던 화란의 개혁주의 신학자로, 암스테르담 자유대학교에서 조직신학 교수로 활동했고, 1962년 제2차 바티칸 공의회에 옵서버로서 참가하기도 했다. 그는 북미의 개혁주의 교회 및 신학자들에게 많은 영향을 미쳤다. 그는 『바르트 신학에서 은총의 승리』라는 저서를 통해 바르트를 날카롭게 비판했지만, 바르트 자신은 베르카우어의 책을 높이 평가했다. 베르카우어도 코넬리우스 반틸의 바르트 비판은 수준 미달이며, 학문적 기초가 없는 것이라고 날카롭게 각을 세우기도 했다. 반틸은 바르트의 예정론을 비판하면서 **도르트 신조**를 인용하지만, 베르카우어의 비판에 의하면 반틸은 도르트 신조가 말하는 예정의 진의조차 명확하게 이해하지 못했다. 더욱이 반틸이 바르트가 내재적 삼위일체(반틸의 표현으로는 존재론적 삼위일체)를 다루지 않았다고 주장한 것은 학자로서 수치스러운 일에 가깝다고 평가한다 (Berkouwer, *The Triumph of Grace*, 387).

바르트 자신은 반틸의 비판에 일체 응답하지 않았다. 미국을 여행하는 중에 바르트는 프린스턴 대학교에서 강연을 했다. 그때 우연히 반틸을 보았고 강연이 끝난 후에 "너를 용서한다"라는 말을 남겼다는 일화가 전해진다. 베르카우어에 의하면 바르트에 대한 비판은 그의 저작을 철저히 읽고 연구한 이후에야 비로소 행해질 수 있다.

바르트의 교의학에서 전개되는 하나님의 말씀론을 이해하려 할 때, 가장 중요한 해석학적 열쇠는 교의학과 성서 주석 사이의 연관성을 파악하는 것이다. 교의학에서 큰 글자는 바르트 자신의 신학적 성찰을 담고 있고, 작은 글자로 인쇄된 부분은 그의 풍부한 성서 주석, 그리고 전통적인 교리와 근대 신학에 대한 비판적인 대화와 분석을 포함하고 있다.

　바르트의 말씀의 신학은 시작 안에 그 끝을 담고 있다. "시작(살아 계신 하나님)과 더불어 신학은 항상 새롭게 다시 시작하는 것"이 바르트 신학의 특징이다. 이미 교의학 I권 안에 이후에 전개될 『교회교의학』의 내용이 거의 다 담겨 있는 것이다. 그렇기에 바르트의 말씀의 신학(I/1-I/2)은 그의 신론(II/1)이나 예정론(II/2), 그리고 영원과 시간론 (III/3), 성례론(IV/4)과 창조론(III/1-III/4) 또는 화해론(IV/1-IV/4)과의 관련 없이 다룰 수 없다. 이러한 이후의 부분들은 필요할 때마다 보충 설명에서 인용될 것이며, 바르트의 입장을 현대신학과 비교하는 가운데 다루어질 것이다.

　바르트의 말씀의 신학과 교의학을 이해하기 위해 F. W. 마르크바르트의 논문을 소개한다. 그는 바르트의 수제자였고, 헬무트 골비처와 함께(또한 그의 후계자로서) 베를린 대학교에서 바르트의 예언자적 정치신학과 쇼아(홀로코스트) 이후의 신학을 발전시켰다. 마르크바르트의 신학은 칼 바르트보다 더 어렵게 느껴진다. 글이 어려워서가 아니라 그가 바르트의 비정규적 교의학에 대한 성찰을 미쉬나, 미드라쉬, 유대교 철학, 그리고 비판이론과 연관시키면서 자신의 7권의 방대한 교의학을 완성했기 때문이다(정승훈 편저, 『F. W. 마르크바르트: 아우슈비츠와 이스라엘의 하나님』).

　바르트의 친구였던 화란의 개혁신학자 코넬리우스 미스코테는 바르트의 『교회교의학』을 "모비딕"이라고 불렀다. 하얀 겉표지로 싸인 13권의 『교회교의학』이 마치 허먼 멜빌의 소설인 『백경』에 나오는 고래를 떠올린다는 것이다. 우리 모두는 모비딕과 같은 거대한 바르트의 교의학 전집을 앞에 두고 어떻게 읽고 소화해야 할지 당황하게 된다. 필자는 바르트의 말씀의 신학을 이해하기 위해 마르크바르트의 논문 "칼 바르트 신학에서 주석과 교의학"을 먼저 소개하려 한다. 이 논문은 마르크바르트의 저술 『신학의 담대성』(Verwegenheiten)에 실려 있지만, 『교회교의학』의 인덱스 판(Registerband-『교회교의학』 전체의 찾아보기가 독립된 한 권의 책으로 편집되어 전집의 마지막 권이 되었다)에도 수록되어 있다.[1] 스위스 바젤 대학교의 교회사 교수였던 막스 가이거는 인덱스 판의 서문에서 바르트가 세상을 떠나기 직전에 라디오 방송 프로그램 "음악초대 손님"에 출연하여 말했던 것을 인용한다. "잘 아시겠지만, 나의 신학 전체는 근본적으로 목회자를 위한 신학입니다. 그것은 나의 목회적 상황에서 나온 것이고, 내가 가르치고 설교하고 어느 정도 목회적 돌봄을 행했던 것을 표현하고 있습니다"(Registerband, Vortwort, vi). 그리고 가이거는 마르크바르트의 논문이 최근 바르트 신학의 새로운 측면을 언급하며 발전시키고 있어서 인덱스 판에 수록했다고 말한다.

바르트의 말씀의 신학에 대한 필자의 해석도 목회자들에게 호소할 수 있는 성서 주석과 교회의 실천적인 통찰에 초점을 맞추고 있다. 바르트 자신도 교의학을 설교와의 깊은 연관성을 통해 다루었으며, 은퇴 후 바르트는 자신의 교의학을 읽고 많은 목회자들이 사역에 큰 도움을 받고 있다는 편지를 받고 크게 기뻐했다(Busch, *Karl Barth*, 488). 바르트에 의하면 모든 진정한 신학은 설교와의 관계에서 "피할 수 없는 친화력"을 갖는다(CD IV/3.2, 802). 바르트 이후 그와 같은 신학자가 나오기는 쉽지 않을 것으로 본다. 쾰른 대성당처럼 마지막 완성을 보지 못한 그의 『교회교의학』을 공부하는 것이 독자들에게 그가 씨름했던 대상인 하나님의 말씀 및 그리스도교 전통과의 깊은 대화가 되고, 또한 말씀의 선포와 교회의 정치·사회적인 책임성을 배울 수 있는 기회가

1　마르크바르트의 논문은 그의 책 *Verwegenheiten* (Chr. Kaiser)에서 인용한다.

되기를 바란다.

바르트 신학에 대한 필자의 부족한 해석에도 불구하고 귀한 추천의 글을 써주신 오영석 교수님께 심심한 감사를 드린다. 해외에서의 오랜 생활로 인해 바르트의 언어를 명쾌하게 한국어로 표현하는 것이 어렵게 느껴진다. 언어는 사회적·문화적 실천이나 콘텍스트 안에서 소통이 이루어지고 끊임없이 의미가 변해간다. 필자의 원고를 꼼꼼히 읽어주고 부족한 한국어를 교정하고 유익한 평을 해준 임창세 박사와 윤상필 목사에게 심심한 감사를 드린다. 임창세 박사는 독일 보훔 대학교의 저명한 바르트 학자인 크리스티안 링크의 지도 아래 학위를 마쳤고, 필자의 바르트 신학의 해석에 큰 도움을 주었다. 윤상필 목사는 버클리 연합신학대학원에서 바르트 신학을 주제로 학위를 준비하고 있는 후학이다. 이 자리를 빌려 두 사람에게 감사의 말을 전한다. 이 책을 출판해준 새물결플러스 김요한 대표에게도 감사드린다.

버클리에서

정승훈

교의학 해설을 위한 해석학

—F. W. 마르크바르트 "칼 바르트 신학에서 주석과 교의학"[1]

바르트는 1927년에 출판된 『그리스도교 교의학 개요』(*Christliche Dogmatik im Entwurf*)부터 교의학적 사유에 몰두했다고 말할 수 있다. 초기의 젊은 바르트는 마르틴 라데 교수의 조교로서 라데가 편집자로 일했던 「그리스도교 세계」라는 신학 잡지의 발행에 관여했다(1909). 이후 제네바에 있는 개혁교회에서 부교역자로 일했으며, 자펜빌로 자리를 옮겼다(1911). 자펜빌에서 목회하던 시절에 바르트는 군국주의와 전쟁에 반대하는 글을 발표하기도 했다. 1909년 이후부터 바르트는 그의 친구 에두아르트 투르나이젠과 더불어 하나님의 말씀에 근거하는 신학을 구상했으며, 『로마서 강해』 제1판(1919)과 완전히 수정된 제2판(1922)을 통해 성서 주석의 새로운 차원을 열어놓았다. 바울의 로마서를 주석하면서 성서 본문을 자신이 서 있는 현실 상황과 연관시켰던 것이다.

그 이후 괴팅겐, 뮌스터, 본 대학교를 거치면서 바르트는 종교개혁 신학과 개혁교회 교리, 그리고 "19세기 개신교 신학의 역사"와 안셀무스의 "이해를 추구하는 신앙"(*fides quaerens intellectum*) 등의 연구를 통해 『교회교의학』 저술을 향한 길을 다졌다. 『교회교의학』은 역사적인 교리를 상대화하고, 성서적인 태도와 교의학적인 성찰을 통해 역사비

---

[1] F. W. Marquardt, "Exegese und Dogmatik in Karl Barths Theologie," in Registerband, 651-676; "칼 바르트 신학에서 주석과 교의학" in 『아우슈비츠와 이스라엘의 하나님』, 126-158.

평학적 방법의 제한성을 넘어서며, 또한 역사적인 문제를 교의학 안으로 통합한다. 그리고 바르트는 교회의 설교를 근거로 해서 교의학의 지나친 스콜라주의적 학문 방식, 곧 정규적·학문적 성찰을 상대화한다. 정치적·사회적인 문제를 교의학적 성찰과 통합시키면서, 바르트의 교의학적 사유는 시대적인 의식 및 문제와 밀접하게 연관된다. 1927년에 출간된 『그리스도교 교의학 개요』에서 바르트는 지금 자신이 서 있는 상황에 대한 질문과 대답을 해명하기를 원했다. 1932년 『교회교의학』 서문에서 바르트는 교의학과 시대적인 문제 사이의 연관성을 밝히고, 말씀의 신학은 독일의 정치 문제까지도 해명한다고 말한다. 이런 맥락에서 바르트는 자신의 시대에 필요한 개신교적(복음적) 교의학의 시도가 정당한 것이라고 생각했다.

바르트는 『교회교의학』 I권의 서문에서 확신하기를 오늘날 필요한 정치적인 해명, 즉 독일의 국가사회주의와 해방을 위해서는 먼저 신학 안에서의 해명과 또한 신학 자체에 대한 해명이 필요하다고 말한다. 바르트의 교의학은 정치적으로 필요한 해명을 준비하며, 이 점에서 교의학이 단순한 정치 윤리라고 할 수는 없지만, 또한 정치적으로 읽혀야 한다. 왜냐하면 『교회교의학』은 독일의 해방에도 기여하기를 원하기 때문이다. 여기서 우리는 바르트의 교의학에 담겨 있는 정치적으로 방향이 설정된 역사 비판적 시대의식을 엿볼 수 있다. 바르트 교의학의 정치·사회적인 역사의식은 부르주아적인 역사 비판 방법과는 대조적이며 서로 논쟁할 수 있다.

이와 관련하여 마르크바르트는 바르트 연구에서 거의 주목 받지 못한 정규 교의학과 비정규 교의학의 문제를 도출한다. 성서 말씀과 교리적 전통을 통해 드러나는 하나님 인식론은 정규 교의학에 속하는 성찰이지만, 바르트는 여기에 머물지 않았다. 정치적·사회적 영역에서 표출된 바르트의 결단과 투쟁은 비정규적인 방식으로 하나님의 말씀을 성찰하게 한다. 물론 이러한 정규 교의학과 비정규 교의학적인 성찰은 함께 어우러져『괴팅겐 교의학』에서 시작되며, 1927년『그리스도교 교의학 개요』을 거친 후『교회교의학』I권으로부터 IV권 화해론(특히 "빛과 빛들"의 교리)에 이르러 꽃을 피우게 된다.

마르크바르트는 바르트의 교의학적 사유의 특징을 "현실 우위성"에서 찾는다. 이것은 화란의 개혁주의 신학자 코넬리우스 미스코테가 바르트 교의학의 급진성을 특징지으며 표현한 것이다. 바르트는 "현실 우위성"을 대학교육이나 철학적인 내용보다는, 일차적으로 교회의 영역과 신앙에 관련시켰다. 그래서 바르트는『교회교의학』의 첫 번째 테제(§1)에서 다음과 같이 말한다. "교의학은 신학의 한 분과로서 교회가 선포하는 하나님의 말씀에 대한 고유한 진술을 학문적으로 검증한다." 바르트에 의하면 교의학은 교회가 행하는 자기검증, 곧 하나님의 말씀에 대한 학문적 검증을 통하여 교회를 자기비판으로 인도한다. 이러한 측면은 그의 화해론(CD IV/1-3)에서 정점에 도달한다.

교회적 가르침이라는 본분으로부터 교회를 향한 비판이라는 자리로 옮겨진 교의학은 인간의 삶의 현실에 상응하며, 여기서 우리는 두 번째의 "현실 우위성"을 설교에서 발견하게 된다. 설교는 교회의 삶에서 드러나는 확실한 요소이다. 교의학이 현실의 삶과 연결될 수 있는 "접촉점"을 형성하는 것은 설교다. 다시 말해 그것은 일반 인간의 존재로부터의 접촉점(에밀 브룬너)이나 "존재의 집인 언어"(하이데거)가 아니다. 교의학의 제1명제의 빛에서 본다면, 바르트의 교의학은 하나님에 대한 특수한 진술인 설교뿐만 아니라 설교의 배경을 이루는 성서해석과도 방법론적으로 연결된다. 여기서 바르트의 말씀의 신학은 교회의 성만찬과 세례를 비판적으로 검증하며, 예수 그리스도의 이름에 집중한다.

선포된 하나님의 말씀의 첫 번째 가능성의 조건은 기록된 말씀인 성서다. 성서가 교의학적인 사유와 성찰에서 현실 우위성을 갖는다. 성서가 교의학을 모든 비역사적인 신론이나 인간의 종교적 의식으로부터 분리한다. 바르트에게서 현실 우위성은 성서 텍스트를—텍스트가 발생한 배경인—역사적 사실들의 우위성으로부터 분리하지 않는다. 교의학은 이 점에서 성서의 특수한 현실 또는 특수성을 헤겔의 보편적 이념이나 자본주의 시대의 윤리적 의식 앞에서 방어한다. 달리 말하자면 보편적 이념이나 근대성에 의해 평가절하된 구약성서, 이스라엘 민족, 유대교의 문제는 바르트 교의학에서 고유한 자리를 발견한다. 구약성서에 대한 존경과 몰두를 통해 바르트는 그리스도교 신학을 위한 이스라엘을 재발견했다.[2]

바젤의 동료인 가톨릭 신학자 한스 우어스 폰 발타자르가 언급한 것처럼 바르트 신학에서 "구체성"은 역사적인 것들에 대한 성서적인 긍정과 관련되고, "구체적인 것의 우위성"은 역사적 현실과 분리되지 않는다. 바르트는 현대인들에게 매우 이상하고 낯설게 느껴지는 성서 텍스트의 특수한 역사적 현실들(예를 들어 동정녀 탄생이나 승천 기사)이나, 구약의 신화론적인 모티브들을 폄훼하지 않았다. 왜냐하면 이러한 고대적인 언어 표현들은 현대인들의 이해를 위해 비신화화 될 수 있는 것이 아니기 때문이다. 이러한 기적과 사가(saga, 민담)는 성서의 내적인 역사 안에 살아 있는 하나님의 은혜의 사건과 계시를 증언하는 중

---

2 마르크바르트는 60년대 본 대학교에서 한스 요아힘 이반트와 헬무트 골비처의 지도로 칼 바르트의 교의학 전체에서 나타나는 이스라엘과 유대교 문제를 주제로 하여 박사학위를 받았다. 제목은 "그리스도교 신학을 위한 유대교의 발견: 칼 바르트의 사유 안에 담겨 있는 이스라엘"이다(*Die Entdeckung des Judentums für die christliche Theologie. Israel im Denken Karl Barths*). 『아우슈비츠와 이스라엘의 하나님』, 40-45.

칼 바르트 말씀의 신학 해설

요한 역할을 담당한다. 바로 이 점에서 바르트는 불트만과 구분되는 다른 길을 간다. 바르트는 하나님의 말씀인 성서 텍스트를 신뢰하면서 성서가 증언하는 계시의 의미와 신비를 이해하려고 했는데, 마르크바르트는 이와 같은 성서적인 태도(biblische Haltung)를 바르트적인 해석학의 근본 형식으로 평가한다.

나아가 바르트는 역사비평학의 방법을 배제하지 않으며, 다만 그 한계점을 날카롭게 인식하고 상대화한다. 바르트는 『로마서 강해』 제2판에서 다음과 같이 말한다. "나는 역사비평이 지금보다 더욱 더 비판적이어야 한다고 생각한다." 역사비평학이 텍스트의 "역사적인 배후"로 들어가서 얻어낸 결과가 또한 "텍스트 안에" 존재하고 있다면 어떻게 해야 할까? 역사비평은 텍스트의 역사적 배후 내지 삶의 자리를 묻고 성서 텍스트를 그것과의 연관성으로부터 이해하려고 한다. 그러나 바르트가 볼 때 성서의 삶의 자리는 텍스트를 이해하는 데 물론 중요하지만 그보다 더 중요한 것이 있다. 그것은 "성서 텍스트 안에서" 살아계신 하나님이 말씀하신다(Deus dixit)는 사실이다. 이와 같이 하나님이 말씀하시는 행동은 그 말씀 자체를 통해 동시대적으로 오늘 우리의 삶의 자리로 이어진다. 이 점에서 역사비평은 성서를 연구하는 비평가들의 삶의 자리를 포함하여 살아 계신 하나님의 말씀 앞에서 보다 더 비판적이어야 한다는 것이다.

바르트는 이러한 표현을 통해 성서가 성서 자체를 해석하고 또한 비판한다는 종교개혁의 원리를 발전시킨다. 바르트는 화해론(IV)에서 예수와 신약성서의 기독론적인 칭호 사이에 존재하는 필연적인 내적 연관성을 질문한다. 그는 "왕으로서의 인간"(IV/2)에서 그 연관성을 "성서의 내적인 역사를 통해" 물으면서 다룬다. 그는 초기 교회의 그리스도론적 진술이 신약성서의 그리스도론과 일치하는지를 분석하고, 에비온주의나 가현설 또는 근대 자유주의 신학의 역사적 예수 연구를 성서 텍스트를 통하여 비판적으로 분석하며 이것들을 넘어선다.

바르트는 본문의 배후나 삶의 자리에 대한 역사비평학적인 연구결과를 위해 텍스트를 그것으로 환원시키지 않는다. 오히려 성서 텍스트 자체의 주석을 통해 살아 계신 하나님의 말씀하심과 계시를 발견한다. 그리고 이것을 파악하지 못하는 역사비평학을 비판한다. 성서의 근본 주제에 대한 비판적인 연구를 통해 바르트는 구약성서와 신약성서를 이어가는 "해석학적 순환"을 불트만 학파처럼 비신화화론으로 바꾸지 않았다. 오히려 그 해석학적 순환을 모든 역사적 비판의 기준으로 삼았다. 이와 같이 바르트는 일차적으로 성서가 성서를 해석하고 비평하는 원리를 해석학적 순환으로 파악하며, 이 순환을 통해 계시에 대한 성서적 증언을 오늘 우리의 삶의 자리에서 구체화한다.

성서에 대한 주석가의 비판적인 방법이나 가능성 앞에서 바르트는 오히려 텍스트의 현실 세계가 갖는 우위성을 인정함으로써, 역사 비판의 방법을 급진화시켰다. 성서 텍스트가 자신의 고유한 지평 내지는 생활 세계를 가지며, 이러한 텍스트의 세계는 역사비평적 의식에 의해서도 잘려나가지 않는다.

이런 측면은 오늘날 폴 리쾨르의 해석학에서 어느 정도 전개된다. 그러나 리쾨르와는 달리 바르트의 해석은 비판적인 주석 이후에 나타나는 텍스트 이해라는 이차적인 순진성을 뜻하지 않는다. 해석학적 순환에서 일차적인 순진성의 신앙적 태도는 비판적인 이해 과정을 통해 보다 높은 결과를 얻게 된다. 이러한 고차적인 이해는 보다 더 정교화된 비판적 이해를 위해 다시 이차적인 순진성이 된다. 하지만 바르트는 해석학적 순환을 이런 식으로 고양되는 순진성, 즉 인간적인 이해의 발전 과정을 통해 전개하지 않았다. 오히려 바르트에게 인간의 경험과 신앙을 가능케 하고 새롭게 하는 해석학적 순환의 근거는 오직 살아 계신 하나님의 말씀이었다.

바르트는 이와 같이 텍스트의 역사적 현실 세계가 갖는 우위성을 주석적인 기술과 전문성을 통해 천착해 들어갔다. 비판적인 주석가의 자유를 위하여 바르트는 계시된 하나님의 말씀의 우위성(계시, 설교, 성서)을 인식론적으로 성찰한다. 예수 그리스도 안에서 나타난 하나님의 계시는 성서비평의 방법을 제한하지 않지만, 성서비평을 통해 도달되지도 않는다. 설교와 성서 주석에 대한 방법론적인 심화를 통해, 그리고 역사비평 분석에 대한 날카로운 질문을 통해, 바르트는 계시신학에 도달하는데, 마르크바르트는 이것을 바르트가 수행한 "역사비평 방법에 대한 급진화"라고 평가한다. 급진화는 성서의 뿌리로 돌아가는 것이며, 역사비평이 파악하지 못한 살아 계신 하나님의 현실성을 말씀의 계시를 통해 천착하는 것을 뜻한다.

해석학적인 관점에서 볼 때, 바르트는 하나님의 말씀론에서 계시 분석을 통해 삼위일체론으로 나아가면서(계시자-계시-계시됨), 성서 텍스트가 질문하는 근원적인 방향을 설정했다. 예수의 제자들이 예수를 그리스도로 고백하고 하나님의 아들이라는 칭호를 사용할 때, 바르트는 이 문제를 계시의 빛에서 또한 역사적으로 대답하려고 한다. "예수는 주님"이라는 표현은 야웨 아도나이로부터 온다. 이것은 에비온주의적인 양자론(위대한 역사적인 인간 예수가 신으로 고양된 것을 뜻하며 근대 성서비평학의 그리스도론, 특히 불트만 학파는 에비온주의의 후예들이다)이나 가현설의 시도(선재하는 신의 이념이 예수 안에서 현현함으로써 예수를 이상화하거나 신화화하는 시도)와는 관계가 없다. 오히려 바르트는 공관복음의 "예수" 안에 있는 하나님과 요한복음의 예수 안에 있는 "하나님"을 "예수는 주님"이라는 칭호에서 파악하고, 퀴리오스 칭호를 야웨 아도나이와 관련 짓는다(CD I/1, 404-5).

이런 맥락에서 바르트는 자신의 계시신학에 대해 던져졌던 비역사적인 혐의나 계시 실증주의라는 비판(본회퍼)을 수용하지 않았다. 성서는 물론 역사적으로 읽어야 하지만, 또한 신학적으로 읽어야 한다. **바르트에게 교의학적인 대답은 항상 역사적인 질문에 속하며, 그 질문으로부터 나오는 역사적인 분류나 장르에 참여한다.**

마르크바르트는 바르트의 성서 주석의 절차를 다음과 같이 정리한다. (1) 역사 비판적 해석의 절차에서 바르트는 다른 주석가들처럼 도달하려고 하는 목표 지점이 있다. 역사비평가들에게 그곳이 삶의 자리라면, 바르트에게 그곳은 계시에 대한 성서적 증언 즉 살아 계신 하나님의 말씀하심이다(*Deus dixit*). (2) 이 지점에서 바르트는 지속적인 학문적 방법론의 절차와 결단을 위해 계시와 말씀의 신학을 근거로 삼았다. (3) 계시와 말씀의 신학을 근거로 해서 바르트는 방법론적으로 텍스트 해석의 다음 단계 즉 자기 성찰로 나아간다. (4) 바르트는 텍스트의 단어들과 그것들에게 의미를 주는 초월적인 것(살아 계신 하나님의 계시)이 무엇인지 질문한다. (5) 텍스트를 역사의 틀과 배경 안에 위치시키고, 그곳으로부터 텍스트의 의미를 결정한다. 살아 계신 하나님의 "말씀-행위"를 통해 텍스트의 주제에 속하는 "삶의 관계들"이, 그리고 주석가가 텍스트를 성찰하는 "삶의 상황과 실존적 구조"가 매개된다. 그다음에 바르트는 "텍스트 안에 있는 텍스트", "말들 가운데 있는 말씀", "주제들 가운데 주제" 또는 텍스트의 심층적 깊이를 질문한다. 그렇게 해서 바르트는 해석학적으로 얻어지는 텍스트의 "초월성"(하나님의 계시 또는 삼위일체 하나님)이 텍스트 자체 안에 이미 하나님이 말씀하시는 행위의 사건(Deus dixit)으로 설정된 것으로 본다. 이것을 이해하기 위해 텍스트의 언어나 단어들뿐만 아니라, 텍스트가 말하고자 하는 의도성도 파악한다. 바르트는 이러한 과제를 텍스트의 의도성의 기준을 발견하는 것으로 규정한다. (6) 바르트의 의미에서 교의학의 과제는 역사적 비판과 연관성 안에 있다. 바르트는 텍스트와 연관된 하나님의 계시("초월성")에 주목하고, 좁은 의미에서 그것을 성서 안에 나타나는 특수한 역사적 과정과 증언으로 파악한다. 여기서 바르트는 경전으로서의 성서를 텍스트의 구체적인 의미 지평으로 설정한다.

(a) 구약과 연관되지 않는 신약의 텍스트는 존재하지 않는다. (b) 신약의 다른 본문들로부터 고립된 신약의 본문도 없다. 이런 측면에서 볼 때 콘텍스트와 경전은 역사적으로 주어진 것이다. 바르트는 콘텍스트와 경전을 역사비평과 무관한 것으로 보려는 시도에 대해 반기를 든다.

경전으로서의 성서는 교의학적인 것이 아니라 이미 역사적으로 오랜 편집 과정을 통해 우리에게 주어진 것이며, 그래서 역사적인 것이다. 경전은 교의학적 사고에서 현실 우위성에 속한다. 이것을 바르트는 성서가 교회에게 자신을 스스로 입증한다(self-imposing)고 표현하는 데, 이것은 성령의 내적 증거를 의미한다. 바르트에게서 성령의 내적 증거는 역사적인 문제를 도외시 하지 않는다.

바르트의 "위로부터 아래로"라는 계시신학적인 방향설정은 역사적 현실이 지닌 우위성을 떠나서는 이해될 수 없다. 그것은 "비역사적인 것"(하나님의 초월성)의 총괄개념이며, 모든 역사적인 것을 제약하고, 나아가 그것을 파괴하는 것으로 표현된다. 이것이 역사비평의 한계를 급진적으로 뚫고 들어가는 바르트의 성서 주석 방법이다. 콘텍스트를 넘어서서 나타나는 성서의 초월적 계시의 측면은 텍스트와 주석 사이의 관계에 대한 신학적인 성찰을 통해서도 얻을 수 있다. 텍스트의 낯선 측면, 예를 들어 창조 기사, 신화적 언어들, 그리스도의 부활의 선포 등은 역사비평이나 불트만의 비신화화론으로는 파악되지 않는다. 텍스트의 객관성은 역사 이전에 이미 근원적으로 존재하시는 삼위일체 하나님의 존재와 자유를 묻고 성찰하는 데서 시작된다. 이른바 바르트의 "객관주의"는 그 자신으로 하여금 해석학적으로 "텍스트 안의 텍스트, 말들 가운데 있는 말씀"을 묻게 하고, 그래서 텍스트의 주제가 텍스트를 통해 말해지도록 한다. 바르트의 이러한 객관주의는 우리에게는 아직 낯설 수도 있지만, 성서 텍스트에 대한 이해의 전제와 출발점이 된다. 이 점에서 하나님의 초월성 내지 객관성을 긍정하는 것은 바르트의 비판적인 텍스트 분석의 마지막 단계가 되며, 이해의 시작이 된다.

이것은 일차적 믿음의 순진성을 넘어서서 다가오는 이차적 이해의 순진성과는 다르다. 살아 계신 하나님 또는 그리스도 안에 나타난 "하나님의 혁명"이 최종적인 "현실 우위성"이다. 이 우위성 안에서 교의학과 역사적 비판 사이의 해석학적 순환이 성취된다. 바르트는 교의학적 사유와 문제를 미리 주어진 논리와 전제를 통해 해결하려는 순환적인 오류(*petitio principii*)에 빠지지 않고, 오히려 객관적인 것의 긍정, 즉 그리스도 안에 나타난 하나님의 계시의 빛을 통해 해명하려고 했다. 내재적 삼위일체, 그리스도의 선재, 동정녀 탄생, 죽은 자 가운데서의 부활, 승천 등과 같은 성서적인 진술은 "불가능한 가능성"에 속하는데, 이것들은 주어진 전제를 논리적으로 혹은 변증법적으로 확인하는 순환적 오류의 방식으로는 해결될 수 없고, 오로지 특수한 성서 해석학을 통해서만 해결된다. 여기서 바르트의 교의학적 해석학은 우리에게 다가오시는 하나님의 심판과 공격을 객관적으로 인정하고, 신학과 정치

칼 바르트 말씀의 신학 해설

의 관계 안에서 하나님의 말씀을 사회주의적으로 해명해야 할 과제를 갖는다. 이것은 주관-객관 도식에 근거한 데카르트적인 방법이 아니라, 성서로부터 하나님의 살아 계심과 말씀하심을 배우는 인식론적인 접근을 뜻한다. "하나님은 자신을 주님으로 계시하신다" 또는 "하나님은 아버지이시다"라는 표현은 인간이 경험하는 아버지의 표상을 통해서는 이해되지 않는다. 오히려 바르트는 성서가 어떻게 하나님과 아들의 관계를 통해 주님 되심, 자유, 은혜를 말하는지를 주목한다. 이에 따라 하나님의 말씀으로부터 신학적 사회주의가 도출되고, 바르트는 하나님 나라의 빛으로부터 바라보면서 현실의 사회운동에 적극적으로 관여하게 된다.

자펜빌 시절의 초기 바르트에 관한 전기에서 그가 사회주의자로 묘사되는 것은 바르트 신학을 사회주의적 실천의 범주 안에서 해명할 수 있는 가능성을 보여준다.[3] 자펜빌에서 바르트가 몰두했던 하나님의 혁명의 개념은 『교회교의학』 신론(II권)에서 다시 나타난다. 여기서 바르트의 사회적 실천은 "모든 것을 변혁하시는 하나님의 존재"를 통해 새로운 의미를 되찾고 교의학을 재구성한다. 신학과 정치·사회적인 실천 사이에는 여전히 해석학적 순환이 존재하며, 바르트의 주석은 바로 그 "모든 것을 변혁시키는 하나님의 존재"를 향해 집중된다. 자펜빌 시기에 겪었던 시대적인 문제가 성서의 이해 안으로 흡수되듯이(성서와 신문의 유기적 연관성을 생각하라!), 이제 교의학은 성서 주석을 통해 시대적인 문제를 향해 나아간다. 그렇게 함으로써 역사비평의 전(前)이해는 우리에게 영향을 미치는 살아 계신 하나님의 말씀을 통해 수정된다. 여

---

3 마르크바르트는 본 논문을 1970년에 기고했는데, 1972년 그의 교수자격 논문인 『신학과 사회주의』를 통해 바르트 신학을 사회 비판적 해석학과 정치적 실천으로 해명했다.

기서 그리스도 안에 계신 하나님은 "모든 것을 변혁시키는 분"으로서 바르트의 성서 주석과 해석학의 근거가 된다. 이런 맥락에서 바르트가 보았을 때 역사비평은—이 비평이 모든 것을 변혁하시는 하나님으로부터 배울 수만 있다면—지금보다 더욱 비판적인 것이 되어야 한다.

신학적 배경과 정치적 배경

교의학에 대한 바르트의 관심은 1921년 그가 자펜빌 지역에서의 목회를 사임하고 괴팅겐 대학교의 명예교수로 자리를 옮겼을 때부터 시작된다. 그는 『괴팅겐 교의학』으로 알려진 "그리스도교 종교의 가르침"(The Göttingen Dogmatics: Instruction in the Christian Religion)에 몰두하기 전에, 하이델베르크 교리문답, 칼뱅, 츠빙글리, 개혁주의 교리들, 그리고 슐라이어마허를 집중적으로 연구했다. 또한 그는 1935년에 출간된 하인리히 헤페(Heinrich Heppe)의 『개혁파 정통 교의학』을 높이 평가했고, 이 책으로부터 많은 가르침을 받았다. "그리스도교 종교의 가르침"의 라틴어 표현은 Institutio religionis christiana인데, 칼뱅의 『기독교 강요』와 흡사하다. 바르트는 자펜빌에서 『로마서 강해』 제1권(1919)과 개정판 제2권(1922)을 통해 당대 자유주의 신학을 해체하고, 새로운 신학의 기반을 위한 재구성을 시도했다. 그러나 바르트는 괴팅겐 대학교 교수 시절에 자신의 학문적 능력이 그 토대를 놓기에 미약하다고 느끼고 밤늦도록 성서와 종교개혁자들과 개혁주의 교의학에 몰두했다. 이러한 노력을 통해 그는 자유주의 신학을 대신할 수 있는 새로운 복음주의 교의학을 발전시켰다. 뮌스터 대학교로 자리를 옮기면서 바르트는 1927년 『그리스도교 교의학 개요 I: 하나님 말씀론-그리스도교 교의학 프롤레고메나』(Die Christliche Dogmatik in Entwurf 1. Die Lehre vom Worte Gottes. Prolegomena zur christlichen

Dogmatik)를 완성하지만 단지 전반부만 출간했으며, 여기서 표현된 신학적 방법과 의도에 만족하지 못했다. 1931년 본 대학교에서 그는 마침내 『교회교의학』 초고를 시작했고, 나치 정부에 의해 추방(1935년 가을)된 이후에는 스위스 바젤 대학교에서 계속 집필하여 1932년부터 1961년까지 그의 대작을 출간한다.

바르트의 『교회교의학』 I/1은 1932년에 출간되었다. 이 시기는 바르트가 히틀러에 저항하여 교회적 투쟁을 벌였던 시기였다. 1934년에 바르트는 본 대학교에서 추방당했다. 이유는 1933년 종교개혁의 날에 그가 행했던 정치적 선언 때문이었다. 바르트의 선언에는 교회가 유대인들에 대한 억압과 차별에 항의해야 한다는 주장과, 히틀러가 구속한 민주당 회원들의 석방을 위한 호소가 담겨 있었다. 1935년에 바르트는 바젤 대학교로 초빙되었고, 스위스 정부는 그를 독일에서 추방된 유대인 학자들을 돕는 기관의 지도자로 임명했다. 이때 바르트는 저명한 문학가 토마스 만과 협력했다. 독일 정부는 스위스 정부에게 보낸 편지에서 바르트가 행하는 독일 정부에 대한 비판이 부당하다고 위협했다. 1935년에 바르트는 바젤 신문에 기고하기를, 히틀러 정부는 볼셰비키의 얼굴을 드러냈으며, 이에 반대하여 교회는 오직 예수 그리스도만 증언하고 따라야 한다고 말했다.

바르트의 이런 입장은 급기야 스위스 정부와도 마찰을 일으키게 되었는데, 중립국가인 스위스는 독일 정부와의 불편한 관계를 원하지 않았다. 이에 바르트는 스위스의 중립정책을 비판하면서, 정부의 중립적인 입장은 히틀러 정부의 잔인한 공격성에 저항해야 하며, 자유로운 공존의 삶을 위해 기여해야 한다고 주장했다. 바르트는 히틀러가 정신적으로 "병든 사람"이라고 표현했는데, 스위스 정부는 바르트의 이러한 태도를 탐탁히 여기지 않았다. 베른에 소재한 독일 대사관은 스위스 정부에게 바르트에 대한 조치를 취해줄 것을 요청했다. 바르트는 독일 정부와 미온적인 스위스 정부를 동시에 비판하면서 유대인 문제를 관건으로 취급하고 교회가 그들을 보호해야 한다고 주장했다. 스위스의 정부기관들은 바르트를 "증오의 신학자"로 공격하고, 종교의 이름 아래서 독일을 공격하는 정치적 선동가라고 비난했다. 바르트의 모든 강연과 책자들은 출판금지 되기에 이르렀고, 이에 바르트는 칼뱅과 츠빙글리의 전통에 서 있는 스위스 개혁교회가 현실 문제에 정치적으로 말할 수 있는 권리와 의무가 있다고 호소했다. 바르트의 집 전화는 도청을 당했고, 그의 서신교환은 감시 아래 놓였으며, 특히 그가 군복을 입고 찍은 사진은—사진 밑에 기록된 "모든 수단을 다하여 악에 저항하라"는 문구 때문에—몰수당했다. 심지어 스위스 정부는 독일 정부의 압력을 받아 바르트를 구속하려고까지 했다. 다행히 이것은 성사되지는 않았다. 바르트의 표현 즉 "나치 정부가 드러내는 볼셰비키의 얼굴"은 당시 히틀러 치하의 독일이 공산주의에 저항하는 유럽의 주도적인 국가라는 선전에 먹칠을 하는 것이었다. 그 당시에 히틀러에 저항했던 사람은 모두 공산주의자로 낙인찍히거나, 소련 공산주의에 동정심을 가진 자들로 간주되고 있었다. 스위스 사회주의와 연대했음에도 불구하고, 바르트는 히틀러의 국가사회주의와 스탈린식 공산주의에는 의심의 눈초리를 두고 있었다. 이와 같은 정치적인 배경이 『교회교의학』I/1의 서문을 이해하는 데 도움이 될 것이다.

　『교회교의학』I/1권은 하나님의 말씀론으로 시작한다. 이것은 1932년에 출간되었는데, 그 해는 바르트가 고백교회를 결성하고 히틀러에 저항했던 시기였다. 그는 종종 "하나님의 섭리와 인간의 혼란"(*Dei providentia et Hominum confusione*)이란 말을 사용했고, 서문의 첫 단락에서도 이 말이 등장한다. 그는 『로마서 강해』에서 시도했던 것과 같은 것을 말하지만, 교의학에서는 전혀 다른 방법으로 말하기를 원했다(CD I/1, xi). 1927년에 바르트는『그리스도교 교의학 개요』를 출간했지만, 이제 미비한 부분을 보완하고 제목을『교회교의학』으로 개정한다. 일차적으로 교의학은 자유로운 학문이 아니라 교회의 영역에 예속된 학문임을 밝힌다. 바르트는 자신이 이전의『그리스도교 교의학 개요』에서 철학적 실존주의를 정당화했고 프리드리히 슐라이어마허(1768-1834)와 알브레히트 리츨(1822-1889), 그리고 빌헬름 헤르만(1846-1922, 헤르만은 바르트가 마르부르크 대학교에서 배웠던 스승이다)의 방향으로 움직였지만, 이제는 이런 신학노선이 결국 개신교신학과 교회 자체를 파괴하는 길임을 간파했다고 말한다. 그는 로마 가톨릭교회가 대변하는 존재의 유비와 개신교 신학 사이에 제3의 길을 허락하지 않았고, 그래서 다음과 같이 도발적으로 진술한다. "나는 존재의 유비를 적그리스도적인 것으로 간주한다. 이것 때문에 로마 가톨릭 교도가 되는 것은 불가능하다"(CD I/1, xiii). 그럼에도 불구하고 바르트는 캔터베리의 안셀무스(1033-1109)나 토마스 아퀴나스(1225-1274)를 인용하는 것에 부담을 느끼지 않았다. 비평가들은 바르트에게 "은폐된 가톨릭주의"를 의심하기도 했다. 사람들은 독일의 지도자인 히틀러가 표방하는 국가사회주의에 미혹된 사람들(특히 히틀러에 동조한 "독일 그리스도인들"[Deutsche Christen]과 신학자들)에게 종교적인 의미가 깔려 있는 것을 본다. 비록 바르트는 변증법적 신학자로 알려져 있지만, 교의학은 더 이상 변증법적 신학의 교의학으로 부를 필요가 없다. 왜냐하면 교의학은 어떤 특정한 신학이 아니라, 교회 공동체를 위한 것이기 때문이다.

국가사회주의에 대한 저항의 표시로 바르트는 1931년에 사회민주당에 가입했다. 그해 바르트의 동료인 귄터 덴이 제1차 세계대전에서의 독일의 역할을 비판해서 궁지에 몰렸을 때, 바르트는 그와 연대하고 그를 옹호하는 글을 프랑크푸르트 신문에 기고했다. "전체 노선에서 공격이 행하여져야 하지 않는가?"(1932년 2월) 그러나 히틀러와 합력하는 "독일 그리스도인들"은 1932년 「제3제국에서의 복음」이라는 신문을 발간했다. 1933년 4월 히틀러는 제국교회를 설립할 것을 제의하고, 1933년 9월 27일 비텐베르크에서 열린 제국교회의 총회에서 루트비히 뮐러를 주교로 선출했다. 이 사건에 맞서 바르트는 1933년 6월에 「오늘의 신학적 실존」이라는 잡지를 창간했다. 1933년 여름에 히틀러가 사민당의 활동을 전면 금지시켰을 때도, 바르트는 사민당을 떠나지 않았다. 1933년 나치의 "아리안 조항"이 "독일 그리스도인들"의 공식적인 정책이 되었을 때, 반유대주의는 유럽에서 유대인들의 생존을 위협하는 이데올로기가 되었다.

바르트는 「오늘의 신학적 실존」의 창간호에서 사회문제에 대해 결정적인 발언을 하려면(Wort zur Lage) 신학은 하나님의 말씀을 진지하게 취급해야 한다고 썼다. 신학의 주제인 하나님의 말씀을 진지하게 성찰하고 연구(Wort zur Sache)할 때, 사회적 상황에 대해 바르게 진술할 수 있다는 것이었다. "독일 그리스도인들"은 말씀에 대한 진지한 성찰을 상실한 결과 히틀러의 부역자가 되고 말았다. 하나님의 말씀이라는 주제를 통해 그리스도의 복음을 고백하고 결단하는 자들은 국가사회주의와 이에 동조하는 "독일 그리스도인들"을 거절할 수밖에 없다(정승훈, 『동시대성의 신학』, 342-3).

바르트는 교의학이 정치적 과제를 포함한다고 말한다. 정치의 넓은 영역에서, 특히 그 당시에 도래했던 독일의 국가사회주의를 바라보면서 바르트는 신학에 대한 폭넓은 해명 없이는 신학과 교회가 정치적인 문제에 필요한 결론을 이끌어낼 수 없다고 말한다. 정치문제에 대한 광

범위한 신학적 해명이 바르트의 교의학을 지배하는 관심사가 된다. 바르트에 의하면 보다 좋은 교의학은 독일 해방과 같은 문제와 과제에─신학자들이 흔히 피상적이거나 아마추어적인 방식으로 생각하는 것보다 더욱─중요하고 견고한 공헌을 할 수 있다(CD I/1, xvi). 1932년 8월에 바르트는 이러한 정치적 과제를 해명하려는 교의학에 착수했다. 바르트는 그리스도교 윤리학을 하나님의 계명에 대한 교리로 간주하기에, 윤리학은 교의학에 포함된 한 부분이 된다. "하나님이 원하시는 대로, 우리는 그렇게 살아갈 것이다"(약 4:15).

§1 ◆ 교의학은 무엇인가?

교의학은 하나님에 대한 교회의 독특한 진술과 그 내용을 고려하면서, 교회에 대한 학문적인 그리고 비판적인 자기검증을 행한다. 바르트는 교회의 전통적인 교리를 단순히 수용하여 오늘의 교회의 자리에서 교의학을 발전시키려고 하지 않는다. 교의학은 조직신학으로서 교리의 역사와 교회가 하나님, 예수 그리스도, 성령, 성례전 등에 대해 말한 모든 내용을 비판적으로 재해석하고 해명하는 과제를 갖는다. 바르트는 이러한 검증과 해석의 근거는 성서가 증언하는 계시라고 말한다. 하나님의 말씀의 본래적 형식과 내용으로서 계시는 우리에게 성서와 말씀의 선포를 통해서 오며, 또한 계시는 하나님의 신비로서 신앙 안에서 부분적으로 인식된다. 이것은 말씀의 종말론적 차원을 가리키며, 신앙은 계시에 대한 유비 즉 신앙의 유비가 된다. 다른 모든 학문처럼 신학도 일관성 있는 인식의 길을 추구하고 걸어야 하며, 그 길을 해명할 수 있어야 한다. 학문으로서 교의학은 타학문과의 연관성을 대화를 통해 발전시키며, 또한 그것들과의 차이와 자신만의 독특성을 교회에 봉사하는 학문으로서 유지한다.

1. 교회, 신학, 학문

교의학은 신학의 한 분과에 속하며(조직신학), 바르트에게 그것은 말씀의 신학을 의미한다. 신학이 설교를 비판적으로 검토하고 분석한다는 점에서 신학과 교회는 불가분의 연관성을 갖는다. 교회는 일차적으로 개인적인 신자들의 행동과 존재 안에서, 곧 하나님의 백성들의 삶을 통하여 하나님을 고백한다. 이차적으로 신학은 예배에서 설교와 성례전의 집행을 통해 행하여지며, 또한 교회의 선교와 가난한 자들을 돌보는 디아코니아에서도 행해진다. 『괴팅겐 교의학』에서 바르트는 교의학에 대해 이렇게 설명한다. 교의학은 17세기 교리학에서 도덕론이나 윤리학과 구분되어 사용되었다. 신학은 하나님에 관한 인식(*logos peri tou theou*)인데, 여기서 신학과 형이상학을 혼동해서는 안 된다.

바르트에 의하면 신학이 하나님 인식으로서 신앙과 더불어 시작된다면, 그것은 하나님 자신이 스스로를 드러내신 계시에 구속된다. 철학적이며 형이상학적인 하나님에 대한 진술을 거절하면서, 바르트는 스위스 신앙고백에서 표현된 "하나님이 본래적으로 말씀하심"에 주목한다. 헤르만 바빙크는 그것을 "하나님에 대한 인간의 인식은 하나님이 말씀 안에서 우리에게 계시하신 하나님 인식의 영향"이라고 표현했다. 바르트는 이러한 바빙크의 입장을 중요하게 평가하고 수용한다. 여기서 바빙크의 간결한 라틴어 표현인 *Deus dixit*(하나님이 말씀하셨다)는 바르트의 교의학을 열어가는 중심 용어로서 등장한다(GD, 14, 12).

1932년 『교회교의학』에서 바르트는 히포의 아우구스티누스(354-430)와 화란의 개혁주의 신학자 요한네스 코케이우스(1603-1669)가 내린 신학의 정의를 인용한다. 아우구스티누스에 의하면 신학은 "하나님의 신성에 대한 성찰이며 진술"이다(『신의 도성』 VIII,1). "신학자는 하나님을 하나님으로부터, 그리고 하나님 앞에서 그분의 영광을 위하여 말하는 사람이다"(코케이우스, 『신학총론』 I.I). 요한네스 코케이우스(Johannes Cocceius)는 브레멘에서 태어난 화란의 신학자이다. 훗날 그는 화란의 라이덴 대학교에서 히브리 문헌학과 성서 주석을 가르쳤고 개혁주의 계약신학(federal theology)을 대변했다. 그는 구약성서에서 그리스도를 발견하려고 시도했다. 이런 점에서 그의 말은 중요하다. 하나님의 계시는 "확고하고 분명한 신학의 건축술적인 원리"이며 "하나님은 말씀을 떠나서 아무것도 계시하지 않으신다"(헤페, 『개혁과 정통 교의학』 32).

　　이와 같은 신학의 정의에 바르트는 하나님의 은혜를 덧붙이고, 은혜는 인간의 연약함에서 강해진다고 말한다. 신학은 은혜의 이런 특성에 근거하여 교회의 진술을 비판하고 수정한다. 바르트는 신학의 삼중적인 기능을 루터교 정통주의 신학의 지도자인 요한 게르하르트(1582-1637)를 인용해서 설명한다. 신학은 (1) 그리스도교의 신앙이며 종교인데, 이것은―배우거나 배우지 못한―모든 성도들에게 똑같다. 이런 점에서 이들도 신학자들로 불린다. (2) 신학은 교회적 직무의 기능이다. (3) 좁은 의미에서 신학은 하나님의 신비에 대한 인식이다. 이 점에서 하나님의 진리를 견고하게 확정하고 진리에 대한 오류를 파쇄할 수 있는 사람을 신학자라고 부른다. 게르하르트는 1559년 비텐베르크 대학교에서 철학과 신학을 공부했고, 2년간 의학을 공부하기도 했다. 그는 은퇴할 때까지 예나 대학교의 교수로서 봉직했고, 이미 젊은 시절에 독일의 개신교 신학자로서 명망을 얻었다. 성서 주석, 논증학, 교의학, 그리고 실천신학 분야에 그의 저술이 남아 있다.

　　학문으로서의 신학은 단순한 신앙과 삶의 증거로서의 신학과는 다르다. 신학은 죄를 용서하고 의롭게 하는 하나님의 은총(칭의)에 대한 순종으로서 의미가 있다. 아우구스티누스는 일찍이 이 부분을 간파했다. "선생의 가르침을 통해 성령이 은총을 수여한다고 해도, 인간의 도움(보조기능)은 지속적으로 활성화된다. 사람이 심고 물을 주지만, 자라게 하시는 분은 하나님이다"(아우구스티누스, 『그리스도교의 교리』, IV, 16). 교회는 하나님에 관한 진술의 자기검증을 통해 신학을 수행한다. 교회에서 행해지는 하나님에 관한 진술은 어떤 상황에서나 틀릴 수 있는 인간의 말로 구성된다. 그러므로 교회의 선포는 계시와 화해의 사건에서 드러나서 교회의 근거가 되는 하나님의 은총, 즉 예수 그리스도의 빛 안에서 검토되어야 한다.

(1) 바르트에 의하면 신학은 성서신학으로서 말씀의 근거에 대해 질문하며, 실천신학으로서 말씀의 목적에 관하여 질문하며, 교의학으로서 하나님에 관한 교회의 독특한 진술의 내용을 질문한다(CD I/1, 4-5). 이러한 삼중적인 의미에서 자기검증을 행하는 신학은 학문적인 신학이 된다. 바르트는 다른 학문들과의 관계에서 신학의 독립성이 원칙적으로 필요하다고는 생각하지 않는다. 교회의 영역에서 철학, 역사, 사회학, 심리학, 또는 교육학 등이—개별적으로 혹은 상호연관성 안에서—하나님에 대한 교회의 진술이 교회의 존재에 과연 적합한 것인지를 판단할 수도 있다. 이 점에서 본다면 특별한 신학이 반드시 필요하지는 않다. 사실, 신학은 특별한 문을 여는 특별한 열쇠를 소유하고 있지 않다(CD I/1, 5).

더욱이 신학은 다른 학문의 영역을 통제하거나 감시하지도 않는다. 일반적으로 철학과 세속 학문을 반드시 세속적이거나 이방적이라고 말할 필요는 없다. 그리스도교적인 철학(*philosophia christiana*)이 존재한다(CD I/1, 5). 여기서 바르트는 예레미야 31:34—"이것은 작은 사람으로부터 큰 사람에 이르기까지 그들이 모두 나를 알 것이기 때문이다"(이하 모든 성서 구절은 표준새번역임)—를 언급한 후 다시 아우구스티누스를 인용한다.

"이제 하나님이 지혜이시고 모든 것이 하나님의 권위와 진리를 통해 창조되었다면, 참된 철학자는 하나님이 사랑하는 자이다"(아우구스티누스, 『신의 도성』, VIII, I).

루터파 정통주의 신학자인 요한네스 안드레아스 크벤슈테트(1617-1688)도 이렇게 말한다. "절대적으로 생각할 때, 신학이 그 자체로 필요한 것은 아니다. 전체 교회를 위해서도 그렇다. 왜냐하면 하나님은 직접적으로, 다시 말해 인간의 신학의 봉사와 도움이 없이도 인간에게 말씀하고 회심하게 하시기 때문이다. 이것은 하나님의 우발적인 설정을 근거로 해서, 즉 하나님의 의지를 통해 일어난다." 크벤슈테트는 유명한 요한 게르하르트의 조카이고, 비텐베르크 대학교에서 교수로 봉직했다. 그의 저술은 루터교 정통주의 신학의 표준이라고 할 수 있다. 그는 부드러운 정통주의자였고 평화로운 정신과 경건한 신앙인이었다. 바르트는 크벤슈테트에게서 많은 영향을 받았다.

그럼에도 불구하고 바르트에 의하면 타학문들이 교회의 존재가 그리스도의 계시에 근거되어 있는지를 자신의 판단에 따라 질문하고 비판할 때, 그것이 신학의 이름으로 행하여지는 것보다 더 염려스럽고 잘못된 결과를 초래할 수도 있다. 때로는 혼란과 왜곡이 일으켜지기도 할 것이다. 이 점에서 인문과학은 하나님의 말씀에 대한 간접적인 의미와 연관성을 갖는다. 바르트는 그리스도교적인 철학을 비판적으로 숙고한다. 철학이 그리스도교적이라면, 그것은 철학이기를 중지한다. 그것이 철학이라면 그리스도교적이 아니거나 그것이 그리스도교적이라면 철학이 아니다(CD I/1, 6). 만일 교회의 관심이 학문적 신학의 특별한 기능이고 이것이 하나님께 대한 봉사에 상응한다면, 신학은 필수불가결하다. 신학은 교회의 원리와 기준을 근거로 해서 하나님에 관한 교회의 진술을 비판하고 수정한다.

몰트만에 의하면 바르트는 예레미야 31:34을 근거로 해서 새 언약이 성취과정에 있음을 물었다. 바르트는 타학문들에 대한 신학의 독립성을 말하면서도 동시에 또한 타학문으로부터 분리된 신학의 존재를 한탄했다. 바르트에게서 계시신학은 교회의 특수한 내적 영역에 제한되지 않는다. 물론 바르트는 계시신학과 하나님의 보편적 연관성을 종말론적인 차원에서 영광의 나라의 빛으로부터 전개했다. 새 언약이 성취되고 모두가 하나님을 알게 된다면, 모든 연구와 학문은 궁극적으로 신학이 될 수 있다. 타학문과 분리된 신학의 개별 존재는 불필요할 것이다. 하나님의 계시가 보편적으로 드러난다면, 하나님에 대한 진술도 필요하지 않게 될 것이다. 그러나 하나님의 계시가 아직 보편적으로 드러나지 않았다면, 하나님에 관한 진술과 교회는 여전히 필요하다. 바르트의 계시신학은 하나님과의 보편적 연관성을 전제하는데, 바르트는 이 문제를 교의학 프롤레고메나에서는 일관성 있게 추구하지 않았지만, 그것은 바르트의 화해론 특히 "빛과 빛들"의 교리에서 정점에 도달한다(Moltmann, *Experiences in Theology*, 75).

아우구스티누스에 의하면 인간적인 영역에서 인간에 의해 일반적으로 알려지는 것에 신학이라는 학문이 사용되지는 않았다. 오히려 특별한 신학을 통해 "거룩한 믿음은 참된 지복으로 인도되고 형성되고 양육되며 변호되고 강화된다"(아우구스티누스, 『삼위일체론』, XIV, 1.3). 정통 개혁주의 신학자인 프란키스쿠스 투레티누스(1623-1687)도 다음과 같이 말한다. "신학은…모든 학문들의 판단자이고 주인이란 점에서 다른 학문들을 판단하지만, 그것들에 의해 판단되지 않는다. 모든 학문의 분과들은 자신들의 기준에 따라 판단되며, 신학과 양립할 수 없는 것은 이러한 제반 학문들에서도 거절된다."

투레티니는 프랑스의 개혁주의 신학자 아미랄두스(Moise Amyraut, 1596-1664)가 대변한 사무르 아카데미(Samur Academy)에 적대적이었고 도르트 신조와 정통 칼뱅주의를 대변했으며, 도르트 신조가 표방하는 절대 예정과 성서의 축자영감론을 옹호했다. 반면에 아미랄두스는 칼뱅의 예정론에서 가설적인 보편주의(Universalismus hypotheticus)를 도출하고, 하나님은 믿음을 가진 모든 사람을 복으로 예정하셨다고 주장했다. 투레티누스에 의하면 "신학은 초자연적이고 신이 주신 것이며, 그 원리는 인간의 이성이 아니라 신이 준 계시이다"(헤페, 『개혁파 정통 교의학』, 35).

(2) 바르트에 의하면 모든 학문이 궁극적으로 하나님과 연관되는 "신학"이 될 수도 있지만, 그 모든 것이 아무런 여과도 없이 교회 안으로 수용되기는 어렵다. 신학이 다른 학문들과 구분된다면, 그것은 어쩔 수 없는 위급상황에 대한 비상조치를 뜻하는데, 이때 교회는 다른 학문들이 수행할 수 없는 과제를 갖는다. 이 점에서 교회와 신학은 분리되지 않는다.

정통주의 교의학의 전통에서 요한 빌헬름 바이어(J. W. Baier, 1647-1695)와 요한 프란츠 부데우스(Johann Franz Buddeus, 1667-1729)가 신학을 학문으로 강조했다. 바이어는 루터교 스콜라주의 신학자에 속하며, 뉘른베르크에서 출생해서 예나에서 죽었다. 1675년 그는 예나 대학교의 교수로서 교회사를 가르쳤다. 부데우스는 프랑스 위그노의 배경을 가진 루터교 정통주의 신학자다. 신학에 대한 기여와 업적을 통해 그는 당시 보편적으로 잘 알려진 신학자였다. 슈페너와 친첸도르프를 통해 경건주의에 대한 친화력을 가지고 있었다.

토마스 아퀴나스 이후 네덜란드의 구(舊)라이덴 학파가 학문과 지혜를 신중하게 말했다. 정통 개혁주의나 루터주의, 특히 크벤슈테트는 학문(*scientia*)보다는 교리(*doctrina*)라는 말을 선호했다. 그러나 게르하르트는 신학을 학문으로 표현하는 것을 다음의 이유에서 거절했다. (a) 학문의 확실성은 내적 원리들에 의존한다. 반면에 믿음의 원리는 외적인 권위 즉 계시자의 권위에 근거한다. (b) 신앙의 대상은 그리스도이며, 사람들은 그리스도에 대한 인식을 학문적인 방식이 아니라 하나님의 계시에 의해 간구한다. (c) 적절하게 인식된 원리에서부터 귀결들에 대한 지식으로 가는 한, 모든 학문의 시작은 이해이다. 그러나 신학에서 이해는 시작이 아니라 목표이다. (d) 추론이나 귀결들을 통해 얻어지는 학문적인 지식에는 오류가 있을 수가 있다.

이런 점에서 게르하르트와 그의 추종자인 홀라츠(David F. Hollaz, 1648-1713)는 신학을 표현할 때 학문보다는 지혜(*sapinetia*)라는 말을 선택했다. 홀라츠는 루터교 정통주의의 마지막 교의학자로 간주된다. 그의 가장 유명한 저술은 1707년에 출간된 『학문적 신학 시험』(*Examen Theologicum Acroamaticum*)이다. 그의 죽음 이후에 경건주의 운동이 시작되었지만, 그의 저서는 교과서로서 여전히 사랑을 받았다.

(3) 바르트에 의하면 신학이 학문으로 불리려면 다음과 같은 사실이 확인되어야 한다. (a) 다른 모든 학문처럼 신학도 역시 인식하려는 대상에 대한 인간적인 관심이다. (b) 신학은 일정하고 일관성 있는 인식의 길을 걸어야 하며, (c) 신학은 이러한 인식의 길을 스스로에게 그리고 다른 학문들에게 설명할 수 있어야 한다. 방법론적인 면에서 신학은 다른 학문들의 인식론 혹은 스스로의 길을 통해 나아간다.

여기서 바르트는 하인리히 숄츠(1884-1956)의 논문―"복음적인 신학은 어떻게 학문으로 가능한가?"―를 실례로 들어 설명한다. 숄츠에 의하면, 과학적 내지 학문적 신학은 다음과 같은 요구들을 충족해야 한다. (a) 이른바 학문의 영역에서 구성되는 모든 전제에서 나타나는 대립으로부터의 자유(전제론적 요청, the proposition postulate), (b) 학문적인 대상의 영역에서 일치(체계의 일치를 이루는 논리와 일관성의 요청, the corehence postulate), (c) 모든 전제들을 제시하고 능력 있는 독자와 듣는 자들이 이를 테스트할 것(진리 입증의 요청, the verifiability postulate), (d) 물리학적 또는 생물학적으로 파악되지 않는 불가능한 것에 대한 존중(조화의 요청, congruity postulate), (e) 모든 선-판단으로부터의 자유(독립성 요청, the independence postulate), (f) 모든 전제들은 공식이나 명제들로 나뉠 수 있어야 하고 이것을 근거로 참됨을 드러내야 한다(과학 내지 학문을 구성하는 최고 원리). 하인리히 숄츠는 독일의 논리학자이자 철학자이고 또한 개신교 신학자이다. 베를린 대학교에서 아돌프 폰 하르나크에게서 배웠다. 그는 루돌프 오토의 후임자였고, 종교철학과 조직신학을 가르쳤다. 그는 1938년부터 뮌스터 대학교에서 수학과 과학철학을 가르치는 교수가 되었다.

바르트는 숄츠의 입장을 옳은 것으로 수긍하지만, 자신이 전개하는 학문적인 신학 안으로 완전히 수용하지는 않는다. 하나님의 자유로우신 행동을 다룰 때, 대립으로부터의 자유로움을 수용할 수도 있을 것이다. 그러나 숄츠는 학문으로서의 신학의 고유한 영역을 일반 학문성에 적응시켜 버리고, 일반 학문에 백기를 들고 투항하고 있지 않는가? 1932년 베를린 대학교에서 아르투르 티티우스(Arthur Titius)는 "조직신학이 학문적으로 가능한가?"라는 제목의 강연을 했다. 세계의 일치성이라는 개념을 통해 티티우스는 신학에서 하나님이 내적 원인으로서 직접 활동하는 것은 파악될 수 있다고 말했다. 신학은 영지 내지 지식에 통합되며, 조직신학을 학문적으로 전개할 때 일치성의 이념, 신화의 가능성, 그리스도교 종교의 인문학적인 연관성이라는 세 가지 원리가 강조되어야 한다고 주장했다.

(4) 바르트가 신학을 학문으로 규정할 때 중요한 것은 신학의 독립성이다. 그는 슐라이어마허(1768-1834)처럼 신학을 일반 학문의 영역으로 환원시킬 필요가 없다고 생각했다.

슐라이어마허는 모라비아파 경건주의의 영향을 받고 자랐다. 그는 계몽주의의 비판을 수용하면서 계몽주의를 개신교와 화해시키려고 했다. 그는 해석학에 지대한 영향을 미쳤고, 성서비평학의 영역을 열어 젖힌 근대 자유주의 신학의 아버지로 평가된다. 그는 해석학을 탐구의 일반 영역으로 발전시키면서, 신학 역시 일반 해석학의 영역에서 다루었다. 1810년 베를린 대학교의 설립에서 중요한 역할을 했고, 독일 루터교회와 개혁교회의 연합을 위해서도 큰 영향을 미쳤다.

학문적인 신학에 대한 바르트의 규정에 의하면 (a) 진리에 대한 인간의 관심으로서 신학은 다른 학문들과의 연대를 인정한다. 하지만 그것은 교리나 지혜라는 표현을 통해 다른 학문들에 대한 자신의 존재론적 우위를 주장할 필요가 없다. (b) 신학은 일반 학문이 세속적이거나 이방인들의 것이라는 사실에 대해 저항한다. 신학은 일반 대학에서 가르치는 제반 학문들에 억압적인 권위를 행사하거나 해를 끼칠 수 없다. (c) 신학은, 비록 제반 학문들이 신학의 과제를 거절한다고 해도, 그 학문들을 수용하고 교회의 한 부분으로 받아들일 수 있다. 신학은 죄의 용서를 믿는데, 대학의 학문들이 이런 영역을 거절하고 판테온 신전의 현실(가치의 다원주의)만 고집한다면, 신학과 일반 학문을 분리하려는 지나친 시도가 있을 수 있다.

헬무트 골비처는 바르트의 제자로서 베를린 자유대학교에서 가르치면서 바르트가 말한 신학과 학문의 관계에 대해 중요한 입장을 전개했다. 골비처에 의하면 신학은 대학에서 가르치는 학문이다. 학문의 진리에 대한 비판적이고 자유로운 성찰과 더불어 신학은 신앙 및 교회의 선포와 관계한다. 여기서 신학과 철학의 떨어질 수 없는 관계가 성립되며, 신학은 교회의 자기비판으로 드러난다. 피히테가 유명한 말을 남긴 적이 있다. "사람이 어떤 철학을 선택하는가 하는 것은 그가 어떤 사람인가를 말해준다." 이 말은 신학에도 마찬가지로 해당한다(Gollwitzer, *Befreiung zur Solidarität*, 16). 만일 신학이 계시를 전제하면서도 바른 철학으로 이해된다면, 그것은 철학과 분리되지 않고, 오히려 철학 안에 담겨 있는 방법론적인 무신론이나 독단적인 무신론을 문제 삼게 된다. 골비처와 논쟁을 벌인 바 있는 베를린 대학교 철학과 교수인 빌헬름 바이셰델(W. Weischedel)은 철학이란 신학의 특정한 형식이라고까지 말한다. 여기서 철학적 신학의 가능성이 열리기도 한다. 사실 신학이란 용어는 플라톤의 정치학(*Politeia* II, 379 a 5)에서 나온다. 플라톤에게 신학은 "신적인 것을 기술하는 관점"을 뜻하며(*tyoi peri theologias*), 사유의 목적과 중심이 된다. 아리스토텔레스에게 신학은 이중적인 의미를 갖는데 (1) 신학은 제일 철학(*prima philosophia*)으로서 최고 원리에 대한 지식이고 형이상학의 핵심과 목적이다(이것은 바이셰델의 철학적 신학에서도 나타난다). 다른 측면에서 (2) 신학은 신들에 관한 교리이며, 신화적이고 시적인 언어로 표현되는 신들에 대한 진술에 관련된다. 그러므로 엄밀한 의미에서 "철학은 신학[제일 철학]이 끝나는 데서 [신들에 관한 교리]를 시작한다"(Gollwitzer, *Befreiung zur Solidarität*, 19).

골비처에 의하면 신학과 교회의 관계는 해석학적인 순환을 거친다. 신학은 교회의 실천으로부터 나오며, 실천의 이론으로서 교회에 관계된다. 그리고 신학은 그리스도의 복음을 사회적으로 소통할 수 있고,

모든 자를 위한 하나님의 은혜와 사랑을 다양한 인간의 상황과 언어를 통해 말할 수 있어야 한다. 이것은 신학의 공적인 성격을 말한다. 이런 점에서 신학은 교회에 속한 기능이며, 교회를 자기비판으로 안내하는 학문이다. 골비처와 달리 판넨베르크는 바르트를 날카롭게 비판한다. 판넨베르크가 오해한 부분은 바르트가 하인리히 숄츠의 학문으로서의 신학을 거절한 것인데, 여기서 바르트는 오히려 교의학의 전개를 통해 숄츠가 주장하는 학문으로서의 신학과 그것의 합리적인 전제와 요청을 말씀의 신학 안에서 충분히 수용하고 발전시켰다. 바르트가 숄츠를 비판한 것은 신학의 고유한 영역인 말씀과 교회를 일반 학문의 영역으로 환원시켜버린 데 있었다(Gollwitzer, *Befreiung zur Solidarität*, 33-34, 각주 15; Pannenberg, *Wissenschaftstheorie und Theologie*, 277).

그러나 바르트와 달리 판넨베르크는 교의학의 특수한 과제인 교회, 성서, 설교로부터 시작하지 않고, 모든 영역이 예수 그리스도와 관련되어 있고 하나님이 모든 것을 포괄하신다는 보편성의 신학적 주제로부터 시작한다. 『역사로서의 계시』(1961)에서 판넨베르크는 바르트의 계시신학은 종말에서 확인될 수가 있고, 그것은 오직 역사 전체가 계시로 파악될 때만 가능하다고 말한다. 역사 전체가 종말의 빛에서 하나님의 계시가 된다는 것이다. 나사렛 예수의 부활에서 역사의 종말이 미리 발생했고, 구약의 묵시문학적인 기대 즉 죽은 자들의 일반적인 부활이 미리 설정되었다. 이러한 미리 설정됨, 예견은 보편적인 역사의 종말을 대변하는 기대(프롤렙시스)로서 말한다. 역사의 종말은 아직 일어나지 않았지만, 그것은 예수의 부활에서 모든 인류를 위한 일반적인 부활을 미리 예견할 수 있는 프롤렙시스로 파악된다. 판넨베르크의 이러한 역사신학 또는 보편사 신학은 바르트의 말씀의 신학과는 대극을 이룬다. 역사는 전통의 역사가 되고, 하나님의 역사적인 계시사건들은 전통 안에 포괄되며, 언어와 보편사로 매개된다. 예수의 부활은 역사적으로 입증될 수 있는 하나님의 미래의 프롤렙시스(선취)이다.

몰트만은 이 지점에서 신학적인 어려움을 느낀다. 제자들의 부활의 경험에서 드러나는 그리스도의 부활은 판넨베르크가 말하는 것처럼 모든 인류의 보편적인 부활을 미리 설정하고 인류의 운명을 기다리는 것이 아니라, 부활의 그리스도는 종말을 위한 보편적인 미래를 갖는다. 이것은 십자가의 종말론적 차원을 말하며, 십자가에 달리신 그리스도의 부활의 종말을 말한다(Moltmann, *Theology of Hope*, 82-4). 그러나 판넨베르크에게서 보편사 신학의 주제는 역사를 계시로 포괄하는 하나님의 보편성 개념에 근거되어 있고, 개념적으로 포괄적인 교의학적 체계를 통해 신학은 그리스도교의 진리주장을 방어한다. 그렇게 함으로써 신학은 다른 제반 학문, 특히 철학이 파악하는 세계, 인간성, 진리에 대한 진술들을 수용해야 한다. 여기서 그리스도교 진리의 보편적인 일치성이 중요시된다. 그리고 그리스도교 진리의 보편성 주장은 인류의 보편적인 부활을 위한 예수 그리스도 안에서 나타난 프롤렙시스(*prolepsis*)에 의존한다(Pannenberg, *Systematic Theology*, 1. 49, 56).

2. 교의학과 학문의 탐구

바르트는 교의학의 탐구 대상이 하나님에 대한 교회의 진술과 그 내용이라고 말하는데, 이것은 교리로 정의된다. 교리에 관한 학문은 가능하며 필요하다.

(1) 탐구로서 교의학은 하나님에 관한 교회의 진술이 사람들에 의해 인식될 수 있다고 전제한다. 이것은 예수 그리스도를 하나님의 계시와 화해의 사건으로 인간에게 말하는 것인데, 이 점에서 하나님에 관한 진술의 진정한 내용은 예수 그리스도이다. 그리스도 안에 계신 하나님

칼 바르트 말씀의 신학 해설

의 계시가 교회의 본질이라면, 우리는 하나님을 그리스도에 대한 믿음을 통해서만 인식한다. 하나님의 행동의 사건에서 우리는 그리스도 안에 나타난 하나님의 은혜를 말하는데, 이것은 교회에게 약속으로 주어진 것이며 신앙의 유비(*analogia fidei*)를 통해 파악된다. 신앙의 유비란 신앙이 하나님의 계시를 대체하는 것이 아니라, 신앙 안에서 성령을 통하여 계시의 진리와 신비가 유비론적으로(비슷하게 그러나 여전히 차이를 유지한 채로) 말해진다는 것을 의미한다. 왜냐하면 신앙은 계시의 신비를 남김없이 파악할 수 있지는 않기 때문이다.

신앙의 유비는 정통 개혁주의 신학에서도 나타난다. 여기서 신앙의 유비는 성서 해석과 연관되며, 성서 해석은 오로지 성서로부터 추구된다. 성령은 성서의 유일한 해석자가 된다(혜폐,『개혁파 정통 교의학』, 66-7). 그러나 바르트에게서 신앙의 유비는 성서 해석을 넘어서 하나님의 말씀의 인식 가능성에서 중요하게 다루어지고, 이후에 관계의 유비(*analogia relationis*)를 통해 창조와 사회의 영역에 이르는 폭넓은 차원을 갖게 된다.

카르타고 출신의 테르툴리아누스(155-240)는 이렇게 말한다. 스토아적이거나 플라톤적이거나 변증법적인 그리스도교를 선전하는 자들은 자기 자신의 모습만을 보게 될 것이다. 예수 그리스도가 오셨기에 우리는 호기심에 찬 연구를 더 이상 하지 않으며, 복음이 왔기에 깊은 통찰의 연구도 하지 않는다. 테르툴리아누스는 초기 교회의 변증가로서 영지주의에 저항했고, 라틴 그리스도교의 교부 혹은 서구신학의 창시자로 불린다. 그는 삼위일체(*trinitas*)라는 말을 처음으로 사용했다. 생애 중반에 그는 열광주의 운동인 몬타누스주의에 가담하기도 했다.

아우구스티누스는 이렇게 말한다. "한편에서 숲이 울창한 곳에서 평화의 고향을 바라보는 것, 그리고 그곳에서 길을 찾지 못하고 헛되이 길을 헤매는 것—다른 한편에서 하늘의 지배자의 염려를 찾는 길은 서로 다르다"(아우구스티누스, 『고백록』 VII, 21, 27). "신의 도성은…정신과 이성으로 파악하는 것들에 대해 온전하고 확실한 지식을 갖는다"(『고백록』 VII, 21, 27). 루터도 말한다. "긍정적인 진술을 제거하라. 그러면 당신은 그리스도교를 제거하게 될 것이다"(루터, 『노예의지』). "성령은 의심하는 분이 아니며, 우리 마음 가운데 알려지지 않은 것이나 단순한 의견을 써넣지 않는다. 오히려 [그분이 증언하는] 신실하고 긍정적인 진술은 우리의 삶과 경험에서 주어지는 확실성과 신뢰를 넘어선다. 진리가 관건이 될 수 있다. 그것은 파괴될 수가 없다"(루터, 『노예의지』). "진리를 위한 투쟁이 제기되어야 하며 제거되어서는 안 된다. 왜냐하면 주님의 말씀은 영원하기 때문이다"(루터, 『갈라디아서 주석』 1:7). "나는 나의 가르침에 반대하는 것 앞에서 멈추지 않는다. 오히려 그리스도의 영에 의하여 확신하는데, 그리스도교의 정의에 대한 나의 가르침은 참되고 확실하다"(루터, 『갈라디아서 주석』, 3:1). "이것은 우리의 신학이 왜 확실한가 하는 근거이다. 그것은 우리의 능력을 분쇄해버리고, 우리를 우리 자신의 외부에 세운다. 우리는 우리 자신에게 고유한 능력이나 양심, 감정, 인격, 업적에 의존하지 않는다. 오히려 우리 외부에 있는 것, 즉 속일 수 없는 하나님의 약속과 진리에 의존한다"(갈 4:6).

루터를 추종하면서 멜란히톤 역시 말한다. "4 곱하기 2가 확실히 8인 것처럼…신앙의 조항과 하나님의 위협이나 약속들은 확실하며 흔들리지 않는다.…따라서 우리는 철학적인 의심, 즉 결정적인 판단에 대한 회의론자들의 유보를 하나님이 주신 교회적 가르침에는 허용하지 않는다.…여기서 의심이 자라거나 인정될 수 없다. 오히려 확실성 안에서 믿음이 긍정된다[믿음의 확신]"(멜란히톤, 『신학의 공동자리들』).

　　바르트에 의하면 교의학에서 비판적 질문은 거부되는 것이 아니라, 오히려 신학적 인식에 통찰을 더해준다. 교의학의 진술들은 신앙의 진술들에 확실성을 준다. 여기서 신앙의 대상이나 인간의 신앙 자체는 교의학자가 마음대로 처분할 수 있는 것이 아니다. 개혁파 정통주의 교의학은 교의학의 탐구에 대하여 위험할 정도로 간략하게 정의를 내린다―"계시되거나 발견된 교리"(*doctrina revelata* or *pattefacta*). 그러나 이후의 개혁파 정통주의 교의학에서 증명과 확실성은 계시(객관적인 진리)와 믿음에 관한 한, 신학의 전제에 적합해진다. "이러한 인식이 인식 대상인 하나님으로부터 떨어져 배후에 있다 해도, 참된 것이다. 왜냐하면 하나님에 관하여 인식되는 것은…거짓으로부터 자유롭기 때문이다. 설령 주제 자체(하나님)가 우리가 인식할 수 있는 능력보다 더 포괄적이라고 할지라도…"(코케이우스, 『신학총론』).

　　(2) 교의학적 탐구는 하나님에 관한 참된 진술을 시도할 때, 사람들에 의해 인식되는지, 그리고 그리스도와 일치하는지를 검증해야 한다. 바르트가 교의학을 탐구라고 보는 것은, 비록 하나님의 진리가 한 순간 인간에게 실존적으로 알려진다고 해도, 여전히 인간의 행위이기 때문이다. 그리고 인간적인 행위라는 점에서 교의학적인 탐구는 틀릴 수 있다. 탐구로서의 교의학은 비판과 수정, 비판적인 첨부와 반복을 필요로 한다(CD I/1, 14).

　　"지금은 우리가 거울로 영상을 보듯이 희미하게 보지만, 그때는 얼굴과 얼굴을 마주하여 볼 것입니다"(고전 13:12). "우리는 이 보물을 질그릇에 가지고 있습니다. 이 엄청난 능력은 하나님으로부터 나는 것이지, 우리에게서 나는 것이 아닙니다"(고후 4:7). 아우구스티누스는 말한다. "이제 내가 하나님께 적합한 것을 말하거나 제시했는가? 그렇지 않다. 정반대다. 나는 선한 의지를 가지고 있고, 단지 그런 것을 말할 수 있다고 느낀다. 내가 그런 것을 일단 말한다고 해도, 그것은 본래 내가 원했던 것을 말하는 것이 아니다"(아우구스티누스, 『그리스도교의 교리』, I. 6). 안셀무스도 말한다. "나의 영혼이 당신을 발견할 때, 주님, 왜 나의 영혼은 당신을 느끼지 못합니까? 주님이 빛과 진리라는 것을 발견하지 못해서 그렇습니까?…아니면, 나의 영혼이 진리와 빛을 보더라도 여전히 당신을 보지 못하는 것입니까? 당신을 본다고 해도, 당신이 어떤 분이심을 보지 못하기 때문입니까? 주님, 나의 하나님, 창조주시며 나를 새롭게 창조하시는 주님, 당신은 [당신을 사모하는] 나의 영혼이 당신을 보는 것과는 다른 분이심을 말씀해 주소서. 그래서 사모하는 나의 영혼이 온전히 주님을 보게 하소서"(안셀무스, 『프로스로기온』, 14). "모든 신비한 것이 어둡고 복잡하며 실타래처럼 얽혀 있어 이해하기 어려운 것처럼, 우리의 신학도 역시―대상[하나님]에 관한 한―자명하지 않다. 그것은 죽을 수밖에 없는 인간의 삶에서 거의 인식될 수 없는 깊은 비밀을 내포한다"(홀라츠).

바르트에 의하면 교의학적인 탐구에서 진리는 신앙으로부터 오며, 신앙에서 우리는 알기 시작하고 멈추고 다시 시작한다. 교의학은 오직 십자가 신학으로서만 가능하다. 이것은 신앙 안에서 일어나는 확실한 순종의 행위에 근거하는데, 따라서 교의학은 겸손의 학문이며, 항상 시작으로부터 되돌아가 다시 새롭게 시작해야 한다. 이것은 언제나 역사적으로 실행된 계시로부터 미래와 연관된 약속의 계시로 인도되는 좁은 길 위에서 일어난다(CD I/1, 14).

『로마서 강해』 제2판에서 바르트는 믿음을 다음과 같이 말한다. 의인은 믿음(신실함)으로 산다. "신실함으로부터" 하나님은 스스로를 정당화하심으로써 인간을 의롭게 하신다. 자신의 신실하심에서 의로움을 드러내시며 하나님은 우리에게로 오신다. 참하나님은 우리를 잊지 않으신다. 창조주 하나님은 창조를 포기하지 않으신다. 인간은 하나님의 신실하심으로부터 산다. "하나님의 신실하심으로부터, 또는 인간의 믿음으로부터—이것은 같은 것이다. 이미 예언자[하박국]의 전승이 이러한 두 가지 방향을 가리킨다.…인간의 신앙은 경외이며, [하나님의] 부정 안에서 움직이며 그 안에 머문다. 하나님의 신실하심이 인간의 신앙과 만나는 곳에서 하나님의 공의가 드러난다. 거기서 의로운 자는 살아갈 것이다. 이것이 로마서의 주제이다"(RII, 18).

오로지 믿음에 근거하여(롬 1:17) 아우구스티누스는 말한다. "믿음이 하나님의 말씀(하늘의 음성)에 의해 형성된다면, 믿음은 지성보다 선행한다. 그리고 믿음은 예언의 말씀을 좇아간다"(막 9:23, "믿는 사람에게는 모든 일이 가능하다"). 하나님에 대한 신앙이 신학적 인식의 기반이며, 인간의 신앙은 하나님에 대한 인식을 요구하고 그 인식에 의해 형성된다(아우구스티누스, 『설교』 43. 4-9). 아우구스티누스의 전통에 서서 개혁주의 신학자들은 신앙과 이성의 관계를 말했다. "우리가 믿어야 하는 것은 하나님이 성서에서 그렇게 말씀하시기 때문이다. 그러나 하나님은 지각이 있는 존재에게 말씀하신다"(고전 10:15). 신앙은 이성을 파괴하지 않으며 오히려 활성화시킨다. 신앙은 이성에 매몰되지 않고 그것을 지도하며, 정신을 맹목적인 것으로 만들지 않고 오히려 밝게 조명한다. 조명된 이성을 신학에 사용하는 것은 잘못된 일이 아니다. "성령만이 이성의 올바른 사용과 신앙의 정당함을 보증한다"(혜페, 『개혁파 정통 교의학』, 34).

(3) 바르트도 아우구스티누스와 개혁파 교의학의 그와 같은 입장을 따르면서 말한다. 교의학은 신앙과의 관계 안에서 교리의 학문이 된다.

다른 한편으로 가톨릭교회의 교회론도 진보한다. 계시된 진리를 발전시키고 적용하고 표현하는 가운데 새로운 인식과 이해가 나타나는 것이다. 계시의 진리란 "사도들의 지식의 축적"을 말하는데, 이것은 교회의 가르침의 직무의 장소에서 성서와 사도들의 전통을 통해 오류 없이 제시된다. 교의학의 과제는 추론을 통해 이러한 진리들에 대한 보다 충분한 이해를 매개하는 것이다(Diekamp, 『가톨릭 교의학』 1권, 19, 24). 따라서 거룩한 어머니 교회가 일단 선포한 거룩한 교의들의 의미는 지속적으로 참된 것으로 입증될 수 있다. 아무도 더 깊은 이해의 요구나 가상적인 것을 통해 그러한 참된 의미로부터 빗나갈 수 없다(바티칸 헌장, ses. 3, 가톨릭 신앙헌장, c. 4).

그러나 바르트는 이러한 가톨릭교회의 입장을 비판한다. 교회의 존재는 예수 그리스도에게 속하며, 인간을 향한 하나님의 행동은 인간이 교회적 교리에서 입증된 것을 주장하는 것과는 다르다. 물론 교회의 요구는 가치가 있고 존중할 만한 것이지만, 오류가 전혀 없는 것은 아니다. 만일 계시가 예수 그리스도 안에서 일회적으로 일어난 하나님의 자유로운 결단이란 점에서 참된 것이라면, 가톨릭교회가 말하는 계시에 대한 진리 개념은—이러한 개념과 의미에 신적인 권위가 부여되는데—신학적으로 불가능하다. 바르트에게는 자유로운 하나님의 은총의 행동만이 계시의 진리이다(CD I/1, 15).

거룩한 성서는 일종의 시스템처럼 쓰인 것이 아니다. 그것은 우리에게 세계의 시작에서부터 종말에 이르는 교회라는 역사적 사건을 기술한다. 멜란히톤의 *Loci communes*[신학 또는 근본적 교리 주제에서 공동의 자리들]의 과제는 "성서 안에 담겨 있는 것들을 보다 확실하고 질서 있게 제시하는 것이고…보다 확실한 방법에 따라 신적인 것들을 파악하고 적합한 질서에 따라 배열하는 것이다. 이것은 약사가 약들을 일정한 캡슐에 넣어 분류하고 정리하는 것과 같다. 여기서의 적합한 자리들에 따라 그 모든 것들이 다루어진다."

바르트에 의하면 주석신학은 성서의 가르침을 하나님에 관한 인간의 말로 여기며 연구한다. 교의학은 지속적으로 성서 주석을 고려해야 한다. 따라서 교의학 자체는 사도들과 예언자들이 말했던 것을 묻는 것이 아니라, 그 진술들을 근거로 해서 오늘 우리가 말해야 하는 것을 묻는다. 그렇게 하려면 우리는 일차적으로 성서적인 근거를 알아야 한다. 바르트는 여기서 성서 주석과 교의학의 밀접한 연관성에 주목하며, 그 관계를 발전시킨 칼뱅을 예로 든다. 칼뱅의 『기독교 강요』에서 그리스도교적인 사유와 진술의 방향은 동시대적인 책임성을 향해 있다. 바르트가 칼뱅처럼 성서 주석과 교의학의 연관성을 해명하는 이유는 바로 자신이 서 있는 동시대적인 문제에 대한 책임을 말하기 위함이다(CD I/1, 16). 사실 바르트에게서 성서 주석과 교의학은 해석학적 순환의 깊은 연관성 안에 있고, F. W. 마르크바르트가 해명하듯이 계시 안에 나타난 하나님의 자유로운 행동을 이해하고 그것에 순종하며 그 말씀을 교회와 사회적 실천으로 실행하기를 원한다. 특히 바르트에게서 하나님의 자유로운 행동은 교의학에서 모든 것을 변혁하시는 하나님 또는 하나님의 혁명으로 전개된다.

아우구스티누스는 말한다. "나 또한 당신과 함께 흔들리지 않고 믿기 때문에…이제 우리는 신앙에서 수용한 것을 인식하고 신뢰할 수 있는 확실한 것을 분명히 하려고 한다"(아우구스티누스, 『자유의지론』). "하나님에 대한 지식이 우리의 삶에서 그리고 우리에 의해 발견될 수 있는 한, 우리는 그분에 대해 회상하고 질의하고 인식한 것을 발견한다." 안셀무스의 신학에서 신앙이 드러내는 지성의 목적은 "믿는 자들의 성서읽기를 반복하는 것이 아니라, 성서와 교리에 대한 내적인 읽기(*intus legere*)가 된다. 설령 이러한 읽기가 일반적인 읽기이고 권위에 근거가 된 것이 아니라고 해도 그렇다. 명상은 성서의 권위 앞에서 수단으로 확증되는 데 그친다. 당신과 더불어 나는 성서의 권위를 제시하는 것이 아니라, 함께 질문한다. 우리가 신앙 안에서 확고히 하는 것은…성서의 권위 없이는 입증될 수 없다.…그리스도를 도외시하고서는…사람들이 그리스도에 관해 아무것도 알 수가 없는 것처럼…"(*Cur Deus Homo?*).

토마스 아퀴나스에 의하면 "논쟁은 '그것이 과연 그럴까?'라는 의심의 제거를 목표로 한다. 신학 논쟁에서 사람들은 흔히 토론자들이 인정하는 권위에 대해 논의한다.…신학과 다른 논쟁은 학교의 가르침에 적합한 것인데, 이것은 오류의 제거가 아니라 학생들을 가르치기 위함이다. 학생들은 진리를 이해하도록 안내를 받으며, 논쟁은 이러한 목적과 관련된다. 그다음에 타당한 것은—말해진 것이 참이라고 한다면—진리의 뿌리를 검토하고 진리의 인식으로 안내하는 몇 가지 근거들을 수립하는 것이다"(토마스 아퀴나스, quodlib, 3.18). 탐구하는 교의학의 필요성은 루터교 정통주의자들과 개혁파 정통주의자들에게서 잘 나타나는데, 이들은 신학을 하나님의 말씀으로부터 오는 가르침 또는 거룩한 계시로부터 오는 가르침으로 정의하고, 이를 성서로부터 분리시킨다.

(4) 교의학적 탐구에는 이미 신앙이 전제된다. 물론 신앙은 단순히 인간적인 능력이라기보다는 하나님의 은혜의 예정에 근거한다. 『괴팅겐 교의학』에서 바르트는 교의학과 신앙의 상관관계를 매우 중요하게 언급했다. 교의학이 교리에 관한 학문이라면, 이것은 하나님의 말씀에 관한 학문적(또는 객관적) 성찰이 된다. 바르트는 루터의 입장—하나님의 말씀이 신앙의 조항을 설정한다—과 바빙크의 *Deus dixit*(하나님

이 말씀하셨다)를 통해 "하나님과 신앙의 상관관계"를 전개한다. 하나님이 진리를 우리에게 말씀하실 때, 하나님과 신앙의 상관관계는 *Deus dixit*를 통해 승인된다. 하나님과 신앙은 서로에게 속한다는 루터의 진술은 이것을 가리킨다. 바르트는 *Deus dixit*의 관점에서 이 상관관계가 근대의 신앙주의나 종교주의로 환원되는 것은 아니라고 말한다 (GD, 11). 이 내용은 다음 단락에서 교의학과 신앙의 행위를 다룰 때 매우 중요한 통찰을 줄 것이다.

3. 교의학과 신앙의 행위

바르트에 의하면 교의학은 인간이 행하는 인식에 속한다. 이것은 인식론적인 능력, 집중, 이해, 평가를 요구한다. 교의학은 교회의 기능이다. 교회에는 신앙의 기준의 약속이 주어졌는데, 그것은 다시 말해 하나님의 계시다. 교회 밖에서 교의학은 불가능하다. 교회에서 행동한다는 것은 그리스도의 부르심에 순종하는 행동이다. 이러한 그리스도의 부르심에 대한 순종이 신앙이다. 신앙은 하나님의 심판을 인정하며 그분의 은총을 찬미한다. 신앙의 자기검증은 하나님 앞에서 감당해야 하는 책임성으로 인해 필요하다. 신앙은 우리를 모든 진리로 인도하는 약속을 붙든다(요 16:13). 신앙은 하나님을 안다. 신앙 안에서, 오직 신앙 안에서 인간의 행동은 교회의 존재와 연관되며, 계시와 화해 가운데 있는 하나님의 행동과도 연관된다. 그러므로 교의학은 신앙의 행동을 떠나서는 불가능하다. 예수 그리스도의 말씀의 경청을 통한 인간적 행동의 결단과 순종 안에서 교의학은 가능해진다(CD I/1, 17).

(1) 이러한 신앙의 관점에서 바르트는 앞에서 논의한 숄츠의 논문을 다시 언급한다. 숄츠는 교의학과 연관된 질문을 던지면서 그리스도

교 신학은 플라톤주의나 아리스토텔레스주의 혹은 라이프니츠와 칸트로부터 전개될 수는 있지만, 이들의 추종자가 되지는 않는다고 말한다. 이것이 그리스도교 신학자의 운명이다. 바르트는 이러한 숄츠의 입장을 매력적인 가능성으로 인정하지만, 여기서 간과된 것을 보충한다. 즉 그리스도교 교의학은 하나님 경외를 통해 그분에 대하여 적절하게 진술한다. 이러한 하나님에 대한 진술을 연구하면서 신학자는 잠정적인 대답을 구성한다. 이때 하나님과 인간의 현실적인 만남의 외부에서, 즉 신앙을 도외시하고는 교의학을 구성할 수가 없다. 칼뱅에 의하면 모든 올바른 하나님 인식은 순종에서 생긴다(『기독교 강요』 I. 6. 2).

그러나 바르트에게 신앙은 인간의 행동이 아니라 하나님께 의존하는 것이다. 안셀무스에 의하면 지성을 받쳐주는 믿음은 믿음 자체가 아니라, 믿음이 의존하고 있는 것 안에 존재한다. 신앙과 지성의 올바름은 필연적으로 의지의 올바름과 관련된다. 부정의 신학에 대항하여 청년 루터는 다음과 같이 썼다. "이해, 독서, 사변에 의해서가 아니라 삶을 통하여, 특별히 죽음과 저주를 통하여 사람들은 신학자가 된다"(*Vivendo, immo moriendo et damnando fit theologus*). "하늘로부터 오시는 성령 이외에 그 무엇도 사람을 성서의 박사로 만들 수가 없다." 멜란히톤에 의하면 참된 구원의 지식은 텅 빈 사변이 아니라 오로지 "양심의 고민과 날카로움"을 통해 얻어진다. 루터교 정통주의에서 신학은 개념이 아니라 사건으로, 특히 게르하르트에 의하면 이러한 영적 사건은 하나님이 주신 영적인 특질(*habitus*)인데, 이것은 말씀을 통해 성령이 수여하는 것이다(Gerhard, *Loci theol*. 31).

Habitus(영적 소유 내지 습관)는 토마스 아퀴나스에 따르면 성사를 통해 성령이 인간의 영혼에 주입될 때 만들어지는 영적 특질이며, 이것은 인간의 소

유가 된다. 이러한 특질을 통해 인간은 선을 행하여 구원을 완성해 나간다. 루터교 정통주의에서 가톨릭 스콜라주의의 영향은 지대하다. 루터교 정통주의 신학자인 크벤슈테트에 의하면 "타락 이후에 사람은 신학자로 태어나지 않고, 신학자로 만들어진다. 신학자는 성서를 통하여 하나님의 가르침을 받는다"(Quenstedt). 진정한 신학은 행동하시는 하나님이 인간을 향해 내리는 실제적인 결정이며 인간에 대한 요구이다.

(2) 바르트는 이러한 정의에서 신학적 인식을 "인간학화"하는 날카로운 위험을 본다. 인간이 내리는 결정, 경험, 그리고 주체적 태도는 신학적 인식의 기준이 되며, 이후 교의학에서 객관적인 신학의 특질(habitus)과 신학자의 중생을 구분하기도 한다. 그럼에도 불구하고 신앙, 중생, 회심은 전적으로 인간의 경험과 태도로 간주된다. 거듭나지 않은 신학자는 거듭나지 않은 신학(a theologia irregenitorum)에 주어지는 영적인 특질(habitus)에 의해서만 살아간다. 경건주의가 개신교 스콜라주의적 입장을 거절하고 개인의 회심을 강조한다고 해도, 신앙은 여전히 인간의 결정에 속한다. 슐라이어마허는 신학을 저항할 수 없는 인간의 내적인 필연성이라고 말한다. 하지만 그는 안셀무스, 루터, 멜란히톤이 인간의 감각과 경험을 진정한 신학의 전제로 말하는 것을 따르지는 않는다. 이것이 그가 간과한 것이다. 신학의 인간학화는 자유주의 신학에서 완성된다. 이후 키에르케고르의 영향 아래서 신학의 실존주의적인 방향은 무의식적으로 경건주의의 유산을 이어간다.

바르트에 의하면, 안셀무스, 루터, 그리고 멜란히톤이 신학에서 본래적으로 요구하는 것은 이후 정통주의 또는 실존주의 신학에서도 이어지는데, 여기에는 나름대로 특별한 진리가 있다. 그것은 인간의 외부로터 다가오는 "하나님의 오심"이 인간 존재에 영향을 미치고, 신앙을 통한 약속의 선물이 구체적인 인간 존재에 대한 하나님의 결정과 요구라는 사실이다. 이러한 차원이 없을 때 신학은 교회 외부에서 관망하는 자들의 지혜 즉 비(非)신학(a-theology)이 되고 만다.

신앙, 중생, 회심, 실존적 사유는 의심할 바 없이 교의학의 전제가 되지만, 이것들이 하나님의 은혜의 예정, 말씀과 성령의 자유로운 선물, 교회로 부르심을 의미한다는 점에서 그렇게 된다. 교의학은 신학자의 자서전적인 상황에 대한 설명이 아니다. 교의학은 항상 하나님의 은혜의 예정에 속한 문제가 된다. 이 점에서 하나님을 경외하는 것은 지혜의 근본이다. 그러나 교의학은 어렵다. 멜란히톤에 의하면 교회의 교리들을 해명하는 것은 여러 가지 이유에서 매우 어려운 과제이며, 비록 그 해명이 본질적인 것이라고 해도 심각한 위험들이 존재한다(멜란히톤, *Loci communes*).

페트루스 롬바르두스(Peter Lombard, 1096-1160)는 자신의 업적을 선한 사마리아 사람이 여관 주인에게 약속으로 준 두 달란트에 비교했다. 토마스 아퀴나스는 자신의 미완의 신학대전을 더 쓰라고 요청 받았을 때, 이렇게 말했다. "레지날드, 나는 할 수 없어요. 왜냐하면 내가 쓴 모든 것은 쓰레기에 불과하기 때문입니다." 롬바르두스는 이탈리아 출신이며, 파리의 노트르담 교회 학교에서 가르쳤다. 1144년 그는 저명한 신학자로 존경을 받았다. 훗날 그는 파리의 주교로 성별되었다. 그의 『네 권의 명제집』(*Four Books of Sentences*)은 토마스 아퀴나스를 포함한 중세 신학에 지대한 영향을 미쳤을 뿐만 아니라, 특히 칼뱅의 『기독교 강요』에서 끊임없이 인용된다.

(3) 교의학은 항상 인내와 순종의 행위로서 작업한다. 이 작업은 교회에 약속한 하나님의 계시와 그 약속을 파악하는 신앙의 능력 안에서

행해진다. 신앙의 행위는 하나님의 예정에 근거를 둔다. 신학의 문제는 교회에 대한 비판적인 태도와 교회와의 연관성 사이의 갈등에서 오는데, 안셀무스는 이러한 갈등을 다음과 같이 극복한다. "내가 당신을 인도하는 것이 아니라, 우리가 말하는 그분―이분 없이 우리는 아무것도 할 수 없다―이 우리를 항상 진리의 길에 머물도록 인도하신다"(안셀무스, *Cur Deus homo?* II, 9).

하르나크에 의하면 두 가지 종류의 신학이 있다. 하나는 내적으로부터 오는 "카리스마적 신학"이다. 신학자로서 성령의 도움을 통하여 말하며, 이때 신학은 카리스마적으로 결정된다. 바울은 이런 신학의 창시자이다. 다른 하나는 외부로부터 오는 신학이다. 이것은 그리스도교 종교를 다른 지식의 대상과 연관하여 다루며, 그리스도교 종교의 현실과 진리를 일반적으로 타당한 역사적·심리적·이론적 인식론에 따라 기술한다. 이러한 신학의 대변자들은 2세기의 변증가들이다. 언제 어디에서 하나님을 보는가?(*ubi et quando visum est Deo*)라는 문제는 역사의 모든 단계에 걸쳐 교의학에게 주어진다. "인간적으로 말하면 이 어려움을 해결할 수 있는 방법은 없다. 우리는 단순히 하나님의 신비를 고백하며, 교의학은 신앙의 행위로서 기도를 포함한다. "어떤 사람이 다른 사람에게 이런 진리에 대한 이해를 매개하는가? 천사가 다른 천사에게? 어떤 천사가 인간에게? 당신에 관하여 우리는 그것을 간구하고 당신 안에서 찾으며, 당신 곁에서 문을 두드립니다. 그때 우리는 진리를 이해하고 수용하고 발견하게 됩니다. 진리가 우리에게 해명됩니다"(아우구스티누스, 『고백록』, XIII, 38, 53).

토마스 아퀴나스는 『신학대전』을 시작하며 다음과 같이 기도한다. "간구하오니 자비로우신 하나님, 당신의 마음에 흡족한 것을 나로 하여금 간절히 구하게 하소서. 주님의 이름을 찬미하기 위해 그것을 이해하고 연구하게 하시고, [주님이 원하시는 것을] 바르게 인식하며 온전하고 바르게 하소서."

(4) 기도는 우리의 의도를 통해서는 아무것도 성취할 수 없음을 인정하는 것이다. 기도를 통해 인간은, 선한 일이든지 악한 일이든지, 자신이 아니라 하나님이 의로우신 분임을 정당화한다. 우리가 "할 수 있음"(can) 대신 "해야 한다"(must)고 말한다면, 그것은 진정한 기도일 수 없다. "이와 같이 성령께서도 우리의 약함을 도와주십니다.…성령께서 친히 이루 다 말할 수 없는 탄식으로 우리를 대신하여 간구해 주십니다"(롬 8:26). "할 수 있음"에서 "해야 한다"로 향하는 길은 신비에 싸여 있다.

판넨베르크는 바르트가 이와 같이 교의학을 신앙의 행동으로 파악하는 것을 보면서 다음과 같이 질문한다. 1927년 『그리스도교 교의학 개요』에서 바르트는 슐라이어마허를 비판하면서 교의학을 하나님의 말씀의 자기입증성에 근거시켰다. 그러나 이제 바르트는 교의학이 그리스도교 신앙을 요구하며, 그 자체로 신앙의 행동이라고 말한다. 하나님의 현실성과 신앙보다 앞서는 그분의 말씀이 일차적으로 전제되지만, 다른 한편에서 바르트는 인간의 신앙을 교의학의 과제를 위해 수용한다. 그럴 경우 판넨베르크의 판단에 의하면 신앙보다 우위에 있는 행동으로 설정되는 하나님과 그분의 말씀은 바르트가 의도한 것처럼 분명해지지 않는다. 1927년 근대주의 개신교를 비판하면서—여기서 교의학은 신앙에 근거된다—교의학의 대상이 하나님의 말씀이라고 주장했다면, 바르트는 1932년의 교의학에서 이런 전제를 포기할 필요가 없지 않은가? 그렇지 않을 경우 바르트는 슐라이어마허의 입장—즉 신학을 신앙에 근거시키는 것—을 재수용하는 것이 아닌가(Pannenberg,

Systematic Theology, 1, 44)?

그러나 판넨베르크의 평가는 바르트가 한편으로 성령 및 신앙과 무관한 정통주의 교의학의 메마른 지성주의를 극복하고 있고, 동시에 경건주의나 근대 개신교에서 나타나는 "신앙의 인간학화"를 피해가는 것을 알지 못한다. 오히려 바르트는 신앙의 행위를 하나님의 예정, 자유로운 은총, 그리고 기도에서 파악한다. 어쩌면 바르트는 판넨베르크의 물음에 담긴 한 가지 어려움을 이미 알고 있었는지도 모른다. 신학은 교회 밖에서 관망하는 자들의 지혜나 사변이 아니다. 하나님은 말씀 안에서 신앙으로 인도하며 우리는 신앙을 통해 하나님을 인식하지만, 이때 하나님은 신앙의 포로가 되는 것이 아니라 성령을 통해 신앙의 연약함과 한계를 새롭게 개선해 나가신다. 그래서 교의학에서 기도는 매우 중요한 자리를 차지하게 된다.

앞에서 언급한 것처럼 바르트는 『괴팅겐 교의학』에서 하나님과 신앙의 상관관계를 전제하고, 자신의 교의학의 중심에 하나님의 말씀하심(*Deus dixit*)을 놓는다. 여기서 바르트는 포이어바흐의 종교비판을 넘어선다. 종교개혁자들은 믿음을 신뢰로 파악했는데, 이것은 약속에 대한 신뢰를 말한다. 신뢰는 하나님의 말씀과 연관된다. 그러므로 인간의 신앙이란—그것이 신앙고백이든지 아니면 신앙의 행위이든지 간에—믿음의 대상 곧 하나님과 분리되어서는 생각될 수 없다(GD, 11). 성령의 선물로서의 신앙, 또는 성령의 살아 있는 임재 안에서 하나님은 인간을 향하신다. "신앙은 오로지 하나님에 의해 계시된 것에 대한 동의이다"(GD, 12). 하나님을 말할 때, 교의학은 하나님과 신앙의 상관관계를 말해야 한다. 슐라이어마허에 의하면 교의학은 그리스도교 공동체와 역사적으로 주어진 타당한 가르침의 관계를 해명하는 학문인데, 그리스도교적 경건의 상태를 요약한다. 에른스트 트뢸치에 의하면 교의학은 종교적 의식과 세계 일반의 삶에서 나타나는 실제적인 변화들을 고려하면서 그리스도교 신앙을 지속적으로 제시하는 것을 말한다(GD, 7-8).

그러나 바르트는 이러한 교의학적 전통뿐만 아니라 경건주의와 개신교 정통주의도 거절한다. 바르트의 교의학에서 *Deus dixit*의 우위성을 통한 신앙과의 상관관계를 정확하게 파악하지 못하면, 판넨베르크처럼 하나님의 말씀의 우위성인가 아니면 신앙인가 하는 잘못된 양자택일에 도달하게 된다. 이 점에서 바르트는 코케이우스의 말을 인용했다. "그리스도를 통하여 하나님을 향해 살아감으로써 종교와 예전은 신학의 주제가 된다"(GD, 9).

더욱이 판넨베르크의 질문—바르트는 여전히 슐라이어마허의 입장을 재수용하는가?—은 하나님의 말씀과 경험(§6.3)의 관점에서 보다 비판적으로 다루어질 필요가 있다. 바르트는 하나님의 말씀에 대한 신앙의 행위에서 인간의 경험을 적극적으로 수용했다. 그러나 그는 동시에 슐라이어마허로부터 이어지는 그리스도교의 "간접-데카르트주의"[1]를 날카롭게 거절한다. 하나님의 말씀에서 인간에게 흘러내리는 영적 주입은 인간 자신의 특질 즉 존재의 술어(predicate)와 의식의 내용이 된다. 이러한 영적 주입 내지 특질(*habitus*)은 인간의 소유가 된다. 그러나 바르트는 이와 같은 신앙의 인간학화를 신앙과 경험을 숙고할 때도 수용하지 않는다(CD I/1, 214). 바르트에게 신앙의 확신은 심리학적인 인간의 자기결정이 아니라, 하나님이 자유로운 은총과 말씀을 통해 인간을 신앙으로 불러내는 사건에 근거한다. 신앙 안에서 하나님을 아는 것은

---

1   자기 확실성의 근거를 성찰된 사유에 두는 데카르트주의와 대조적으로 확실성의 근거를 개인적인 믿음에 두면서도 이를 자각하지 못하는 개인적 신앙 중심주의를 뜻한다 - 편집자 주

하나님의 말씀 자체 안에서 일어나는 사건이다. 우리는 믿을 때 신앙을 고백하며, 이 고백은 하나님의 은총의 사건을 뜻한다. 이러한 은총의 사건과 더불어 그리고 그 안에서 신앙이 온다(CD I/1, 225).

보론: 칼 바르트와 자연과학

바르트는 하인리히 숄츠가 주장한 학문으로서의 신학을 어떻게 발전시켰는가? 바르트에 대한 판넨베르크의 비판은 적합한가? 바르트는 신학과 자연과학의 관계에 관하여 다음과 같이 말한다. 자연과학에는 자유로운 영역이 존재하며, 이것은 신학이 창조주 하나님의 일을 기술하는 것을 넘어선다. 그리고 신학은, 자연과학이 이방의 영지나 종교가 아니라면, 과학에 할당된 한계의 영역을 고려하면서 자유롭게 행한다(CD III/1, preface, x). 자연과학적인 진술들과 발견은 모든 종교적인 것들을 경험주의나 인간의 합리성으로 환원하는가? 종교와 과학의 영역은 독립적이어서 방법론적인 절차와 질문, 그리고 규칙과 판단기준이 서로 다를 수밖에 없다. 과학이 경험적 실재를 다룬다면, 종교는 구원과 궁극적 의미 혹은 도덕적 가치를 다룬다. 이 점에서 종교와 과학은 서로 독립적이며, 자율적인 관계를 가져야 한다. 자연과학자들 가운데 스티븐 굴드(Stephen J. Gould)와 케네스 밀러(Kenneth R. Miller)가 대표적으로 이런 입장을 취한다(Gould, *Rocks of Ages*, 6; Miller, *Finding Darwin's God*, 287). 밀러는 생물학 분야의 대학교재를 쓴 명망 있는 자연과학자로 알려져 있다. 자연과학의 유물론적인 결정주의에 저항하여 그는 하나님에 대한 믿음을 선언한다.

바르트가 취하는 자연과학적인 입장을 해명하려면, 우선 그의 해석학적인 입장을 살펴볼 필요가 있다. 에벨링에 의하면 하나님의 말씀과 해석학적인 문제 사이에는 긴장이 있고 때로는 대립도 있다. 해석학적인 질문과 인식론적인 절차가 하나님의 말씀을 지배할 경우, 바르트는 여기에 저항한다. 살아 계신 하나님의 말씀과 계시는 해석학적인 순환 안에 갇히는 것이 아니라, 이러한 인식과 해석의 과정을 새롭게 갱신하는 근거이기 때문이다. 일반 해석학이 성서의 증언으로부터 배운다면, 바르트의 『교회교의학』은 일반 해석학의 문제에 중요한 기여를 할 수 있다(Ebeling, *Word of God and Hermeneutics*, 84).

성서에 대한 학문적인 비판은 신학의 주제인 하나님의 계시의 빛 안에서 수용될 수 있다. 신학의 주제가 하나님의 신비, 자유, 그리고 은총의 사랑이라면, 성서 해석은 하나님의 진리에 종말론적으로 열리면서 접근한다. 바르트는 성서 주석을 루터의 원리(성서가 성서를 해석한다, *veritas scripturae ipsius*)와 성령의 내적 증거를 통해 옹호한다(CD I/2, 494.536). 이 점에서 바르트의 특수 해석학은 성서의 주제(Sache)에 의해 인도되며, 언어적으로 설정된 해석학을 무시하지 않는다(Gadamer, *Truth and Method*, 521).

바르트의 유비론적 해석학에서 중요한 원리는 다음과 같다. "하나님은 하나님을 통해서 알려진다." 인간 이해는 개념과 상상력 안에서 이루어지는데, 하나님 인식은 항상 불완전하고 단편적이기에 자기비판적이다. 그리고 모든 단계에서 수정을 요구한다. 왜냐하면 인간은 특수한 사회적·역사적 상황 안에서 하나님의 말씀을 경험하기 때문이다(CD I/1, 202.200). 철학적 해석학의 용어로 표현하자면 살아 계신 하나님의 생활세계나 지평이 인간에게 다가올 때, 인간의 해석학적 경험은 그 신비와 자유로움 앞에서 단편적으로 머물며 끊임없이 새로운 해석을 향해 열려진다. 인간의 지평은 하나님의 말씀의 영향을 받고, 심화되고 확대된다. 이것은 바르트적인 의미에서 작용사로서 하나님의 말씀의 지평이 인간의 지평과 만나면서 일어나는 이해의 차원, 즉 해석학적 지평융합을 의미한다. 바르트에게 유비는 변증법적이라기보다는 해석학적이며 언어적인 차원을 갖는다. 유비는 하나님 인식에서 부분적인 상응과 일치를 말한다. 하나님의 말씀이 우리에게 올 때, 신앙의 사건에서 우리는 해석학적 순환과 연관되는데, 이것은 인간의 참여와 인간적 유비에 대한 하나님의 적응, 즉 계시를 표현하는 유비를 뜻한다. 이것은 하나님의 진리의 순환(*circulus veritas Dei*)을 의미하며, 유비, 비슷함, 부분적 상응이라는 언어적 개념은 바르트의 신학적 해석학에 근본적이다(CD II/1, 231-2).

바르트가 일차적으로 신학과 자연과학을 독립적인 영역으로 구분하는 것은 자연과학에 대한 무관심 때문이 아니다. 바르트에게 창조 세계는 그리스도의 계시의 빛 안에서 새롭게 발견되고 설정되고 통전된다. 창조는 하나님의 말씀을 증언하며 그 말씀에 봉사한다(ministerium verbi divini, CD IV/3.1, 164). 유비와 메타포는 하나님과 창조 세계의 이해를 위한 중요한 요소다. 창조는 하나님의 영광을 드러내는 무대(칼뱅)이며, 또한 모든 피조물은 하나님을 간접적으로 드러내는 마스크(*Larva Dei*, 루터)와 같다.

바르트의 유비론적 해석학은 창조세계와 자연과학의 해명에 중요하다. 자연과학-신학의 영역에서 특히 이안 바버(Ian Barbour)는 신학과 자연과학의 관계 설정을 위해 비판적 실재론(critical realism)을 전개한다. 여기서 메타포적인 담론과 유비론적 상상은 매우 중요하다. 이론과 관찰되는 정보 사이의 상응을 표현하기 위해 상상력, 유비, 메타포가 적극적으로 수용된다. 이것은 비판적 실재론에서 상응의 원리를 위해 요구되는 경험적 자료와의 일치, 논리적인 일관성, 영역, 산출 정도를 언어적으로 표현한다(Barbour, *Religion and Science*, 106-15).

폴킹혼(John Polkinghorne)은 자연과학과 신학의 대화에서 이해의 추구가 지성적인 절차와 순환을 거친다고 말한다. 자연과학의 영역에서도 계몽주의적 혹은 데카르트적 원리처럼 자명하고 분명한 것은 존재하지 않는다. 해석학적인 순환은 경험을 이해하기 위해 필요하며, 경험은 해석학의 관점과 일치한다. 신학에서 말씀에 대한 경험은 매우 중요하다. 자연과학 역시 실험실에서 연구하는 대상에 의해 경험적인 영향을 받는다. 여기서 인식론적인 순환은 인간의 지식이 지식의 대상에 의해 영향을 받는 것을 말한다. 탐구 대상이 스스로 드러난다. 탐구 대상의 스스로 드러남은 예를 들어 자연과학적인 발견과 신학적인 계시를 뜻하는데, 이것들은 인식론적인 순환과 깊은 관련을 갖는다. 자연과학의 인식 모델은 다양한 영역에 따라 서로 다르며, 프로크루스테스의 침대처럼 모든 것을 하나로 환원시키는 보편주의적 방법론은 존재하지 않는다. 폴킹혼의 비판적 실재론은 절대적 진리에 도달하는 것을 요구하는 것이 아니라 진리에 접근하는 유사점 내지 접근을 이야기한다(verisimilitude). 이것은 물리적 세계와 실재에 대한 보다 좋은 지도를 구성하는 정도를 의미한다(Polkinghorne, *Scientists as Theologians*, 16-7). 양자의 세계에서 파동/입자의 관계는 물리적 실재가 상호보충 관계로 이루어진 것으로 본다. 다른 한편으로 "인간 원리"[2]를 하나님의 창조와 상호보충적으로 연관지어 현대 자연신학의 모델로 발전시킨다. 진화론과 신학의 계속적 창조(*creatio continua*)를 자연신학적으로 연관시키기도 한다. 그러나 폴킹혼에게 중요한 것은 이안 바버의 경우처럼 종교와 과학의 통합이나 상호보충성이 아니다. 그럴 경우 신학의 독특함과 특수성은 과정신학으로 환원되거나 순응이 되고 만다는 것이다.

---

2 Anthropic principle, 빅뱅 이후 우주 상수들이 인간이 존재하기 위한 방향으로 극도의 낮은 확률을 거쳐 결정되면서 우주가 진화해 왔다는 주장—편집자 주

칼 바르트 말씀의 신학 해설

일반적으로 바르트의 입장은 자연과학과 신학의 영역에서 양자의 독립적 모델 또는 두 언어의 이론 모델로 간주될 수 있다(참고. CD III/1, ix-x). 신학과 자연과학은 서로 다르고 독립적이며 서로의 자유와 탐구영역을 침해할 필요가 없다. 그럼에도 불구하고 바르트는 『교회교의학』을 시작할 때부터 신학과 인문과학을 분리하려고 하지 않았다. 교회의 영역에서 철학, 역사, 사회학, 심리학, 교육학 등은 하나님에 대한 교회의 진술을 판단하는 과제를 가질 수 있다. 나아가 모든 학문은 궁극적으로 신학일 수도 있다. 신학의 존재는 교회의 선포를 검증하는 비상조치다(CD I/1, 5-7). 바르트는 다른 학문을 거절하면서 교회의 내적 영역으로 후퇴하는 신학을 전개하지 않는다. 바르트는 창조를 신앙의 조항과 사가(saga)를 통해 해석하지만, 그것이 자연과학적인 질문을 배제하는 것은 아니다. 바르트에 의하면 과학적 신학은 하나님의 실재와 자기수여에 순종하면서 하나님에 대한 인식론적 관계에 적극적으로 관여한다(Torrance, *Theological Science*, v).

창조의 선함은 말하자면 하나님이 창조세계를 그분 자신의 은총과 그리스도의 주권을 위해 사용하신다는 것을 의미한다. 피조세계를 표현할 때 바르트는 신앙의 유비 또는 관계의 유비(*analogia fidei sive relationis*)를 사용하여 말한다(CD III/3, 51). 화해의 빛 속에서 바르트는 피조세계가 그 자체로 빛들, 진리들, 언어들, 말씀들을 갖는다고 말한다. 피조세계에서 바르트가 말하는 자기 발광체들은 자연계의 법칙과 경험과학, 심지어 테크놀로지까지도 포함한다. 한편으로 경험적 관찰과 연구를 근거로 해서, 다른 한편으로 수학적 논리를 근거로 해서 만들어진 정밀과학들은 자연법칙의 지식과 인식 가능성을 통해 세워진다. 근대적인 의미에서 인간의 기술은 법을 적용하며, 우리는 그러한 자연과학과 기술을 통해 살아간다(CD IV/3.1, 147-66). 바르트에게 자연과학과 테크놀로지는 하나님이 창조주이며 모든 자연법칙의 주님이심을 제시한다. 피조세계, 우주, 이러한 영역의 자연은 그 자체의 빛들, 진리들, 언어들, 말씀들을 가지고 있다(CD IV/3.1, 139). 하나님의 영광을 드러내는 무대로 만들어진 피조세계의 자기 발광체들은 우리가 이해해야 하는 텍스트가 되며, 그것들은 스스로를 해명하기도 한다.

피조세계의 지성적인 상태와 특질은 인간에게 알려지며, 우주의 주관적 혹은 객관적인 합리성은 다양한 형식을 취한다. 이들은 다수와 특수, 변화와 변경, 그리고 다양성을 가지며, 단편적인 수학 공식이나 다른 자연법의 유형으로 환원되지 않는다. 지성적인 우주의 삶에서 서로를 위한 공존은 정적인 것이 아니라 역동적이며, 다양한 형식의 우주는 일정한 리듬을 가지고 있고, 그 안에서는 지속적인 반복과 만남 및 충돌이 일어난다. 피조세계와 지속적인 우주의 끊임없는 삶 속에 "항상 시작과 중단과 새로운 시작"이 있으며, 끊임없는 발견, 숨겨짐, 재발견이 있다. 끊임없는 오고 감의 운동과 삶의 리듬 속의 사멸함이 없이는 과정이 없으며, 새로운 시작이 없이는 사라짐도 없다(CD IV/3.1, 144). 하나님은 피조세계와 우주의 삶에서 이와 같은 생태학적인 운동과 과정을 빼앗지 않으신다. 이러한 우주적 상호공존의 삶에서 일반성은 특수성으로 나누어지고, 특수성은 일반성에 종속된다. 전체가 부분 가운데 있으며, 부분 또한 전체 가운데 있다(CD IV/3.1, 144). 지성적인 우주의 삶에서 나타나는 전체-부분 시스템은 일차적으로 성서의 진술을 가리킨다. "땅이 있는 한, 뿌리는 때와 거두는 때, 추위와 더위, 여름과 겨울, 낮과 밤이 그치지 않을 것이다"(창 8:22). 우리는 하나님의 영광을 우주와 피조된 세계의 삶, 운동, 리듬에서 본다. 이것들 역시 새 하늘과 새 땅을 기다린다.

칼 바르트 말씀의 신학 해설

토마스 토랜스(Thomas Torrance)는 영국의 저명한 바르트 학자로서 자연과학과 바르트의 화해론의 적합한 관계와 친화력을 말한다. 토랜스는 자연신학이 계시신학의 입문(브룬너)처럼 독립적인 영역으로 취급되는 것이 아니라, 창조론의 통전적인 한 부분으로 다루어져야 한다고 주장한다. 토랜스에 의하면 자연의 심오한 신비와 자연 자체에 내재한 지성은 자연적 실재의 외부에 존재한다(Polkinghorne, *The Faith of a Physicist*, 42). 토랜스의 영향을 받은 폴킹혼은 물리학자의 종교적 경험을 인간의 환상적인 투사로서가 아니라 하나님과의 만남으로 말한다. 하나님의 신비와 씨름하지만 유신론자는 물리적 세계가 보여주는 합리적인 아름다움을 창조주 하나님의 존재의 반영으로 본다. 신학과 자연과학은 서로 독립적이지만, 대화를 필요로 한다. 대화에서 중요한 것은 조화로운 공명(consonance)의 추구이지, 순응이나 통합은 아니다. 과학은 신학의 특수성을 결정할 수 없다. 폴킹혼은 "안트로픽 우주적 원리"(anthropic cosmological principle; 폴킹혼에게 안트로픽 원리는 우주적 생의 최적조건을 의미하고 유신론적 창조론을 전제한다)를 통해 갱신된 자연신학의 형식을 추구하기보다는 중도적인 견해를 표명하며, 물리적 세계의 지성적이며 합리적인 아름다움의 배후에서 하나님의 창조의 증거를 본다. 진화 역시, 생명의 조건을 적합하게 조절해주는 자연환경을 고려하지 않을 경우, 생명의 발전 과정과 산출을 충분히 설명할 수가 없다(Polkhinghorne, *Scientists as Theologians*, 50-52). 폴킹혼이 볼 때, 자연신학 자체는 자연주의에 순응되어 버릴 수 있는 위험성과 취약성을 갖는다. 다윈의 진화론의 양육강식이나 생존 투쟁에서 자연의 창조와 파괴의 신인 시바를 만나게 될 수도 있다. 이런 점에서 폴킹혼은 바르트의 명제를 존중한다. "하나님의 아름다움은 죽음과 생명을 포함하며, 두려움과 기쁨 그리고 [인간이 말할 수 있는] 추함과 아름다움을 모두 포괄한다"(*The Faith of a Physicist*, 45). 그래서 폴킹혼은 자연신학이 이성, 일반적인 존재, 경험에 근거할 때 그 한계와 취약점에 대해 말씀의 빛으로부터 비판적인 성찰이 주어져야 한다고 말한다. 폴킹혼은 생명의 법칙을 히브리어로 설명한다. 그것은 창조(*bara*)이며 인간적인 만듦(*asa*)이 아니다(같은 곳, 43). 폴킹혼의 입장은 특수한 개별적인 사실로부터 일반적인 보편성을 향하는 사고방식(bottom-up)의 특징을 갖는다(같은 곳, 6,9). 바르트의 특수성의 사고는 성서적 진술을 근거로 하며, 창조와 화해와 종말의 틀 안에서 움직인다. 하나님의 영광의 무대로서의 창조에서 우리는 하나님의 섭리와 보존의 은총에 대한 적합성을 볼 수 있다. 그러나 바르트는 이러한 창조의 적합성을 통해 신학을 전개하지는 않았다. 그에게 창조는 계약의 외적 근거이며, 계약이 신학의 특수성으로서 창조의 내적 근거이기 때문이다.

한스 큉은 바르트의 "빛과 빛들"의 교리가 자연신학에 대한 이전의 날카로운 비판과는 달리 자연신학을 인정하고 있지 않는가라고 묻는다. 바르트의 "빛과 빛들"의 교리는 창조의 영역에서 예수 그리스도 외에 많은 진리들, 말씀들, 빛들을 포함한다. 물론 바르트에게 예수 그리스도는 하나님의 계시이며 유일한 말씀이다. 그러나 예수 그리스도는 성서나 교회의 영역에 국한되지 않는다. 하나님은 교회 밖에서도 활동하시며, 창조와 문화를 통해서도 말씀하실 수 있다. 교회는 이와 같은 교회 외부의 소리를 신중하게 듣고 분별할 수 있어야 하며, 그 소리가 성서 및 교회의 교리와 일치하는지 검증해야 한다. 나아가 바르트는 "원(原)계시"나 "창조의 계시"와 같은 근대 신학의 위험한 표현까지도 "빛과 빛들"의 교리를 통해 수용한다. 이와 관련하여 한스 큉은 바르트가 이전에는 자연신학과 존재의 유비를 "적그리스도의 고안물"로 단정하고 공격했지만, 화해론에서는 이전의 그런 입장을 철회했다고 진단한다. 물론 바르트는 아우구스티누스처럼 공개적으로 자신의 과오를 인정하지는 않았다(Küng, *Does God Exist?*, 527).

칼 바르트 말씀의 신학 해설

몰트만은 "자연의 책(창조)"에서 나오는 하나님의 자연적 인식과 "성서"에서 오는 초자연적인 인식이 있다고 말한다. 하나님의 자연적 인식은 인간 존재에 내재한 인식 능력이나 양심에 근거한다. 혹은 자연과 역사 안에서 하나님의 사역과 효력들을 관찰함으로써 얻어진다(Moltmann, *Experiences in Theology*, 66). 자연신학이 하나님의 보편성에 관련된다면, 몰트만은 그 신학이 계시신학의 한 차원이라고 본다. 하나님의 보편성은 계시의 한 부분이기 때문이다. 몰트만에 의하면 바르트의 계시신학은 자연신학을 자체 안에 포섭하고 예비적·종말론적 기대의 성격을 취하는데, 그것은 예레미야 31장의 새 계약의 성취의 틀 안에 이미 존재한다. 칼뱅에게 창조가 하나님의 영광을 드러내는 무대라면, 바르트에게 그것은 계약의 외적 근거이다. 창조는 자체의 빛들, 진리들, 말씀들을 가지고 있다. 이것들은 그리스도 안에 나타난 하나님의 자기계시와 화해의 사역을 통해 자체의 능력들을 갖는다. 몰트만 역시 바르트의 "빛과 빛들"의 교리가 자연신학과 다르지 않다고 본다. 몰트만의 해결방식은 상호인식의 변증법적인 작용인데, 다시 말해 그것은 "신앙의 유비 안에 존재의 유비가 있으며 존재의 유비 안에 신앙의 유비"가 있음을 뜻한다(같은 곳, 78).

하지만 한스 큉이나 몰트만의 진단은 내게는 수수께끼와 같은 진술로 느껴진다. 바르트는 "빛과 빛들"의 교리에서도 여전히 『교회교의학』 I/1에서 전개되는 하나님의 "말씀-행위"(§5.3.4)에 근거해서 사고하고 있으며, 그 "말씀-행위"를 화해론의 콘텍스트에서 자연, 창조, 우주 안에 존재하는 빛들, 진리들, 말씀들과 통합시키면서 전개한다. 바르트는 이미 알트하우스(원계시)나 브룬너(창조와 계시의 접촉점)와 논쟁하던 당시에 서술했던 "말씀-행위"의 신학을 화해론에서도 여전히 일관성 있게 주장했다고 할 수 있다.

알트하우스는 하나님의 본래적인 형식(창조)과 그리스도의 계시를 대립시키면서 율법을 자연법으로 발전시켰다. 율법과 복음의 구분은 하나님의 본래적 형식(창조)과 그리스도론적인 형식의 구분이다. 율법 이전의 복음의 형식은 본래적인 조건이며, 여기서 인간은 역사적인 그리스도의 계시와 상관없이 하나님의 의지를 알 수 있다. 복음의 기능은 창조의 본래적 형식을 회복하는 것이며, 이미 존재하는 창조 질서와 율법을 지적한다. 그리스도는 이러한 자연법을 변화시키지 않는다. 알트하우스에게 복음은 영적인 측면에서 개인의 죄를 용서하는 것이며, 율법은 창조의 독립적인 질서와 역사의 체계가 된다. 자연법으로서의 율법은 자체로 타당하며 그 자체의 빛을 비추며, 이것은 본래 예수 그리스도에 대한 믿음과 복음에 구속되지 않는다(Chung, *Hermeneutical Theology and the Imperative of Public Ethics*, 332).

바르트는 알트하우스의 전형적인 자연신학적 입장을 수용하지 않는다. 죄의 용서에만 국한되는 복음은 알트하우스에게는 창조의 한 부분이 되고 만다. 이와 달리 바르트는 하나님의 말씀-행위를 하나님의 자유와 주권성에서 파악한다. 하나님은 그리스도의 계시 안에서 자신을 주님으로 계시하셨다. 물론 하나님은 구약성서에서도 말씀을 통해 스스로를 계시하신다. 이러한 *Deus dixit*(하나님은 말씀하신다)는 그리스도의 계시 및 화해의 사건과 떨어져 있지 않으며, 하나님은 자신의 영광을 드러내시는 창조의 무대에서 그분 자신의 자유와 주권성에 근거하여 말씀하실 수 있다. 여기서 누가 교회 외부에서 들려오는 하나님의 낯선 소리들을 경청하고 그 적합성을 분별할 수 있을까? 그것은 그리스도의 계시와 화해 사건에 대한 믿음과 은혜의 세계 안에 있는 사람들이다. 그러므로 신앙의 유비는 포기되지 않는다. 예수 그리스도는 교회의 주님이자 세계의 주님이시다. 부활의 그리스도는 세계의 주님으로서 언제든지 세상의 빛들, 말씀들, 심지어 자연과학의 성과와 결과들을 하나님의 자유로운 소통의 수단으로, 그리고 하나님 나라의 비유들로 사용하실 수 있다. 여기서 신학은 타학문에 대해 유비론적인 적합성을 갖는다.

바르트의 이와 같은 사유는 초기 자펜빌에서 시작하여 『교회교의학』 화해론의 마지막 부분에 이르기까지 전체를 관통하는 그의 신학의 주음(主音, *cantus firmus*)에 속한다. 알트하우스의 원계시를 긍정적으로 본다는 것은, 바르트에 의하면, 알트하우스와는 정반대로 그리스도의 화해의 사건이 창조의 영역에도 일어나기 때문이다. 복음은 단순히 죄의 용서에 국한되지 않는다. 그것은 하나님 나라에 관한 복음이며, 세상과의 화해를 선언한 포괄적인 복음이며, 그리스도는 모든 인류와 존재론적인 관계 안에 있고 그리스도의 계시에 대한 믿음은 하나님과 세계 사이의 관계에 대해 열린 자세를 갖는다.

피조세계는 그리스도의 계시와 화해의 은총을 통하여 관계의 유비 안으로 들어온다. 관계의 유비는 신앙의 유비의 심화된 형식과 내용을 가지며, 존재의 유비 혹은 자연신학과는 전혀 상관이 없다. 자연신학과 존재의 유비는 창조의 세계 안에서 화해된 현실과 화해되지 않은 현실(주님 없는 폭력들)을 복음의 빛으로부터 분별할 수 있는가? 바르트 신학에서는 복음의 주제에 대한 집중(Wort zur Sache)이 먼저 오며, 그다음에 상황에 대한 말씀(Wort zue Lage)이 피조세계의 빛들과 자체적인 진리들을 하나님 나라의 빛 속에서 비판적으로 검증하고, 그 제한성을 변혁하며, 하나님 나라를 증언하는 비유들로 만들어 간다. 여기에 몰트만의 상호변증법적인 작용처럼 신앙의 유비 안에 존재의 유비가 있는 것도 아니며, 존재의 유비 안에 신앙의 유비가 있는 것도 아니다. 관계의 유비는 신앙의 유비로부터 오며, 존재론적인 능력과 양심을 근거로 하는 신 인식 또는 자연을 관찰하여 파악한 신 인식과는 상관이 없다.

이런 맥락에서 일차적 원인(하나님)과 이차적 원인(피조세계) 사이의 관계를 다룰 때, 바르트는 피조물과 함께하는 하나님의 동행(concursus)이 피조물의 자유를 침범하지 않는다고 말한다. 피조물의 행동의 독립성과 자유는 보존된다. 하나님은 피조물과 동행하며, 동시에 이들과 더불어 활동하신다. 피조물과의 동행(concursus)은 하나님이 피조물과 함께하시는 동시적인 동행이다(CD III/3, 132). 하나님의 동행은 은총이며, 하나님은 피조물의 행동과 연대하시면서 피조물을 끊임없이 자유롭게 만드신다(CD III/3, 93-4). 바르트는 하나님의 동행의 교리를 하나님의 자유로운 은총의 사랑으로 해석하고, 피조물의 편에서 자유와 자율성을 허락하신다(CD III/3, 113).

하나님이 피조물과 동행하는 것에 관한 "동행의 신학"은 자유의지를 변호하는 이론(free will defence)과는 다르다. 왜냐하면 후자는 피조물의 자유를 위한 하나님의 자기제한을 강조하기 때문이다. 자유의지 이론에서는 하나님의 능력과 피조물의 자유가 동일한 수준에서 파악된다. 바르트는 피조물의 행동의 상대적인 자율성이 루터교의 동행의 교리에서 긍정적으로 파악된다고 본다(CD III/3, 97). 동행의 콘텍스트에서 바르트는 하나님을 일차적 원인으로 파악하며, 하나님은 이차적 원인인 피조세계를 앞서가고 동행하고 뒤따라간다. 하나님의 사랑과 자유로운 행동의 빛에서 일차 원인(하나님)은 자연과학이 관찰하는 이차적인 자연의 원인과 동일시되지 않는다. 일차 원인과 이차 원인 사이에는 관계의 유비와 부분적인 상응만 존재한다.

여기서 바르트는 아리스토텔레스와 토마스 아퀴나스(1225-1274)를 비판한다. 이들은 일차 원인인 하나님과 이차 원인인 피조물과 자연

칼 바르트 말씀의 신학 해설

사이의 절대적인 차이를 파악하지 못했다(CD III/3, 103). 토마스 아퀴나스는 동행의 교리를 이사야 26:12에 근거시켰다. "우리가 성취한 모든 일은 주님께서 우리에게 행하여 주신 것입니다." 하나님과 피조물 사이의 차이에도 불구하고 아퀴나스는 존재론적인 유사성을 통해 창조주와 피조물의 병립이 생기는 것을 본다.

아퀴나스는 우주론적 증명을 위해 하나님을 제1원인으로 전제하고 모든 피조물이 제1원인인 하나님께 의존한다고 말한다. 목적론적인 논증을 통해 그는 자연 안에는 질서, 이해 가능성, 그리고 합리적 목적과 설계가 있음을 말한다. 하나님은 피조물들에 대해 존재론적인 우위를 갖는다. 개별 존재는 하나님의 존재의 완전성과 필연성에 관계된다. 하나님의 존재는 도덕적으로 필요하며, 지고의 선의 가능성의 조건이다(존재론적 증명/도덕론적 증명, Küng, *Does God Exist?*, 530-1).

지적 설계자(Intelligent Designer)로서의 창조주 하나님은 자연세계를 끊임없이 보존하고 다스린다. 하나님의 섭리는 활동적인 능력으로서 자연의 질서를 통해 역사한다. 제1원인으로서 하나님은 이차 원인인 피조물들과 동행하는 관계로 들어오며, 여기서 이차 원인들은 상대적인 자율성을 갖게 된다. 자신과의 동행(concurrence) 안에서 하나님은 모든 것을 목적을 향해 이끌어 가신다. 이성과 합리성은 신앙에 이르는 중요한 입문과도 같다. 그리스도의 계시나 신앙과는 상관없이 인간의 이성은 하나님의 존재를 긍정하고, 목적론적인 논증은 자연세계 안에 존재하는 합리적인 설계와 목적을 근거로 해서 제1원인자로서의 하나님을 지적 설계자로 파악한다. 아퀴나스의 우주론적인 증명은 세계가 우발적으로 생겨난 것이 아니라 세계의 필연적 근거인 제1원인자로부터 온 것으로 파악하기 때문에, 하나님은 자연세계에 부분적으로 알려지고 계시되신다. 물론 아퀴나스는 자연신학을 계시신학과 존재론적으로 병립시키지만, 계시신학의 독특성을 무시하지 않았다. 계시가 일차적이라면, 자연은 이차적이다. 하나님의 존재는 자연세계에서 합리적으로 드러나고 우주론적으로 증명되지만, 삼위일체 교리나 성육신은 인간의 이성만으로는 알 수가 없다.

아퀴나스의 이러한 입장은 18세기에 윌리엄 페일리(William Paley)의 『자연신학』(Natural Theology, 1802)에서 정점에 도달한다. 페일리에 의하면 시계의 모든 부품은 단 하나의 목적을 성취하기 위해 통합되어 움직인다. 시계는 그것을 만든 사람을 추론하게 한다. 마찬가지로 자연세계의 모든 구조와 유기체들은 그것을 만든 지적 설계자를 생각나게 한다(Barbour, Religion and Science, 51). 페일리는 지적 설계를 옹호하는 논증을 펼치지만, 자연계에서 나타나는 생존경쟁과 자연적 재난과 고통을 볼 때 그가 주장하는 합리적이고 자비로운 지적 설계자로서의 하나님은 설 자리를 잃게 된다. 하나님을 시계와 같은 세계를 만든 분으로 전제한다면, 그런 기계론적·합리적 질서에 따라 움직이는 세계 안으로 관여해 오시는 하나님의 지속적인 활동은 어떻게 파악될 수 있을까?

이신론의 하나님은 창조적 활동을 통해 모든 피조물의 삶을 완전하게 하고 자연법으로 피조세계를 다스리신다. 이때 자연법은 하나님의 도구가 된다. 그 결과 하나님의 특별한 관여와 간섭(치유, 기적, 말씀의 성육신, 성령을 통한 새로운 창조, 새 하늘과 새 땅)은 실종되고 만다. 이 점에서 자연신학은 결국 이신론으로 가는 길목이다. 자연을 통해 하나님의 본성(자연, nature)을 아는 길이 열린다. 위대한 존재의 사슬과 위계

질서를 통하여 우주와 자연은 완벽한 구조를 이룬다. 우주의 합리적인 현상유지가 하나님의 의도이다. 이성이 이것을 확인한다(같은 곳, 22, 31, 36).

최근 신(新)토마스주의자들은 하나님의 주권과 세계의 자연법칙을—이신론을 받아들이지 않은 채—전개하려고 한다. 이들은 아퀴나스의 제1원인과 이차 원인의 구분을 수용하는 동시에, 하나님의 지속적인 활동을 향해 자신들을 개방한다. 제1원인으로서의 하나님은 자연과학이 탐구하는 이차 원인인 자연법칙을 수용한다. "하나님의 손에 있는 피조물들은 목수의 손에 들린 도구와 같다"(같은 곳, 309).

하나님은 자연계를 보존하신다. 피조물의 능력은 하나님의 능력이 지속적으로 유입되는 것을 필요로 한다. 피조물의 능력은 잠재적 상태에 머물고 있으며, 하나님의 행동에 의해 현실태가 된다. 하나님의 동행의 교리는 자연의 이차적인 원인들의 행동에서 이신론과는 달리 하나님이 보다 직접적으로 관여하는 것으로 본다. 하나님의 예지(미리 아심)는 세계의 모든 것을 미리 결정하고, 자연계의 모든 사건을 질서 있게 구성하고 다스린다. 이러한 하나님의 예지가 모든 것의 제1원인이 된다. 그러나 하나님은 이차 원인들을 일방적으로 결정하지 않는다. 이차 원인으로서의 자연의 존재와 실재는 하나님과 상호의존적이다. 원인과 결과의 관계와 규칙성은 자연과학의 기반이 된다. 자연법칙은 자연의 질서와 운동을 지배하고 자연적인 효과를 산출한다. 자연계에서 일어나는 운동과 효력들은 서로 다른 측면을 전제하더라도 제1원인과 이차 원인의 상호작용에 의해 산출된다. 하나님은 기적과 같은 사건도 일으키지만, 그러나 일반적으로 이차 원인인 자연법칙을 통해 역사하신다.

이 경우에 자연법칙성이 제1원인인 하나님의 미리 아심에 속한다면, 하나님의 자유로운 은총의 사건은 제한적인 것이 되고, 현재 상태 안으로 치고 들어오는 하나님의 종말론적인 개입(그리스도의 부활과 성령의 역사)과 미래의 차원(새 하늘과 새 땅)은 신(新)토마스주의의 틀에서는 약화된다. 개별적인 존재에 자연적이고 독립적인 자율성이 주어지며, 그것은 하나님의 목적을 드러낸다. 하나님은 이러한 개별적인 존재에 내적인 본성과 능력을 허락하시고 목적을 향해 그 잠재태를 현실화 하신다. 자유는 개별 존재에 속한다. 그러나 하나님의 영향은 마지막 원인으로서의 결과의 선함으로 드러난다. 제1원인으로서의 하나님의 행위는, 피조계의 개별 존재들 안에서 이들을 통하여 활동하지만, 이들과 경쟁을 하거나 강요함 없이 이루어진다. 자연 질서의 법칙을 파괴하고 개입하는 간격의 하나님(God of gaps)이란 없다. 자연과학은 갭을 필요로 하지 않는 제1원인으로서의 하나님을 자연의 연구와 분석을 통해 말할 수 있다. 이러한 신(新)토마스주의의 입장은, 이안 바버의 판단에 의하면, 과정신학과 많은 공통점을 갖는다(같은 곳, 310).

그러나 바르트는 아퀴나스의 길과 이신론, 그리고 신(新)토마스주의를 수긍하지 않는다. 피조물과 하나님의 동시적인 동행은 일차적으로 하나님의 말씀에 근거한다(CD III/3, 133). 하나님의 주권은 그리스도 안에 계시된 자유로운 은총이며, 피조물은 하나님과의 계약 관계로 부르심을 받는다. 안식은 창조의 정점이다. 마지막 종말의 완성의 때에 하나님의 안식은 만유 안에서 드러날 것이다. 그 안식에는 모든 피조물이 포함되며, 그래서 그것은 단순히 인간 중심적이지 않다. 바르트는 땅의 지배 (창 1:26)를 인간에게 허락된 규정으로 간주하지 않았다. 자연에 대한 과학과 기술의 무제한적인 지배는 거절된다. 은총의 계약은 자연의 삶 속에 준비되어 있으며, 모든 살아 있는 것들이 주님의 식탁으로 초대되었다(CD III/1, 205).

바르트는 "계속적 창조"(*creatio continua*)를 성서의 종말론적인 하나님의 임재(고전 15:28)와 관련시켰다. 하나님의 종말의 안식은 처음 창조의 정점에 속하는 안식과 연결되며, 하나님의 초월성에도 불구하고 피조물들 속에 온전히 내재한다(CD III/3, 8). 하나님은 안식을 창조하지 않으셨다. 안식일은 인간의 삶에 본질적인 것이며, 하나님의 종말의 안식(메누하, *menuha*)은 하나님의 존재에 속한다. 안식은 하나님의 존재를 세계와 관련짓고 창조를 완성하며 왕관을 씌운다. 하나님의 세계 내재성으로서의 안식은 그리스도의 계시를 기대하며 드러나는데(CD III/1, 216), 이 점에서 안식은 창조의 정점이다. 하나님의 안식은 메시아적인 기대 가운데 있고, 그리스도 안에서 드러날 하나님의 미래의 약속을 지적한다. "하나님의 백성에게는 안식하는 일이 아직 남아 있습니다"(히 4:9-10).

인간의 자유와 피조세계 안의 진리들, 빛들, 말씀들은 이러한 하나님의 자유로운 은총의 주권과 능력에 의존한다. 하나님은 이들과 동행하면서 이들에게 자유와 상대적인 자율성을 허락하시지만, 자신은 여전히 전적으로 다른 섭리와 질서에 따라 움직이신다. 그러므로 하나님의 동행과 섭리는 이차 원인인 자연의 움직임 및 자율성과는 다르다. 자연의 독립적인 질서들은 계시와 화해의 하나님을 대변하지 못한다. 하나님은 자연계의 이러한 말씀들과 빛들을 복음의 빛 안에서 비판하고 갱신하고 다시 설정하시며, 하나님 나라의 비유로 만들어가면서 하나님의 말씀에 봉사하게 만드신다(*ministerium verbi divini*). 하나님의 은총은 자연의 이차질서들 안에서 기적의 사건으로 드러난다. 이것은 자연이나 역사가 파악할 수 있는 영역이 아니다. 오직 말씀과 성령을 통하여 하나님은 그러한 자연과 역사의 제한성을 갱신하면서 하나님 나라의 복음에 대한 비유들로 만들어 가신다.

이런 맥락에서 바르트의 신학은 한스 큉의 신학이 제시하는 비전과 비판적으로 동행하고 그것에 영감을 줄 수 있지 않을까? 한스 큉은 무신론과 허무주의에 대항하여 자신의 신학을 인간의 질문과 경험이라는 "아래로부터의 관점"을 통해 구성한다. 인간의 경험에 대한 분석은 그리스도교의 복음의 메시지에 비판적으로 통합된다. 그럼에도 불구하고 한스 큉은 존재의 유비나 이성의 가능성, 혹은 자연신학의 길을 택하지 않는다. 하나님의 계시는 믿음을 통해 알려진다. 신학적으로 하나님은 세계의 현실 안에서 창조주로서, 그리고 그분의 계시를 통하여, 독특성(믿음 안에서)과 세계에 대한 우위성을 갖는다. 동시에 큉은 다양한 입장들(무신론, 허무주의, 또는 세계종교에서 드러나는 신의 존재)을 진지하게 취급하지만, 신학적으로 재해석하는 것이 아니라 오히려 이러한 입장들을 윤리적인 관점에서 다룬다(Küng, *Does God Exist?*, 577-8).

이에 따라 바르트는 큉의 윤리적 접근을 하늘나라에 대한 세속적 비유들을 통해 다루게 된다.[3] 하나님의 주권과 동행, 그리고 피조물의 자율성을 근거로 해서 바르트는 자연신학이나 이신론, 혹은 신(新)토마스주의적인 과정신학을 거절한다. 하나님은 자유 안에서 사랑하시며, 영원 전 그리스도의 예정을 통하여 세계와 관계를 맺으신다. 새 하늘과 새 땅의 영광의 나라는 우리에게 종말론적으로 다가온다. 아퀴나스의 제1원인과 이차 원인에 대한 신학적 성찰에는 종말론적인 사고가 결여되어 있다. 바르트에게서 그리스도 안에서 나타날 새로운 창조는 아퀴

---

3   2009년 11월 북경대학 학회에서 필자는 한스 큉과 대화를 나누었는데, 그때 큉은 바르트가 "빛과 빛들"의 교리의 단행본을 자신에게 보내주었고 자신은 그것의 영향을 받았다고 말했다. 바르트와는 달리 큉은 노아의 계약과 아브라함의 계약을 그리스도의 계시 안에서 통전적으로 바라본다. 계시신학이 자연신학의 차원을 갱신하고 윤리적으로 새롭게 설정한다는 것이다.

나스처럼 첫 번째 창조의 반복이 아니다(CD III/3, 6). 바르트의 이러한 비판적인 성찰은 오늘날 토마스 아퀴나스를 근거로 해서 자연과학의 신학을 전개하는 신(新)토마스주의자들에게도 해당한다.

바르트에게 창조는 계약의 외적 근거이며, 계약은 창조의 내적 근거이다. 하나님의 영원성은 계약의 사건에서 드러나는 과거, 현재, 미래를 포함하며, 그분의 미래는 그리스도의 부활과 신앙의 삶 안에서, 그리고 말씀과 성령을 통하여 현재에 임재한다. 현재의 삶으로 들어온 영원의 종말론은 새 하늘과 새 땅을 향한 종말론적인 소망을 각성하지만, 동시에 불의한 사회적 현실에 대항하여 자연과학의 기여가 하나님 나라를 위한 유비론적인 증거가 되도록 격려한다. 이 점에서 자연과학은 바르트에 의하면 연구대상과 인식의 절차에서 독립성과 자율성을 갖지만, 그와 동시에 그것이 이루는 성과와 기여는 하나님 나라의 빛에서 사회에서 밀려난 자들을 위한 연대와 혜택을 항상 윤리적으로 고려해야 한다.

§2 ◆ 하나님의 말씀과 교의학의 프롤레고메나

교의학의 프롤레고메나는 교의학 서론을 의미한다. 바르트의 관심은 프롤레고메나를 통해 교의학적 인식의 특별한 길을 이해하는 것이다. 바르트가 교의학의 프롤레고메나를 중요시하는 것은 브룬너의 논증적인 입문을 비판하고 설교의 중요성을 파악하기 위함이다. 프롤레고메나의 문제에서 접촉점을 둘러싼 논쟁이 관건이 된다. 교의학이 설교를 비판적으로 분석하는 학문적인 탐구인 한, 프롤레고메나는 설교를 하나님의 말씀의 빛에서 파악한다. 하나님의 자유로운 은총이 말씀의 사건을 통하여 신앙을 접촉점으로 만들어간다. 하나님의 은총의 사건 앞에 인간의 존재론적인 능력을 접촉점으로 전제하는 것은 성령의 주권적인 활동을 간과하는 것이고 신앙의 외부에 신인협력설을 제시하는 것이다. 교의학의 전통에서 신학은 학문과 지혜로 파악되지만, 성서적인 의미에서 신학은 삶 속에서 탁월하게 실천적이다. 교의학이 살아 계신 하나님의 은총에 대한 참여로 이해될 때, 신학은 유비 내지 모사신학(*theologia ektypos*)이 된다. 하나님의 계시는 말씀을 통해 드러나지만, 다만 간접적으로 드러나며 여전히 신비로 남는다. 이것은 하나님 자체를 추구하는 원형신학(*theologia archetypes*)과는 다르다. 이러한 신학의 길에서 하나님의 말씀과 신앙의 유비는 성령의 능력에 의해 인도되고, 다른 어떤 접촉점인 존재의 유비를 필요로 하지 않는다.

1. 교의학의 프롤레고메나와 접촉점 논쟁

『괴팅겐 교의학』에서 바르트는 교의학의 문제를 다음과 같이 정의한

칼 바르트 말씀의 신학 해설

다. "교의학의 문제는 하나님의 말씀에 관한 학문적인 성찰이다. 이 말씀은 계시 안에 계신 하나님이 말한 것이며, 예언자들과 사도들의 거룩한 성서 안에 기록되었다. 이 말씀은 이제 그리스도교 교회의 설교에서 선포되며—선포되어야 하며—들려지고 있다. "교의학의 프롤레고메나"는 이러한 학문적인 성찰의 주제, 필요성, 진행에 대한 기본적인 이해를 시도하는 것이다"(GD, 3).

바르트는 여기서 토마스 아퀴나스의 기도로 시작한다. "자비로우신 하나님, 저에게 허락하사 주님의 이름의 영광을 위하여 주님의 마음에 합한 것을 진지하게 찾고 신중하게 연구하며, 참되게 알아 온전히 제시하게 하옵소서." 바르트는 본(Bonn) 대학교에서 성서를 읽고 학생들과 함께 찬송을 부른 후 강의를 시작했다고 한다(Busch, *Karl Barth*, 227).

보나벤투라(Bonaventure, 1221-1274)는 자신의 교의학이 빈곤한 인간적 학문(*pauper portiuncula scientolae nostrae*)에 불과하다고 말했다. 보나벤투라는 중세 이탈리아 프란체스코회에 속한 신학자이다. 1482년 성인으로 추대되었고, 토마스 아퀴나스와 더불어 최고의 교회 박사로 존경을 받았다. 가장 유명한 저작은 『하나님에 이르는 마음의 길』(*Itinerarium mentis in Deum*)인데, 이것은 그의 교의학의 요약 즉 『요약적인 독서』(*Breviloquium*)를 말한다. 바르트는 보나벤투라의 교의학(*Brevilloquium*)을 멜란히톤, 츠빙글리, 칼뱅, 하인리히 헤페의 개혁 교의학, 그리고 슈미트의 루터교 교의학과 함께 학생들에게 추천했다(GD, 21-22).

우리가 칼뱅의 경우만 생각하더라도 교의학의 저술이 쉬운 일이 아님을 안다. 『괴팅겐 교의학』에서 바르트는 학문적인 성찰을 통하여 하나님의 말씀을 삼위일체론적으로 제시한다. (1) 하나님 자신이 말씀하시는 분이다. (2) 하나님의 말씀은 예언자들과 사도들을 통하여 기록된다. (3) 인간의 입을 통해 말씀은 선포된다. 말씀에 대한 교의학적인 성찰은 계시, 성서, 설교인데, 이 세 가지 형식은 혼동되어서는 안 되고 분리될 수도 없다. 계시는 오로지 하나님으로부터 오며, 성서는 계시로부터만, 그리고 설교는 계시와 성서로부터 나온다(GD, 15). 하나님의 말씀은 일차적으로 하나님이 말씀하시는 것이다. 바르트에게 교의학은 가르침과 교리이고 대화의 일부분이며, 토론에 대해 열려 있다.

『교회교의학』의 하나님의 말씀론에서 바르트는 『괴팅겐 교의학』에서 프롤레고메나로 파악한 삼중적(또는 삼위일체론적)인 하나님의 말씀론을 다시 발전시킨다. 그리고 말씀론에 이어 삼위일체론이 전개된다(CD I/1, §§8-12). 삼위일체론은 바르트 신학의 인식론에 대단히 중요하다. 말씀과 계시를 분석하면서 바르트는 삼위일체 하나님을 해명한 후, 그의 유명한 예정론을 다루기 전에 『교회교의학』 II/1에서 하나님의 본질과 성품을 서술한다. 삼위일체론과 예정론 사이에서 바르트는 또한 그의 유명한 성서론(I/2, §§19-21)도 다룬다. 프롤레고메나가 중요한 것은 바르트의 이와 같은 인식론의 절차가 자의적인 것이 아니라, 철저히 성서와 주석에 근거되어 있고 해석학적인 과정을 통해 전개되기 때문이다.

이제 『교회교의학』에서 바르트는 교의학의 프롤레고메나를 (1) 프롤레고메나의 필요성과 (2) 가능성의 두 가지로 나누어 설명한다. 여기서 바르트는 브룬너의 논증학을 문제 삼는데, 이것은 2년 후인 1934년 브룬너와의 접촉점 논쟁에서 다시 나타난다. 그리고 이 신학적 논쟁은 독일의 국가사회주의에 부역했던 "독일 그리스도교인들"(Deutsche Christen)과 연관된다.

프롤레고메나를 통해 바르트는 자신의 교의학이 취하는 특별한 인식의 길을 해명한다. 초기 교부들이나 중세 교의학의 프롤레고메나는 교의학적인 지식을 매우 간략한 성찰로 제시하기도 했다. 바르트는 교의학 프롤레고메나의 필요성을 고려하면서 에밀 브룬너의 시도를 검토한다. 브룬너는 "신학의 다른 과제"로서 "논증학(eristics)을 제시하는데, 이것은 그리스도교에 대한 신뢰를 상실해버린 근대 세계 앞에서 그리스도교가 행하는 자기정당화일 수 있다. 논증을 통해 교의학은 현대 정신의 자기 확실성에 갈등을 일으키고, 이러한 현대 정신을 자족적인 이성을 통해 영원하신 하나님을 향해 해방시킬 수 있다고 한다. 이런 시도에서 브룬너는 죄에 의해서도 여전히 파괴되지 않은 접촉점이 인간에게 남아있고, 이 접촉점을 통해 인간은 하나님을 자연스럽게 그리고 이성적으로 추구할 수 있다. 브룬너에 의하면 접촉점은 불신앙의 인간도 소유할 수 있는 자명한 지식인데, 이것이 신앙 안으로 통합된다. 이에 대해 바르트는 우선 브룬너의 논증학이 교의학의 프롤레고메나로서 수용될 수 없는 이유를 세 가지로 설명한다.

(1) 접촉점을 지지하는 신학적인 근거가 없다. 계시에 대한 그리스도교의 헌신을 말하면서 동시에 고대의 다른 신들 및 신화들에 관련된 문화와 종교를 신성화할 필요가 없다. 타종교에서 드러나는 종교성을 그리스도교 신앙과 동일시할 수 없다. 교회가 믿는 계시는 특별영역에 속하며, 고대 문화의 세계관에서 만들어진 일반적인 종교적 가능성과 양립하지 않는다. 물론 헤페의 개혁파 교의학에 의하면 자연종교와 계시종교는 깊숙이 연결되어 있다. 자연종교가 인간 안에서 계시의 접촉점을 중재한다는 것이다. 그럼에도 불구하고 이러한 접촉점에 근거해서 이성이 신앙에 의한 지식의 원리가 될 수는 없다(헤페, 『개혁파 정통 교의학』, 31).

(2) 접촉점은 교의학의 과제에서 수행되는 진지한 문제를 거절해

버릴 수 있다. 교의학은 교회가 진술하는 하나님에 관한 말들을 계시에 근거해서 판단한다. 이때 하나님에 관한 교회의 진술들은 신앙이 아니라, 하나님에 적대적인 인간적 이성—가톨릭신학이나 근대 개신교신학처럼—에서 나올 수도 있다. 이 점에서 교의학은 교회에서 벌어지는 인간적 이성과 계시 사이의 투쟁이 된다. 하지만 이러한 투쟁은 이성의 대립으로 가기보다는 계시의 선언으로 간다. 그러므로 교의학의 과제는 인간을 향한 하나님의 메시지와의 접촉점을 제시하는 것이 아니다. 계시 자체가 말씀과 성령을 통하여 인간에게 필요한 접촉점을 만들어 낸다. 이러한 차원이 간과되고, 인간의 이성이 교의학의 탐구의 주제가 된다면, 신학의 낯선 과제로서의 논증학이 교의학의 과제를 대신하게 된다.

브룬너에 의하면 "논증신학은 교의학과 구분되며, 그것은 신앙을 위하여 불신앙의 사람들과 더 많은 연관을 갖는다. 논증학은 불신앙의 사람들이 신앙에 저항하는 것에 대해 말하며…따라서 그것은 보다 더 많이 인간을 향해 말한다." 여기서 바르트는 질문한다. 그렇다면 교의학은 [인간이 아니라] 천사들에게 말하는가?

(3) 브룬너는 논증학을 통해 신학적 사고의 책임성과 연관성을 주장하지만, 바르트는 그것에 동의하지 않는다. 왜냐하면 하나님의 은총에 근거하는 신학적 사고는 동시대의 사회 및 책임성에 함께 연관되기 때문이다. 바르트는 논증학이나 변증학이 무책임하고 비효율적인 세 가지 이유를 든다. (a) 그러한 변증학은 불신앙을 진지하게 취급하는 반면에, 막상 그리스도교 신앙 자체는 진지하게 취급하지 않는다. 신앙은 불신앙과의 의식적인 씨름을 벌이는 가운데, 죄의 용서라는 은총의

사건이 되지 않는다. 이러한 은총의 사건의 창조는 인간의 신앙에 달려 있지 않다. (b) 독립적으로 수행되는 변증학이나 논증학에서 하나님이 아니라 교의학이 그런 은총의 일을 한다는 잘못된 견해가 드러날 수 있다. 바르트는 칼 하임의 다음과 같은 말을 문제 삼는다. "우리는 충분한 교의학 교과서들을 가지고 있고, 이것들은 복음적 개신교회의 교리에 대한 탁월한 입문을 제공한다." 바르트는 과연 그런 책들이 "충분하고 탁월한 것일까?" 하고 묻는다. (c) 독립적인 논증학은 위험하게도 불신앙을 교의학의 프롤레고메나 안에서 해결된 것으로 파악한다. 교의학은 논증학으로 드러나고, 논증학적인 작업을 통해 만리장성을 쌓는 것과 같은 잘못을 저지르게 된다. 문화와 종교 사이에 접촉점을 설정하고 이것을 만리장성처럼 쌓아서, 인류를 포괄하는 한 분 하나님의 은총의 자유와 현실을 그리스도교적인 판단 가치인 이성과 합리성에 따라 저울질할 필요가 있는가? 브룬너에게 신학의 고유한 일은 신앙과 불신앙 사이의 갈등 이외에 다른 것이 아니다. 신학은 신앙의 증언으로서 하나님의 인정을 받고 힘을 얻지만, 그러나 접촉점이 필요하다. 이와 같은 브룬너의 주장에 대항하여 바르트는 루터를 인용하면서 자신의 입장을 변호한다.

"우리는 우리의 힘과 자료들을 통해 복음을 지지하지 않는다. 그럴 경우 모든 것이 상실되고 말 것이다. 우리가 아무리 힘써 복음을 변호한다고 해도 산산조각이 나고 말 것이다. 복음이 마치 우리의 도움을 필요로 하는 것처럼 불안해하지 말자. 복음은 그 자체로 강한 것이고 하나님께만 위탁된 것이다.…이 모든 일에서 복음을 단순하고 순수하게 선포하고, 하나님이 우리를 이끌어가고 인도해달라는 기도보다 더 좋은 것은 없다.…하나님의 말씀은 하나님 이외에 더 좋은 주인이나 판단자나 보호자를 갖지 않는다.…하나님 자신이 하나님의 말씀을 인간의 도움이나 능력 없이도 스스로 지지하고 방어하신다."

교의학적 프롤레고메나가 갖는 내적인 필요성은 인간의 논증적인 기술이 아니라 말씀 자체, 곧 하나님에 의해 근거되어야 한다. 신앙이 오직 하나님과 진지하게 씨름할 때만, 신앙과 불신앙 사이의 갈등과 긴장은 의미가 있는 것이다. 신앙은 불신앙과의 갈등 문제로 서거나 무너지지 않는다. 하나님의 말씀의 빛 안에서 신앙은 자신이 취하는 신앙의 형식들과 갈등을 일으킨다. 이단은 그리스도교 신앙의 한 가지 형식으로서 예수 그리스도, 교회, 세례, 성서, 그리고 공동의 신앙고백과 연관된다고 해도, 신앙의 내용을 이해하지는 못한다. 이단 속에 담긴 이런 역설적 요소를 바르트는 이레나이우스(Irenaeus, 130-202)의 표현에 따라 다음과 같이 말한다.

"비록 믿는 자들과 비슷한 것을 말할 때도…그들은 비슷하지 않는 것을 말하며, 심지어 대립적인 것 그리고 하나님에 대해 적대적인 것을 말한다.…그들은 하얗게 보이는 물을 우유로 간주하고 색깔이 비슷하다는 점을 통해 속인다. 이렇게 그들은 하나님의 것을 위조하고 진리를 왜곡한다. 하나님의 우유 안에 하얀 것이 악의적으로 혼합된다." 이레나이우스는 갈리아(Gaul) 지역의 주교였고, 그의 저술은 초기 그리스도교를 형성하는 데 지대한 영향을 미쳤다. 그는 사도 요한의 제자인 폴리카르포스의 설교를 들었다. 그의 저술 『이단에 대항하여』(Against Heresies)는 영지주의를 최대의 적으로 간주한다. 이레나이우스는 사복음서를 경전으로 간주했다. 이단에 대항하여 그는 사도 전승의 원리를 확립했던 첫 번째 신학자였다. 그는 가톨릭교회와 동방교회에서 순교자로 추앙된다.

바르트에 의하면 이단 안에는 신앙의 "역설적" 형식이 담겨 있고, 이것은 진지하게 취급되어야 한다. 신앙과 이단 사이에는 갈등이 존재한다. 이단은 교회를 공격한다. 왜냐하면 그것은 진실한 교회가 아니기 때문이다. 이단과의 만남에서 교회는 자신과의 갈등에 빠지며, 이단과의 관계에 책임을 느껴야 한다. 이단이 신앙을 파괴하는 것으로 드러난다고 해도, 그것은 여전히 신앙의 가능성을 가지고 있다. 교회와 이단과의 만남은 진지한 갈등이며, 교의학이 취하는 하나님 인식의 길은 하나님의 말씀 자체에 근거한다. 우리는 16세기에 종교개혁과 전쟁을 벌였던 로마 가톨릭교회와 직면한다. 또한 우리는 중세의 신비주의와 인문주의적 르네상스에 뿌리를 둔 경건주의 및 합리적 근대주의와 직면한다. 로마 가톨릭교회와 근대 개신교주의 앞에서 복음적인 개신교 신앙은 스스로 갈등에 빠진다. 우리는 이들을 신앙의 가능성으로서 만난다. 왜냐하면 이들은 이방사람들이나 세리들이 아니기 때문이다(마태 18:17). 이들과의 만남에서 우리는 하나님의 계시를 복음적인 방식으로 이해해야 한다.

"이단들을 거절하는 것은 당신의 교회의 견해가 무엇인지, 그리고 건전한 교리의 의미가 무엇인지를 분명하게 밝혀준다"(아우구스티누스, 『고백록』, VII, 19.25).

"오류에 빠진 사람들은 사도들의 가르침과 그 밖의 교리와 나아가 성서 자체를 바로 자신들을 멸망시키는 것으로 뒤바꾸어 놓는다.···그래서 이전 시대의 신앙에 대한 해명이 필요해진다"(아퀴나스, 『신학대전』, II.2. qu 1, art.10).

초기 교회의 시기와 중세 시대의 이단들의 분파나 공동체로서는 마르키온, 영지주의, 도나투스파[4], 아리우스파 등이 알려져 있었다. 종교개혁 시대에 루터와 칼뱅은 16세기-17세기의 교황제와 로마 가톨릭교회를 이단으로 보았다. 가톨릭교회 역시 종교개혁자들을 이단으로 보았다. 종교개혁자들은 예수 그리스도에 대한 새로운 이해를 주장했다. 그것은 죄의 용서와 그리스도인의 삶에 관한 것이었으며, 이러한 가르침은 성서의 유일무이한 권위와 결합되었다. 바르트는 칼뱅의 1559년의 『기독교 강요』에 나오는 처음 10항목을 성서적 권위를 주장하는 교의학적 프롤레고메나로 이해한다. 이에 대항하여 로마 가톨릭의 트리엔트 공의회는 교회의 전통이 성서의 권위 곁에 혹은 그보다 우위에 있다고 주장한다. 로마 가톨릭 교의학의 프롤레고메나는 교회의 가르침의 직무와 교황제가 계시의 진정한 근거라고 말하며, 이에 상응하는 가톨릭 신앙을 전개한다. 여기서 경건주의와 합리적 근대주의가 세 번째 대화 파트너로서 입장한다. 슐라이어마허는 그리스도교적인 경건의 교리를 통해 교회의 존재를 해명함으로써, 근대 개신교주의적인 이단에게 형식적인 기반을 마련해 주었다는 점에서 중요하다. 그는 개신교적 근대주의를 창시한 사람은 아니고, 이를 위한 고전적인 대변자가 된다.

트리엔트 공의회(1545-1563)는 종교개혁에 대한 비판으로 로마 가톨릭의 에큐메니칼 회의를 알리며 반-종교개혁 운동을 시작한다. 루터의 칭의론을 이단으로 정죄하고 가톨릭교회의 전반적인 교리를 옹호했으며, 불가타 성서를

---

4   311년 북아프리카에서 일어난 그리스도교의 분파로서 자신들만이 유일하게 진정한 교회이고 정통 교회의 세례나 안수는 무효라고 주장했다 ―편집자 주

경전의 공식적인 번역으로 인정했다. 1517년 제5차 라테란 공의회에서 몇 가지 개혁안이 제기되었지만, 루터의 종교개혁에 직면하여 여러 차례에 걸친 중재의 시도가 이루어진 이후에 트리엔트에서 가톨릭의 믿음과 행위의 관계를 재확인했고, 성서 곁에 놓이는 교회 전통의 독립적인 권위, 면죄부, 마리아 숭배, 성인들의 숭배 등이 재확인되었다. 그와 함께 가톨릭교회가 성서의 궁극적인 해석자로 선포되었다. 종교개혁의 입장은 파문되고 저주되었다.

(4) 브룬너의 논증학에 대한 바르트의 비판은 1934년의 접촉점 논쟁에서 터져 나온다. 브룬너는 자신의 논문 "자연과 은총"에서 논증신학(eristic theology)을 하나님에 대한 자연적 인식 능력에 근거해서, 다시 말해 자연신학을 통해 설정하려고 시도했다(Brunner and Barth, *Natural Theology*, 35). 브룬너는 하나님의 형상을 형식적인 것과 내용적인 것으로 구분하고, 형식적인 형상을 인간의 주체성과 책임감으로 설명한다. 인간의 타락 이후에도 이러한 형식적인 내용은 파괴되지 않는다. 이것은 창조 안에서 드러나는 계시이다. 물론 브룬너는 자연계시가 구원으로 안내하지도 않으며, 죄로 인해 창조자 하나님을 우상으로 만들어 버린다는 것도 알고 있다(같은 곳, 23.26). 그러나 브룬너는 보존의 은총을 통해 자연의 영역에 보다 적극적인 의미를 부여하기를 원하고, 국가, 가정, 교육제도와 같은 것을 "창조 질서" 혹은 "섭리 질서"로 파악한다. 이를 위해 브룬너는 **그리스도교적인 자연신학**을 요구한다. 하나님의 보존의 은총은 예수 그리스도의 계시와는 무관하게 인간의 이성을 통해 역사한다. 하나님의 말씀은 말씀을 수용하는 인간의 가능성을 창조할 필요가 없다. 그러나 하나님의 말씀은 인간에게 말씀을 믿는 가능성을 창조한다.

이 점에서 브룬너는 종교개혁자들의 "오직 은총으로"의 교리가 자신의 접촉점 이론과 대립되지 않는다고 본다. 하나님의 은총을 수용하기 위한 인간 이성의 접촉점은 필수불가결하다(같은 곳, 32-3). 칼뱅에게 자연은 하나님의 영광을 드러내는 무대(*theatrum gloriae Dei*)이며, 하나님은 자연으로부터 알려진다. 은유적으로 표현하자면 우리는 자연으로부터 하나님의 손과 발을 알지만 그분의 마음은 알 수가 없다. 그분의 정의나 심판은 알 수 있지만 용서의 은총은 알 수가 없다. 성서는 자연계시에 대한 렌즈로 사용되며, 자연의 빛(*lex naturae*)은 내용적으로 볼 때, 성서의 빛(*lex scripta*)과 동일시된다. 성서의 빛은 자연의 빛을 효력 있게 만든다. 칼뱅은 이러한 자연의 빛을 성령과 관련지었다. 브룬너는 자연신학을 교의학에 필요한 것으로 간주한다(같은 곳, 39. 53).

그러나 바르트는 브룬너가 논증신학을 위해 자연신학을 옹호하는 것에 분노하며 거절한다. 왜냐하면 브룬너의 소책자 논문은 히틀러에 협조한 「독일 그리스도인들」(Deutsche Christen)이라는 잡지에서 "보물광맥"으로 찬사를 받았기 때문이다(같은 곳, 72). 특별히 칼뱅의 신학에서 그런 자연신학을 도출할 수 있다는 것이 "독일 그리스도인들"들에게 커다란 기쁨과 매력을 주었다. 바르트는 자연신학이 오직 인간의 이성에서 나온다는 브룬너의 주장이 로마 가톨릭의 입장과 다르지 않다고 보았다. 이것은 토마스 아퀴나스의 원리와 다르지 않다. **은총은 자연을 파괴하는 것이 아니라, 자연을 전제하고 완성한다**(*Gratia non tollit sed praesupponit et perficit naturam*, 같은 곳, 100).

이와 같은 가톨릭 교의학의 입장은 슐라이어마허의 『신앙론』(*The Christan Faith*)에서도 무의식적인 표현 속에서 발견되고, 근대 개신교주의에서는 무기를 보관해놓은 병기창고가 된다. 바르트에 의하면 칼뱅의 모든 신학─하나님, 율법, 예정의 신비, 성육신, 구원, 성령, 세례,

성만찬―은 하나님을 주체로 파악한다. 칼뱅으로부터는 브룬너처럼 신학의 또 다른 과제라는 논증학을 도출할 수 없다. 브룬너는 칼뱅이 숙제로 남겨놓은 부분―자연적인 신 인식―을 자연신학으로 발전시켰는데, 이것은 "독일 그리스도인들"의 정치적으로 위험스런 자연신학을 지지해주었으며, 그들이 자신들을 위해 루터뿐만 아니라 칼뱅까지 인용하게 만들었다. 바르트에 의하면 칼뱅은 물론 이중적 신 인식(*Duplex cognitio Domini*)을 말하지만, 브룬너와 달리 자연적인 신 인식 능력을 계시에 대한 접촉점으로 주장하지는 않았다(같은 곳, 104-5).

칼뱅에 의하면 "계시가 분명하지 않아서가 아니라 우리가 미친 자들이어서 우리는 맹목적이다." "이제 인간에게 남아있는 신 인식은 모든 우상과 미신의 근거에 불과하다"(같은 곳, 107, 『칼뱅주석』 요한복음 3장 6절). 칼뱅은 자연적인 신 인식을 전제한 뒤 그것이 신앙에 의해 올바르게 설정된다고 말한 적이 없다. 브룬너의 시도와는 달리 칼뱅에게 접촉점은 전혀 불가능하다.

바르트와 브룬너의 접촉점 논쟁은 교의학 프롤레고메나의 문제에 속할 뿐만 아니라, 칼뱅 신학을 둘러싼 논쟁 및 정치신학과 관련된다. 그러나 여기서 간과되기 쉬운 것은 칼뱅이 말하는 성령의 우주적 사역이다. 성령은 교회 외부에 존재하는 자들 안에서도 신비한 방식으로 역사한다. 브룬너와 바르트는 모두 이 사실을 알고 있었지만, 접촉점 논쟁의 단계에서 신학적으로 다루지는 않았다. 우리는 바르트가 브룬너의 접촉점 이론을 거칠게 비난한다고 해서, 바르트를 타문화나 타종교에 관심이 없는 소위 계시 실증주의자로 간주해서는 안 된다. 그의 말씀의 신학은 인간과 세계를 향해 말씀하시는 하나님의 주체적 행동을 대변하며, 이미 1932년의 하나님의 말씀론에서 자연과 문화의 영역을―물론 브룬너와는 다른 방식으로―포괄한다. 그것은 바르트에게 비정규적 교의학의 성찰에 속하며, 세계를 통해 말씀하시는 하나님의 주권을 뜻한다. 이러한 성찰은 "행위로서의 하나님의 말씀"(§5,3) 그리고 "신비로서의 하나님의 말씀"(§5,4)에서 다루어진다. 바르트의 도발적인 표현을 들어보자. "하나님은 멜기세덱을 통해 아브라함에게 복을 베푸는 것을 좋아하시며, 이방 선지자 발람이나 고레스를 통해서도 기꺼이 도우신다"(CD I/1, 54).

타자 내지 이방인을 통해 말씀하시는 하나님의 자유와 주권은 세계와 문화를 하나님 나라를 증언하는 유비로 파악하며, 문화에 대한 이러한 유비론적인 성찰은 1919년 "탐바하 강연"으로부터 1926년 "암스테르담 강연"(교회와 문화), 그리고 "그리스도교 공동체와 시민 공동체"(1948)에 이르기까지 바르트의 독특한 정치신학의 근간이 된다. 바르트의 "말씀-행위"(speech-act)의 신학은 브룬너의 자연신학을 날카롭게 거절하지만, 동시에 화해의 복음의 포괄적 지평을 말씀의 신학을 통해 열어간다. 바르트의 "말씀-행위"의 신학은 화해론에서 세계 내에 존재하는 빛들과 말씀들을 성찰하는 교리에서 정점에 도달한다(CD IV/3.2, §69). 이 점에서 바르트의 "말씀-행위"의 신학은 자연신학의 전통적인 형식을 폐기하지만, 그것이 말하려는 내용을 하나님의 은총의 보편성 안에, 다시 말해 창조의 은혜를 화해의 빛 안에 설정한다. 바르트에 의하면 **진정한 자연신학**은 오직 그리스도가 눈을 열어주신 사람들에게만 존재한다"(같은 곳, 97). 신앙의 유비는 오로지 자유로운 하나님의 말씀의 은총에만 근거하며, 존재의 유비를 필요로 하지 않는다.

2. 교의학의 프롤레고메나는 어떻게 가능한가?

교의학 프롤레고메나의 가능성은 계몽주의 이래로 근대주의 교의학에서 추구되었다. 교회와 신앙은 보다 더 큰 존재적 연관성 안에서 파악되었고, 교의학은 보다 더 큰 학문적 질문의 연관성 안에서 파악되었다. 데카르트 이후 이것은 인간 존재에 대한 폭넓은 해명으로 전개되고, 존재론적인 해명은 교회와 신앙 안에서 "전이해"가 된다. 이러한 존재론이 신학적 지식의 전이해와 기준이 된다.

이념 철학은 슐라이어마허와 드 베테(De Wette, 1780-1849)로 하여금 인간 존재를 인간의 자기의식의 능력이나 활동의 총체로 파악하게 했고, 이들은 경험의 직접적인 형식이나 직접적인 자기의식 안에서 경건의 본래적인 기반을 발견했다. 이제 경건은 역사적인 형태로 실현되며, 이와 더불어 교의학의 인식 기반은 역사적 현실이 된 특수한 경건에 대한 자기해명이 된다. 빌헬름 마르틴 드 베테(Wilhelm Martin De Wette)는 오경에 대한 역사 비판적인 방법을 열어놓은 선구자로 여겨진다. 베를린 대학교 교수 시절 그는 슐라이어마허와 친분을 쌓았다.

근대의 존재론은 이론적으로는 키에르케고르의 영향을 받았고, 실제로는 제1차 세계대전과 공산 혁명 이후에 나타나는데, 여기서 인간 존재는 처음부터 역사 안의 현존재로 파악된다. 다시 말해 인간은 "무를 향해 투사된 존재"로 해석된다(하이데거, *Was ist Metaphysik?*, 20). 불트만은 신약성서를 더욱 본질적으로 이해하기 위해 인간 존재를 신앙보다 앞서는 것으로 보고, 하이데거적 존재론을 통해 파악했다. 이것은 신앙의 실존적 사건에 대한 "존재론적 실존 가능성"을 파악하는 것이고, 이러한 분석을 통해 불트만은 그리스도교적인 진술들과 신학, 무엇보다도 주석을 얻어내려고 했다(Bultmann, *Der Begriff der Offenbarung im N.T.*, 1929). 불트만의 방법은 슐라이어마허 혹은 드

베테와 관련이 있다. 그러나 하인리히 바르트는 말한다. "그런 신학은 존재에 대한 정의로부터 시작해야 한다.…인간은 자유주의의 뿌리가 된다. 그러나 하나님을 도외시하고서 신앙의 인간을 언급하려는 시도는 실행될 수 없는 것이다."

여기서 교의학의 프롤레고메나는 일반 존재론이나 인간학을 교회나 신앙을 해명하는 인식론적 요소로 삼는다. 인간 존재는 믿는 존재로 실행될 수 있다. 이러한 존재론적인 학문을 위해 존재론적·존재적 기반이 확립되며, 이것을 통해 그리스도교적인 진술들이 비판되고 수정된다. (1) 인간학적 가능성, (2) 역사적·심리학적 현실, 그리고 (3) 방법의 세 가지 요소는 슐라이어마허의 『그리스도교 신앙』(§3-10, §11-19, §20-31)과 드 베테의 『그리스도교 교의학의 교과서』(§1-27, §28-45, §46-61)의 도식을 형성한다. 이것은 불트만적인 의미에서 교의학적 프롤레고메나라고 할 수 있다.

(1) 바르트가 보기에 이러한 프롤레고메나는 하나님에 대한 교의학적 지식을 목표로 하지 않고 있다. 그런 프롤레고메나에서 프로(Pro)는 "앞선"(prior)이라는 의미를 갖는다. 프롤레고메나에 대한 이러한 진술들은 부분적으로 형이상학이나 인간학(슐라이어마허의 윤리), 종교철학과 종교사, 그리고 방법론적인 논의의 성격을 갖는다. 그때 교의학적 지식은 교의학과는 상관없는 선지불금(praenumerando)처럼 되고 만다. 바르트는 교회의 존재보다 우월한 존재의 연결고리, 교의학보다 우월한 학문적인 연결고리가 과연 있을 수 있는지 의문을 갖는다. 존재적인(현실적인) 인간 존재보다 앞서는 우월한 실존론적인 존재가 있는가? 하이데거에게 인간은 역사적으로 던져진 현존재(Dasein)이고, 이러한 현실적인 인간 존재가 본래적인 모습을 회복하려면 근원적 존재

칼 바르트 말씀의 신학 해설

내지 존재의 근원성으로 들어가야 한다. 이와 같은 존재론적인 분석은 근대 교의학의 프롤레고메나에 적합하지만, 가톨릭 교의학이나 종교개혁 신학, 그리고 복음적 개신교 교의학에는 맞지 않는다. "실존론적으로 존재론적인 우위성(prius)"은 인식론적으로 현실적인 신앙보다 앞서 있고, 신앙은 인간 존재의 역사적인 양식이 되어 버리는데, 여기서 교회는 인간의 현실이나 경건에 관련된 공동체로 정의된다.

이미 슐라이어마허가 그리스도교 신앙의 입문은 교의학적인 지식이 될 수 없다고 보았다. 그러나 그의 제자 알버트 슈바이처(1875-1965)는 교의학적 프롤레고메나의 과제를 보면서, 신앙론의 특별한 부분이—여기서 신앙의 의식이 스스로를 해명한다—프롤레고메나의 기반이 되어야 한다고 본다. 알버트 슈바이처는 알사스 로렌 출신의 프랑스-독일 신학자이며, 당대의 역사비평적인 방법이 제시한 세속화된 예수 연구에 반대했다. 그리고 전통적인 견해도 수긍하지 않았다. 그는 1906년 『예수-삶의 연구사』(Geschichte der Leben-Jesus-Forschung)에서 18세기 말엽까지 모든 역사적 예수에 대한 연구를 비판적으로 검토하고, 다양한 시대와 저자들에 따라 예수 상이 다르게 표현되었음을 밝혔다. 슈바이처는 예수가 예수 자신의 확신과 하나님 나라의 유대적인 기대를 통해 해석되어야 한다고 보았다. 슈바이처에 의하면 바울의 신비주의는 "그리스도 안에"로 표현되는데, 이것이 일차적인 것이며 믿음으로 의롭게 된다는 칭의론은 이차적이다. 슈바이처는 1952년 "생명의 경외"에 대한 철학으로 노벨평화상을 수상했다. 슐라이어마허에 의하면 "[교회는] 오직 인간의 자유로운 행동에 의해 끊임없이 일어나는 친교" 또는 "경건과 관련된 친교"로 정의된다. 이것이 근대주의를 특징지으며, 영국 회중주의에 기원을 둔다.

(2) 바르트에 의하면 근대주의적 신앙은 교회와 신앙을 인간 존재

의 일반적인 역사성을 통해 인간적인 가능성으로 파악하며, 그렇기에 하나님의 사역과는 무관하다. 하인리히 바르트(칼 바르트의 동생이자 철학자)는 하이데거나 불트만과는 달리 인간 존재 및 구체적 결정의 가능성을 존재 너머에 있는 초월적 실재에서 본다. 이것은 존재의 이념과 동일시된다. 존재의 변증법의 무대는 역사이며, 역사 속의 각각의 단계는 반복될 수 없는 독특성을 갖는다. 신학자들은 그 독특성을 계시의 역사로 이해하며, 존재의 진리와 계시의 의미 및 가능성은 이전에 결코 알려진 적이 없는 독특한 방식으로 드러난다. 신학과 철학의 상호연관성은 다음과 같이 정의된다. "철학적 존재론은 존재 일반으로서 시작한다. 이 철학은 이전의 존재를 접촉점으로 사용하기 때문에, 성서적 인간의 '새로운 존재'를 분명한 확신으로 이해하지 못한다. 그 이유는 합리적인 [철학의] 존재 문제의 성격 때문이다. 그러므로 [존재에 대한] 보다 지속적인 성찰은 특별한 학문 곧 신학에 맡겨져야 한다.…이 점에서 신학은 긍정적인 학문이 된다. 신학의 주제는 성서의 메시지가 말하는 성서적 인간의 신앙적 존재이며, 그러한 존재의 확실성에 대한 자기이해이다." 바르트는 여기서 하이데거의 존재철학의 인간학적인 협소화를 넘어서는 통찰을 발견한다. 바르트에 의하면 신앙에 대한 인간학적인 우위(prius)나 신학에게 조건을 지우거나 신학의 후견인 노릇을 하려는, 신학보다 큰 어떤 자리는 없다. 하인리히 바르트의 철학에서 다음의 세 가지가 중요하다.

(a) 일반과 특수의 병립은 특수성 즉 특수한 실재의 문제를 지배하고 그것을 일반성의 개념 아래로 포괄시키는 근대적 시도를 말하지 않는다. (b) 계시의 역사에서 드러나는 존재의 진리는 일반 존재의 진리와 동일한 것으로 간주되지 않는다. 철학적 존재론이나 일반성의 개념은 하나님 인식을 제공하지 못하고, 다만 하나님 인식의 유비(analogy)

만을 제공한다. 철학은 신학을 자체적인 문제의 맥락 안에 통합하거나 종속시킬 수 없다. (c) 철학적인 존재 개념은 계시된 진리를 예견하는 것이 아니라, 회고하거나 요약하면서 하나님 인식에 대한 유비를 추구한다. 이러한 비판적 존재철학은 신 인식의 도구가 아니라 유비로 머물기 때문에, 교의학의 프롤레고메나를 제공할 수 없다.

베르카우어에 의하면, 바르트에게서 철학과 신학의 관계는 적대적인 것이 아니다. 이미 칼 바르트는 『로마서 강해』에서 자신의 동생인 하인리히 바르트의 저술을 통해 칸트와 플라톤의 개념들을 풍부하게 수용했다. 바르트는 신학적인 개념을 전개하면서 철학을 중립적으로 또는 신학의 이념을 위해 도구적으로 사용하는 것을 문제시하지 않는다. 그러나 철학의 개념이 성서적 계시에 적합하지 않고, 신학적인 이념을 지배할 때 문제가 발생한다. 이런 점에서 바르트는 불트만에게서 하이데거의 존재철학이 근본적인 중요성을 차지하는 것에 대해 거리를 두었다(Berkouwer, *The Triumph of Grace*, 20).

로마 가톨릭 교의학의 프롤레고메나는 성서, 교회 전통, 사도권을 대변하는 교회의 무오한 교리에 기반을 두는데, 이것은 가톨릭 신앙에서 객관적인 원리가 된다. 여기서 예수 그리스도는 자유로우신 주님이 아니라 교회의 존재 안으로 통합되고 인간의 계시 이해와 신앙에 묶인 존재가 되어버린다. 하나님의 자유로운 행동은 사라지고 은총을 받는 사람들의 행동 안에 포괄되며, 모든 인간적 가능성을 넘어서는 하나님의 행동은 교회의 영역에 포위된다. 이런 이해는 존재의 유비(*analogia entis*)를 확증하며, 타락한 세계 안에서 피조물이 하나님에 대한 존재론적인 유사성을 갖는다고 주장한다.

"내가 하나님과 유사하지 않은 만큼, 나는 [공포]로 떨 것이다. 만일 내가 하나님과 비슷하다면, [기쁨으로] 불타오를 것이다"(아우구스티누스).

"하나님 안에 온전한 방식으로 있는 것은 부족하고 결핍이 있다 해도 다른 존재들에게는 부분적으로 적합하게 된다.…그렇게 피조물은 하나님에게 고유한 것을 가지고 있다. 정당하게도 피조물은 하나님과 유사한 존재로 불릴 수 있다"(토마스 아퀴나스).

(3) 바르트에 의하면 교회의 존재는 순수하게 하나님으로부터 나오는 행동, 즉 하나님의 자유로운 순수 행동(actus purus)이다. 교회의 존재가 예수 그리스도와 동일시된다면, 인간학적인 우위나 교회론적인 우위는 가능하지 않다. "하나님께서 우리의 마음속을 비추셔서 예수 그리스도의 얼굴에 나타난 하나님 영광을 아는 지식의 빛을 우리에게 주셨습니다"(고후 4:6). 바르트는 하나님의 말씀을 교의학 프롤레고메나의 기준으로 간주한다. 먼저 교회에 주어진 하나님의 말씀의 행동이 있고, 교회는 이러한 하나님의 말씀을 사람들에게 선포한다. 바르트는 하나님 말씀론을 전개하는데, 이것은 하나님의 말씀을 포괄하는 성서론을 뜻한다. 하나님의 말씀을 질문하면서 바르트는 삼위일체 교리와 그리스도론을 다룬다. 이러한 절차와 방식이 교의학적 지식 자체의 기반으로서 형식적인 의미를 갖는다.

3. 원형신학과 유비신학

지금까지 바르트 교의학의 방법, 절차, 가능성을 살펴볼 때, 하나님과 신앙 사이의 상관관계는 중요한 위치를 차지한다. 예수 그리스도

칼 바르트 말씀의 신학 해설

가 진리라면, 진리는 히브리 개념에서 볼 때 하나님의 은혜와 신실하심에 가깝다. 성서적으로 볼 때 하나님의 신실하심에 대한 인식은 항상 삶의 실천과 연관된다. 바르트는 개혁파 교의학이 말하는 원형신학(theologia archetypa)과 유비신학(theologia ectypa)의 구분을 수용한다.

원형신학은 하나님이 자신에 대하여 그리고 자신 안에서 행하시는 신학을 말한다. 유비 내지 모사신학은 하나님에 대한 인간의 지식으로서 부분적이고 유비적인 것을 말한다(헤페, 『개혁파 정통 교의학』, 27). "지금은 우리가 거울로 영상을 보듯이 희미하게 보지만, 그때는 얼굴과 얼굴을 마주하여 볼 것입니다"(고전 13:12).

『괴팅겐 교의학』에서 바르트는 하나님은 대상이 아니며, 하나님에 대한 지식은 주체이신 하나님으로부터 주어진다고 말한다. 하나님이 우리를 아시는 그만큼 우리는 하나님을 안다. "지금은 여러분이 하나님을 알 뿐만 아니라 하나님께서 여러분을 알아 주셨습니다"(갈 4:9). "하나님을 사랑하는 사람은 하나님께서 그를 알아 주십니다"(고전 8:3). 하나님의 존재와 말씀은 행동 가운데 있다. "지금은 내가 부분밖에 알지 못하지만, 그때는 하나님께서 나를 아신 것과 같이 내가 온전히 알게 될 것입니다"(고전 13:12). (a) 인간은 성령을 통하여 하나님에 대한 지식에 참여한다. (b) 그것은 계시의 관계 안에 있다. (c) 그것은 간접적인 지식이다(GD, 339). 모세는 하나님의 얼굴을 보지 못하고 등만을 볼 수 있었다(출 33:23).

마르크바르트는 아우슈비츠 이후 유럽에서 일어난 구약성서의 급진적인 해석을 통해 자신의 교의학 프롤레고메나인 『신학의 빈곤과 재난』에서 다음과 같이 말한다. 교의학 전통에서 신학은 학문과 지혜로 파악되지만, 성서적인 의미에서는 탁월하게 삶에 실천적인 것(eminens practica)을 뜻한다. 신학은 살아 계신 하나님에 대한 참여라고 이해되는데, 이것은 유비신학 혹은 모사신학(*theologia ektypa*)이라고 할 수 있다. 이것은 하나님 자체를 추구하는 원형적인 신학(*theologia archetypa*)과는 다르다(Marquardt, *Von Elend und Heimsuchung der Theologie*, 19).

비텐베르크 대학교의 신학교수였던 크벤슈테트는 하나님은 인간의 신학의 도움 없이도 사람들을 직접 가르치실 수 있다고 말했다. 바르트에게 성서의 하나님은 모든 세대의 창조주, 화해자, 구원자가 되실 뿐만 아니라, 인간의 인식에게 하나님의 현실을 사유할 수 있는 길을 허락하신다. 바르트는 성서 주석을 통하여 살아 계신 삼위일체 하나님께로 나아감으로써, 원형신학(*theologia archetypa*)에 접근한다. 계시의 분석을 통해 만나게 되는 내재적 삼위일체 하나님이 인간의 인식을 자극하고 안내하신다. 그럼에도 불구하고 이러한 하나님의 행동은 인간의 인식 및 신앙행위와의 상관관계에 놓이고, 그것은 유비론적으로만 파악될 수 있다.

이러한 상관관계에서 살아 계신 하나님 자신의 신학(*theologia archetypa*, 고전 2:10)과 인간의 참여 신학(*theologia ektypa*) 사이에 작용하는 성령의 역사가 드러난다. "하나님께서는 성령을 통하여 이런 일들을 우리에게 계시해 주셨습니다. 성령은 모든 것을 살피시니, 곧 하나님의 깊은 경륜[하나님의 깊이]까지도 살피십니다." 만일 신학이 살아 계신 하나님에 근거한다면, 바르트는 하나님과 인간의 상관관계를 위하여 신앙의 유비(롬 12:6)의 길을 간다. 물론 신앙의 유비는 가톨릭의 존재의 유비에 대항하여 제시되는 것이지만, 여전히 플라톤적인 요소를 지니고 있다. 인간은 하나님의 삶을 흉내 낸다. 그러나 성서적으로 볼 때 인간은 하나님의 내적인 삶을 흉내 내거나 모사하는 것이 아니라, 그분의 삶과 말씀에 실천적으로 참여하게 된다. 하나님께서 성령을 통하여 하나님의 깊은 경륜을 드러내고 계시하신다면, 이것은 바울이 말하는 "하나님의 지혜와 지식의 깊이"와 부유함을 뜻한다(롬 11:33).

여기서 신앙의 유비는 바르트에게 플라톤적이라기보다는 하나님의 신비 앞에서 취해야 하는 인간의 겸손과 제한성을 의미한다. 임마누엘 하나님을 통하여 드러나는 하나님의 역사성 또는 하나님의 인간성, 그리고 그것에 참여하는 인간의 신앙은 플라톤적인 유비론이 되는 것이 아니라 구체적인 계약의 파트너의 신학이 된다. 바르트의 입장을 발전시키면서 마르크바르트는 다음과 같이 말한다. "신학의 근거는 성서가 증언하고 오늘날도 계속되는 하나님—아브라함과 이삭과 야곱 그리고 예수 그리스도의 아버지—과 이스라엘 및 모든 인류의 만남이다. 신학은 이러한 만남의 역사에 인식론적으로 참여함으로써, 자신의 근거인 하나님을 고백한다. 이 신앙고백이 교의학적 해석보다 앞선다" (Marquardt, *Von Elend und Heimsuchung der Theologie*, 35).

제1부

하나님의 말씀에 대한 신학적 성찰

§3 ◆ 교회의 선포는 교의학의 자료이다

하나님에 관한 교회의 진술은 선포로 행하여지는데, 이것은 설교와 성만찬을 통해 사람들에게 제시된다. 이에 따라 인간을 향한 하나님의 말씀이 선포되고 신앙 안에서 받아들여진다. 예수 그리스도는 교회의 선포(말씀과 성례)를 통하여 구원의 삶과 종말에 이르기까지 살아 계신 주님으로서 임재하신다. 그리스도의 약속과 기대와 임재에도 불구하고 설교는 인간의 말이라는 점에서 교의학의 자료가 된다. 교의학은 그러한 선포의 책임성을 연구하고, 교의학이 추구하는 하나님의 말씀을 통해 교회의 선포를 판단한다. 교회의 선포에는 성례전이 속한다. 보이는 말씀으로서의 성례전은 들리는 말씀인 설교와 더불어 하나님의 주권과 은총을 가리킨다. 하나님은 교회의 담장을 넘어서 세계 사건들을 통해 말씀하실 수도 있다. 이것은 말씀의 주권성과 자유를 뜻한다. 바르트는 이러한 말씀의 주권성을 종교사회주의의 통찰로부터 수용하고, 성서 주석의 사회경제적 차원과 비판이론을 신학 안에 포괄시킨다.

1. 하나님에 관한 진술과 교회의 선포

비록 인간의 모든 말이 하나님에 관한 진술은 아니지만, 그러나 인간의 말은 그렇게 될 수 있고 되어야 한다. 인간은 은혜의 왕국 안에 거하며, 이것은 창조와 구원 사이에 존재한다. 인간은 세속성과 성화 사이에 있으며, 죄와 은혜 사이에서 취해지는 결단의 표지(sign) 아래 거한다. 인간의 주제나 의도가 인간의 언어를 하나님에 관한 거룩한 말로 만들지 않는다. 그런 구분은 단지 징후(symptom)에 속하는 것이지만, 필요하기는 하다.

바르트는 틸리히가 일반적으로 "성례전적인 악마주의와 세속적인 엑소시즘 사이에 있는 인간의 틈"을 말하는 것은 옳지 않다고 지적한다. 하나님의 말씀의 징후로서 인간의 말은 신적인 현실을 가리키는 지표(pointer)가 될 수 있다. 하나님의 계시가 사회와 교회에 동일하게 말해지고, "보이지 않는 공동체"가 종교와 문화의 관점으로부터 똑같이 현실화 될 수 있는 것은 아니다. 바르트에 의하면 물론 하나님은 역사적인 교회에 구속되지 않으신다. 하나님은 자유로우신 분이며, 돌멩이로 아브라함의 자손을 만드실 수 있다. 그렇다고 해도 교회와 사회의 반립은 신적인 구분이다. 창조와 구원의 시간들 사이에서 인간의 틈과 간격은, 애매하고 잠정적인 성격에도 불구하고, 신적인 구분을 지적하는 지표로서 여전히 본질적이다.

하나님의 사건을 통하여 인간은 각성되고 세상으로부터 구분되어 교회로 부르심을 받는다. 이러한 구분은 하나님의 예정의 사건이며, 심판과 은혜를 가리킨다. 인간은 하나님을 향해 나아가지 않더라도, 하나님은 인간을 향해 역사하신다. 오로지 신앙 안에서 교회의 존재는 세속의 장소 안에서 하나님의 예정과 성화의 공동체로서 가시적으로 드러난다. 루터에 의하면 "복음의 선포는 내리는 빗물처럼…그리고 햇빛에 의해 이어가며…우리의 경험으로 볼 때 복음은 세상의 어떤 장소에서도 인간의 기억을 초월해서 순수하고 단순하게 머물러 있지 않다. 그러나 복음이 전해질 때, 그것이 분파주의자들이나 거짓 선생들에 의해 전달된다고 해도, 여전히 서 있고 증가한다."

언제 어디서 하나님을 볼 수 있는가?(ubi et quando visum est Deo)하는 것은 교회에 속한 사람들에게는 절실하고 구체적인 사건이다. 예수 그리스도가 하나님의 인격으로서 교회에서 인간 존재를 거룩하게 하고, 또한 교회에서 말해지는 하나님에 관한 인간의 진술들을 거룩하게 하신다. 교회의 기도와 찬송과 신앙고백은—말씀 선포의 대상이 되는 사람들이—찬미와 감사와 고백으로 행하는 하나님을 향한 응답이다. 우리는 1544년 루터가 토르가우(Torgau)의 성채교회를 봉헌하면서 행한 설교를 기억한다. "교회에서 일어나는 것은 다른 것이 아니다. 오직 사랑하는 주님 자신이 그분 자신의 거룩한 말씀을 통하여 우리에게 말하신다. 우리는 기도와 찬송으로 그분에게 말을 한다."

선포 이외에 교회의 삶에서 "인간 사회의 외적인 필요에 대하여 도움을 주는 모임"이 있다. 이것은 인간의 하나님을 향한 응답이다. 그러나 교회의 사회적인 일이 선포 자체가 된다면, 그것은 선전(propaganda)이 되고 만다. 신학은 말씀의 선포를 성찰하며, 선포는 신학에 대해 전제, 자료, 구체적 목적이 된다. "여러분이 우리에게서 하나님의 말씀을 받을 때 사람의 말로 받아들이지 아니하고, 있는 그대로 하나님의 말씀으로 받아들였기 때문입니다"(살전 2:13). "하나님의 말씀에 대한 설교는 바로 하나님의 말씀이다"(스위스 신앙고백).

교회의 선포가 하나님의 말씀이라면, 그것은 하나님께만 봉사해야 한다. 인간은 하나님의 말씀을 선포할 수 있는 능력이 없다. 선포는 하나님의 은총에 봉사하고 은총의 수단이 된다. 인간이 하나님의 말씀을 통해 하나님을 대신하려 한다면, 그것은 신성모독이다. 오히려 교회의 사명은 하나님의 말씀에 대한 봉사다. "우리는 기도하는 일과 말씀을 섬기는 일에 헌신하겠습니다"(행 6:4). "네 자신의 삶의 영역에서 당신은 행동의 주인이다. 그러나 하나님을 경배할 때 당신이 하나님의 말씀을 가지고 있고 하나님의 역사에 참여하고 있다고 확신하지 않으면, 아무것도 행하지 말고 아무것도 말하지 말라.…하나님의 말씀이 나갈 때, 모든 일은 선해진다"(루터).

(1) 바르트에 의하면 하나님의 말씀의 실제적인 선포는 그 말씀을 선포하려는 인간의 의도에 의해 제약되지 않는다. 보이는 교회의 영역은 우리가 생각하는 것과 다를 수 있다. 바르트의 유명한 말을 들어보자. "하나님은 갑자기 멜기세덱을 통하여 아브라함에게 복을 내리시거나 발람을 통해 이스라엘을 축복하시며, 고레스를 통해 이스라엘을 도우시는 것을 기뻐하신다"(CD I/1, 54). 하나님은 교회의 선포와 다른 방식으로 말씀하실 수 있다. 그분은 그분 자신이 원하는 때와 장소에서 교회를 새롭게 세워 가실 수 있다. 여기서 바르트는 말씀의 신학을 하나님의 자유와 주권성 안에서 파악하며, "말씀-행위"와 신비로 발전시킨다.

부르심의 형식과 방식은, 대립적으로 본다면, 외적인 것과 내적인 것으로 구분된다. 외적인 것은 말씀과 성례의 집행을 통해, 내적인 것은 성령의 역사를 통해 나타난다. 회심의 능력이 하나님 안에 있는 것처럼, 하나님은 성령의 내적인 빛과 지배를 통해—설령 그분의 외적 말씀의 수단을 통하지 않더라도—인간을 회심하게 한다. 이러한 부르심의 방식은 구원에 충분하지만 매우 드물게 나타나고 비범한 것이며, 우리에게 잘 알려져 있지 않다(헤페, 『개혁파 정통 교의학』, 767).

바르트에 의하면 이러한 교리는 데카르트의 영향을 받은 화란의 개혁신학자 하이단(A. Heidan)의 개념, 즉 "하나님의 능력으로 우리 안에 지속적으로 내주하는 이념"인 것처럼 혼동되어서는 안 되며, 퀘이커주의자들의 내적 조명으로 오해되어서도 안 된다. 이러한 교리는 하나님의 부르심이 때로는 일반적인 소명(*vocatio ordinaria*)을 통하여, 다시 말해 선포나 신앙과는 다르게 역사하실 수 있음을 말한다. 그러나 개혁파 정통주의 신학은 일반적으로 소명을 신앙의 시작으로 본다. 물론 하나님은 말씀 없이도 성령의 사역을 통하여 신앙을 부여하실 수 있다. 그러나 그런 경우는 예외에 속한다. 축복된 신앙이 보장하는 구원의 확신(*certitudo salutis*)은 전적으로 하나님의 선물에 의존한다. 신앙의 본질은 신뢰(*fiducia*)이며, 실천적인 동의 즉 신실한 영접이다(헤페, 『개혁파 정통 교의학』, 765, 767).

이 점에서 교회의 선포는 말씀을 지배하는 주인이 아니라 단지 하나님의 말씀에 대한 봉사이며 "하나님의 자유로운 손에 놓인 은총의 수단이다"(CD I/1, 54). "하나님은 저급한 도움과 수단에 매이지 않으신다. 왜냐하면 하나님은 그러한 직무와 조절을 통해 우리를 보호하시기 때문이다"(프랑스 개혁교회 신앙고백, 1559, 조항 35).

바르트에 의하면 틸리히는 두 가지 문제를 혼동했다. 틸리히처럼 교회에 주어진 사명을 인정하지 않고 사회적 맥락으로부터 교회를 언급한다면, "무제약자를 근거로 하여" 교회와 문화를 다루는 급진주의가 열리게 된다. 틸리히의 문화신학은 거룩한 것과 세속적인 것, 성례와 자연, 말씀의 상징과 말씀들의 상징, 개신교와 프롤레타리아를 동일하게 다룬다. 바르트는 이러한 틸리히의 문화신학에 대하여 프랑스 개혁교회의 신앙고백을 인용하면서 비판한다. "그러므로 우리는…사역의 직무와 말씀의 선포와 성례를 끝장내버리는 광신주의자들을 거절한다"(프랑스 개혁교회 신앙고백).

하나님께서 신학을 겸손하게 하신다면, 우리에게 요구되는 것은 구체적인 겸손이다. 바르트는 말한다. "하나님은 우리에게 러시아 공산주의(자펜빌에서 경험한 레닌주의)를 통해서도, 플루트 협주곡(모차르트)을 통해서도, 불타오르는 떨기(모세)를 통해서도, 심지어 죽은 개(헤겔이 죽은 후 그의 철학은 좌파 그룹의 제자들에게 죽은 개 취급을 당했다)를 통해서도 말씀하실 수 있다"(CD I/1, 55). 하나님이 실제로 그렇게 하신다면, 우리는 잘 들어야 한다. 하나님은 이방인이나 무신론자를 통해서도 말씀하실 수 있으며, 교회와 세속 영역 사이의 경계는 언제든지 우리가 생각하거나 분별하는 것과는 다른 방향으로 설정될 수 있다.

교회 외부에서 행하여지는 하나님의 "말씀-행위"는 바르트의 입장에서는 틸리히의 문화신학의 약점에 대한 비판일 수 있다. 하나님이 교회 안에서 말씀하신다는 것은 교회 밖에서 사회와 문화를 통해 말씀하시는 하나님을 거절해야 한다는 것을 의미하지 않는다. 하나님이 사회와 문화를 통해서도 말씀하신다면 교회는 신중하게 들어야 하고, 하나님 나라의 복음의 빛 안에서 영적 분별력과 겸손한 태도를 가지고 헌신해야 한다. 흔히 바르트를 신정통주의의 대변자로 자리매김하고, 바르트는 오로지 교회 안에서 들려지는 말씀과 교회에 국한된 계시만 말했다고 주장하는 사람은 바르트를 계시 실증주의자로 만들어버리고 만다. 물론 본회퍼도 옥중서간에서 바르트의 신학을 계시 실증주의로 비판했지만, 이것은 정당하지 않다.

안드레아스 팡그리츠는 본회퍼 신학에 미친 바르트의 영향을 분석하면서 바르트의 화해론 가운데 "빛과 빛들"의 교리(CD IV.3.1, §69.2, 생명의 빛)가 바르트를 사회와 문화를 향한 급진적 개방성의 신학자로 자리매김 한다고 본다. 이 점에서 계시 실증주의는 바르트에게 적합하지 않다. 개혁신학의 전통에 서 있는 바르트의 "말씀-행위"의 신학은 루터주의 전통에 서있는 본회퍼의 십자가 신학에 대한 응답이다(Pangritz, *Karl Barth in the Theology of Dietrich Bonhoeffer*).

바르트는 "말씀-행위"의 신학을 화해론에서 "빛과 빛들"의 교리를 통해 발전시킨다. 예수 그리스도의 예언자적 사역의 틀에서 예수 그리스도의 예언은 이스라엘 역사의 대변자 그리고 "정확한 선구자"로 나타난다(CD IV/3.1, 65, 66). 여기서 바르트는 예수 그리스도의 말씀과 교회의 담장 밖에 존재하는(*extra muros ecclesiae*) 세상의 말씀들을 성찰한다(CD IV/3.1, 110). 하나님의 진정한 말씀인 예수 그리스도가 세상의 다른 말들을 진리로 만든다. 다시 말해 예수 그리스도의 부활과 더불어 일어난 화해의 사건이 세상의 말들을 하나님의 영광의 무대로 만들며, 그리스도의 말씀의 수여자가 되게 한다. 바르트에 의하면 자연신학은 이러한 "빛과 빛들"의 교리에 적합하지 않다. 그리스도론을 근거로, 즉 그리스도의 화해의 사역을 통하여(CD IV/3.1, 117) 하나님은 인간을 거절하지 않는다. 복음은 인간에게 적대적이지 않고, 심지어 프로메테우스주의(마르크스주의적 무신론)도 그리스도에게 효율적으로 저항하지 못한다. 발람의 입을 통해서도, 심지어 그의 악의적인 의도에도 불구하고, 우리는 선하신 목자의 음성을 들을 수 있다(CD IV/3.1, 119). 이러한 "빛과 빛들"의 교리는 새로운 것이라기보다는 『교회교의학』 I/1에서 이미 전개된 하나님의 "말씀-행위"의 사건과 그 주권성에 대한 입장을 심화하고 확대시킨 것으로 볼 수 있다.

(2) 이제 바르트는 교회에 주어진 하나님의 말씀을 세 가지로 말한다. (a) 말씀의 선포는 설교이다. 이것은 예수 그리스도에 대한 성서의 증언을 주석하면서 지금 여기서 하나님의 계시의 약속과 화해와 부르심을 회중들이 이해할 수 있는 인간의 말로 선포한다. (b) 교회의 선포는 성례전이다. 이것은 설교를 확증하고 동반하면서 상징적인 행위를 통해 하나님의 계시의 약속과 화해와 부르심을 확증한다. 바르트는 **하이델베르크 교리문답**이 정의하는 성례전 개념을 중요하게 다룬다.

"성례란 무엇인가? 그것은 하나님이 제정하신 눈에 보이는 거룩한 표지(標識, sign)이며 봉인이다. 성례를 사용함으로써 하나님은 우리가 복음의 약속을 보다 더 잘 이해하게 하신다. 그리고 동일한 내용을 상징적으로 보증하시는데, 그것은 십자가에서 희생하신 그리스도를 위해 하나님이 은혜로 우리에게 허락하신 죄의 용서와 영원한 생명이다"(하이델베르크 교리문답, 질문. 66).

바르트에 의하면 교회의 선포인 설교와 성례전은 그리스도가 교회에게 주신 사명과 책임이다. 마태복음 28:19은 부활의 그리스도가 명령하신 약속과 내용을 요약한다. "그러므로 너희는 가서 모든 민족을 제자로 삼아 아버지와 아들과 성령의 이름으로 세례를 주고 내가 너희에게 명령한 모든 것을 그들에게 가르쳐 지키게 하여라!" 설교와 성례전은 그리스도의 약속에 대한 선포이다. "보아라, 내가 세상 끝 날까지 항상 너희와 함께 있을 것이다"(마 28:20). 오늘날 하나님과 인간의 진정한 만남은 오로지 하나님의 말씀에 의해서만 창조될 수 있다. 그리스도의 부르심과 약속, 성서 주석, 그리고 영적 만남의 현실성은 설교 개념을 중요하게 정의한다. 그리고 그리스도의 약속은 설교자의 실존적 결단과 회중의 결단을 통해 이루어진다.

로마 가톨릭교회에서 설교는 종교와 도덕의 고양된 가르침에 관심을 두고, 신(新)개신교주의의 설교는 설교자 개인의 경건에 초점을 둔다. 바르트는 이러한 잘못된 두 가지 설교 형식에 저항하며 성령만이 설교를 하나님 자신의 일로서 확정하고, 설교를 통해 신앙이 일으켜진다고 말한다. 인간적 언어는 부족함과 제한성에 놓이지만, 성령의 능력이 최종적인 호소(ultima ratio)가 된다. 여기에 의존하여 성례는 하나님의 미래의 계시(장차 오심), 화해, 부르심과 약속의 반복, 즉 은총의 수단이 된다. 또한 그것은 영과 진리로 예배하는 인간의 선포와 들음을 특징짓는다. 설교는 하나님의 약속 자체를 대변하며, 성례는 성서적 진술과 증언이 요구하는 인간의 행위이다. 하지만 성례는 설교처럼 하나님의 말씀 자체를 대신하지는 않고 말씀에 봉사한다. 성례는 설교를 보충하는 형식으로 존재하는 약속이며, 단순한 말과 구분되는 행동이다. 성례는 성서의 신실한 증언과 일치하며 역사 속에서 유일회적으로 발생한 계시와 연관되고, 그 계시를 대변하는 상징적인 의미를 갖는다. 이것이 성례 개념에 대한 결정적인 정의를 내린다(CD I/1, 61).

근대 개신교주의 교의학에서 선포 개념은 인간이 하나님의 말씀을 듣고 말씀에 봉사해야 한다는 내용을 빠뜨린다. 선포는 교회의 삶에 대한 직접적인 표현이며, 회중들의 영적 성장을 위한 인간적 증언과 경험에 대한 해석이 된다. 물론 슐라이어마허는 『신앙론』에서 하나님의 말씀 사역에 관한 항목을 담고 있지만(§133), 여기서 "하나님의 말씀은" 단순히 "교회 안에 연합된"(§134. 3) "모든 인간들 안에 있는 영 또는 정신이다." 하나님 말씀 사역은 "교회 공동체 자체의 행동"이다(§135, 2). 그것은 믿음이 강한 자가 연약한 자에게 미치는 감정적인 영향이며, 전체 그리스도교인의 삶을 포괄한다.

그런가 하면 틸리히는 개신교를 구원하기 위하여 "새로운 성례전적인 상황"의 창조를 요구한다. 이것은 "우리들 자신의 존재의 심연, 곧 분리되지 않고 객관 이전의 상태에 있는 존재의 심연에 성공적으로 도달함으로써" 가능해진다. 틸리히에게 성례전적인 상황에 도달하는 길이 "역사적인 운명"이라면, 인간 자아에 대한 심층적 이해와 세계에 대한 심층적 이해 사이에는 연관성이 있다. "종교적 상징들은 종교사의 과정에서 만들어진다." "사람들은 예를 들어 그리스도와 부처가 상징이며, 이러한 상징 안에서 무제약적인 초월성이 정당하게 드러날 수 있다고 말할 수 있다." "객관으로서 하나님은 궁극적으로 종교적인 행동 안에서 의도된 것을 대변한다." "상징의 진리는 상징을 창조하는 의식을 위한 내적인 필연성에 의존한다." 모든 영적인 표현은 종교적인 것이다. 이러한 상징의 선택에서 자기소통적인 초월적인 존재의 영적 성격이 놓여있다. 틸리히에 의하면 하나님의 말씀(로고스, 그리스도—초월적 존재의 자기소통의 상징)을 인간 정신의 자기소통이나 파악의 수단과 동일시하는 것은 오류다. 말씀은 선포되는 곳에서만 임재하는 것이 아니라, 강력한 상징들을 통해 현실화 되면서 임재하기도 한다. "말씀(verbum)은 말하는 것(oratio) 이상이다." 개신교는 대부분 이 사실을 망각했다. 말씀(verbum) 즉 계시의 말씀은 인간 정신이 스스로를 표현하는 곳이면 어디서도 존재할 수 있다. 그것은 예술적인 상징이나, 심지어 사회나 법의 영역에서도 존재할 수 있다. 이것들 모두는 계시의 말씀에 대한 상징이 될 수 있기 때문에, 교회는 이 모든 영역에서 말할 수 있어야 한다. 사회의 모든 영역에서의 전반적인 삶이 하나님을 위하여 강력하게 상징적으로 설정되었다.

틸리히와 비슷하게 베르노이헤너(Berneuchener) 운동은 독일 루터교회의 예전 갱신운동을 시도했다. "흐르는 물의 분수대가 하나님의 창조적인 생명의 흐름을 상징하는 알레고리"로서 교회 안에 설치될 수가 있다(Berneuchener Buch, 1926, 112). "설교는 보다 적게! 보다 많은 행동과 보다 많은 다른 선포-형식들!" "사람들은 오늘날 점점 더 설교를 준비할 충분한 시간을 갖지 못한다." 틸리히에 의하면 "의심할 바 없이 신학 작업의 최상의 목표는 [신적인] 실재가 비상징적으로 말해지는 지점, 즉 무제약적인 것이 스스로 말하는 지점을 발견하는 것이다. 그것은 상징이 없는 실재 자체가 상징이 되는 지점을 발견하는 것인데, 여기서 실재와 상징의 반립은 제거된다." 베르노이헤너 운동은 1922년 제1차 세계대전 이후 독일 루터파 그룹에서 일어났으며, 예배 갱신과 영적 각성을 목표로 했다. 틸리히는 베르노이헤너 운동과 그 책(Berneuchener

Buch)을 지지했다. 그러나 바르트에 의하면 여기서 선포 개념은 틸리히적인 상징 신학에서 해체된 채로 끝난다. 하나님의 말씀의 해명으로서 선포는 결국 피상적이고 불가능한 시도가 된다. "그런데 사람들은 자기들이 믿은 적이 없는 분을 어떻게 부를 수 있겠습니까? 또 들은 적이 없는 분을 어떻게 믿을 수가 있겠습니까?"(롬 10:14).

(3) 로마 가톨릭교회는 선포의 중심 개념보다는 선포와 성례전 사이의 상관관계에 관심을 갖는다. 가톨릭교회는 성례전의 교회다. 성례전은 은총의 통로(canales gratiae)이며, 죄와 죽음을 치유하는 약의 그릇(vasa medicinae)이다. 이것은 에덴에서 흘러나오는 강이며(창 2:10), 그리스도교적인 삶의 근본이자 원천이다. 여기서 설교는 성례에 비해 별다른 중요성을 갖지 못한다. 클라우스 하름즈(Klaus Harms)는 가톨릭교회가 성례전에 의존하고 개혁교회가 설교에 의존한다면, 루터교도들은 설교와 함께 성례를 존중한다고 말했다. 그러나 바르트에 의하면 이러한 평가는 루터 자신과 맞지 않는다. 만일 루터교도들이 루터 자신에게 충실하다면, 그런 중도의 입장을 취할 수가 없다. 개혁교회에서도 설교와 성례전은 매우 중요한 지위를 차지한다. 가톨릭교회에서 사제는 말씀과 성례를 통하여 그리스도의 신비한 몸인 교회를 세운다. 설교를 통하여 그리스도는 교회를 신비하게 깨우고 확장시키고 복을 주며 위로하신다. 그리스도는 성만찬의 빵을 통해 회중들을 그분 자신에게 통합시키신다. 설교는 이러한 성만찬에서 주어지는 하나님의 말씀을 인간의 언어로 번역하고 해명하고 적용하는 것 외에 다른 과제를 갖지 않는다.

로마 가톨릭교회에서 설교는 성례전과 날카롭게 분리되고, 가톨릭적인 사제 개념에도 구성적인 요소가 아니다. 그러나 바르트에 의하면 종교개혁자들은 말씀의 선포와 성례전을 신앙 안에서 파악하고, 교회의 삶의 중심으로 이해했다. 가톨릭교회가 은총을 원인자로, 신적 존재로, 그리고 신적-피조물 사이의 효력의 관계로 파악했다면, 개혁자들은 그것을 말씀과 신앙의 연관성을 통해 파악했다.

성례전의 중요성은 은총을 일으키고 포함하며 매개한다는 데 있다. 효력을 일으키는 힘은 집행되는 사역 자체로부터 온다(*ex opere operato*, 성례전은 집행자의 영적인 상태와는 무관하게 자동적으로 효력을 일으킨다). 그것은 하나님의 결정이며, 인간의 신앙과는 무관하게 발생한다. 물론 가톨릭 교리도 믿음은 들음에서 나는 것(롬 10:17)을 말하지만, 신앙은 하나님 앞에서 의로움을 얻기 위한 준비 단계로서 말씀을 듣는 것이다. 하지만 루터와 칼뱅에게 성례전은 하나님의 약속과 신앙에 연관되며, 은총의 수단이 된다. 루터가 성만찬을 그리스도의 말씀에 근거하여 파악한다면, 칼뱅은 성령의 실제 임재를 통하여 성만찬을 파악하고 믿는 자들과 그리스도 사이의 연합에 관련시킨다. "그리스도의 육신과 우리가 서로 상통한다는 것은 믿기 어려운 것으로 보이지만, 우리는 성령의 신비한 능력이 우리의 모든 감각을 현저하게 초월하며…공간적으로 분리되어 있는 것도 결합시킬 수 있음을 믿어야 한다"(『기독교 강요』 IV, xvii.10).

> "비록 그리스도가 지금은…세상을 심판하기 위해 올 때까지 [하늘에] 머물기로 되어 있지만…우리는 성령의 신비하고 비가시적인 능력을 통하여 [그리스도]가 자기 몸과 실체로 우리를 먹이고 살린다는 사실을 믿는다"(헤페, 『개혁파 정통 교의학』, 918).

개혁자들은 그리스도의 은총을 가톨릭교회처럼 "원인과 효력"으로서가 아니라 "말씀과 신앙"으로 이해했다. 여기서 하나님과 성도 사이의 인격적인 만남이 중요하다. 인간의 말을 하나님의 행동으로 확증하는 성례전과 더불어 설교는 개혁자들이 볼 때 교회의 삶의 중심에 위치한다. 보다 더 강하게 표현하면(*a parte potiori*) 루터교회와 개혁교회는 설교의 교회이다.

> "신앙을 성취하기 위해 하나님은 복음과 성례전을 고려하면서 설교를 제정하셨다"(아우크스부르크 신앙고백, 조항 5).

> "그러면 말씀이 그리스도를 백성들에게 안내하며, 이들의 마음속에 알려지게 한다.…이것은 설교다"(루터).

> "하나님이…명령하신 가장 위대한 것은 하나님의 말씀을 선포하는 것이다. 그래서 설교의 직무는 교회에서 가장 고귀한 직무이다"(멜란히톤, 『변명』).

칼뱅은 설교를 "교회의 영혼"이라고 부른다(『기독교 강요』 IV, 12.1). 어떤 위협도 다음의 사실을 방해하지 못한다. 즉 "하나님의 영은 교회를 세우기 위해 그분의 은총을 수용한 사람들에게 자유롭게 역사한다.…하나님을 사랑하는 것은…성령을 통한 살아 있는 움직임인데, 성령이 마음에 접촉하고 마음의 이해에 깨달음을 준다. 이러한 가르침을 제외하고 다른 교훈은 없다"(칼뱅). 19세기 루터교도인 클라우스 하름즈와는 달리 루터파 신학자 헤르만 베젤은 "말씀의 선포가 일차적이다. 말씀은 성례전 이전에 이미 존재했다. 말씀은 스스로 서지만, 성례는 스스로 서지 못한다. 말씀은 하나님의 본래적인 본질이다. 성례전은 일차적으로 우리의 필요에 의해 행하여진다. 말씀은 인간의 필요 이후에도 머물 것이다. 성례전은 인간이 필요로 하지 않을 때 사라질 것이다. 말씀은 듣는 성례이며, 성례는 보는 말씀이다. 말씀은 성례 이전에 성례 없이도 존재했고, 앞으로도 그럴 것이다." 개혁파 신학에 의하면 세례가 중생과 은혜의 언약들로 들어가는 성례라면, 성만찬은 계속적인 양육의 성례이다. 칼뱅에게서 성만찬은 두 번째 성례인데, 하나님은 생명의 떡(요 6:5)이신 아들을 우리의 복된 불멸성을 위하여 주셨다(『기독교 강요』 IV, xvii. 1).

2. 바르트와 성례

바르트의 성례론 특히 세례론은 매력적이고 논쟁적이다. 매력적인 이유는 성령세례에 대한 그의 폭넓은 성서 주석과 신학적 통찰에 있다. 흔히 성령세례하면 방언이나 초자연적인 은사 체험을 떠올리기 쉽지만, 바르트의 성령세례는 하나님의 은총의 주도권을 매우 넓은 스펙트럼으로 펼쳐서 말한다. 이러한 스펙트럼 안에 은사 체험이나 성령의 열매를 맺는 복된 삶이 들어있다. 바르트는 "그리스도론적인 집중"을 통해 "예수 그리스도만이 성례"임을 강조한다. 칼뱅의 그리스도의 연합(『기독교 강요』 3권)을 통해 바르트는 그리스도의 사역을 다음과 같이 요약했다.

"그리스도의 은혜의 (성례전적) 사건은 우리의 외부에서(*extra nos*), 우리를 위해(*pro nobis*), 그리고 우리 안에서(*in nobis*) 일어난다. 그리스도는 말씀으로 우리에게 오시면서 성령으로 세례를 주신다. 믿음은 가톨릭 교리가 말하는 것처럼 선행(카리타스)을 통해 형성되는 것(*fides caritate formata*)이 아니라, 그리스도를 통해(*fides Christo formata*) 형성된다."

여기서 바르트는 성령세례를 물세례와 구분하여 "성례전적으로" 말한다. 성령세례란 예수 그리스도가 말씀과 성령을 통해 인간을 회심(또는 거듭남)시키며 새로운 존재로 만들어 가는 사건이다. 그리고 성령세례는 교회에서 베풀어지는 물세례를 통해서는 일회적으로 발생하지만, 칭의-성화-소명의 은혜와 더불어 현재 진행형으로, 그리고 동시에 종말론적으로 일어난다. 이 점에서 성령세례와 물세례는 구분되지만 분리되는 것은 아니다.

바르트의 성례론에서 가장 중요한 원리는 성례에 대한 그의 규정에서 나타난다. 예수 그리스도만이 성례이다. 루터와 칼뱅에게 성례란 예수 그리스도께서 자신이 명하신 세례와 성만찬 안으로 임재해오는 사건이다. 이에 따라 그들은 세례와 성만찬 자체를 성례로 규정하고, 그것을 구원의 수단 내지 방편으로 파악한다. 그래서 종교개혁자들에 따르면 말씀과 성례가 적합하게 베풀어지는 곳에 교회가 있다. 바르트는 종교개혁자들의 이러한 성례론과 교회론을 예수 그리스도의 빛 안에서 전개시키기를 원한다.

예수 그리스도와 성령세례가 먼저 있고, 그다음에 교회가 온다. 성령세례는 오순절 날 성령 강림 사건에서 일어났고, 교회는 성령의 능력 안에 거한다. 이때 교회는 회개를 경험한 하나님의 백성들과 더불어 말씀과 성례가 바르게 집행되는 곳에서 일어나는 사건이다. 그러므로 그리스도를 통해 베풀어지는 성령세례는 물세례를 배제하는 것이 아니라 오히려 필요로 한다. 성령세례는 시작부터 마지막까지 그리스도인의 전인적 구원을 표현하는 총괄개념으로 말해진다(KD IV/4, 34.37). 이것은 "한번 구원받으면 끝나는 것"이 아니라, 구원이 인간의 삶을 의롭게 하고 거룩하게 하며 소명을 가지고 교회와 사회 속에서 책임 있게 살아가게 할 뿐만 아니라, 성령의 은사와 열매를 통해 성도들의 삶을 복되게 한다는 것을 뜻한다. 이것이 성례전적인 의미에서 말해지는 성령세례의 폭넓은 스펙트럼이다. 여기에 상응하는 인간의 신앙고백과 윤리적 결단이 물세례로 표현된다. 그렇다고 해서 물세례가 단순히 인간적 결단으로 이해되는 것은 아니다. 물세례는 삼위일체 하나님의 이름으로 시행되며, 이것이 물세례를 성령세례의 중요한 계기로 만들기 때문이다. 이와 같은 물세례를 통하여 그리스도교인의 삶은 미래를 향해 전진하며, 희망 속에서 그리스도를 바라본다. 그래서 바르트는 세례의 목표가 성령을 통해 그리스도 안에서 일어나는 하나님의 화해의 행동에 도달하는 데 있다고 본다. 그리스도인의 삶은 하나님이 인간에게로 "향하시는 것"과 성령세례로 표현된다(KD IV/4, 79). 이러한 하나님의 은혜와 화해 사건 앞에서 세례는 또한 인간의 신앙고백의 행위로 규정된다. 하나님과 인간적 행위 사이에는 필연적이고 확고한 관계가 존재하며, 인간은 하나님의 은혜로운 "향하심"을 통해 해방되고, 그것에 상응하고 순종하는 결단을 행하게 된다(KD IV/4, 80).

(1) 바르트의 성례론은 그의 유비론에 근거를 둔다. 즉 그리스도(*analogans*, 유비의 주체)는 첫 번째 성례(성령세례)이며, 구원은 그리스도 안에서 일어난 하나님의 은혜의 사건이 오직 성령과 말씀을 통해 오는 것임을 확인한다(루터/칼뱅). 그리스도를 통한 성령세례가 물세례를 그것에 상응하는 것(*analogatum*, 유비의 객체)으로 만든다. 여기서 바르트는 세례와 성만찬을 구원의 필요조건으로 보거나 혹은 구원을 수여하고 확증하는 것으로 보는 가톨릭 교의학의 입장을 배제한다(*ex opere operato*). 바르트의 성례 신학은 이미 그의 초기의 하나님 말씀론에서 예수 그리스도의 계시가 성서와 설교를 하나님의 말씀으로

만든다는 입장을 취한다(성령의 내적 증거). 선포로서의 말씀과 성례는 은총의 수단이며, 이것을 통해 하나님의 자유로운 은혜의 사건이 드러난다.

세례와 성만찬 안에서도 삼위일체 하나님의 행동과 친교가 교회의 원형(prototype)이며, 하나님의 행동이라는 본원(本源, original)에 대한 유사성을 근거로 해서 세례와 성만찬은 공허한 표징(sign)이 아니라 의미와 능력으로 가득 채워진다(CD IV.3.2, 901). 바르트는 루터교의 성만찬 이해(루터 교리의 *est*, 이것은 나의 몸이다)를 비판하지만, 개혁파의 "그러나"(유한은 무한을 파악할 수 없다)를 통해 성령의 실제적인 임재를 해명한다.

바르트는 부활 이전의 유월절 음식을 기념하는 행위는 부활하신 그리스도의 인격적인 임재 가운데에 있는 유월절 음식을 이어가는 것으로 본다. 성만찬은 예수의 십자가 사건을 단순히 회상하는 데 그치는 것이 아니라, 부활 사건에서 드러난 그리스도의 계시를 구원 사건으로 선포하는 것이다. 여기서 성만찬은 부활을 축하하는 음식이 되며, 슬픔이 아니라 기쁨 속에서 거행된다. 이것은 하나님 나라의 메시아적 잔치(banquet)이며, 성만찬에 참여하는 것은 부활의 빛에서 하나님 나라의 미래에 참여하는 것이고, 성화의 삶과 관계된다(CD III/2, 502). 따라서 세례와 성만찬은 그리스도의 구원 사건(sacrament)을 감사하고 축하하는 교회의 필수적인 예전이다. 이 점에서 예수 그리스도와 교회의 성례전 사이에는 "성례전적인 유비"가 존재하고, 동시에 교회는 세상을 향해 정치·사회적인 책임성으로 부르심을 받는다. 여기서 "성례전적인 유비"는 물세례가 성령세례의 폭넓은 스펙트럼 가운데 위치한다는 것, 그리고 물세례의 의미가 인간의 단순한 윤리적·신앙고백적 결단이 아니라는 것을 뜻한다. 바르트에 의하면 "공동체의 믿음이나 세례 받는 자의 믿음이나 또는 물세례의 행위 자체가 하나님의 은혜의 사건을 선취하거나 수행할 수는 없다"(KD IV/4, 81).

이미 1943년에 바르트는 그의 저작(*The Teaching of the Church Regarding Baptism*)에서 교회의 세례를 그리스도의 명령에 따른 필연적인 것(*neccessitas praecepti*, KD IV/4, 59)이라고 말했다. 또한 바르트는 물세례를 그리스도의 구원을 모사(Abbild)한다는 의미에서 "성례"(은총의 수단이란 뜻)로 수용했다. 세례는 하나님이 사용하는 은총의 수단이며 표징(sign)이다. 이것을 통해 성령이 우리에게 하나님의 은총을 수여한다.

이러한 입장은 『교회교의학』 IV/4에서 성령세례와 물세례를 구분하고 물세례에 포함된 윤리적인 차원을 강조하는 것과 크게 다르지 않다. 그리스도의 선교명령(마 28:19)이 세례의 근거이며, 예수의 요단강 세례와 십자가 죽음은 세례를 인간의 순종의 행동으로 만든다. 물세례는 제2의 구원 사건이 아니라, 은총의 선물이며, 믿는 자들이 그리스도의 화해 사건을 고백하고(그리스도론적), 미래를 향해 희망을 펼치며(종말론적), 그리스도의 은총에 참여하는(목적론적) 사건이다.

(2) 부활하신 그리스도의 세례 명령(마 28:19)은 그분이 요단강가에서 받으셨던 세례에 대한 해명과 선포를 담고 있고, 그와 같은 세례를 그리스도교의 "성례"로 설정한다(KD IV/4, 57). 여기서 중요한 것은 부활의 콘텍스트이며, 성부와 성자와 성령의 이름으로 베풀어지는 그리스도교적인 세례이다. 만일 바르트가 세례를 그리스도의 은총을 증언하는 순수한 인간적 행동으로 말한다면, 그 입장은 세례를 성례전으로 주장하는 가톨릭, 루터교, 성공회, 그리고 개혁교회와 충돌할 것이다. 그러나 바르트에게서 세례는 순수한 인간적 행동으로 환원되지

않는다. 물세례 역시 하나님의 은혜로운 전향과 화해 사건에 근거되며, 세례 안에서 하나님이 성령을 통해 역사하신다.

예수의 요단강 세례가 성령세례(하나님이 인간 쪽으로 향하시는 것)와 물세례(인간의 책임적인 결단과 신앙고백)를 이어주는 결정적인 지점이고 근거라면, 물세례는 성령세례와 떨어질 수 없는 중요한 계기가 된다. 이것은 그리스도의 명령에 대한 순종 안에서 필연적인 것(*necessitas praecepti*)이 된다(KD IV/4, 59). 요단강 세례에서 중요한 것은 자신의 삶과 죽음을 통하여 예수께서 이스라엘의 메시아가 되고 또한 세계의 주님으로 드러나시며, "하나님에 대한 유보 없는 순종과 동시에 인간을 향한 유보 없는 연대"(KD IV/4, 64) 가운데 있음을 보여준다. 이것은 또한 교회와 믿는 자들을 하나님을 향한 헌신 및 죄인과의 온전한 연대를 향해 해방시켜 나간다. 여기서 예수의 요단강 세례는 이스라엘의 상황과 이스라엘 사람들을 "급진적으로 변혁시키는 하나님의 행동"을 뜻한다. 그 세례는 이스라엘을 하나님 나라를 향한 갱신과 회개로 촉구한다(KD IV/4, 61, 63). 예수는 자신의 백성들과 더불어 "모든 것을 변혁시키는 새로운 하나님의 행동"을 바라보고, 그들과 더불어 그분 자신의 나라를 수립하며, 모든 자를 향해 회개를 촉구한다. 하나님 나라를 바라보면서, 또한 하나님의 심판과 용서를 바라보면서, 다른 사람들과 더불어 받은 예수의 요단강 세례는 이스라엘을 포함한 모든 자를 위한 구원의 역사를 열어주는 것이다(KD IV/4, 65). 세례론에서 바르트는 이스라엘을 포함하는 하나님의 영원하신 예정과 인류 전체를 위한 그리스도의 계약이 화해의 복음 안에서 성취되는 것으로 본다(KD IV/4, 67). 그리스도의 이름으로 베풀어지는 물세례에서 이미 성령의 임재와 역사가 드러난다(행 19:5-6; KD IV/4, 69).

더욱이 요단강에서 세례를 받음으로써 예수는 하나님의 뜻에 순종

제1부 | 하나님의 말씀에 대한 신학적 성찰

했고, 자신의 백성 이스라엘과 구체적으로 연대했는 데, 이것은 교회 역시 물세례를 통해 이스라엘과의 연대로 나아갈 수 있음을 함축한다. 여기서 성령이 강림하시며 하나님의 인정과 확증이 주어진다. 바르트 세례론은 전통적인 세례론을 넘어서서 이스라엘과의 연대를 표현하지만 그것의 진정한 훌륭함과 매력은 예수를 향한 하나님의 인정과 심오한 응답을 파악하는 데 있다. 그 세례 안에 하나님의 긍정, 칭의, 영화로움이 존재하며, 이후의 예수의 사역과 십자가 죽음은 그것을 확증해 준다(KD IV/4, 72).

(3) 여기서 유아세례의 문제를 살펴보는 것이 필요하다. 만일 성령이 세례 사건에 임재하고 역사하신다면, 또한 성령만이 우리의 구원을 매개하신다면, 유아세례는 배척될 이유가 없다. 바르트의 유아세례 비판은 구원의 보증이 물세례 자체에 있을 수 없다는 것을 말하는 것이고, 유아세례 안에서 활동하시는 성령의 역사를 부인하는 것이 아니다. 바르트에게서 성령세례와 물세례는 이분화되는 것이 아니라 상응관계를 이룬다. 믿음 자체도 바르트에게는 인간의 순수한 행동이나 인간 중심적으로 파악되는 것이 아니라(펠라기우스주의, 슐라이어마허, 불트만의 실존주의가 그렇게 파악한다), 성령의 선물이다. 성령세례 안에서 회심, 거듭남, 믿음이 주어진다. 우리는 믿음을 통해 계약(언약)의 파트너로서 그리스도의 은총의 선물에 참여한다(*extra nos, pro nobis, cum nobis*). 물세례의 의미는 이러한 스펙트럼 안에 놓인다. 만일 물세례가 순수하게 인간의 주관적인 응답과 고백이라면 왜 삼위일체 하나님의 이름으로 세례를 말하고, 왜 말씀을 통해 그것을 시행하고 성령의 오심을 간구하는 기도를 하는가?

바르트 학자들 사이의 많은 논쟁에도 불구하고 바르트 신학의 중심은 그리스도가 우리에게 구원을 수여하시는 "성례"이고, 성령세례의 빛을 통해 물세례의 의미와 정당성이 확보된다는 귀결로 향한다. 이러한 측면을 간과하면 바르트가 유아세례를 거부하고 침례파의 입장을 지지한다는 식으로 왜곡될 수 있다. 그렇다면 유아세례를 받았던 바르트는 훗날 재세례를 받았는가? 만일 바르트가 침례파의 입장을 지지했다면, 그는 재세례를 받아야 옳지 않은가? 그렇지 않다. 바르트가 거절하고 비판했던 것은 세례 자체가 가톨릭 교리의 견해처럼 구원을 일으키고 이것 없이는 구원에서 배제된다는 식의 교회적 승리주의(ecclesial trimuphalism)이다. 교회의 물세례 없이도 그리스도는 성령세례를 통해 구원의 주도권을 갖고 계신다. 그러므로 유아세례를 받지 못했다고 해서, 유아가 구원을 받지 못하는 것은 아니다. 만일 그렇다고 하면 히틀러 시대의 제국교회에서 베풀어진 유아세례를 받지 않은 아이들은 구원을 받지 못한다는 셈이 될 것이다. 바르트의 성례론에서 복음의 표징과 수단은 서로 대립되거나 이분화 하지 않는다. 문제는 교회가 성례를 구원을 일으키는 수단으로 오용하고, 예수 그리스도의 자리를 빼앗아 차지하려는 데 있다.

이런 점에서 바르트가 의미하는 세례는 은총의 증거로서 성령이 역사하시는 구원의 축제이며, "성례전적이고 유비론적인 의미"는 포기되지 않는다. 설교 역시 하나님의 말씀으로서 구원의 수단이 되고, 이를 통해 성령이 역사하시는 성례전적인 의미를 갖는다. 성례는 보이지 않는 하나님의 말씀이다. 말씀과 성례에서 오직 성령만이 구원의 매개자가 된다. 이러한 입장은 이미 『교회교의학』 I/1 안에서 전개되는 "교의학과 선포"(말씀과 성례)의 성찰에서도 잘 나타난다.

만일 유아세례가 하나님의 백성을 위한 그리스도의 약속과 명령을 따르는 것이라면(마 28: 19)—그리스도는 성인들을 위해서만 십자가에서 죽으신 것이 아니다—유아세례에도 역시 성령이 역사하신다. 루터가 칭의론을 세례와 연관시키는 것과 비슷하게, 개혁신학의 중심 교리에 속하는 **하이델베르크 교리문답** 역시 세례에서 그리스도의 보혈과 성령만이 우리의 죄를 용서한다고 말한다. 세례에서 예수 그리스도(일차적 성례)가 성령을 통하여 일으켜지는 구원 사건이라면, 세례 예식 자체는 그리스도의 구원 사건을 축하하는 예식으로서 그것을 확증한다 (Jüngel, *Barth-Studien*, 310, 314).

이런 점에서 바르트의 유아세례론은 그의 성령세례론뿐만 아니라, 성령론 전체의 빛에서 숙고될 필요가 있고, 나아가 종교개혁자들의 유아세례와 심도 있는 대화를 필요로 한다. 그리스도 세례(성령세례)와 물세례의 유비적 상응은 바르트의 『교회교의학』 전체의 신학적 사고를 관통하는 멜로디에 속한다. 바르트에게서 그리스도와 인류 사이에 존재하는 "존재론적인 연관성" 그리고 인류의 인간성을 입은 "육체의 수납"(*assumptio carnis*)은 표징(*signum*)으로서 물세례와 성령세례(*res significat*)의 관계를 이스라엘론과 더불어 정치·사회적인 차원에서 새롭게 열어 놓는다. 그러나 바르트 연구에서 성례론은 그 진의가 밝혀지기보다는 여전히 논쟁적 요인으로 남아 있다(Jüngel, *Barth-Studien*, 246, 278).

에버하르트 윙엘이 볼 때 바르트의 세례론은 『교회교의학』의 부록이 아니라, 시험 사례(test-case)에 속한다. 이것은 유아세례를 행할 것인가 아니면 거절할 것인가 하는 양자택일의 문제가 아니다. 유아세례에 대한 바르트의 성찰은 전통적인 견해와 더불어 성례론적이며 언약적인 이해를 제공하며, 성례에 대한 교회의 남용에 대해 정당한 비판들을 담고 있다. 윙엘은 자신의 바르트 세례론 연구에서 중요한 요점들을 해명하기는 했지만, 칼뱅의 유아세례에 관한 바르트의 심층적인 대화를 간과했다. 바르트의 성령신학의 틀 안에서 유아세례는 새로운 의미를 회복할 수 있다. 트레비스 멕메켄은 프린스턴 신학대학원에서 조지 헌싱거의 지도 아래 바르트의 유아세례론을 주제로 하는 박사학위 논문을 제출했다. 칼뱅은 위대한 선교명령(마 28: 18-20)을 "복음의 표징"으로 명명했는데, 멕메켄은 유아세례를 바르트의 신학에 근거하여 긍정적으로 해명한다. 물론 멕메켄은 바르트의 유아세례에 대한 비판을 피해가지 않고, 바르트 신학 안에 담겨 있는 새로운 통찰을 끄집어내며 유아세례를 복음의 선포와 표징으로 본다. 그러나 멕메켄의 논지는 유아세례에 관하여 칼뱅과 바르트 사이에 존재할 수 있는 친화력을 단지 피상적으로만 다루고, 유아세례를 바르트의 성령세례의 빛에서 그리고 칭의론적인 관점에서 파악하지 못한다(McMaken, *The Sign of the Gospel*).

(4) 먼저 칼뱅의 입장을 살펴보자. 칼뱅은 성례가 성령을 통해 은총을 일으키는 보증이며, 믿음의 강화와 성장을 위한 수단이 된다고 말한다. 유아세례에 관한 한, 칼뱅은 "성령의 숨겨진 사역"을 통해 유아의 영혼에 회개와 믿음의 씨앗을 심어놓는다고 주장한다. 이런 점에서 세례는 (a) 우리를 향한 하나님의 은총의 확증이며, 또한 (b) 천사와 회중들 앞에서의 신앙고백으로 드러난다(KD IV/4, 191). 칼뱅에게서 나타나는 세례의 이중적인 규정에 착안하면서 바르트는 다음과 같이 말한다. 세례에서 죄의 용서를 위한 약속이 주어지며, 이에 따라 세례는 상징적으로 회중 가운데서 공개적으로 베풀어진다. 특별히 칼뱅은 유아세례를 구약의 할례와 연관시켜 해명했다(KD IV/4, 192). 여기서 바르트는 물세례 안에 포함된 하나님의 약속이 유아들에게 허락된다는 사실을 말하려 한다.

루터를 넘어서는 칼뱅의 통찰은 그가 구약의 언약(계약)들과 신약의 언약 사이의 형식적인 차이에도 불구하고 양자가 본질적으로 일치하며, 나아가 예수 그리스도를 두 가지 언약의 주님으로 본다는 사실로부터 온다. 따라서 구약의 할례와 신약의 세례 사이에는 연관성이 있다(『기독교 강요』 II, 9-11). 여기서 칼뱅은 반유대주의를 비켜간다. 칼뱅은 자신의 신학 안에 이스라엘을 긍정하는 내용을 포함시킨다. 하지만 칼뱅은 바르트처럼 성령세례와 물세례를 구분하지 않았고, 교회에서 베풀어지는 세례가 칭의론(죄의 용서)과 연관되기 때문에, 루터보다 더 강하게 유아세례를 고수했다.

바르트에 의하면 성서 안에는 사실상 유아세례를 적극적으로 지지하거나 혹은 금지하는 본문은 없다. 유아세례를 받지 않는 아이들은 사고로 죽을 경우에 구원을 받지 못하는가? 히틀러의 제국교회처럼 유아들에게 굳이 히틀러 선서 앞에서 세례를 베풀어야 하는가? 유아세례 없이는 구원을 받을 수 없다는 주장에 대해 바르트는 "아니오"라고 말한다. 그러면 세례는 불필요한가? 이에 대해서도 바르트는 "아니오"라고 한다. 이러한 맥락에서 바르트에게 유아세례는 양자택일의 문제가 아니라 시험 사례(test case)에 속한다.

바르트는 물세례를 일차적으로 요단에서의 예수의 세례를 근거로 하여 성인들의 성화 및 윤리적 결단과 연관시켜 다루었다. 성화는 부활하신 그리스도 안에서 나타난 은혜와 거룩한 삶을 향한 인간의 책임적인 응답이다. 성화에서 부활의 그리스도와 그리스도인의 거룩한 삶 사이의 상응이 일어난다. 성화의 내적인 계기에는 "항상 죄인, 항상 의인"이라는 칭의론의 죄의 용서의 명제가 항상 새롭게 이어진다. 나는 이미 구원 받았으니 거룩한 삶을 통해 상급을 받겠다는 스콜라주의적인 공로 사상은 바르트에게는 존재하지 않는다. 반면에 "한번 구원 받으면 끝"이라는 구원의 확신주의도 불가능하다.

성화에는 "말씀 선포-믿음-세례"라는 차원이 있지만, 바르트는 또한 죄의 용서와 성령의 부어짐이 유아와 이스라엘을 포함한 인류 전체에게 보편적인 의미를 갖는다고 본다(행 2:39). 바르트는 세례 가운데 있는 죄의 용서의 차원을 간과하지 않았다. 만일 우리가 물세례를 지나치게 성화와 윤리적 결단의 관점에서만 해석하면, 바르트가 유아세례를 전혀 성서적으로 정당성을 갖지 못하여 완전히 불필요한 것으로 보았다고 오해하게 된다. 그렇지 않다. 바르트의 관점은 유아세례를 지지하기 위해 전통적으로 사용되어온 성서 본문들이 충분치 않다는 것을 비판적으로 분석했고, 이 문제를 새로운 지평으로 옮겨놓기를 원했다. 이 점에서 바르트의 유아세례 비판은 정당성을 가질 수 있고, 또한 에큐메니칼 대화를 향해 열려 있다.

예수 그리스도가 믿음의 창시자요 완성자(히 12:2)라면, 그리스도인의 삶은 성인에서가 아니라, 유아로부터 시작된다. 유아는 교회의 삶에서 배제되지 않는다. 그렇다면 성령세례의 틀에서, 그리고 칭의론의 관점에서 "온전한" 유아세례가 베풀어질 수도 있다. 이 점에서 유아세례 이후 견진성사를 통한 보충은 불필요하다(KD IV/4, 204, 207). 대제사장이신 그리스도께서 믿는 자를 대변하신다면, 유아의 부모들이 따로 대신할 필요는 없다. 이러한 대리 예전(Ersatz-Ritus)의 불필요성은 물 없이 행하여지는 침례파들의 유아 헌화식에도 마찬가지로 말해질 수 있다(KD IV/4: 213).

(5) 여기서 바르트는 부모들의 대리 신앙고백이나 침례파적인 헌화식을 넘어서 유아세례의 새로운 차원을 열어젖힌다. 바르트가 재세례를 거절했다면, 그리고 세례에 죄의 용서(칭의)가 담겨 있고, 말씀과 성령을 통해 그리스도가 임재하신다고 말한다면, 유아세례는 바르트의 성령세례의 중요한 계기로 파악될 수 있고 거부될 이유가 없다. 스스로 성례이신 예수 그리스도는 유아를 배척하는 분이 아니라 사랑하시는

분이다. 그리스도는 어린아이들처럼 되지 못하면 하나님 나라를 상속받지 못한다고 말씀하셨다. 그렇다면 유아세례 없이 사고로 죽은 어린아이들에게 그리스도는 그분 자신의 신비로운 은총을 베푸실 것이다. 이 점과 관련해서 바르트와 칼뱅 사이의 심도 있는 대화가 필요하다.

앞에서 언급한 것처럼 바르트가 성인의 물세례를 성화 및 윤리적 관점과 연결시킨다면, 칼뱅은 칭의와 연관시킨다. 그럼에도 불구하고 바르트는 물세례 안에서—요한의 세례와는 달리—하나님의 행동이 성취되었고 지금도 성취되고 있으며, 그래서 물세례를 그 자체로 충분한 하나님의 행동으로 본다. 인간적인 행동인 세례 안에서 우리는 하나님의 거룩한 성취를 발견하는데, 이것은 하나님이 세례가 자체적으로 수행할 수 없고 매개할 수도 없는 것을 창조적으로 이루어 가시는 것을 뜻한다. "물세례는 교회 공동체와 수세자들에게 위탁되고 명령된 약속이다"(KD IV/4, 78). 이 약속은 미래를 향해 전진하며, 장차 받게 될 성령세례 안에서 그 의미가 성취된다. 여기서 바르트는 유아세례의 가능성을 향해 열린 입장을 취하고 있지 않는가? 물세례가 단순히 인간의 윤리적인 결단을 넘어 하나님에 의해 성취되는 행동 및 장차 부어질 성령세례와 연관된다면, 그것은 주님의 명령이며 약속이라 할 수 있다. 물세례와 성령세례 사이에는 성례전적인 유비가 존재한다. 이 점에서 유아세례는 거절되지 않는다.

유아세례가 성령세례 및 칭의 관점에서 재해석된다면, 바르트는 유아 안에 임재하는 성령의 사역을 거절하지 않는다고 말할 수 있다. 부모들의 책임이나 대리행위가 아닌 유아세례, 이와 동시에 이후의 견진례의 보충을 필요로 하지 않는 "온전한 세례"로서의 유아세례는 새로운 의미를 회복할 수 있다. 물론 바르트는 루터교도들이 주장하는 유아의 신앙(*fides infantilis*)론—세례를 통해 성령이 이들 가운데 신앙을 심어줄 수 있다는 주장—때문에 유아세례론을 확증하기란 어렵다고 본다(KD IV/4, 206). 또한 바르트는 칼뱅이 루터의 유아신앙론을 넘어서서 성령의 신비한 사역을 통하여 세례에서 유아들을 믿음의 성장으로 장차 안내한다고 말한 것을 알고 있었다. 그리고 칼뱅이 가톨릭의 견진성사를 거절한 것도 언급한다. 그러나 동시에, 칼뱅의 이러한 입장이 루터보다 진보한 것이기는 해도 그의 성령을 통한 신앙의 씨앗론은 여전히 견진례를 통한 유아세례를 보충하는 측면을 담고 있고, 이것은 교의학적인 문제로 남는다고 진단한다(『기독교 강요』 IV, 19, 13).

바르트가 성령의 보편적인 부어짐에서 이스라엘과 유아를 포함한다면, 칼뱅의 할례-세례의 연관성은 오순절 날 일어난 새 언약(렘 31장)의 빛에서 파악될 수 있다. 이러한 칼뱅의 입장은 성서적 근거를 갖는다. "그분 안에서 여러분도 손으로 행하지 않은 할례, 곧 육신의 몸을 벗어버리는 그리스도의 할례를 받았습니다.…또 여러분은 죄를 지은 것과 육신의 할례를 받지 않은 것 때문에 죽었으나, 하나님께서는 여러분을 그리스도와 함께 살리시고 우리 모두의 죄를 용서하여 주셨습니다"(골 2:11, 13).

그렇다면 바르트의 성령세례는 구약과 신약의 언약을 이어가는 "할례-세례"를 부모들의 대리 신앙이나 견진례 또는 유아 헌화식의 보충을 넘어서게 한다. 그분 자신이 성례이신 그리스도가 성령을 통하여 유아에게 은총을 베풀며, 이들을 대변한다. 그리스도의 세례 안에는 요한의 세례와 달리 성령이 역사하고 임재한다. 우리가 유아세례를 온전한 하나의 세례로 베풀 수 있는 성서적인 근거와 교의학적 성찰을 통하여 이스라엘의 할례의 계약을 긍정하는 방향으로 나아갈 수 있다면, 칼 바르트는 과연 이에 대해 "아니오"라고 할 것인가? 바르트에게 물세례가 값비싼 은총이라면, 또한 유아세례도 값비싼 은총으로 성찰되고 심화

될 필요가 있다. 이런 맥락에서 바르트의 유아세례론은 에큐메니칼 대화의 중심 영역으로 들어오며, 매력적이고, 여전히 논쟁을 불러일으키고 있으며, 우리를 한층 더 깊은 말씀의 세계로 안내한다.

3. 교의학과 교회의 선포: 종교사회주의

인간의 말이 하나님의 뜻과 일치할 때, 하나님 자신의 말씀이 된다. 그럼에도 불구하고 설교와 성만찬은 선포로서 하나님의 말씀에 대한 봉사로 남는다. 교회의 선포는 다른 모든 영역에서 자유로우며, 그 내용은 인종이나 백성이나 국가의 이해 혹은 문화와는 상관없다.

"교회는 거룩한 성도들의 모임이며, 그 안에서 복음은 올바로 선포되고 성만찬은 바르게 집행된다"(아우크스부르크 신앙고백, 조항 7). 설교와 성만찬이 교리대로 순수하고 올바르게 행해질 때, 거룩한 자들의 모임인 교회가 존재하게 된다. 16세기 초 인문주의자들의 뿌리로 돌아가기(ad fontes)는 역사주의의 문제다. 18세기의 합리주의는 삶의 문제를 지배할 수 있었다. 근대 사회주의는 보다 더 좋은 삶을 추구하는 합리적인 이념에 기원을 둔다. 오늘날 미국에서는 새로운 휴머니즘이 설교된다. 아무도 볼셰비즘의 아시아적 잔혹성이 교회의 선포에 걸림이 되는 것을 보지 못했다.

교회는 세상이 아니라 하나님을 경외해야 한다. 헤르만 쿠터(1863-1931)와 같은 예언자적인 설교자는 하나님의 능력의 영역이 교회의 영역보다 더 넓고 위대함을 말했다. 하나님은 세속 역사 속의 인물들과 사건들을 통하여 교회를 찾아오신다. 『당신은 해야만 한다』(Sie Müssen, 1903), 『정의』(Gerechtigkeit, 1905), 『우리 목사들』(Wir Pfarrer,

1907)에서 쿠터는 특별히 제1차 세계대전이 발발하기 전의 사회 민주주의에 대해 언급했다. 쿠터가 말한 것은 사회 민주당의 프로그램이 아니라, 시대의 징조에 대한 해석이었다.

쿠터는 취리히의 노이뮌스터(Neumünster) 교회의 목사였고 『직접성: 인간성의 문제』(*Das Unmittelbare: Eine Menscheitsfrage*)에서 블룸하르트의 사상을 철학적으로 분석하고 전개했다. 쿠터는 새로운 삶이 그리스도 안에 계시된 살아 계신 하나님으로부터 온다고 생각했고, 직접성은 살아 계신 하나님을 향한 전향으로 해석했다. 쿠터는 사회 민주주의 안에서 사회변혁의 의지를 보았고, 하나님의 직접성이 세상 안으로 치고 들어오는 현실을 보았다. 1906년 쿠터는 라가츠와 더불어 스위스 종교사회주의를 창설했다. 레온하르트 라가츠는 교회가 사회주의를 하나님 나라의 선구자로서 드러낸다고 생각했고, 이에 따라 교회를 종교사회주의의 진정한 체계(system)로 만들었다. 쿠터와 달리 라가츠는 행동주의자였다. 그는 1895년부터 1902년까지 스위스의 쿠르에서 목회하면서 키에르케고르와 알브레히트 리츨의 영향을 받았다. 1902년 유명한 바젤-뮌스터 교회의 청빙을 받고 라가츠는 하나님 나라와 사회주의적 연관성을 발견했으며, 정치 문제에 관여했다. 1907년 미국 보스톤에서 열린 "자유 그리스도교 세계 회의"에 참여하고 미국의 사회복음 운동(월터 라우쉔부쉬)의 영향도 받았다(정승훈, 『동시대성의 신학』, 115).

전후에 틸리히는 이러한 사회주의를 세속문화 일반으로 대체하고, 교회에 대항하는 세속문화를 체계적인 원리로 옹호했다. 근대 세계, 그 가운데서도 특별히 사회주의가 교회에게 결정적인 할 말을 가지고 있다면, 교회는 외부로부터 들려오는 낯선 하나님의 음성을 인정해야 한다. 세상으로부터 반대와 저항의 말을 직간접적으로 듣게 될 때 교회

제1부 | 하나님의 말씀에 대한 신학적 성찰

가 갖게 되는 예언자적인 전망은 교회와 세상의 만남에서 오는 적합한 결과가 아니라, 그러한 만남을 가능케 하는 교회의 노력의 결과이다. 순수한 복음의 교리와 올바른 성례의 집행은 무엇을 뜻하는가? 틸리히나 라가츠와는 달리 쿠터는 이러한 물음을 향한다. 라가츠는 교회의 사회주의와의 만남을 결코 쿠터처럼 진지하고 심오하게 성찰한 적이 없다. 틸리히 또한 그리스도교 사상과 철학 사상에 대한 역사학자로서 교회에 대한 자유주의 신학의 반감을 상속했다. 라가츠와 틸리히는 바르트의 변증법적 신학의 초자연적인 단계를 비난했고, 자신들의 입장은 역동적인 것이고 바르트의 입장은 정체적인 것이라고 주장했다.… 그러나 바르트는 냉소적으로 자신이 이런 사람들에게 무엇을 말할 수 있을까라고 반문한다. 종교사회주의는 바르트의 자펜빌 시절의 신학 및 정치 활동과 깊은 연관을 갖는다. 틸리히 역시 종교사회주의에 가담했었다. 비록 바르트는 레온하르드 라가츠에 대해 비판적인 거리를 취했지만 블룸하르트 및 헤르만 쿠터와는 친화력을 가지고 있었고, 이들로부터 세계 안에서 활동하시는 하나님의 주권성과 교회적 선포의 중요성을 배웠다(정승훈, 『동시대성의 신학』, 107-16).

바르트에 의하면 인간의 책임성은 기도를 통해 교회의 선포를 연구하는데, 하나님의 심판의 빛 속에서 비판적·수정적인 연구 작업을 수행한다. 로마 가톨릭은 교회의 무오성을 말하고 교회의 가르치는 직무와 교황의 역할을 주장한다. "교회의 교리는 무오하며 하나님의 규정이 된다"(아퀴나스, 『신학대전』, 11.1). 하지만 우리는 교회의 교리와 하나님의 규정을 동일시할 수 있는가? 교회의 선포는 인간의 일로서 비판과 수정을 필요로 한다. 비판과 수정은 교회의 책임성 안에서 교의학을 통해 수행되어야 한다. 교회의 선포를 교의학의 원재료로 만듦으로써, 교회의 삶의 중심은 바르게 선포되는 설교와 바르게 집행되는 성례가 된다. 교의학적인 성찰을 벗어난 예전 갱신, 사회봉사, 그리스도교 교육, 사회와 국가에 대한 질서 탐구, 에큐메니칼 이해는 중심을 떠나 잘 못된 길로 빠질 수 있다. 교회는 진지한 신학을 원해야 한다.

선포에 대한 교회의 자기검증은 미래에 행해질 선포와도 이어진다. 교의학의 일은 이런 측면에서 운동을 통한 훈련(gymnastic)의 성격을 갖는다. 이전의 교의학에 대한 비판적인 연구는 미리 주어지고 전제된 사실(factum)로부터 시작했고, "행해져야만 하는 것"(faciendum)과의 연관성 안에서 수행되었다. 이것이 교의학 전체의 일을 위하고 대변하는 중심적 표현이 될 수 있었다. 교의학은 과거에 행해진 교회의 총체적인 선포를 비판할 수 있지만, 미래와 관련해서 그것은 단지 사례로서 장차 더 나은 가르침을 위한 예비 작업이 된다. 교의학에서 비판과 수정은 과거와 미래의 교회의 선포라는 특별한 영역에서만 실행된다. 교회의 선포가 교의학의 원재료가 되는 것이지, 교의학이 선포의 원재료인 것은 아니다. 교의학과 교회적 선포의 과제 사이에 있는 직접적인 연관성은 이미 아우구스티누스에 의해 표현된다.

"신학이 성서의 의미를 해명하는 작업을 뜻하는 한, 그것은 성서를 지금 읽을 뿐만 아니라 앞으로도 계속해서 그 작업을 진행하게 된다"(아우구스티누스, 『그리스도교 교리』). 루터교 신학자 게르하르트에 의하면 교의학의 목적은 사람들에게 구원을 가르칠 수 있게 되는 것이다(Loci theol, 1610). 슐라이어마허는 교회의 삶이 교의학보다 우위에 있다고 말한다. 우리는 학교를 위해서가 아니라 삶을 위해 배운다(non scholae sed vitae discimus).

하나님이 교회 밖에서도 말씀하신다면 교의학은 항상 모험이 되며, 그러하신 하나님의 낯선 선포에서 출발한다.

(1) 교의학의 필요성은 교회적 선포의 필요성과는 다르다. 교의학이 필요한 것은 선포가 틀릴 수 있는 인간의 말이기 때문이다. 교의학은 선포에서 성찰되는 하나님, 계시, 신앙을 다루며, 선포된 그 내용에 대해 연구·논증·비판·수정을 한다. "그 과제는 우리가 유일한 왕적인 길을 밟기 위해 오류의 길을 조망하는 것이다"(예루살렘의 키릴로스).

(2) 교의학은 선포에 봉사한다. 교의학과 선포 사이의 관계는 경건과 지식 또는 믿음과 지성 사이의 관계와 같다. (a) 선포와 비교할 때 교의학은 다른 양식과 기능을 갖고 있고, 그것은 신앙이나 신앙의 지식에서 우위에 있지 않다. 교의학자가 신앙이나 지식보다 더 나은 일을 수행하는 것이 아니다. (b) 선포와 비교할 때 교의학적인 사유는 단순한 설교보다 정확하며 폭넓고 심오하다. 그러나 교의학이 선포에 비해 비판적인 성찰을 행한다는 것은 교의학적 지식이 교회의 선포를 대신할 수 있다는 것을 뜻하지 않는다. 안셀무스의 **이해하기 위해 믿는다**는 말은 믿음에서 다른 어떤 형태로 이행한다는 것을 말하지 않는다. 오히려 그것은 "하나님의 지식을 가로막는 모든 교만"을 봉쇄한다(고후 10:5). (c) 선포와 비교할 때 교의학은 그 자체가 목적이 될 수 없다. 교의학은 선포에 봉사함으로써, 비판적 이론으로서의 자리를 갖게 된다. 토마스 아퀴나스와 둔스 스코투스의 논쟁은 신학이 사변적인 학문인가 아니면 실천의 학문인가 하는 것이었다. 개신교 교의학은 스코투스의 편에 섰다. 위(僞)디오니시오스는 중세의 수도원 학문과 개신교 정통주의에 지대한 영향을 미쳤다. 신학의 실천적 성격을 말하는 것은 교회가 아카데미가 아니라는 것을 뜻한다.

위디오니시오스(Pseudo-Dionysius)는 5세기와 6세기에 활동했던 그리스도교 신학자이며, 아레오파고스 저작(Corpus Areopagiticum)을 남겼다. 그는 단성론주의자들에게 영향을 주었고, 중세 후기 서방 교회의 토마스 아퀴나스와 마이스터 에크하르트에게서 깊은 반향을 발견했다. 위(僞)디오니시오스의 사도적 전승의 권위는 사도행전 17:34에 근거하는데, 바울이 회심시킨 아레오파고스 법정의 판사인 디오니시오스를 자신의 저작의 이름으로 삼았다. 이것은 이름을 위조했다기보다는 5-6세기에 자신의 저작에 사도전승의 권위를 더하기 위해 이름을 빌린 것으로 볼 수 있다. 디오니시오스는 에베소서의 저자이며 아테네의 첫 번째 주교였다고 전해진다. 아레오파고스 저작 가운데 『천상의 위계질서』는 가톨릭교회의 구조, 교황제도, 그리고 경전법에 대한 해석에 지대한 영향을 미쳤다.

"항상 명심해야 하는 것은 하나님의 아들이 영원하신 아버지의 숨겨진 자리에서 자신을 감추면서 우리에게 오지 않았고, 세계에게 논증을 위한 거짓 교리를 나누어주기 위해 하늘의 진리를 드러내지도 않았다는 것이다.…[주님의 오심은] 진정한 신 인식과 영원한 구원을 얻기 위해 필요한 모든 것을 인간에게 가르치기 위해서다"(마틴 켐니츠, *Loci theol. Ed.* 1590).

(3) 교회의 선포와 그리스도교의 주제는 교의학을 요구하는데, 그 이유는 선포가 책임적인 행동이고 교의학은 선포를 위해 그러한 책임에 적합한 노력이기 때문이다. 하나님, 계시, 신앙은 인간의 말에 대해 자유로운 삶을 갖는다. 우리는 무익한 종들이며 하나님이 아니고 계시의 주인도 아니다.

아타나시오스 신조(Athanasian creed)에 의하면 "올바른 그리스도교 신앙을 가진 사람은 복된 자이다. 온전하고 순수한 신앙을 갖지 못한 자는 의심할 바 없이 영원히 버려지게 될 것이다." 하지만 바르트는 구원을 인간적 신앙으로 환원하는 것은 지나치다고 본다. **아타나시오스 신조**는 6세기에 교회에서 사용된 신앙고백인데, 삼위일체 하나님과 그리스도론을 해명한다. 그것은 니케아 신조의 입장을 강화하고 아리안주의를 배격한다. 로마 가톨릭, 영국 성공회, 그리고 루터교회는 이 신앙고백을 사용한다.

선포와의 관계에서 교의학의 과제는 하나님, 계시, 신앙을 설교의 내용으로 직접 제시하지는 않는다. 그 과제는 선포의 내용의 제공이 아니라 설교를 안내하는 것이며, 인간적 언어인 설교를 위해 통찰력, 원리, 방향을 부여하는 것이다. "우리는 믿음을 지배하려는 것이 아닙니다"(고후 1:24). 교의학이 아니라 교회의 선포가 하나님께 더 가까이 서 있다. 선포는 본질적이며, 교의학은 선포를 위해서만 필요하다. 선포 안에서, 그리고 하나님, 계시, 신앙 안에서—이것이 대상이 되는 한—교의학은 그 재료를 추구한다(CD I/1, 87). 성 암브로시우스(Ambrose, 340-397)는 이단 사상에 대해 다음과 같이 썼다.

"하나님이 기뻐하시는 것은 변증법적인 기술이 아니라 사람을 구원하는 것이다. 달리 말해 하나님 나라는 신앙의 단순성 안에 있지, 말의 논쟁에 있지 않다." 성 암브로시우스는 밀라노의 주교였고 4세기 교회의 가장 강력한 지도자였으며, 히포의 아우구스티누스에게 깊은 영향을 미쳤다. 암브로시우스의 문장은 에릭 페테슨이 바르트를 비판하며 인용한 것인데, 바르트는 에릭 페테슨과의 논쟁에서 키에르케고르의 의미의 변증법적인 비합리성을 안셀무스의 "이해를 추구하는 신앙"을 통해 극복한다.

4. 종교비판과 사회비판의 방법: 바르트와 골비처

바르트의 말씀의 신학은 교회의 선포를 중심으로 전개되지만, 그 과정에서 『괴팅겐 교의학』에서 시작된 "하나님의 말씀하심"(*Deus dixit*)이 "말씀-행위의 신학"(하나님이 말씀의 자유로운 주체인 신학)을 통해 사회와 문화를 향한 급진적인 개방성을 갖게 된다. 자펜빌 시절에 바르트는 종교사회주의 운동, 특히 블룸하르트와 헤르만 쿠터로부터 하나님이 사회와 역사를 통해 말씀하신다는 비판적인 사유를 수용한다. 바르트는 자펜빌에서 "사회주의 연설들"을 행하는 가운데 사적(史的) 유물론을 경제적인 교류의 형태만 갖는 것으로 말하지 않는다. 그것은 오히려 물질에 대해 살아 있는 인간의 독립적인 출발을 뜻한다. 상황과 더불어 그리고 상황으로부터 인간 의지가 발생하며, 인간의 이념과 경제는 상호 연관성을 갖는다. 인간의 변혁과 상황의 변혁은 서로 맞물려 있다. 해방과 구원은 해방된 자와 구원받은 자만이 할 수 있는 것이다(F. W. 마르크바르트, 『아우슈비츠와 이스라엘의 하나님』, 87).

더욱이 바르트는 포이어바흐를 매우 진지하게 취급했고, 그의 종교비판을 통해 슐라이어마허와 루터주의자들의 약점을 개혁신학의 관점에서 극복하려고 시도했다. 포이어바흐에 의하면 종교는 인간적 자의식의 간접적인 표출에 불과하다. 종교는 무한성에 대한 인간적 자의식이며, 포이어바흐는 이것을 무한성을 향한 인간 의식의 투사로 보았다. 신적 본질이 인간적 본질과 다르지 않다면, 신학은 인간학이 될 수밖에 없다. 인간의 유적 의식(Gattungsbewusstsein)은 단순한 개인주의를 넘어서 인간의 유적 본질로서의 보다 더 큰 존재, 즉 그리스도교의 신으로까지 고양된다. 하나님은 역사의 과정에서 자신을 구현해가는 유적 인간의 구현이 되며, 하나님은 유적 인간의 멤버로서 나의 숨겨진 존재가 된다. 하나님이 인간이 되는 한, 인간은 유적 의식 안에서 진정한 그리스도가 된다(Barth, "Feuerbach," in *Die protestantische Theologie im 19. Jahrhundert*, 485).

포이어바흐는 우상의 이미지를 해체하는데, 이 작업은 오히려 성서적인 하나님을 위해 봉사하는 기능을 갖는다. 이 점에서 반-신학적인 포이어바흐는 바르트가 보기에는 더욱 신학적이다. 루터교의 예수 그리스도의 인격에 대한 두 속성의 교리(*communicatio idiomatum*)에서 바르트는 인간성이 신성처럼 변해가는 위험을 보는데, 포이어바흐의 투사이론이 그 문제에 아주 적절하다. 루터 교리의 est("이것은 나의 몸이니")—성만찬의 실재적 임재에서 드러나는 신성과 인성의 동일성—에서 종말론적인 유보는 실종되고, 하늘과 땅이 전도될 수 있는 가능성이 숨겨져 있다. 바르트는 루터주의적 "현존"(*est*)에 표현된 성만찬의 임재에 대해 개혁교리의 종말론적인 유보, 즉 "그러나"가 여전히 필요하다고 본다(정승훈, 『칼 바르트와 동시대성의 신학』, 311).

더욱이 포이어바흐의 반-관념주의는 바르트가 볼 때 교회가 전통적으로 사회·경제적인 영역에 대해 드러내는 무관심과 무력감을 비판적으로 극복할 수 있게 해준다. 포이어바흐는 종교를 인간화함으로써 과학적 사회주의(마르크스와 엥겔스)에 혁명의 동인을 부여했다. 사회민주주의나 무신론은 교회에 주어지는 하나의 경고일 수 있으며, 교회가 그것에 바리새적으로 반응하는 것은 무의미하다. 후에 바르트는 "다름슈타트 성명"(1946)에서 포이어바흐에 대한 자신의 해석을 사회·경제적 이론과 연관시켜 성찰한다. 사적 유물론은 사회·경제에 대한 비판이론으로서 성서적 진리의 중요한 요소(육체의 부활)를 새롭게 해명하는 데 도움이 된다. 다시 말해 그것은 하나님 나라의 빛 안에서 가난한 자들의 문제를 교회의 중심 문제로 만들어 간다(같은 곳, 344).

정치·사회적인 이슈는 교의학의 주제로 들어오며, "신학의 주제에 대한 말씀"(Wort zur Sache)과 "사회적 상황에 대한 말씀"(Wort zur Lage)은 바르트가 히틀러와의 투쟁에서 표현했던 "오늘의 신학적 실존"(Theologische Existenz heute)에서 잘 드러난다. "독일 그리스도인들"이 미리 주어진 정치적 전제인 히틀러의 파시즘에 하나님의 말씀을 순응시켰다고 한다면, 바르트는 하나님 나라의 복음의 빛 안에서 히틀러의 파시즘과 비판적으로 대결했으며, 그런 사회적 상황에 대한 예언자적인 말씀을 고려한다. 이것이 오늘 "지금 여기서" 행동하는 신학적 실존을 말한다.

더 나아가 바르트는 영혼과 몸의 연관성을 숙고하는 자신의 신학적 인간학에서 마르크스의 사적 유물론을 중요하게 다루며 분석한다. 그것은 과학적 사회주의와 연관된 비판이론이며, 여전히 역사적인 한계를 갖는다. 바르트는 사적 유물론을 우리가 믿어야 할 세계관으로 받아들이지는 않는다. "그것은 단지 우발적인 것(*per accidens*)이며 본질적인 것(*per essentiam*)이 아니다"(CD III/2, 387). 그러나 우리가 이러한 비판이론을 도덕적으로 악한 열매라고 간주할 필요는 없다.

바르트의 판단에 의하면 (a) 사적 유물론은 인류 전체의 역사가 그 핵심에서 경제사라고 확증한다. 그 밖의 모든 것, 예를 들어 문명의 성취, 과학, 예술, 국가, 도덕, 종교는 오로지 이러한 경제적 실제의 현상에 동반된 것이다. 이런 것들은 경제적 힘들의 관계를 표현하며, 그 힘들을 은폐하고 미화하고 정당화하고 옹호하려는 시도다. 경제는 이데올로기로부터 구분되면서 진정한 역사적인 실재가 된다. (b) 사적 유물론은 사회·경제적인 관점에서 인간의 역사를 비판한다. 경제사는 한 사회 안에서 경제적 특권층과 소외된 계층, 즉 계급들 사이의 투쟁의 역사이다. 이러한 투쟁에서 노동자들은 현대적 자본의 지배 아래서 항상 패배당한다. 이들은 수탈당하고 착취당한다. 마르크스의 이러한 입장은 이전의 관념주의자들이 자연에 대한 정신의 승리를 축하했던 입장과 전혀 다르다. (c) 사적 유물론은 인류사의 미래의 진행과정을 예견한다. 자본의 지배와 더불어 가진 자들의 지배는 생산과 소비를 새로운 위기로 몰아가며, 전시와 같은 발전과 혁명적인 재난을 초래한다. 이것은 내적인 필연성으로서 마지막 파국으로 치닫는데, 대중의 프롤레타리아화는 점점 더 첨예해지며, 중산층에 점점 더 큰 영향을 미친다. 결국 혁명을 통해 수탈자가 수탈당한다. 혁명은 착취가 없는 경제 질서와 복지 사회국가를 건설하며, 모든 사회적 질병이 사라진다. 이러한 비판이론은 이데올로기라기보다는 물질적·경제적인 발전을 바르게 이해하고 있다. 이것은 마르크스가 그의 추종자들에게 선사해준 지고의 선으로서, 그리고 이러한 길을 향한 적합한 동인으로서 희망이며 종말론에 속한다(CD III/2, 388). (d) 사적 유물론은 소환이다. 소환은 모든 사람들 혹은 중산층에게 주어진 것이 아니라, 끊임없이 급증하는 프롤레타리아 계층을 향한다. 이러한 소환은 일반 역사의 경제적인 의미를 향한 개방성과 계급투쟁의 빛에서 비판의 필연성에 호소한다. 이것은 필연적으로 목적에 접근하는 믿음, 곧 노동 운동과 노동자들의 경제·정치적 연대를 통한 회복에 호소하는데, 현재 계급의 관계를 점차적으로 해체하고 계급 없는 새로운 사회 건설을 보다 급격하게 또는 점차적으로 준비한다. 이러한 비판이론은 동시대적인 시간과 상황, 특별한 정치, 경제, 이데올로기 상황들을 신중하고 유연하게 고려한다. 이데올로기는 독립적인 중요성을 갖기보다는 부분적으로 유용(필요)하거나 혹은 유용하지 않은(무질서한) 현상을 동반하는 것으로 간주된다. 포이어바흐나 에른스트 헤켈(Ernst Haeckel, 1834-1919)[5]을 넘어서서 사적 유물론은

---

5   헤켈은 독일의 생물학자이며 진화론에 영향을 미쳤다. 엄격하게 다윈의 자연선택의 입장을 견지하지는 않았지만, 그는 다윈의 『종의 기원』의 영향을 받았다. 정치적으로 그는 사회적 다윈주의와 과학적 인종주의를 표방했다. 특히 사회적 다윈주의는 19세기에 허버트 스펜

이들의 중산층 이데올로기를 비판하며, 노동자들의 노동 운동에 관여한다(CD III/2: 389).

이런 맥락에서 바르트는 사적 유물론을 마르크스 정통주의자들처럼 세계관 또는 자연과학으로 간주하지 않는다. 마르크스의 비판이론은 자연과학이 아니라 역사적이며, 인간의 삶에 대한 사회·경제적 관점을 포함하는 이론과 실천의 귀결들을 갖는다. 사회·경제적인 관점에서 교회는 "자본주의의 유물"로, 그리고 항상 지배계급의 편에 서는 종교로 비판을 받는다. 바르트는 묻는다. 교회는 죽은 자의 부활을 통하여 사회를 향해 하나님 나라의 복음을 증언하기보다는 영혼불멸의 교리를 가르쳐오지 않았는가?(CD III/2, 389). 하나님의 약속은 전인에 관계되며, 물질적이고 경제적인 현실과 분리되지 않는 반면에, 영혼과 몸에 대한 추상적인 이원론은 성서에 대한 불순종이 아닌가?

사적 유물론에 대한 비판적 성찰과 함께 바르트는 자본주의가 일으킨 혁명을 날카롭게 분석한다. 하나님과의 화해 사건을 통해 계약의 파트너로서의 인간의 합리성이 드러난다. 하지만 화해의 역사에서 드러나는 합리성과 지성은 자본주의에서 나타나는 합리성과 일치되지 않는다. 자본이 지배하는 곳에서 인간은 사물로 전락한다. 하나님의 이성(ratio)과 진리는 자본의 지배 및 그것으로 귀결되는 관료화와 대립된다. 바르트와 달리 베버는 자본주의의 합리성을 긍정적으로 평가하고 세상을 주술과 마법의 힘으로부터 해방시키는 동력으로 보았지만, 바르트는 그와 달리 자본주의의 합리성을 소외와 물화 현상으로 특징

서(Hebert Spencer, 1820-1903)에 의해 옹호되었는데, 자연선택이 인간 사회에 적용되고, 생존투쟁은 자기증진에 기여한다고 보았다. 이 맥락에서 그는 자유방임적 자본주의를 적극적으로 옹호했다.

제1부 | 하나님의 말씀에 대한 신학적 성찰

지으며, 화해되지 못한 사회적 현실의 반영으로 본다(KD IV/2, 770-1). 물화는 포괄적인 관료화의 귀결로 드러나며, 인간의 삶은 사회적인 기제들과 설비들에 예속되고, 자본주의 사회에서 물화 과정은 인간의 삶의 전체 영역을 통합한다(KD IV/3.2, 764).

바르트는 인간성의 기본형식을 다룰 때 관료주의를 언급한다. 관료주의는 동료 인간들 사이의 만남과 참여에서 공개적으로 이루어지는 것이 아니라 맹목적으로 이루어진다. 여기서 인간들은 눈먼 자들로 취급된다. 관료 체제는 사람들이 일정한 계급으로 그룹화하고, 특별한 계획, 원칙, 규제를 통해 사람들을 다루고 해고한다. 이것을 실행에 옮기는 자와 이런 실행에 영향을 받는 자들 사이의 구분은 보이지도 않고 투명하지도 않다. 비록 타인을 도우려는 의도를 갖는다고 해도 관료체제는 인간을 비인간적으로 취급하며, 이러한 과정에서 실제 인간은 보이지 않는다. 관료체제에서 일하는 자들은 인간이라기보다 관료주의자들인데, 이들은 항상 비인간적이다(CD III/2, 252).

결국 인간들은 주인 없는 폭력들에 굴복하여 봉사하는 노예의 처지로 전락하고, 세계의 사물들은 자본, 제도, 국가 등의 우상으로 나타난다. 물화된 인간의 사고와 행동은 개인적인 이해관계를 은닉한 이데올로기로 표현되며, 자본주의 사회와 구소련의 국가 사회주의 안에서 동료 인간들에 대한 적대관계, 억압과 착취, 그리고 폭력을 향한 내재적인 경향성을 드러낸다(KD IV/2, 491,498).

바르트는 『교회교의학』 III/4, §55 "삶을 위한 자유"에서 인간의 노동의 가치와 의미를 분석한다. 노동이 자본에 포섭당하는 과정에서 인간은 악하고 매정하고 매우 애매한 우상에게 봉사하게 된다(CD III/4, 532). 인간의 노동은 공존과 협력 안에서 행해져야 하는데―이것이 인간성의 기준이다―실제로는 소외와 상호대립 안에서 행해진다. "노동세계의 현실은 비밀리에, 그러나 지나치게 공개된 생존투쟁이 된다"(CD III/4, 536). 자본을 얻기 위한 투쟁은 생존을 위한 투쟁으로 전환되며, 자본축적이 자본의 본질을 규정하고, 이것은 자본주의 사회의 목적원리로 등장한다. 자본주의 경제는 항상 사적 경제로 조직되며, 생산수단의 사유화는 이러한 사회의 견고한 원리가 된다. "공허하고 무절제한 욕망의 혁명"이 발생한다. 그것은 주님 없는 폭력에 대한 봉사이고 무성(Das Nichtige)의 과잉에서 넘쳐나는 지나친 풍부함에 대한 갈망이며, 단순히 소비와 사치를 위해서가 아니라 미래의 사용과 안전을 위해 계획된다. 이러한 욕망의 혁명은 인간과 사물에 지배력을 행사하며, 인간의 삶에 대한 실제적인 힘의 증대로서 드러난다(CD III/4, 538). 노동과 생산과정에서 자본의 획득과 축적을 향한 방향설정은 "재정의 산출(또는 오류의 산출)에서 표현되는 소유의 축적과 배가에 있다." "자본은 상대적으로 소수자들의 손에 놓여 있으며, 모든 것의 배후를 조정한다"(CD III/4, 531-2).

여기서 노동자들은 이웃-인간성을 망각하고 전쟁과 갈등의 징조 아래 위치하게 되며, 서구 자본주의 사회의 해외정책, 군사 사업, 산업의 힘들은 서로 깊숙이 연관된다. "인간이 아니라 이윤을 제공하는 자본이 목적이 될 때―이러한 목적을 유지하고 증대하는 것이 정치질서의 의미와 목적이다―사회적 기제장치는 이미 이러한 목적을 가동하며, 언제든지 죽이고 죽임을 당하는 전쟁터로 사람들을 내보낼 것이다"(CD III/4, 459).

노동은 사회적 활동이며, 동료들과의 결사와 동료애에 관련된다. 그것은 인간성의 기준에 따라 측정되어야 한다(CD III/4, 537). 노동은 능력에 따라 평화롭게 불안에 떠는 일 없이 자유 안에서 행해져야 한다.

그러나 노동에 대한 사려 깊지 못한 사고는 인간을 경쟁관계로 몰아가며, 경쟁은 보상과 관련된다. 인간의 노동의 영역은 서로 비교되고 보상을 받기 위한 놀이터가 아니다. 그러나 이러한 경쟁의 게임이 목적 자체가 되고 만다. "노동과정을 조절하는 경쟁에서 보상은 적어도 여기에 관련된 사람들에게는 필수 불가결하며…현안이 되는 것은 더 이상 능력에 대한 단순한 비교가 아니다. 수단이 목적이 되어버린다"(CD III/4, 539-40).

바르트는 자유 노동계약의 법적 형식을 분석하는데, 이것은 외관상 자유협정이라고 불린다. 그러나 실제로 여기서 착취가 발생한다. 고용주는 자유 노동계약을 자신의 이해관계와 이익에 맞게 설정함으로써 고용인들을 지배하고 자신의 엄청난 이익을 추구한다(CD III/4, 542). 경쟁적 투쟁이 벌어지는 곳에서 계급투쟁이 일어난다. 근대의 산업 과정은 노동자들에 대한 착취의 원리에 근거하고 있고(CD III/4, 542-3), 자본이 착취하고 억압할 때 노동자는 자본의 지배의 희생자가 된다. 고용주와 고용인의 관계는 계급투쟁을 통해 각인되며, 고용주가 수행하는 노동자의 착취로 규정된다. 이것은 정치적 프로그램이라기보다는 자본주의의 생산과정과 계약에서 드러나는 경제적 현실을 반영하는 요소들이다. 바르트에 따르면 계급투쟁은 위로부터 온다. 고용주들이 생산과 노동과정에서 주도권을 쥔다. 이러한 계급투쟁과 그 배후에 서 있는 자본주의 혁명은 공허하고 무절제한 혁명(CD III/4, 553)이며, 인간은 이러한 무절제한 혁명의 희생자가 된다. 고용주도 고용인과 마찬가지로 자본의 수단이 되어버리며, 물화 과정에 예속된다.

바르트는 당시 소련과 동구의 사회주의가 인간의 소외를 종식시켰는지, 그래서 더 이상 계급투쟁은 존재하지 않는 것인지에 대해 의심한다. "비록 마르크스주의 프로그램의 강령이 더 이상 착취자와 피착취자가 없고…더 이상 생산수단의 사적 소유권이나 자유로운 사적 기업이 없다고 주장하며, 노동과정이 국가의 수종으로 전이되었다고 하더라도…여전히 의심스럽다"(CD III/4, 544). 국가 사회주의 안에서도 억압과 착취의 새로운 형식들이 존재하며, 새로운 권력 엘리트들이 고용주의 자리를 대신 차지하며, 막강한 권력을 휘두르는 당과 경찰과 프로파간다 계층이 중심 기능을 소유한다. 노동 운동 대신에 노동 운동의 탁월한 지도자가 당을 장악하며, 국가의 권력과 기능을 흡수하여 새로운 계급체제를 설정한다(CD III/4, 539-40).

바르트의 사후에 출간된 『화해론의 윤리』 §78,2(주님 없는 폭력들)에서 주님 없는 폭력의 현실은 다음과 같이 분석된다. (a) 정치적 절대주의: 제국의 이념은 정치적인 것을 악마화 한다(히틀러의 국가사회주의와 스탈린주의) (b) 맘몬주의: 이제 상품과 돈의 물신 숭배적 성격은 우상으로 드러난다. (c) 이데올로기: 정치적 선전을 통하여 정치적 절대주의와 맘몬주의가 사회 전체로 펼쳐진다. (d) 생태학의 파괴: 자연에 대한 자본의 지배와 종속을 통해 생태 파괴적인 힘들이 나타난다(*Christian Life*, 213-33).

바르트의 사적 유물론에 대한 성찰과 자본주의 혁명에 대한 비판은 그의 제자 헬무트 골비처를 통해 더욱 심화되고 확대된다. 골비처는 사적 유물론을 신학과 성서 해석학에 유용한 비판적 방법으로 발전시켰다. 유물론은 사실주의(Realismus)을 의미하는데, 이것은 정신 앞에 물질의 우위성을 말하는 존재론적인 진술이 아니다. 오히려 이것은 "인간의 정신을 위한" 테제, 곧 세계에 대한 인식론적인 테제를 뜻한다. 사실주의는 텍스트의 세계를 저자들의 사회적 자리와 경제적인 관계를 통해 파악되게 한다. 이것은 사실주의적 주석이다. 보다 적합한 표현은 사회사적인 성서 해석일 수 있는데, 역사비평에 대한 비판적 보충이 될 수 있다. 텍스트의 저자와 수용자들의 사회적인 삶의 조건들이 이데올로기 비판적으로 파악된다. 이러한 사회사적인 방법은 정신적인 삶을 제약하는 물질적인 삶의 조건들의 영향을 고려하면서, 그리스도교를 "민중을 위한 플라톤주의"(니체)로부터 해방시킨다(Gollwitzer, "Historischer Materialismus und Theologie," 71.73).

(1) 골비처에 의하면 사적 유물론은 비판 이론으로서 역사에 대한 물음을 창조적으로 수행하는 것이며, 교조적인 수행이 아니다. 엥겔스는 요셉 블로흐에게 보낸 편지(1890, 9/21-22)에서 다음과 같이 말한다.

"사적 유물론에 의하면 역사에서 결정적인 계기들을 만들어가는 **최종적인 법정**(in letzter Instanz)은 현실적인 삶의 생산과 재생산이다. 마르크스와 엥겔스는 이것 이상으로 주장한 적이 없다. 사람들이 경제적인 계기가 유일하게 결정적인 것이라고 왜곡한다면, 사적 유물론의 테제는 가치 없고 추상적인 것이 되어버린다. 경제적인 토대는 근거이며, 상부구조의 다양한 계기들이 역사적인 투쟁의 진행과정에서 영향력을 행사하고 많은 경우에 그 형식과 과정을 결정한다. 사적 유물론이 밝히려는 것은 이런 모든 계기들의 상호작용이며, 그 가운데 경제적인 운동이 우발적인 것들을 통해 필연적인 것으로 관철된다."

골비처의 분석에 의하면 마르크스가 『독일 이데올로기』에서 상부구조의 개별적인 계기들—법, 종교, 예술 등—이 독립적인 역사를 갖지 않는다고 말한 것은 이것들이 자신의 고유한 역사를 갖지 않는다는 뜻이 아니다. 인간은 물질생산과 상호교류를 발전시키면서 인간의 사고와 실제적인 삶을 바꾸어 나간다. 인간의 삶이 의식에 의해 결정되는 것이 아니라, 삶이 인간의 의식을 결정한다(Marx, "German Ideology," 164.169). 인간의 삶은 생산을 결정하는 물질적 조건과 상호교류(상호교류의 형식도 역시 생산에 의해 결정된다)에 의존한다. 노동 분업은 산업과 상업을 농촌으로부터 분리시킨다. 그리고 도시와 농어촌을 분리시키며, 양자 사이의 이해의 충돌을 야기한다. 분업의 발전은 상업을 산업으로부터 분리시킨다. 노동 분업은 분리된 개인이나 가족이나 모든 개인의 공동이해와 상호교류에 대립을 불러일으키며, 다른 사람들을 지배하게 된다. 노동 분업의 다양한 발전 단계에서 다양한 소유의 형식이 드러난다. 인류의 역사는 항상 산업과 교환의 역사와 관련하여 연구되고 다루어져야 한다(Gollwitzer, "Die Kapitalistische Revolution," 166).

『정치경제학 비판 서문』에서 마르크스는 사적 유물론에 대한 중요한 해설을 발표한다. 시민사회의 해부학은 정치·경제학에서 찾아져야 한다. 상품, 노동, 자본의 분석은 시민사회의 해부학인 정치·경제학적인 탐구방법과 변증법적인 분석을 통해 경험적, 논리적, 구체적으로 행해진다. 마르크스는 개념에서 출발하지 않고, 노동의 산물의 가장 단순한 사회적 형식인 상품에서 시작한다. 구체적인 것이 출발점이며 인식의 최종목표가 된다(Mandel, *Late Capitalism*, 14). 사적 유물론이 메타이론으로서 역사와 사회의 발전을 생산양식(생산력과 생산관계)의 관점에서 지배계급과 피지배 계급의 대립과 투쟁에서, 그리고 사회혁명에서 파악한다면, 정치·경제학적인 방법은 시민사회의 구조와 운동 법칙을 자본주의 생산양식의 관점, 특히 상품분석에 따른 자본과 노동의 변증법적인 관계를 통해 분석하고 연구한다.

마르크스에 의하면 삶의 사회적 생산에서 인간은 자신의 의지와는 상관없는 일정한 관계 안에 놓인다. 생산관계는 물질적인 생산력의 일정한 발전단계에 조응한다. 그 결과 생산관계의 총체가 사회의 경제구조를 형성하게 된다. 이러한 실제적인 토대 위에 법적·정치적 상부구조가 세워지고, 사회적 의식의 일정한 형식들이 여기에 조응한다. 물질적인 삶의 생산양식이 사회, 정치, 지성적인 삶의 과정 일반에 대한 조건을 형성한다. 인간의 의식이 존재를 결정하는 것이 아니라, 반대로 사회적 존재가 의식을 결정한다. 발전의 일정한 단계에서 사회의 물질적인 생산력이 현존하는 생산관계(또는 법적 표현이나 재산관계)와 갈등을 일으킨다. 생산력의 발전으로부터 이러한 관계들은 족쇄로 채워진다. 여기서 사회혁명의 시기가 시작된다. 하지만 경제조건들의 물질적인 변혁은 이데올로기적인 형식들(법적, 정치적, 종교적, 미학적, 철학적 형식들)과는 항상 구분되어야 한다. 인간의 의식은 사회적 생산력과 생산관계 사이의 갈등과 대립으로부터 설명된다(Marx, "A Contribution to the Critique of Political Economy," 389-390).[6]

이런 건축술적인 표현은 인간 의식의 표현, 예를 들어 미학 내지 예술적 또는 종교적 내용을 사회적 생산관계로 환원하지 않는다. 마르크스는 이미 호머의 서사시를 평가하면서, 그리스의 예술과 서사시는 사회적 조건과 발달을 넘어서서 우리에게 미학적인 기쁨을 주며, 도달될 수 없는 이상으로 간주한다. 이것은 사회적 조건과 역사적 한계를 넘어서는 인간학적인 "상수" 즉 이념과

---

6   자본가들은 잉여가치의 창출을 위해 많은 자본의 축적을 원하며, 그래서 과잉생산을 할 수밖에 없다. 무산자 계급은 자본주의 전복을 위한 지렛대 역할을 한다. "자본독점은 지금까지 발전해온 생산양식의 족쇄가 된다. 생산수단의 집중과 노동의 사회화는 결국 자본주의 외피와 양립하지 않는 지점에 도달한다. 외피가 부서지고 사유재산에 대한 조종이 울린다. 수탈자가 수탈당한다." Marx, *Capital*, I, 929.

예술을 창출하는 초과분을 말한다(Lukacs, *History and Class Consciousness*, 234). 과거의 예술작품과 고전은 이들의 사회·경제적 조건과 발전에 의해 평가되는 것이 아니라, 이미 우리에게 영향을 주는 문화영역으로 나타난다.

(2) 골비처에 의하면 이러한 상부구조에서 나타나는 고유한 역사들은 단일 인과론에 의해(monokausal) 생산관계로 환원되지 않으며, 이것을 통해 설명될 수도 없다. 하부구조와 상호작용하는 상부구조의 계기들은 각각의 개별적인 영역들에서 상대적인 독립성을 갖는다. 사적 유물론은 특수한 과학사, 예술사, 철학사, 정치와 도덕의 이념사, 그리고 종교사를 거절하지 않는다. 그리고 상부구조의 영역에서 변혁, 전인적인 삶과 전통의 변화는 서서히 진행되며, 물질적인 생산의 변혁은 드라마틱한 자본주의 발전에서 나타난다. 상부구조는 하부구조에 비해 훨씬 보수적이다. 상부구조와 하부구조의 동시적인 변화는 일어나지 않는다. 이것은 뒤늦게 일어난다(Gollwitzer, "Bemerkungen," 246). 예를 들어 19세기에도 프랑스의 구체제(앙시앙 레짐)의 가톨릭적인 이데올로기는 프랑스 혁명에도 불구하고 여전히 사회, 정치, 이데올로기 영역에서 영향력을 행사했다.

각각의 시대마다 지배 이데올로기는 지배 계급의 이데올로기다. 물론 지배 이데올로기에 병립하여 피지배 계급들도 지배 이데올기에 대항하는 자신들의 이데올로기를 발전시킬 수 있다. 이 과정에서 인간은 잘못된 의식을 가지고 행동하는 경우가 있다. 사회적 변화의 법칙들을 이해하지 못하고 이데올로기라는 캄캄한 암실(*camera obscura*)에 갇혀(Marx, "German Ideology," 154), 사회적 체제와 제도들을 성공적으로 보존하거나 변화시키는 사회적인 조건들을 과학적으로 이해하지 못하는 것이다. 이런 과제를 해명하려는 사적 유물론

제1부 | 하나님의 말씀에 대한 신학적 성찰

은 역사의 발전과 사회의 진정한 진보를 위해 한편으로는 이데올로기 비판으로, 다른 한편으로는 생산양식의 분석을 통해 사회 변화를 해명해주는 비판의 메타이론이 된다.

생산력의 발전수준이 사회체제의 변화를 제한한다. 생산관계는 생산력(생산 수단, 곧 기계, 지대, 기술, 원료, 인간의 지식과 능력 등)에 의해 결정되며, 생산관계(합리성, 조직의 기술, 행정 관리 등)는 생산력의 발전에 상응하여 진보한다. 사회혁명은 이러한 생산력의 발전수준을 확대하며, 인간의 삶과 활동 영역에서 사회적 진보를 일으킨다. 생산력이 사회의 모든 인간에게 기본적인 욕구를 충족시킬 정도로 충분할 때, 사회가 적대적인 계급으로 분리되는 것은 사라지게 된다. 사적 유물론은 왜 계급사회와 투쟁이 역사 속에서 일어나며, 왜 그것들이 미래의 계급 없는 사회 즉 민주적으로 자기 관리되는 연합된 생산자들의 사회에서 사라지는가를 말한다.[7] 인간의 자유는 생산노동이 아니라 (이것은 자유에 대한 물질적인 조건을 창출한다), 충분한 여가 시간 즉 물질적인 생계를 생산하고 또 재생산해야 하는 냉엄한 필연성으로부터 자유로운 시간을 말한다. 필연성의 영역에서 자유의 영역으로 이행하는 것은 필연적으로 행하여야만 하는 생산이 멈추고, 사회적으로 연합된 생산자들이 합리적인 방식으로 사회의 생산과 부를 관리하고 집단적인 조절 아

---

7   노동 분업과 사유재산의 폐지는 상호교류와 생산력의 보편적 발전에 의해 결정되며, 국가의 폐지도 분업의 폐지에 의해 결정된다. 마르크스에게 국가는 기존의 계급구조를 보존하고 재생산하는 도구이며, 적대적 계급의 이해관계에 대해 중립적인 역할을 담당하지 않는다. 국가는 자주 관리와 행정을 통해 사라지며, 프롤레타리아 독재는 계급사회에서 계급 없는 사회로 이행하는 수단이다. 그것은 국가와 정치적 계급의 지배의 최종적 형식이 된다. 프롤레타리아의 독재는 혁명적 투쟁의 짧은 기간 동안에 필요한 것이며, 이것이 영구화 될 때, 그것은 사회주의와 영구히 대립한다. Gollwitzer, "Die Kapitalistische Revolution," 166.

래 둘 때 가능해진다. 노동시간의 단축은 필수조건이다(Marx, *Capital*, III, 958-59). 여기서 사회적 인간은 자유로운 시간을 통해 개인적인 재능, 소원, 잠재력을 발전시킨다. 개인들의 본래적이고 자유로운 발전이 가능한 사회는 모든 개인의 자유로운 발전이 필요로 하는 연대, 그리고 최종적으로 기존의 생산력을 근거로 하는 개인들의 보편적 성격에 근거한다(Marx, "German Ideology," 169, 191).[8]

(3) 마르크스는 경제적 단계들을 구분할 때, 어떤 생산수단을 가지고 사람들이 어떻게 생산하는가를 근거로 삼는다. 이것은 생산자와 생산수단에 관계되는데, 공장제 수공업(manufacture) 시대에 노동자와 생산수단을 소유한 자들이 시장에서 노동 계약을 주도했다. 노동과정의 협업의 성격은 노동수단 자체의 성격을 통해 주어지는 기술적 진보의 필연성에 의존한다. 자본축적의 과정에서 자본가들은 정부를 통제하는 힘을 가지게 되며, 국가를 넘어서서 보다 더 큰 시장을 확대해 간다. 성장은 자기목적으로서 자본주의의 가장 현저한 특징이기 때문에, 자본 확장은 모든 경계를 무너뜨린다(Gollwitzer, "Die Kapitalistische Revolution," 152, 149-150).

골비처에 의하면 생산관계의 합리화와 이데올로기적인 상부구조가 미치는 사회적 파장과 영향, 그리고 여기에 조응하는 사회적 의식의 일정한 형식들은 생산력의 영역과는 구분된다. 만일 의식이 인간 존재를

8　그럼에도 불구하고 마르크스는 『자본』에서 생산과정을 넘어서는 자유의 영역은 역사 속에서 성취된다기보다는 접근되는 것으로 파악한다. 집단적 관리와 조절에서도 필연의 영역은 인간의 에너지와 활동을 위해 조직되어야 한다. 자유의 영역은 필연의 영역을 근거로 해서 꽃을 피운다. 연합된 생산자들의 자유가 생산의 영역을 집단적인 관리와 조절 아래 둔다고 해도, 이것이 사람과 사람 사이 그리고 사람과 자연 사이의 적대적인 대립을 해결해주지는 않는다. 이러한 집단적인 관리와 조절이 필연성의 영역에 남아있는 한, 이러한 필연성을 넘어서 있는 진정한 자유의 영역은 오로지 접근될 뿐이다. 자유로운 개인들의 연합을 향한 운동은 이전의 마르크스의 동일성의 원리(계급 없는 사회=공산주의)와는 다르다.

결정하는 것이 아니라 사회적 존재와 삶이 의식을 결정한다면, 상부구조(국가, 정치적 형식, 법적 질서, 교육, 철학적 이론, 종교 등)는 생산양식(생산력과 생산관계)에 기반을 두지만, 동시에 상부구조의 정치·문화적인 영역과 생산관계의 합리성은 전체 사회 안으로 침투해 들어간다. 설령 사회적 위기와 혁명이 생산력과 생산관계의 갈등에서 온다고 해도, 자본주의의 붕괴는 단순한 것이 아니다. 이러한 갈등과 대립을 해소하는 여러 가지 법적·제도적 절차들과 사회의 합리화 과정이 사회적 위기를 관리하고 피지배계급으로부터 일으켜지는 사회 혁명을 제어한다.

마르크스는 자본주의의 변증법적인 지속성과 자기갱신 능력을 과소평가하지 않았다. 자본주의 사회에서 주기적인 과잉생산은 수익율을 하락시키고, 대량소비는 생산력의 성장과 대립이 된다. 과잉생산과 저소비는 동전의 양면과 같다. 그러나 자본주의의 붕괴와는 달리 자본주의의 생산조건(재생산도식)은 오랜 주기(경제회복-호황과 번영-과잉생산과 하락-위기와 디플레이션)를 그리며 지속되고, 자체상 위기를 극복하는 교정의 힘을 갖는다. 국내 자본주의 생산과정에서 평균 수익율이 하락한다고 해도, 이에 저항하는 다음과 같은 상쇄 원인들이 고려된다. (a) 불변자본의 요소들의 가격 하락을 통한 자본의 유기적 구성의 증가, (b) 노동착취 강도의 증가, (c) 상대적인 잉여 과잉인구(산업 예비군)를 통한 저임금, (d) 해외무역을 통한 불변자본 요소들의 부분적인 하락과 생필품들의 부분적인 하락, (e) 주식자본의 증가(Marx, *Capital* III, 339-48).[9] 더욱이 자본수출과 과잉생산은 세계시장으로 확대되고, 식민주의를 통해 세계는 자본의 이미지에 따라 형성된다.

---

9   자본의 유기적 구성은 불변자본(기계나 설비에 투자되는 자본)과 가변자본(노동과 임금에

골비처에게 자본주의는 혁명이며 또한 세속화이다. 그것은 "지구가 지금까지 경험한 것 가운데 가장 큰 혁명이다"(Gollwitzer, "Die Kapitalistische Revolution," 151). 사적 유물론의 특징 가운데 하나는 인류의 역사가 계급투쟁의 역사라는 명제다. 그것은 역사의 위대한 동인이다. 마르크스에 의하면 인간은 자기 자신의 역사를 만든다. 그러나 원하는 방식대로 만드는 것은 아니다. 역사는 자신들이 선택한 상황, 조건, 환경에 따라 만들어지지 않는다. 역사는 과거로부터 직접 주어진 것이며 침전된 것이다(Marx, "The Eighteenth Brumaire of Louis Bonaparte," 300). 사회 혁명이나 카운터 혁명이 없이 생산양식은 다른 것에 의해 대체될 수 없다. 그러나 골비처에게 계급투쟁은 항상 일차적으로 위로부터의 투쟁이며, 아래로부터의 계급투쟁은 답변, 반응, 카운터 폭력이다(Gollwitzer, "Die Kapitalistische Revolution," 173). 자본주의는 필연적으로 무덤을 파는 자, 곧 프롤레타리아의 궁핍화를 초래한다. 그러나 골비처가 보기에 이런 주장은 객관적일 수도 있지만, 주관적으로 볼 때는 일면적이다. 객관적 측면에서 절대 궁핍화는 노동자들이 아니라 생산과정에서 해고된 자들, 병약한 자들, 무능한 사람들, 즉 프롤레타리아트 가운데 거지 나사로(눅 16:19-31)와 같은 계층과 임금 노동의 낙인이 찍힌 가장 가난한 계층을 의미한다(Marx, *Capital* I, 797-98). 주관적 측면에서 볼 때 노동자들이 상대적인 궁핍화를 경험하지만, 중심부의 노동계급들은 식민주의와 제국주의로 인해 중심부의 사회로 통합되면서 혁명의 주도 세력으로서 자본주의 무덤을 파는 주체로 등장하기는 어렵게 된다. 60년대 학생운동이 이러한 사실을 말해

투자되는 자본)에 비례하는 잉여가치를 측정하는 기준이 되며, 평균 수익율 하락의 법칙과 더불어 자본주의적 생산과 축적과정을 분석하는 중요한 틀을 제공한다.

제1부 | 하나님의 말씀에 대한 신학적 성찰

준다(Gollwitzer, "Bemerkungen," 264).

(4) 골비처에게 마르크스의 비판이 갖는 의미는 그것이 자본축적과 식민주의의 그리스도교적인 성격을 폭로한다는 사실이다(Marx, *Capital* I, 917). 골비처의 『자본주의 혁명』은 이러한 자본축적의 그리스도교적인 성격이 과거의 지나간 유물이 아니라고 말한다. 오히려 우리는 오늘날 신(新)식민주의와 제국주의의 확장을 통해 전(全)지구적 차원에서 전개되는 그런 현실을 분석해야 하고, 교회는 이로부터 돌아서는 메타노이아 운동에 관여해야 한다는 것이다. 예수의 복음의 중심에서 하나님 나라는 시작되었고, "세리와 죄인들"을 위한 그리고 모든 인류를 위한 기쁜 소식으로 선포되었다. 하나님 나라는 죽음의 문화를 거절하고 생명의 문화를 지향한다. 이것은 혁명적인 성격을 갖는다(Gollwitzer, "Die Kapitalistiche Revolution," 194, 207).

골비처는 칼 바르트의 『그리스도교 공동체와 시민 사회』에서 제시되는 정치신학을 핵심으로 삼는다. 하나님의 행동은 인간의 행동과 배타적으로 경쟁하거나 대립하지 않으며, 오히려 인간의 행동, 사유, 말을 통해 실현된다. 회개와 제자직은 다가오는 하나님 나라에 상응한다. 이것은 바르트가 제시한 것처럼 하나님 나라를 향한 복음의 방향과 노선(Richtung und Linie)을 고려하는 것이다. 이것은 하나님 나라와 사회주의를 동일시하는 것이 아니라, 그 관계를 유비와 상응으로 파악하면서 보다 더 많은 민주주의, 사회정의, 평화를 향해 나아가는 것을 말한다. 그리고 이것은 마르크스가 말한 것처럼 "인간을 굴욕의 존재, 노예, 버림받은 자, 파렴치한 본질로 만들어버리는 모든 관계를 전복시키는 것이다." 이것은 복음에 적합한 것이다(같은 곳, 198). 또한 이것은 골비처에게 자본주의 혁명의 과정에서 "사회주의인가 아니면 야만인가"라는 양자택일의 문제가 된다.

이미 마르크스는 본원적 축적을 분석하면서 자본의 그리스도교적인 성격을 날카롭게 비판한다. 마르크스는 1503년의 콜럼버스의 편지를 인용한다. "금은 놀라운 것이다! 금의 소유자는 그가 원하는 모든 것의 지배자다. 금은 심지어 영혼들을 천국으로 들어가게 한다"(Marx, *Capital* I, 229). 라틴 아메리카에 대한 스페인의 식민주의는 역사적으로 자본의 본원적 축적을 뜻한다. 이러한 식민주의에서 얻어지는 막대한 수익과 잉여가치는 동시에 본국의 자본주의 생산과정에서 일어나는 지속적인 자본축적과 연관된다. 네덜란드 식민주의 행정의 역사는 지상에서 가장 파렴치한 그리스도교 인종의 야만성이며, "사기, 뇌물, 대학살, 공격성"이라는 가장 비정상적인 관계를 의미한다(Marx, *Capital* I, 916).

중심부와 주변부 사이의 관계에서 본원적인 자본축적은 독점의 성격을 갖는다. 세계 경제는 자본주의, 세미-자본주의, 전(前)자본주의 생산관계에 대한 접합 시스템이 된다. 이러한 접합 시스템은 자본주의적 교환관계와 연결되고, 자본주의적 세계 시장에 의해 지배된다. 이것은 역사적인 본원적 축적과정에서 자본주의적 생산양식의 조건이 되는 중상자본에 의해 형성되었던 세계시장과는 전혀 다르다. 마르크스에게 세계시장은 이러한 자본주의적 생산양식의 근거를 형성한다. 다른 한편으로 중심부에서 이러한 자본주의적 생산양식의 내재적인 필연성은 보다 더 확대된 규모로 생산을 하게 되는데, 그 결과 끊임없이 세계 시장을 확대해나간다. 이 경우 상업을 혁명화 하는 것은 상업이 아니다. 교통, 소통수단, 호화 유람선, 철도, 전보, 수에즈 운하—이 모든 것들이 세계 시장을 현실로 만든다(Marx, *Capital* III, 333. 엥겔스, 주 489). 이런 측면에서 골비처는 자본주의가 일으킨 혁명의 세계사적인 현실을 본다. 요한 갈퉁의 제국주의 분석을 수긍하면서 골비처는 세계 시장에서 착취, 분열(중심부와 주변부 엘리트들의 공모), 침투, 그리고 군사적인 힘이 가담한다고 말한다. 이것은 제국주의에 대한 정의다(Gollwitzer, "Die Kapitalistische Revolution," 141).

(5) 사실 마르크스는 생산력과 생산관계 사이의 상호작용과 종교·문화적인 영향을 유연하게 사고했다. 청교도 사업가들이 자본을 축적하는 과정에서 금욕은 이미 마르크스의 분석의 대상이 된다. 고전적인 유형의 자본가는 개인소비를 죄 혹은 축적의 절제로 간주한다. 소비는 축적을 방해하는 절제인 동시에 죄가 된다. 그러나 근대 자본가들은 축적을 쾌락의 거절로 본다. 노동과정의 모든 조건들은 자본가의 편에서 절제의 행동으로 바뀐다. 탐욕과 부를 배가시키기 위한 추동력은 열정이 된다. 자본주의적 생산의 진보는 투기와 신용 시스템에서 수천 가지로 부를 배가하는 근거를 만든다. 발전의 일정한 단계에서 낭비는 필요한 비즈니스가 되고 부를 드러내며 신용의 근거가 된다. 자본가의 지출은 추악한 탐욕과 이해타산에 의해 제한된다. 그러나 자본가의 품안에서는 축적을 향한 정열과 향유의 열망 사이에 놓이는 파우스트적 갈등이 터져 나온다(Marx, *Capital* I, 740-41). "축적하라. 축적하라! 이것이 모세요, 예언자들이다! '산업은 절약에 의해 축적되는 것들을 제공한다'"(Marx, *Capital* I, 742).

만일 청교도의 세계 내적인 금욕정신이 자본축적에 종교·윤리적인 정당성을 부여한다면, 그리고 구약의 토라(모세)와 예언서들이 자본주의 정신을 지지한다면, 이미 종교는 경제적 합리성과 경제 윤리에 중요한 역할을 담당하고 있는 셈이다. 물론 마르크스는 이 점을 상세히 분석하지 않았지만, 이 부분은 막스 베버의 자본주의 테제에 대해 비판적인 대화를 요구할 수 있다. 마르크스는 상품의 물신 숭배현상을 분석하면서, 상품과 시장이 보이지 않는 힘으로 인간의 삶을 지배하는 현실을 파악한다. 물화(Verdinglichung)의 베일에 싸여 경제적 신비화는 사회의 전 영역으로 확대되는데, 이것은 사회의 합리화 과정을 향해 움직인다. 합리화의 원리는 계산과 전문화에 근거하고 노동자의 의식은 기계적 시스템에 통합되어 그것의 일부분이 되고 만다. 상품교환과 물화는 비인간적인 소외를 전체 사회에 파급시킨다. 그것은 합리적인 기계화와 산출적인 계산을 통해 삶의 모든 영역에 포괄된다. 골비처에 의하면 초기 자본주의 단계에서 세계 내적이고 금욕적인 청교도 윤리는 자본주의를 유지하고 발전시키는 데 기여했다(Gollwitzer, "Die Kapitalistische Revolution," 147).

마르크스에 의하면 화폐 시스템은 본질적으로 가톨릭적이고 신용 시스템은 개신교적이다(Marx, *Capital* III: 727). 마르크스는 중상주의적 자본주의에서 스페인 가톨릭 세력의 라틴 아메리카 식민지 침탈이 역사적으로 자본주의를 가능하게 한 주요 동인이라고 파악했다. 이것은 본원적 축적에 속한다. 이후 산업 자본주의는 개신교의 금욕주의(청교도의 세계 내재적 금욕주의)를 통해 절약과 자본축적의 동인이 되어주었다. 자본가들은 지속적인 자본축적을 확장시켜 나가는데, 여기서 마르크스는 자본주의의 그리스도교적인 성격을 매우 신랄하게 비판한다. 그러나 마르크스가 자본주의적 비합리성을 개신교 관점에서 바라보고 있다면, 베버는 역으로 개신교의 내적 금욕주의의 관점에서 자본주의의 합리적 성격을 본다. 이 지점에서 마르크스와 막스 베버는 극명하게 갈라선다.

막스 베버에 의하면 근대 자본주의의 관심과 합리적 경영 및 행정, 이와 더불어 나타나는 목적 합리성과 이해타산의 산술은 노동과정을 합리적인 기술지배와 조직 아래 두게 된다. 법적 지배의 합리화와 더불어 그에 따른 관료화는 필연적인 귀결이 된다. 마르크스의 상품 숭배 분석과 베버의 합리화 과정에 대한 진단은 생산력이 아니라, 생산관계의 합리화 과정과 상부구조의 영향(위로부터 계급투쟁)에 우위를 부여한다. 그 결과 교환가치는 문화가치로 전이된다. 마르크스의 사적 유물론과 자본주의 생산양식에서 경제적인 물적 기반이 문화적 상부구조의 영역을 제약하고 결정한다면, 생산관계의 합리화 과정과 종교, 문화, 정치의 역할은 상품의 교환가치를 문화적인 가치 형성으로 발전시킬 수 있다. 모든 사회의 생산관계들이 전체를 형성한다. 이것은 사회적 관계들의 역사적 이해에 대한 열쇠가 된다.[10]

(6) 속류화(俗流化)된 마르크스주의의 경제적 단일 인과성과 대립되는 상호작용이 고려된다면, 이념과 학문이론, 과학적 진보, 역사적 경험 등은 사회적 관계와 생산 및 교류형식에 영향을 미치는 것으로 이해된다. 생산관계의 형식과 설립은 오로지 생산력이나 지배계급의 착취적 이해관계에만 의존하는 것이 아니라, 상호연관적인 계기들의 네트워크를 통해 결정된다. 이런 맥락에서 경제적 기반은 위의 요소들이 이루는 네트워크 이후에 비로소 최종 결정권(in letzter Instanz)을 갖는다. 상부구조의 상수들은 하부구조에 의해 만들어지지 않으며, 이러한 물적 변화에도 종속되지 않는다. 여기에는 언어의 자율성도 속한다. 마르크스는 언어에 대한 성찰을 남기지 못했고, 분업에만 몰두했다. 그러나 언어의 상호작용이 물질의 삶과 연관된다면, 담론 형성은 경제적인 삶과 합리적인 조직, 제도, 이데올로기 영역에서 분석되어야 한다. 사적 유물론의 최대 약점은 여기에 놓여있다. 언어가 인간 의식을 규정

---

10 마르크스와 베버 사이의 비판적인 대화와 상호연결은 루카치와 하버마스에게서 나타난다. Lukacs, *History and Class Consciousness*, 9, 85-7, 95-7. Habermas, *The Theory of Communicative Action* II, 332-42.

하는 중요한 계기라면, 이것은 또한 예술, 도덕, 법의 근본형식 등 인간학적인 상수의 등장을 의미한다. 마르크스에게 실제 삶의 언어는 인간의 물질적인 활동이며 상호교류이다. 생각이나 정신적인 교류는 물질적인 행동의 직접적인 주입으로부터 온다. 이것은 정치, 도덕, 종교, 또는 형이상학의 언어에도 적용된다(Marx, "The German Ideology," 164).

언어에 대한 마르크스의 빈곤한 이해는 마르크스주의 역사에서 등장하는 논쟁거리이며, 신학에 대해서는 특별한 의미를 갖는다. 소외를 극복한 사회라고 간주되는 사회주의 국가에서는 언어의 소외도 없는가? 언어는 경제 관계로 환원되지 않는다. 만일 사적 유물론의 테제가 프로크루스테스의 침대처럼 모든 것을 경제적 계기로만 환원시키고 절단해 버린다면, 그것은 비판적 방법이라기보다는 도그마로 전락한다. 자본주의 혁명에서 상부구조의 변혁은 경제적인 기반에 비해 매우 느리게 진행된다. 이것은 후기 자본주의의 전 지구적 현실에 작용된다. 상부구조와 경제적 기반 사이에 나타나는 변증법적 상호작용에서 인간의 이념, 문화, 자연과학, 사회와 정치는 서로 영향을 주고받으면서 형성된다. 이러한 총체적 관점은 생산력과 노동착취의 이해에 근거한 자본주의적 생산양식과 일치하지 않는다. 상부구조에는 "상수"가 존재하며, 그것은 사회·물질적인 기반을 통해 산출되지 않는다. "상수"로서 인간의 언어는 모든 문화적인 삶과 사회적 변화에 들어와 있고 영향을 미친다. 언어는 사회적 이데올로기에 속하지 않고 또한 경제적 기반을 반영하거나 그것으로 환원되지도 않는다(Gollwitzer, "Bemerkungen," 247).

골비처에 의하면 계시에 대한 신학적 성찰에서 교회는 하나님의 말씀으로 시작하며, 하나님 나라의 빛 아래서 사회·정치적인 책임성을 갖는다. 죄의 용서에 대한 복음은 사회의 하층에서 무거운 짐을 지고 있는 사람들과의 연대를 지지한다. 정의와 평화가 서로 입을 맞춘다(시 85:10). "아직 구원이 이루어지지 않은 세계에서"(바르멘 신앙고백 5) 자본주의적 경제 시스템의 문제를 분석하고 보다 많은 연대와 평화를 지지하는 것은 그리스도교 신앙의 근본과제에 속한다. "상수"로서의 하나님의 말씀의 빛에서 골비처는 종교적이며 지성적인 삶이 사회·경제적인 존재에 엮여 있고, 개인은 사회적 관계의 총체라고 본다(마르크스의 포이어바흐 테제, 6). 사회사적인 이론과 방법은 사회, 문화, 경제적인 총체성의 관점에서 포괄적·변증법적으로 파악되어야 한다.

하나님 나라에 관한 복음은 위로부터 온다. 위로부터의 복음은 아래로부터의 사회사적인 해석학과 연관된다. 사회비판적 분석은 인간의 사회사에 대한 연구 방법이며, 복음의 주제(Sache)를 구체화하고 여기에 봉사한다. 복음은 인간의 욕구와 경제적 이해관계, 정치적 상황을 분석하는데 "상수"로 작용한다. 인간의 사고는 항상 사회 안에 설정되기 때문에, 인간은 사회화를 통하여 "사회적 관계들의 총체"가 된다. 이러한 사회적 자리를 간과하는 해석학은 텍스트의 의도를 비켜간다 (Gollwitzer, "Historischer Materialismus und Theologie," 79). 상부구조와 하부구조가 매개되는 지점에서 정치가 종교에 미치는 영향은 무시될 수 없다. 경제적인 이해관계가 지배적 계기인 것이 아니라, 경제적 발전이 역사를 이끌어가는 근본적인 힘이다. 지적, 정치적, 종교적인 문제들은 생산발전 및 갈등과 최종적으로 연관된다. "단일 인과론"을 거절하고 상호작용을 받아들인다면, 인간의 비판적인 능력과 인식은 중심자리를 갖게 된다. 사적 유물론은 사회적 총체성—생산의 발전에 의해 지배되는 전체—의 개별적인 현상들을 그 독립적인 측면에서 파악하고, 가능한 한 그런 것들을 사회적인 삶 전체에 배열하면서 접근한다. 이러한 총체성은 조화로운 것이 아니라 그 안에 대립과 갈등을 포함한다. 생산, 분배, 교환, 소비는 총체성의 다양한 측면이며, 상호작용은 다양한 요소들 사이에서 변증법적으로 일어난다. 이러한 측면을 통해 골비처는 마르크스 이론을 비판적으로 보충한다(같은 곳, 86).

(7) 보충과 더불어 비판도 한다. 비판은 부정이라기보다는, 이념사적인 관점이 사회적인 총체성과 무관하게 다루어질 때 행해진다. 사적 유물론에서 중요한 것은 이념의 거룩한 역사가 아니라, 인간의 역사로서의 세속사 즉 사회경제사이다. 골비처에 의하면 사적 유물론은 "아래로부터의 관점"을 취하며, 위로부터 오는 위계질서적인 것과 대항한다. 마르크스는 『신성가족』에서 이렇게 쓴다. "이념은, 그것이 이해와 구분되는 한, 항상 자기 자신을 수치스럽게 만든다"(같은 곳, 89).

골비처에 의하면 이념의 "자기수치"는 다음을 의미한다. (a) 이념은 그것이 실천으로부터 나올 때 실제적이며 역사적인 의미를 갖는다. 그리고 이것은 인간의 이해와 관련된다. 신학은 이러한 이념과 그 이념의 상관관계에 대한 테제를 반박할 이유가 없다. 그리스도교의 이념이 역사적 발전과정에서 복음의 이념과는 다른 물질적인 이해관계로 얼룩져 있다면, 그것은 사회학적으로 볼 때 "자기수치"의 효과인 것이며, 메타노이아 즉 회개를 요구한다. (b) 이념은 인간의 물질적인 이해와 구분되는 곳에서 "자기수치"를 당한다. 그리스도교 전통에서 복음의 이념은 인간의 물질적인 이해로부터 분리되고, 특히 루터는 농민전쟁에서 복음이 물질적인 이해관계를 위해 사용되는 것을 비판하고 현상유지를 옹호했다. 마르크스의 테제는 현실을 극복하는 이념의 힘을 거절하지 않는다. 그러나 사회적인 발전과 대규모적인 이해관계에서 이념이 승리하는 것에 대해서는 의심한다. 골비처는 이것을 마르크스의 비관주의라고 부른다. 그러나 그는 이념이 물질적인 이해관계와 더 이상 구분되지 않을 때는 이념의 승리를 희망한다. "이론이 대중을 사로잡

을 때, 그것은 물리적 폭력으로 전화한다." 이론과 그것의 대중의 사로
잡음은 실천을 지향하는데, 이때 인간의 삶에서 이론과 혁명적 실천의
연관성이 가능해진다. 이것은 혁명에 대한 마르크스의 낙관주의일 수
있다. 이러한 낙관주의가 없다면 마르크스주의는 인간의 이념이란 그
저 사회적 관계들에 의해 조건화 되어 버린다는 비관주의적 이론에 빠
져버릴 수도 있다(같은 곳, 115).

(8) 이제 위로부터 오는 이념에 대한 비관주의와 혁명에 대한 낙관
주의는 신학적인 사유에 이의를 제기한다. 그리스도교 신학에서 "위
로부터의 관점"은 사회 혹은 위계질서의 의미를 갖는 것이 아니라 인
간을 향한 복음 곧 하나님의 말씀을 의미한다. "아래로부터의 관점"
은 복음과 관계된 인간을 뜻한다. 이에 대해 사적 유물론은 모든 종
교의 사회적 기능과 하나님의 말씀의 사회적 기능을 질문한다. 사적
유물론은 이데올로기 비판으로서 골비처에게 중요하다(Gollwitzer,
"Bemerkungen," 256). 마르크스가 행한 포이어바흐에 대한 비판의 진
정한 의미는 포이어바흐의 비판을 전제로 수용하지만, 마르크스의 종
교비판은 포이어바흐의 입장을 정치·사회적 영역에서 이데올로기 비
판으로 확대하고 심화한다(Gollwitzer, "Historischer Materialismus und
Theologie," 92). 인간은 무엇을 위하여 종교를 고안하는가?(포이어바흐)
인간은 종교를 가지고 무엇을 행하는가?(마르크스) 이것은 신학적으로
표현하면 "사람들은 복음을 가지고 무엇을 하는가?"라는 질문과 같다.
복음이 인간을 지배하는가, 아니면 인간이 복음을 지배하는가? 사회사
를 비판적으로 파악하는 사실주의적 방법으로 사적 유물론을 이해할
때, 복음은 더 이상 단순한 인간적 작업으로, 혹은 비활동적인 이념이
나 이해관계가 반사된 도구에 불과한 것으로 폄하될 수가 없다. 오히려
마르크스의 테제는 이념이 이해로부터 분리될 때 발생하는 이념의 "자

기수치"를 가리킨다.

(9) 골비처는 마르크스의 테제가 종교사회학에 줄 수 있는 통찰을 간략하게 언급한다. (a) 사회가 한 종교에서 다른 종교로 이행하는 일은 어떻게 일어나는가? 그리스도교나 이슬람 혹은 불교가 전파될 때, 이념과 이해의 어떤 결합이 확정되는가? (b) 기존의 사회 시스템에 대해 위험한 종교전통을 새롭게 해석할 때, 이해와 이념은 어떻게 결합되어 존재하는가? 복음의 이념은 물질적인 이해와 구분되면 항상 "자기수치"를 당한다. 그리스도교 신학은 하나님의 말씀과 인간의 말 사이의 관계를 묻는다. 모든 신학의 주요 과제는 교회의 자기비판이다. 이러한 교회의 자기비판에서 사적 유물론은 복음을 왜곡하는 숨겨진 동기들을 보다 더 엄밀하게 분석하고 확대할 수 있다. 신학은 타락하여 체제순응적인 그리스도교의 이념을 폭로하고 "수치스럽게" 만들어야 한다. 또한 이념은 물질적인 이해관계가 가치폄하 한 것들에 대해 저항하는 운동이 된다(같은 곳, 101).

사적 유물론에서 관건이 되는 것은 경제적인 운동 즉 전체 사회의 물질적인 삶의 조건들, 지배관계, 세력들에 대한 질문이다. 이러한 역사의 추동력 안에 개인의 의미가 놓여있다. 이념은 대중을 사로잡고 대중에 의해 물질적인 이해와 연관될 때 가치를 갖게 된다. 여기서 문제가 되는 것은 그리스도론과 사적 유물론 사이의 긴장과 대립이다. 그러나 골비처에게 그리스도론은 사적 유물론으로 해소되는 것이 아니라, 여전히 하나님의 말씀과 계시로 머문다. 그리스도론이 상수이며, 사적 유물론은 역사적 비판의 방법에 속한다. 사적 유물론을 성서 주석을 위해 수용하는 것은 원류로부터 지류를 비판한다는 의미를 갖는다. "대부분의 수원지들은 지류들과는 다르다"(같은 곳, 110). 원자료에 대한 "그리스도론적으로" 근거된 신뢰는 구약성서와 신약성서의 해석학적인 관계를 분석하게 하고, 여기서 사적 유물론은 역사적인 수원지에서 지류로 흘러가는 역사적 진행과정에서 나타나는 왜곡된 이해관계와 교회의 순응주의를 분석하는 데 도움이 된다. "물살을 거슬러 올라가는 것—이것이야말로 수원지에 도달하는 최고의 방법이 아닌가?"(게오르그 카잘리스, 같은 곳, 111).

(10) 지배계급과 피지배계급에서 드러나는 엄청난 이해관계들은 진정한 인간적인 이해와 동일시되기보다는 오늘날의 생산양식에 의해 왜곡된 것일 수 있고, 진정한 인간적인 이해를 위해 수정될 필요가 있다. 여기서 이전의 삶으로부터 돌아서는 것 곧 메타노이아가 중요하다. 이것을 통하여 인간의 진정한 삶이 발견될 수 있으며, 그 삶은 실천을 통해 실현되어야 한다. 그렇게 함으로써 이념은 대중들의 마음을 사로잡고 물질적인 능력이 된다. 그 결과 생산발전은 새로운 욕구를 창출하고 전개한다. 생산발전과 새로운 욕구의 창출에서 이념과 이해 사이의 관계는 중요하다. 여기서 이념은 이해의 구속성을 넘어서서 잉여의 초과분을 만들어낸다. "이념은 이해로부터 구분될 때 수치스러워질 뿐만 아니라, 이해가 이념으로부터 구분될 때도 역시 수치스러워진다"(같은 곳, 116).

골비처에게 이해와 이념의 상관관계는 사적 유물론의 제한성을 갱신하며, 교회사와 전통에서 복음과 사회적 관계 사이의 순기능과 역기능을 비판적으로 분석하게 한다. 역사비평과 사회학적 성서비평을 비판적으로 보충하는 사회사적인 성서 해석은 저자들의 삶의 조건과 본문 수용자들의 상황을 이데올로기 비판적인 관점에서 수행한다. 이것은 이념사와 자연과학적인 역사 경험주의(비판, 유비, 상호연관성을 통하여 역사와 전통을 연구자의 비판적 합리성과 그 이해로 환원해 버리는 사상)에 연관된 역사비평 주석을 넘어선다. 사회사적 비판이론은 신학을 위하여 종교적인 삶에 대한 사회·경제적인 조건과 영향을 고려하도록 도와준다. 성서 본문의 진술들은 추상적인 인간 본질을 향해 말하는 것이 아니라, 살아 계신 하나님과 인간의 구체적인 만남과 삶의 현실을 향해 말한다. 그것은 본문의 세계인 "거기 그곳에서"(*illic et tunc*)로부터 "지금 여기"(*hic et nunc*) 우리의 "현실을 위한 열정"(에른스트 케제만)으로 인도된다(같은 곳, 72). 예를 들어 역사와 사회를 물질적인 삶의 관계와 조건으로 이해하며, 그 이해에 기초하여 정치, 도덕, 종교 등과의 해석학적인 연관성으로부터 인간의 삶의 총체성을 파악하는 것, 그렇게 하여 사회에서 밀려난 자들과 연대하고 이념 및 이해의 상관관계를 통해 복음, 교회, 사회의 연관성을 파악하는 것은 성서 본문의 해석뿐만 아니라, 하나님의 말씀의 바른 이해를 위해서도 중요하다. 그리스도의 복음은 대립, 차별, 지배로부터의 자유를 의미하기 때문이다. "유대 사람도 그리스 사람도 없으며, 종도 자유인도 없으며, 남자와 여자가 없습니다. 여러분 모두가 그리스도 예수 안에서 하나이기 때문입니다"(갈 3:28).

§4 ◆ 하나님의 말씀의 신학

바르트에 의하면 선포를 선포로 만들고 이와 더불어 교회를 교회로 만드는 전제는 하나님의 말씀이다. 하나님의 말씀은 성서 즉 예언자들과 사도들의 말들 가운데서 입증된다. 그 말씀은 하나님의 계시를 통해 예언자들과 사도들에게 본래적·유일회적으로 말해진 것이다. 이 점에서 하나님의 말씀과 계시에 대한 예언자들과 사도들의 증언은 일차 증언자로서 선포와 성서 해석자들에게 권위를 갖는다. 성서를 경전으로 만드는 것은 계시 사건이다. 성서는 과거의 계시를 증언하며, 선포는 미래의 계시를 약속한다. 하나님의 말씀은 삼중적인 일치(계시, 성서, 선포) 가운데 있으며, 성서 주석과 해석은 구약성서의 예언자들의 증언들과 더불어 사도들의 복음의 증언의 중심으로 들어온다. 예수 그리스도와 사도들의 증언은 로마 가톨릭교회의 사도전승의 의미를 비판적으로 질문하고 복음의 빛에서 해명한다. 바르트의 성서 해석학은 칼뱅의 기본명제─"하나님은 인격 안에서 말씀하시는 분"─를 발전시키면서 성서 영감론과 성서비평학을 대립시키지 않고, 계시의 빛 속에서 성서의 내적인 역사의 배경과 삶의 자리를 위해 열어놓는다. 예수 그리스도는 교회 안에 임재하시지만, 또한 교회를 초월하신다. 예수 그리스도는 교회의 주인이지만, 또한 세상의 주님이시다.

1. 설교, 성서, 계시

실제적인 선포의 사건은 다른 모든 것을 지배하는 교회적 삶의 기능이다. 선포되는 말씀 안에서 비로소 교회는 교회가 된다. 선포 사건과 교회는 성만찬에서 빵과 포도주처럼 단순하게 보이는 것이며, 나누어져

먹고 마시는 것과 같다. 선포를 성만찬과 연관시키는 것은 우연한 것이 아니다. 선포는 성만찬의 좋은 예시가 될 수 있다.

칼뱅은 에덴동산의 생명나무와 노아의 무지개에 대해 다음과 같이 말한다. "나무나 무지개 자체가 효력을 발생하는 것이 아니라…이것들은 하나님의 말씀 안에 각인된 표징(sign)을 갖는다. 표징은 말씀 안에 담긴 계약들의 증거와 인증이 된다. 따라서 나무는 나무로, 무지개는 무지개로 남는다. 그러나 하나님의 말씀을 통해 녹명됨으로써 나무와 무지개는 이전과는 다른 새로운 형식과 의미를 갖게 된다"(『기독교 강요』 IV.14.18). 불링거는 성만찬의 세상적인 요소들에 관하여 말한다. "하나님의 말씀을 통하여 세상적인 요소들은 이전과 다른 것이 된다. 성례를 설정하시는 [하나님]을 통하여 그것은 성별되며 거룩한 것으로 인식되고 수여된다. 이런 이유로 그것은 단순한 물 또는 단순한 빵과 포도주가 되지 않는다. 그러나 본성의 변화 없이 [세례는] 중생의 씻음이 되고, 떡과 포도주는 우리 주님의 몸과 보혈이 된다"(스위스 신앙고백, 19조항). 성례전과 설교와 교회적 삶 전체는 항상 그리스도의 세상적인 몸의 존재로서 하늘의 머리이신 그분으로부터 새로운 형식을 얻는다. 성례전과 설교는 계시와 믿음을 현실적인 것으로 만든다. 가톨릭의 화체설과 달리 불링거는 성례의 요소들을 하나님의 은혜를 가리키는 지시로 파악하며, 이것은 하나님의 말씀을 통해 기입된 표식(*nota a verbo Dei insculpta*)이다.

바르트에 의하면 개혁교회의 성만찬 교리는 성례의 요소들이 그리스도 또는 성령의 능력을 통해 "새롭게 되어간다는 견해"를 가지고 있으며, 이것은 가톨릭의 화체설이나 루터교의 공제설과 마찬가지로 매우 실제적인 것이다. 이와 같은 바르트의 개혁파 교리적인 성만찬 해석은 매우 중요하다. 바르트는 성만찬에 관한 츠빙글리의 기념설은 살아 계신 그리스도의 임재와 성령의 역사를 파악하지 못한다고 본다. 칼뱅의 성만찬 신학은 그리스도와의 연합을 통해 믿는 자들의 삶을 그리스도의 장성한 분량에 이르게 하는 성화의 과정을 포함하고 있다. 이것은 바르트가 말하는 칼뱅의 성만찬 신학에 담겨 있는 "새롭게 되어가는 견해"를 말한다. 물론 루터교의 *est*(이것은 나의 몸이다)에서 인간성이 신성으로 고양되는 위험 때문에 바르트는 칼뱅의 "그러나"(Aber)를 루터교의 그리스도의 실제적 임재에 대한 교정으로 본다. 개혁교리의 "그러나"는 성령의 능력을 통해 부활하신 그리스도의 임재가 우리에게 다가오는 실재적인 것을 말한다. 이러한 성례전적 사건의 전제는 하나님의 말씀이다. 바르트는 교의학의 프롤레고메나와 중심 개념을 전개하면서 다음과 같은 사실들을 분석한다.

(1) 하나님의 말씀은 선포에 주어진 위임이며, 선포의 필요성은 인간 존재의 내적인 가치가 아니라 하나님의 말씀에 근거한다. 하나님의 말씀은 하나님의 적극적인 명령이며, 인간적인 동기는 그 명령에 근거한다. 실제적인 선포는 설교로서의 하나님의 말씀을 의미하며, 설교는 하나님의 적극적인 명령과 지시에 근거된, 하나님에 관한 인간의 말이다. 하나님의 말씀의 선포는 합리적, 예술적, 종교·심리학적, 혹은 윤리·철학적인 발표와는 다르다. 형이상학과 심리학은 교회적 선포에 적합한 학문이 아니다. 하나님의 말씀이 선포의 대상과 주제가 될 때, 그것은 단순히 인간적인 인식 대상임을 의미하지 않는다. 이런 점에서 하나님의 말씀은 형이상학이나 심리학의 대상과는 전혀 다르다. 선포의 대상은 은혜의 수단으로서의 설교와 성만찬의 연관성 가운데 존재한다. 설교와 성만찬은 이미 역사적으로 일어난 계시를 근거로 하여 장차 일어나게 될 미래의 계시, 즉 그리스도의 다시 오심에 대한 약속이다. 실제의 선포는 설교로서의 하나님의 말씀을 의미하며, 그다음 단

계에서 설교로서의 하나님의 말씀은 하나님에 관한 인간의 말이며, 이것은 역사적으로 일어난 하나님의 자기객관화, 즉 하나님의 은총의 자유에 근거한다.

> "구체적 그리고 우발적으로 주어진 믿음과 이와 같은 믿음이라는 성령의 선물 자체는 오직 복음의 선포에서 선언될 수 있다. 그것은 선언으로 남는다.…약속의 수여로서의 설교는 정확하게 말하면 계시를 전달하는 것이 아니라, 계시의 발생을 지적하는 것이다"(H. M. Müller, *Glaube und Erfahrung bei Luther*, 119).

(2) 하나님의 말씀은 심판이며, 심판을 통해서만 선포는 실제적인 선포가 된다. 선포자는 자신이 말하는 것에 대해 무엇을 알고 있는가? 선포자의 관심은 무엇인가? 그러나 내적으로 설교와 성만찬에서 일어나는 선포를 판단하는 기준은 하나님의 말씀이다. 우리는 그 기준을 마음대로 다룰 수 없다. 그 기준은 인간의 손을 필요로 하지 않으며, 그것 자체가 스스로를 다룬다. 우리는 이러한 하나님의 말씀을 기억하고 기대하는 가운데, 또한 다른 기준들을 다룰 수 있다. 그러나 말씀의 심판만이 절대적인 구속력을 가지며, 이것은 훼손될 수 없다. 선포가 실제로 선포되는 것은 이와 같은 말씀의 심판에 의해서다(CD I/1, 93). 설교로서의 하나님의 말씀은 하나님에 대한 인간의 말이며, 말씀의 심판 기준에 의해서 그것은 결코 인간의 조절 아래 있을 수 없다.

(3) 하나님의 말씀은 사건 자체이며, 이 점에서 선포는 실제적인 선포가 된다. 선포를 현실화하는 것은 외적인 특징인데, 이것은 말씀 사건을 일으키는 옷과 같은 것이다. 선포를 통해 하나님이 명령하고 심판하실 때, 인간에게는 여전히 오해의 가능성이 남아 있다. 하지만 우

리를 위한 선포가 단순히 인간적인 방식이 아니라 하나님 자신의 행동인 한, 계시와 믿음의 기적 자체가 인간적인 오해를 방지한다. 인간의 진술, 동기, 주제들에서 일차적 및 결정적으로 하나님의 말씀은 그곳에 존재한다. 선포의 실제적인 기적은 선포하는 인간의 의지와 행함에 있는 것이 아니다. 이 점에서 바르트는 로마 가톨릭 교리의 화체설을 비판한다.

가톨릭의 변화의 원리(화체설)에 따르면 사제의 성별을 통해 "빵과 포도주의 본질 전체가 우리 주 그리스도의 몸과 보혈의 본체로 변화한다"(Trid. sess. XIII, ch. 4). 빵과 포도주의 외적이며 우연적인 속성은 변하지 않고 그대로 남는다. 그러나 바르트에 의하면, 그리스도가 영원히 참된 인간이라면, 실제적인 선포는 모든 인간적인 사건의 수준에 속한다. 하나님의 신적 요소와 인간적 요소는 공동으로 존재하거나 합력하는 것이 아니다. 불순종의 상태에서 인간은 하나님께 거역하지만, 순종의 단계에서 인간은 하나님께 봉사한다. 하지만 하나님을 진정으로 섬기는 곳에서도 하나님의 뜻과 행동은 인간과 합력하는 것이 아니다. 그곳에서도 하나님은 여전히 창조주와 주님으로서 임재하신다. 하나님은 인간의 자유를 빼앗지 않으신 채 주체로서 존재하시며, 인간은 하나님으로부터 새롭고 진정한 이름을 얻는다. 성례전적으로 표현하자면 빵은 빵으로, 포도주는 포도주로서 남는다. 성례전적인 성별의 실재주의는 성례전의 표징(sign)의 존재를 파괴하지 않는다. 그러므로 사제의 성별기도를 통해 빵과 포도주가 그리스도의 몸과 보혈로 변하는 것은 아니다.

설교는 하나님의 말씀의 술어가 되며, 하나님에 관한 인간의 선포 안에서 하나님께서 스스로 말씀하신다. 아돌프 하르나크는 자신의 논문 "현재하는 그리스도—그리스도의 대속"("Christus praesens-Vicarius Christi")에서 하나님의 말씀이 교회의 가르침에서 교회의 신학적 주제와 동일화되는 과정, 즉 교황무오설을 잘 분석한다. 바르트는 로마 가톨릭의 화체설뿐만 아니라 가톨릭교회가 강제적으로 반포하는 교리나 교회의 법적 특권인 *potestas*(능력/권위) 개념을 비판적으로 평가한다. 이러한 가톨릭교회의 권위는 군법(軍法)과 같은 강제력을 갖는다는 것이다. 니사의 그레고리오스에 의하면 "사제는 어제까지만 해도 우리와 같은 평범한 사람이었지만, 사제로서의 성별을 통하여 그는 지도자, 앞에서 주도하는 자, 하나님에 대한 경외를 가르치는 선생, 그리고 숨겨진 신비의 해명자가 된다." 암브로시우스는 이렇게 말한다. "당신은 거기서 레위인과 제사장들을 보았다. 당신의 시선을 육체적인 모습이 아니라 신비의 은총을 향해 돌리도록 하라. 개인의 공적이 아니라 제사장의 공적을 보도록 하라." 아우구스티누스도 설교자에 대해 이렇게 말한다. "선량한 믿음의 사람들은 사람에게 순종하며 경청하는 것이 아니라…교회의 가장 높은 곳에 계신 주님에게 경청한다…" 교회의 선포의 이러한 기능은 종교개혁자들에게로 이어진다. "이제 나와 그리스도의 말씀을 전하는 다른 사람들은 자유롭고 자랑스럽게 그들의 입은 그리스도의 입이라고 말한다. 내가 확신하기로 나의 말은 나의 것이 아니라 그리스도의 말씀이며, 나의 입은 말씀하시는 그분의 입이다.…우리는 올바르게도 설교자나 목회자의 입을 하나님의 말씀이라고 부른다. 왜냐하면 그들의 사역과 기능은 그들 자신의 것이 아니라 하나님의 것이며, 그들이 선포하는 말씀은 그들 자신의 것이 아니라 하나님의 것이기 때문이다"(루터, Sermon on the same text, 1534).

(4) 칼뱅도 설교에 대해 이렇게 말한다. "하나님 자신이 말씀의 수단으로 들어오신다. 하나님이 이러한 질서의 기원자이시라면, 하나님은 이러한 수단 안에 임재하시고 인식되신다. 이것은 인간이 실제로 하나

님의 성전이 된다는 증거이기도 하다." 이 점에서 초기 교회의 주교의 기능—예를 들어 안디옥의 이그나티우스, 이레나이우스, 테르툴리아누스, 키프리아누스—은 불가능한 것이 아니다. 그러나 로마 가톨릭과 개신교의 차이는 다음과 같은 질문으로 표현된다. (a) 어떻게 인간이 그리스도를 대변하는 자(vicar) 및 베드로의 계승자가 될 수 있는가? 로마 가톨릭이 주장하는 교회의 문서와 명단에 근거하는 사도전승은 실제의 영적 전승과 무슨 관계가 있는가? (b) 어떻게 그러한 사도전승이 발생하는가? (c) 그러한 사도전승의 의미는 무엇인가? 로마 가톨릭교회의 가르침에 따르면 사도전승권은 신앙과 도덕의 생활에서 영원한 권위를 갖는다. 어떻게 인간적인 가톨릭의 법정이 영원한 권위를 가질 수 있는가? 물론 로마 가톨릭교회도 교회를 지배하는 그리스도의 주권을 말하지만, 이때 그리스도의 주권은 가톨릭적인 사도전승의 권위체제와 어떤 관계가 있는가? 이것은 교회의 선포에 대한 매우 심각하고 비판적인 질문이다. 바르트에 의하면 칼뱅은 교회의 직무에서 하나님과 인간의 관계에 대한 복음적인 관점을 다음과 같이 매우 잘 표현했다.

"우리는 하나님의 일을 위한 봉사와 섬김 가운데 있다는 것을 확실히 알기 때문에, 하나님이 스스로를 그리고 그분 자신의 일을 결코 떠나지 않는다고 확언한다. 하나님은 우리가 시작하고 지금까지 이루어온 것을 결코 후회하지 않으신다. 성령은 우리에게 우리의 가르침에 대한 신실하고 신뢰할 만한 증언자이시다. 확신하건대 우리는 다음 사실을 알고 있다. 우리가 설교하는 것은 하나님의 영원한 진리이다. 우리는 세상에 대한 우리의 봉사가 구원에 관한 것이 되기를 간절히 바란다. 우리가 거기까지 도달한 것은 하나님의 능력에 따른 것이며 우리 자신에 의한 것이 아니다"(Suppl. Exhort, 1543, C.R. 6, 534).

아우구스티누스는 말한다.

"나는 주님이 나의 입에 그분의 구원과 치유의 말씀을 넣어주시기를 기도한다. 선포는 인간의 행동이지만 동시에 그리스도의 행동이며, 이와 같은 선포를 위해 기도가 필요하다."

교회의 선포는 과거의 계시를 기억하고 미래의 계시를 기대하면서 행하여진다. 볼 수 없는 것에 대한 희망을 우리는 교회 안에서 현실화되는 선포를 통해 말한다. 과거의 계시에 대한 기억이라는 의미는 무엇인가? 하나님의 계시에 대한 기억은 모든 인간의 존재 안에, 즉 하나님에 대한 인간의 본래적인 의식 가운데 있다. 이것은 하나님께 대한 인간의 관계를 뜻한다.

플라톤의 기억(anamnesis) 이론을 추종하면서 아우구스티누스는 기억 내지 회상을 다음과 같은 관점에서 이해한다. 플라톤에 의하면 인간의 영혼은 불멸하며 반복적으로 인간의 몸으로 오지만, 탄생의 아픔으로 인해 이전의 삶을 잊어버린다. 철학은 이러한 이전의 삶을 발견하는 것이다. 아우구스티누스는 말한다. "기억이 아니라면 잊어진 이름은 어디로부터 오며, 우리에게 어떤 의미를 가지고 오는가? 누군가 그 이름을 기억 속으로 불러내어 의식한다면, 그것은 기억으로부터 온다. 우리는 그 이름을 어떤 새로움으로 믿지는 않으며, 회상하면서 다음 사실을 확증한다. 이름이란 우리에게 불리는 것과 같다. 이름이 영혼으로부터 완전히 사라진다고 해도, 다른 것을 통한 회상이 우리로 하여금…잊어진 것을 기억하게 한다"(아우구스티누스, 『고백록』 X, 19, 28). 아우구스티누스에 의하면 우리 모두는 복된 삶을 찾는 것과 같이 하나님을 찾는다. 우리는 행복한 삶을 이미 알고 있다. "그러나 어떠한 방식으로 그것을 찾아야 할

제1부 | 하나님의 말씀에 대한 신학적 성찰

지 알지 못한다. 우리가 행복한 삶을 모른다면 그것을 사랑할 수 없을 것이다." 하나님 인식은 미리 주어진 것에 대한 확증일 수 있다. "그러므로 나는 당신에 대해 내가 기억하지 않는 것을 발견하지 않습니다. 나는 당신을 알고 있기 때문입니다. 당신을 알기에 나는 당신을 잊지 않습니다. 다시 말해 진리를 발견하는 곳에서 나는 나의 하나님과 진리 자체를 발견합니다. 내가 당신을 알게 된 이래로 나는 이 사실을 더 이상 잊지 않습니다." 기억 내지 회상은 내향성을 의미하는데, 이것은 객관적인 세계로부터 돌아서서 내면으로 들어가 하나님을 발견하는 것을 뜻한다.

하이단(A Heidan)도 비슷하게 말한다. 하나님 이념은 외부로부터 오지 않는다. "우리가 내면으로부터 하나님 이념을 형성하지 않는다면, 그 이념은 항상 우리 안에 거주하는 가능성이다."
아우구스티누스는 말한다.

"나는 너무 늦게야 당신을 사랑했습니다. 당신은 영원하시고 새로운 아름다움입니다! 나는 늦게야 당신을 사랑했습니다! 당신은 안에 계셨지만, 나는 밖에 있었고 밖에서 당신을 찾았습니다. 당신은 나의 곁에 계셨지만, 나는 당신 곁에 있지 않았습니다."

(5) 바르트는 일단 아우구스티누스적인 회상과 기억을 통해 하나님의 계시와 선포를 말할 수도 있을 것이라고 본다. 끊임없는 하나님의 계시에 대한 회상을 근거로 교회는 존립할 수 있고, 이것은 불가능하지 않다. 그러므로 신(新)플라톤주의와 로마 가톨릭 교리는 아우구스티누스 안에서 연합된다. 그러나 바르트에 의하면 교회의 존립은 하나님의 말씀과의 관계 안에만 놓여 있는 것이 아니다. 또한 교회는 자기성

찰이나 회상에 근거하는 것이 아니라, 직접 예수 그리스도께로 돌아가야 한다. 예수 그리스도는 교회 안에 임재하시지만 또한 교회를 초월해 계신다. 예수 그리스도는 교회의 주인이지만, 세상의 주님이기도 하다. 주인(예수 그리스도)과 종(교회)의 관계는 역전될 수 없다. 인간의 회상이 교회의 무시간적인 존재에 대한 근거가 될 수는 없다. 오히려 성서가 역사적 계시에 대한 회상의 구체적인 형식이다. 여기서 플라톤적인 회상론은 설 자리를 갖지 못한다.

성서를 하나님의 말씀으로 파악할 때, 바르트는 먼저 경전으로서의 성서를 가리킨다. 경전(카논)은 자, 표준, 모델, 지정된 구역을 뜻한다. 초기 교회의 300년 동안 경전은 규범으로, 즉 교회 안에서 사도적인 신앙의 규칙으로 이해되었다. 그것은 신앙의 규범이며 신앙에 관한 교회의 가르침이다. 4세기에 이르러 경전으로서의 성서에 대한 이해가 발전되었다. 성서는 규범적이며 사도적이다. 경전으로서의 성서는 교회와 성도들이 반드시 따라야 하는 정언명령(categorical imperative)이고 역사적인 것이며, 시간 안에서 말하는 것이다. 성서 안에 기록된 언어는 일차적인 것이 아니라 이차적이다. 시작으로서의 성서와 오늘의 설교는 성서 안에서 동일한 사건의 연속을 말한다.

루터는 이러한 관계를 잘 파악했다. "복음은 단순히 설교이며, 하나님의 은총과 자비를 근거로 해서 소리 지르는 것이다.…설교는 살아 있는 말씀과 목소리로서 전 세계에 울려 펴져야 하며…모든 곳에서 들려야 한다"(WA, .12, p. 259.1.8). "…우리는 세례 요한의 손가락과 그의 목소리가 들려지게 한다. '보라, 세상 죄를 지고 가는 하나님의 어린양이다.' 우리는 세례 요한의 설교를 전달하며, 그리스도를 증언한다."

(6) 바르트는 특별히 로마 가톨릭교회의 사도전승론을 분석하는 가운데 성서와 교회의 권위에 대한 비판적인 물음을 제기한다. 바르트는 이미 교부들에게서, 예를 들어 2세기 로마의 클레멘스의 저술에서 하나님, 그리스도, 사도들, 주교, 그리고 교회 공동체 등이 언급된다는 사실에 주목한다. 이미 이레나이우스가 그것들을 서술했다. 사도들의 전통과 전승이 있는 곳에 교회가 있다. 이러한 주장은 당시의 이단들과의 투쟁에서 나온 표현이며, 교회가 사도들의 가르침에 기원하고 있음을 잘 말해준다. 교회의 사도성은 진정한 교회의 표식에 속한다("나는 하나의 거룩하고 보편적이고 사도적인 교회를 믿습니다"). 이러한 고백은 교회적 선포의 결정적인 표식이기도 하다. 루터 역시 이런 전통에 서 있지만, 로마 가톨릭교회와 다른 점은 교회의 사도성 자체가 아니라, 사도성을 어떻게 이해하느냐 하는 해석학적인 문제였다. 베드로를 수장으로 하는 로마 가톨릭교회의 사도우위권과 이것을 이어가는 교황제도에는 비판의 여지가 많다. 마태복음 16장에서 주님이 베드로에게 주신 축복은 영적인 것이지, 이후에 가톨릭교회에서 말하는 것처럼 베드로의 직무를 직접 계승한다는 제2, 제3의 교황에 대한 법률적인 규정으로 이해될 수 없다. 멜란히톤은 베드로와 로마 교회의 그와 같은 수장권을 단호히 거절했다. "교회는 교권 질서에 따라 역사적으로 적합하게 이어지는 것이 아니라, 하나님의 말씀에 구속된 회중으로 이루어진다. 하나님이 복음의 가르침을 재수립하고 성령을 주실 때, 교회는 생성된다"(멜란히톤, *De ecclesia et de autoritate verbi Dei*, 1539).

진정한 의미에서 교회의 사도전승은 경전으로서의 성서, 즉 예언자들과 사도들의 말들을 통해 이어져야 한다. 교회는 선포의 기능에서 예언자들과 사도들의 말씀의 전승 속으로 들어가며, 전승자인 교회에 대해 이전의 말씀의 전통은 살아 있으면서 자유로운 힘을 갖는다. 하나님의 말씀을 기록한 경전으로서의 성서는 자율성과 독립성을 가지고 교회에 자유로운 힘을 행사하며, 살아 있는 말씀의 전승의 성격을 갖는다. 교회는 성서와의 대화 속으로 들어가야 한다. 가톨릭 교리에서 말씀의 살아 있는 특질은 사도들의 서신들에서 찾아지지 않고, 사도들을 알고 있었던 동시대인들의 목소리나 증언에서 찾아졌다. 그래서 가톨릭교회는 성서의 죽은 말씀을 교회 전통의 활력과 대비하여 말하게 되었다.

트리엔트 공의회는 성서에 대해 다음과 같이 말했다. "신앙과 도덕적 삶의 전통들에 관한 한—그리스도이든지 성령이든지 상관없이—그것은 구전으로 전해졌으며, 똑같이 경건한 참여와 경외와 더불어 가톨릭교회 안에 흠 없이 보존되어 있다." 여기서 바르트가 보기에 교회는 경전으로서의 성서를 상대적으로 평가절하 하고 있다.

가톨릭교회의 가르침에 따르면 교회는 성서에 대한 권위를 가지며, 교회 전통의 영적이고 도덕적인 가르침이 우위를 갖는다. 그러나 성서는 경전으로서 끊임없이 교회의 삶과 대화해야 하며 끊임없이 새롭게 이해되고 신선하게 해석되어야 한다. 성서 주석은 항상 본문으로부터 시작해야 하고, 본문으로부터 읽어낸 뒤 다시 본문으로 읽어 들어가야 한다. 그러므로 주석이 없는 규범은 스스로 규범으로서 말할 수가 없다. 성서 주석을 통해 성서가 교회의 포로가 될 수 있는 끊임없는 위험이 방지된다(CD I/1, 106).

한편으로 성서에 대한 가톨릭교회의 우위와 다른 한편으로 성서에 대한 역사비평학의 우위를 보면서, 바르트는 성서 주석을 자유주의적 해석을 위해서가 아니라 자유로운 성서의 권위를 위해 열어놓을 것을 주장한다. 성서 본문에 대한 교회의 우위의 주장이나 자유로운 비평의 폭력에 대해 본문의 세계 자체가 스스로를 규범으로 인정하도록 해야 한다. 칼뱅에 의하면 성서는 밀납으로 만든 코와 같다. 왜냐하면 그것은 여기저기서 변하기 때문이다. 칼뱅의 이러한 입장은 자유로운 성서를 위한 자유로운 주석을 요구한다.

경전의 본문으로서의 성서는 자유로운 힘을 갖는다. 본문과 주석 사이에는 항상 차이가 존재하며, 본문 자체가 방해 없이 말할 수 있게 해야 한다. 성서는 자유로운 주권을 가진다. 우리가 살아 있는 사도전승을 진지하게 고려하려고 한다면, 교회는 그것을 성서 안에서 찾아야 한다. 다른 비경전적인 텍스트들과 비교할 때, 무엇이 구약과 신약성서를 경전으로 만드는가? 바르트에 의하면 성서 자체가 스스로를 경전으로 만든다. 왜냐하면 성서가 교회에게 스스로를 경전으로 요청하고 끊임없이 그렇게 하기 때문이다(CD I/1, 207). 예언자들과 사도들의 말은 예수 그리스도에 관한 말씀, 증언, 선포, 설교이다. 이러한 약속의 말씀은 임마누엘이며, 성서는 우리와 함께 하시는 하나님을 향해 기다리고 소망하는 인간의 증언이다. 예언자들과 사도들은 이러한 약속의 말씀을 최종적으로 예수 그리스도 안에서 듣고 보았다.

성서는 이와 같은 그리스도의 복음을 증언하고 선언하고 선포하며, 오늘 우리에게 구체적으로 적용한다. 이러한 약속을 듣고 받아들이는 자는 믿게 된다. 교회의 신앙은 죄인들과 함께하는 임마누엘의 하나님을 예언자들과 사도들의 말 가운데서 확인하는 것이다. 이러한 신앙은 과거에 일어난 하나님의 계시를 회상하고, 또한 장차 오실 미래의 계시 곧 재림을 기대한다. 신앙은 영원하신 말씀의 성육신과 그분 안에서 성취된 화해를 기억한다. 또한 신앙은 예수 그리스도가 인류를 미래의 악으로부터의 구원하실 것을 소망한다. 성서는 이러한 내용을 근거로 해서 스스로를 경전으로 요청한다. 경전으로서의 성서가 교회의 빗나간 삶과 대결한다.

바르트에 의하면 과거에 일어난 하나님의 계시에 대한 회상, 경전의 발견, 예언자들과 사도들의 약속의 말씀, 다시 말해 그리스도의 복음의 내용을 근거로 하는 경전으로서의 성서의 자기요구와 실제로 일어난 사도전승의 존립은 하나님의 자유로운 은혜 사건에 속한다(CD I/1, 109). 하나님이 성서를 통해 우리에게 말씀하신다면, 그것은 하나님의 결단이고 그분의 일이며, 인간에게 속한 것이 아니다. 성서가 하나님의 말씀인 것은 하나님이 성서를 통해 말씀하시기 때문이다. 하나님의 은총과 선물은 교회의 선포에서 현실화 한다. 하나님에 대한 인간의 행동은 사건으로 발생하며, 이때 인간이 성서를 붙드는 것이 아니라 성서가 인간을 붙잡는다. 성서는 이런 사건에서 하나님의 말씀이 된다.

루터교 정통주의는―말씀이 선포되기 전에 또는 그 외부에서 일어나는―하나님의 말씀의 효율성에 관한 교리를 발전시켰다. 설교와 성서는―이 두 가지를 하나님의 말씀으로 읽고 듣는 사람들에게 미치는 영향과는 무관하게―하나님의 신적 능력을 갖는다. 성서와 설교에서 먼저 하나님의 순수한 행동이 일차적으로 일어나며, 이것은 인간의 마음속에서 일어나는 두 번째 행동과 공존한다. 설교와 성서는 하나님의 말씀으로서 인간의 주관적인 경험과는 독립적이며 그보다 우위에 있다. 바르트는 이러한 루터교 교리에 동의하지만, 루터교 정통주의 교의학자인 크벤슈테트의 입장을 받아들이지는 않는다. 크벤슈테트는 "성서가 수단이라는 것, 수단으로서의 성서가 그 자체의 힘을 넘어 새로운 효력을 일으키고 새로운 운동과 연구를 필요로 한다는 것"을 부정한다. 오히려 그는 성서의 모든 단어는 하나님의 영감을 받은 것이며, 하나님 자신이 성서를 기록한 사람들에게 구술한 것이고, 그래서 성서는 문자주의적으로 읽혀야 한다고 주장했다. 정통 개혁주의 입장에 따르면 한편으로 "성서의 최고 증거는 획일적으로 그것을 말씀하신 하나님의 인격으로부터(*Dei loquentis persona*) 발원하고", 다른 한편으로 성서의 권위는 칼뱅의 성령의 내적 증거를 통해 보존되며 교회의 권위에 의존하지 않는다. 그러나 개혁주의의 입장도 구약의 모음 부호까지 영감을 받았다는 축자주의적인 경향을 지지한다(혜페,『개혁파 정통 교의학』, 43, 51-2. 57).

(7) 이제 바르트는 교회의 선포 및 성서와 더불어 하나님의 말씀의 최종적 형식인 계시를 설명한다. 성서를 경전으로 만드는 것은 계시이며 계시 사건이다. 성서는 과거의 계시를 증언하고 선포는 미래의 계시를 약속한다. 선포의 약속은 성서 안에 있는 증언에 근거한다. 교회와 계시의 관계는 성서에서 입증된다. 그러나 성서 자체가 과거의 하나님의 계시, 즉 예수 그리스도인 것은 아니다. 하나님의 말씀으로서 성서는 계시를 증언한다. 베데스다 연못의 물이 치유의 수단이 되듯이, 경전으로서의 성서는 교회와 계시 사이에 관계를 설정한다. 증언이란 가리키는 손가락처럼 그 자체를 넘어서서 특별한 방식으로 외부의 존재를 지적하는 것이다." 내가 복음을 전할지라도, 그것이 나에게 자랑거리가 될 수 없습니다"(고전 9:16). 성서적 증언은 인간을 넘어서서 하나님을 가리킨다. 성서의 증언자들은 하나님에 대한 자신들의 경험이나 관계를 교회에 말하는 것이 아니라, 자신들을 통해 하나님께 봉사하고 그분을 증언한다. 이들을 증언자로 만드는 것은 하나님 자신이다.

하나님께서 보낸 사람이 있었다. 그 이름은 요한이었다. 그 사람은 그 빛을 증언하러 왔으니, 자기를 통하여 모든 사람을 믿게 하려는 것이었다(요 1:6). 그뤼네발트가 그린 십자가 처형에서 세례 요한은 손가락을 들고 십자가에 달

린 그리스도를 가리킨다. 우리 모두는 세례 요한처럼 그리스도를 증언해야
한다. 마티아스 그뤼네발트(Matthias Grünewald, 1470-1528)는 독일의 르네상
스 시대의 화가이며, 하겐하우의 니클라우스와 함께 1512-16년 사이에 이젠
하임(Isenheim)의 제단에 그리스도의 십자가 처형(Crucifixion)을 그린 그림으
로 유명하다. 이 그림은 프랑스의 알사스에 소재한 콜마의 운터린덴 박물관에
전시되어 있다. 이것은 콜마 근처에 있는 이젠하임의 성 안토니우스 수도원을
위해 그려졌는데, 십자가에 달린 그리스도의 왼편에 세례 요한이 어린양과 함
께 서 있다. 어린양은 그리스도의 희생을 상징한다. 기원후 29년에 헤롯에게
참수당한 세례 요한이 그림에 등장하는 것이 이상해 보이기는 해도, 그것은 예
술적인 상징성을 갖는다. 세례 요한은 손가락을 들고 그리스도를 가리키고 있
는데, 이 그림은 바르트에게 평생 신학적인 자극으로 남아있었다. 신학은 세례
요한의 손가락처럼 오직 그리스도만 증언해야 한다.

성서와 계시의 직접적인 동일성은 우리가 전제할 수 없고 예견할
수도 없다. 성서의 말씀이 하나님의 말씀이 되는 것은 사건으로 나타
난다. 세례 요한의 손가락처럼 그리스도를 가리킬 때, 성서의 말들은
그리스도를 증언하는 말씀으로 작용한다. 바르트에 의하면 하나님의
말씀의 사건에서 계시와 성서는 실제로 하나가 되는데, 이것은 문자적
으로 그렇게 발생한다(CD I/1, 113).

2. 삼중적 말씀의 일치성

바르트에 의하면 계시가 성서를 하나님의 말씀으로 만든다. 예수 그
리스도가 신구약성서를 존재하게 한다. 성서는 우리를 향한 하나님의
말씀에 대해 살아 있는 경전이 된다. 성서를 유일회적으로 만드는 것

은 계시의 일어남, 즉 하나님의 말씀하심이다(*Deus dixit*). 예수 그리스도 안에서 하나님은 말씀하셨다. 한편으로 하나님이 말씀하셨고(*Deus dixit*), 다른 한편으로 바울이 말했다(*Paulus dixit*). 이 두 가지 사실은 다르지만 하나님의 말씀의 사건에서 하나가 된다. 아우구스티누스는 요한복음 설교에서 성서적인 증언을 도움이 오는 산에 비교했다. "내가 눈을 들어 산을 바라본다. 나의 도움이 어디서 오는가? 나의 도움은 하늘과 땅을 만드신 주님에게서 온다"(시편 121:1). 안셀무스에게 성서는 "확고한 기반에 근거되어 흔들리지 않는 진리이다"(*Cur Deus homo?* II, 19). 칼뱅은 아우구스티누스보다 더욱 밀접하게 성서와 계시를 말하지만, 성서의 가장 고귀한 확증으로서 다음과 같이 말한다. 성서에서 "하나님은 인격 안에서 말씀하신다"(『기독교 강요』 I. 7.4).

하나님의 말씀은 우리와 같은 육체가 되었다. 그분은 "땅의 낮은 곳으로 내려오셨고"(엡 4:9), "그리스도께서는 죽음을 폐하시고 복음으로 생명과 썩지 않음을 환히 보이셨다"(딤후 1:10). 구약성서는 예언의 말씀으로서, 신약성서는 성취의 말씀으로서, 각각 그리스도 안에서 일어난 완전한 사건 곧 성취된 시간을 선포한다. 이것은 "다 이루었다." 하나님은 말씀하셨고, 여기에 비견할 수 있는 유비는 존재하지 않는다. 이것이 성서가 증언하는 계시이다.

계시의 일치성은, 성서적 진술의 다양성과 대립에도 불구하고, 성서적 증언의 일치를 보증한다. 성서의 일치성이 신앙의 다양함에도 불구하고 교회의 일치성을 보증한다. 그리고 교회의 일치성이 선포의 일치성을 보증한다. 하나님의 말씀으로서의 계시가 본래적이고 일차적이며, 성서와 교회의 선포는 계시로부터 파생되는 이차적인 것이다. 성서와 선포는 끊임없이 하나님의 말씀이 되어야 한다. "끊임없이"란 하나님의 말씀의 자유를 지적하며, "언제 그리고 어디서 하나님을 보는가?"

하는 것은 하나님의 자유로운 결정에 속한다. 계시는 하나님의 행동의 문제이며 (a) 실제적인 선포는 과거 계시에 대한 성서적 증언의 반복이고, (b) 실제 증언으로서의 성서는 과거 계시에 대한 회상이다. 그러나 계시는 하나님의 은총의 자유이다. 하나님의 은총의 사건에서 (c) 선포와 성서는 계시를 증언한다는 점에서 고양되고 구별되며, 선포는 이러한 입증을 반복한다. (d) 말씀의 사건은 선포와 성서의 경계가 됨으로써, 이 두 가지를 상대화한다. (e) 이러한 말씀의 사건이 선포와 성서를 확인하고 비준하고 성취함으로써, 선포와 성서는 보존되고 확고하게 된다. 계시에 근거하여 선포와 성서는 끊임없이 하나님의 말씀이 된다. 하나님의 말씀 자체로서 계시는 성서와 선포를 견인한다. "하나님께서 보내신 이는 하나님의 말씀을 전한다. 그것은 하나님께서 그에게 성령을 아낌없이 주시기 때문이다"(요 3:34).

"그때 그곳에서"(*illic et tunc*) 하나님을 본 것은 "언제 그리고 어디서"(*ubi et quando*) 보게 되는가 하는 것과 연관되는데, 계시는 숨겨진 것의 드러냄을 의미한다. "하나님께서는 내가 전하는 복음 곧 예수 그리스도에 관한 선포로 여러분을 능히 튼튼히 세워주십니다. 그는 오랜 세월동안 감추어 두셨던 비밀을 계시해 주셨습니다"(롬 16:25). 계시는 예수 그리스도의 인격과 다르지 않으며, 그분 안에서 성취된 화해와 다르지 않다. 선포와 성서의 능력은 하나님의 말씀하심(*Deus dixit*)으로부터 오지만, 이 능력이 다양한 시대와 상황에서 자동적으로 교회와 함께하는 것은 아니다. "하나님의 말씀하심"은 진리이며, 이 진리로부터 "언제 그리고 어디서"가 활성화된다. "하나님이 우리와 함께하심"은 "지금 여기서"(*hic et nunc*)를 약속으로 받고 믿음 안에서 파악한다. 왜냐하면 그것은 "그때 거기서" 일어난 하나님의 행동이기 때문이다.

제1부 | 하나님의 말씀에 대한 신학적 성찰

몰트만에 의하면 바르트는 주권적인 하나님과 성서에 대한 관점을 통해 성서의 주제와 독자의 이해 사이를 매개하려고 했다. 성서의 주제는 주권적인 하나님이며, 이것은 하나님의 말씀하심(*Deus dixit*) 곧 계시이다. 하나님의 삼위일체적 자기계시는 성서 본문과 구분된다. 몰트만의 객관적인(또는 발생학적인) 해석학은 성서의 주제와 성서 본문을 구분하면서 본문에 대한 비판을 포함한다. "위로부터"의 해석학 즉 성서의 주제는 독자의 삶의 자리 내지 삶의 구체성을 통해 해석된다("아래로부터"의 해석학). 성서는 하나님의 삼위일체론적인 역사 안에서 파악되며, 인간은 세례와 새로운 희망을 향한 거듭남을 통해 이러한 역사에 통섭된다. 여기서 몰트만은 의심의 해석학(니체, 프로이트, 마르크스)을 성서이해와 비판적으로 관련시킨다. 성서 본문 안에서 사람들은 사회적 삶의 상황과 이해관계에 의해 영향을 받으며, 이것들의 제한된 역사적인 그리고 시대적인 관점에 의해서도 영향을 받는다. 성서 본문 안에 있는 억압적인 이데올로기에는 의심의 눈길이 주어져야 하고, 권력과 지식의 왜곡된 관계가 폭로되어야 한다. 이것은 성서를 읽는 독자들의 사회적 관계와 전통을 비켜가지 않는다. 이러한 의심의 해석학을 통해 몰트만은 성서 본문을 생명을 주시는 성령의 관점에서 즉 생명을 지지하는 방향으로 해석한다. 이러한 생명의 해석학은 성서의 주제를 생명의 영의 관점에서 파악한다. 여기서 몰트만은 놀랍게도 아드벤투스(Adventus, 미래로부터 우리에게 다가오는 희망의 종말론)의 관점이 아니라 바로 현재의 그리스도(현재적 종말론)를 예시하며, 더 나아가 영원한 생명의 왕국이 죽음과 폭력의 왕국을 극복하면서 "지금 여기서" 드러난다는 사실을 강조한다(Moltmann, *Experiences in Theology*, 139-150). 일반적으로 몰트만의 종말론은 오시는 하나님에 집중되어 있고, 임마누엘의 하나님은 이차적으로 다루어진다.

(1) 바르트에 의하면 하나님의 말씀은 삼중적 형식 안에서 우리에

게 말해진다. 선포는 성서에서 증언되는 예수 그리스도의 계시를 회상하며, 성서적 진술에 반복해서 순종한다. 선포는 성서와 마찬가지로 하나님의 말씀이다. 성서가 계시를 증언하는 한, 그것은 하나님의 말씀이다. 성서와 선포는 계시의 현실화를 통해 하나님의 말씀이 된다. 우리는 계시를 성서와 선포를 통해 간접적으로 안다. 계시로서의 하나님의 말씀은 교회의 선포와 성서를 통해 알려지며, 성서로서의 하나님의 말씀은 선포를 성취하는 계시를 통해 알게 된다. 설교로서의 하나님의 말씀은 성서 안에 증언된 계시를 통해 알게 된다. 하나님의 말씀의 교리에 대한 유비는 삼위일체 교리이다. 계시, 성서, 선포는 성부, 성자, 성령으로 대체할 수 있다.

이러한 하나님의 말씀의 교리는 루터에게서도 볼 수 있다. 루터에 의하면 하나님의 말씀은 삼중적인 방식으로 말해진다. (a) 하나님은 인간의 귀에 외적인 말을 통해 말씀하시는데, 루터는 이것을 구약성서의 족장들과 예언자들의 말에서 보았다. (b) 하나님은 성령 안에서, 다시 말해 그분의 아들 안에서 지상의 성도들에게 말씀하신다. 이것은 예언의 말씀과 비교할 수 있지만 여전히 다양한 베일에 쌓여있는 요약적이고 축약적인 말씀이다. (c) 성부 하나님은 그분 자신 안에서 영원하신 영광 가운데 성도들에게 말씀하신다. 하나님이 매개 없이 직접 그분 자신의 말씀을 유일하고 단순하게 계시하실 때, 우리는 언젠가 그분의 말씀을 듣게 될 것이다. 바르트에 의하면 루터는 그의 삼중 방식의 말씀을 삼위일체론적으로 분명하게 전개하지는 않았다. 루터는 성서, 말(선포), 생각(마음)을 통한 외적인 말의 선포를 "그리스도의 얼굴에 나타난 하나님의 영광을 아는 지식의 빛"(고후 4:6)으로 설명한다.

성서는 일차적으로 구약성서 안에 있는 예언의 말씀들을 뜻한다. 선포는 이러한 예언의 말을 드러내는 것이다. 신약성서는 요한계시록

5장에서 하나님의 어린양이 일곱 봉인의 책을 열듯이, 구약성서를 열고 계시하는 것과 같다. 루터에 의하면 그리스도는 그분 자신의 가르침을 모세처럼 글로 남기지 않았다. 사도들도 그리스도의 모든 가르침을 기록하지는 않았다. 성서에 대한 인간의 필요성은 커다란 훼손이며, 성령에 대한 위반이다. 구약의 해석으로서의 신약성서는 교회의 부패에 대한 방어수단이었다. 그리스도에 대한 지식이 없이 성서를 갖는 것은 성서를 갖지 않는 것과 같다. "그러므로 모세와 예언자들의 책은 복음이다. 왜냐하면 이것들은 이전에 사도들이 선포하고 기록한 예수 그리스도에 대해 동일한 것을 말하기 때문이다.…복음과 신약성서는 실제로 기록될 필요가 없었고, 오히려 살아 있는 음성으로 세상 모든 곳에서 들려져야 한다. 구약성서만이 기록된 문자이며, 사도들은 이것을 문서라고 불렀다. 왜냐하면 이것은 오시는 그리스도를 가리키기 때문이다. 그러나 복음은 이미 오신 그리스도에 대한 살아 있는 설교이다."

(2) 설교는 일차적으로 성서에서 취해져서 살아 있는 선포의 형식을 갖게 되며, 우리에게 하나님의 말씀이 된다. 그러나 개신교 정통주의는 루터가 하나님의 말씀을 성서와 구분한 것보다는 하나님의 말씀과 성서의 직접적인 일치를 보다 더 강조했다. 인간에게 주어진 하나님의 말씀 안에서 성서 및 선포와 같은 분류에는 본질적인 차이가 없다. 오히려 그런 분류는 계시를 전달하는 다양한 방식만을 의미한다(게르하르트). 하나님의 말씀은 하나님으로부터 또는 하나님에 의해 영감을 받은 사람들로부터 온 것이며, 이것은 성서 안에서 전승되고 선포되거나 또는 인간적인 정신 안에서 받아들여지는 것과 다르지 않다(홀라츠).

종교개혁자들과 달리 개신교 정통주의자들은 하나님 말씀의 삼중 형식을 간과했고, 개혁자들의 성서영감론을 통해 성서와 계시의 관계를 해명하지 못했다. 정통주의자들은 오늘의 상황을 위해 하나님의 말씀을 언급할 때, 인간과 하나님 사이의 관계에 대해 다루지 못했다(헤페,『개혁파 정통 교의학』, 37-75). 18세기 정통주의의 몰락은 교회를 비판했던 시대의 철학 때문이 아니라, 지나치게 무비판적이었던 교회의 신학 때문이었다. 정통주의에 대한 존경에도 불구하고 바르트는 하나님의 말씀의 삼중적인 가르침을 위해 루터를 재수용하고, 선포를 통해 하나님이 말씀하시는 것을 진지하게 다룬다. 그 내용을 근거로 하여 성서는 계시에 앞서 하나님의 말씀으로 이해된다. 그러므로 바르트의 새로운 출발에서는 선포가 교의학의 직접적인 대상이 된다.

3. 바르트와 성서 해석학

바르트의 성서론에서 예수 그리스도의 계시는 일차적인 의미를 갖는다. 바르트의 성서론은『교회교의학』1/2, 제3장, §19-21에서 전개된다. 성서는 계시를 증거하며, 교회의 선포는 성서로부터 계시를 오늘 여기서 전달하고 해석한다. 바르트에게 하나님의 말씀은 성서 안에 계신 하나님 자신이다. 왜냐하면 하나님은 모세와 예언자들에게, 그리고 복음을 전하는 자들과 사도들에게 주님으로서 말씀하셨기 때문이다. 성서를 통하여 하나님은 이제 교회에게 말씀하신다. 성령에 의해 성서는 거룩한 하나님의 말씀이 되며, 하나님의 계시의 증언이 된다(CD 1/2, 457). 바르트는 성서를 통해 계시를 해명하고, 성서는 성령을 통해 성육신하신 그리스도 안에서 삼위일체 하나님의 자유와 주권을 증언한다. 성서는 살아 계신 하나님에 대한 진정한 표징(sign)이다.

루터주의자들은 개혁교회보다 더욱 성서 원리를 자신들의 신학체계의 중심에 놓았다. 성서는 항상 교회에서 선포를 위한 정규적인 본문의 근거가 되어 왔다. 성서 비평학 역시 성서의 권위를 증언한다. 1934년 바르멘 선언에서 종교개혁의 성서 원리는 교회가 순종의 태도와 함께 들어야 하는 것으로 확인되었다. 여기서 성서와 하나님의 말씀은 동일시되지 않으며, 말씀은 더욱 적극적인 방식으로 표현된다. "성서가 하나님의 말씀이 아니라, 성서에서 증언되는 예수 그리스도가 한분이신 하나님의 말씀이다. 우리는 이 말씀을 듣고, 삶과 죽음에서 신뢰하고 순종해야 한다."

(1) 성서가 계시의 증언으로서 우리에게 말할 때, 우리는 순종하고 들어야 한다. 만일 성서론이 필요한 성서 주석에 근거한다면, 그것은 항상 주석과 성서 자체 안에서 찾아져야 한다(CD I/2, 462). 성서는 하나님의 계시의 증언으로서 우리를 삼위일체 하나님의 주권 앞에 세운다. 성서 안에서 우리는 언어로 기록된 인간의 말들을 만나고, 그러한 인간의 말들을 통해 삼위일체 하나님을 만난다. 우리는 예언자도 아니고 사도도 아니며 부활을 직접 목격한 증인들도 아니지만, 성서는 계시와 구별되지 않는다. 성서를 통해 이러한 계시의 증언은 우리를 위한 계시가 된다. 인간의 언어로서 성서는 예수 그리스도의 계시와 구분된다는 제한성을 갖지만, 계시가 성서의 근거요 내용이라는 점에서 성서는 계시와 일치한다. 우리가 예수 그리스도의 인간성을 무시하지 않듯이, 성서의 거룩성과 인간성을 무시할 필요는 없다(CD I/2, 463). 이런 점에서 성서를 역사적으로 읽어야 하는 것은 정당하지만, 그러나 역사적인 방법으로 환원시킬 필요는 없다. 성서에 대한 역사적인 이해는 인간의 언어가 특수한 시대에 특수한 인간들에 의해 특수한 의도를 가지고 진술된 것을 말한다. 그러나 성서는 역사적인 상황이나 언어학적인 배경, 혹은 어떤 전제와 의도를 분석한다고 해서 이해되는 것은 아니다. 이해는 말씀으로 돌아가는 것이고, 말씀 자체를 위한 연구에 있다.

여기에 해석학적인 중요성이 놓여 있다. 성서 이해에서 언어 일반의 이해나 일반 인간학이 중요한 것이 아니다. 계시의 빛 아래서 그리고 계시와 연관하여 성서는 이해되고 연구되며, 그때 성서의 세계는 해명된다. 우리는 성서 안에 있는 인간의 말로부터 배운다. 이 점에서 특수한 성서 해석학은 존재하지 않는다. 해석학은 계시의 증언인 성서를 통해 일반적으로 타당할 수 있다. 트뢸치의 역사비평 방법은 성서의 특수성을 무시하고 비판, 유비, 상관관계를 통해 다른 역사와 더불어 일반화시킴으로써, 역사적 상황에 존재하는 인간 일반에 대한 해명에 초점을 둔다. 물론 역사비평을 무가치한 것으로 볼 필요는 없다.

(2) 성서 연구에서 비판적인 방법이 갖는 의미는 성서 본문의 배후에 있는 역사적 진리를 매개하는 것이 아니다. 역사적 진리는 성서 본문의 진정한 의미를 위한 콘텍스트일 뿐이다. 콘텍스트를 통해 성서적 진리가 매개된다(CD I/2, 494). 성서가 성서를 해석한다는 종교개혁의 원리는 성서비평학을 배제한다기보다는 새롭고 급진적인 방향을 가리킨다. 성서 본문은 하나님의 계시를 증언하는 한, 본문 자체를 위해 연구되어야 한다. 성서가 증언하는 계시는 성서 본문의 배후나 그 위에 존재하는 것이 아니라 그 안에 있다(CD I/2, 494). 성서 안에 담겨 있는 인간의 말들은 철학적·역사적·윤리적인 내용의 관점에서 볼 때, 내재적인 비판에 노출되어야 하는데, 종교적이고 신학적인 말들도 마찬가지다. 우리는 모세, 야고보, 바울과 논쟁할 수 있다(CD I/2, 507). 하나님의 영감으로서의 성서(*theopneustia*)는 바로 계시의 행동이며, 성서의 사람들 역시 한계를 지닌 인간으로서 우리처럼 실수하면서 말한다. 성서가 하나님의 말씀이라면, 우리는 거기서 인간의 제한성에도 불구하고 하나님의 완전성, 그리고 하나님의 완전성에도 불구하고 인간의 제

한성을 본다(CD I/2, 508).

예언자들과 사도들이 계시에 대한 첫 번째 증인들이라면, 이들의 증언은 우리를 위해 번역되고 해석되어야 한다. 저자들은 자신들의 사회적인 상황과 이해관계 안에서 말하고 있으며, 자신들의 메시지를 비판적 또는 체제 순응적으로 관련시킨다. 체제 순응적인 맥락과 연관된 성서 본문을 비판적으로 분석하고 수정하는 일은 중요하다. 이것은 본래 사회비판적인 성서의 메시지를 오늘 우리를 위해 재해석하는 성서 해석의 예언자적 차원이라고 말할 수 있다.

루터에게서 "오직 성서"의 원리는 중세 가톨릭교회의 권위와 억압으로부터의 해방을 의미한다. 교회 안에서 그 누구도 성서를 근거로 해서 다른 사람을 지배해서는 안 된다. "오직 성서"의 원리는 만인사제직과 맞물려 있다. 이것은 오늘의 의미에서 교회의 위계질서에 저항하는 교회 민주화를 의미한다. 그러나 마르크스는 루터를 이렇게 비판했다. 루터는 신앙에서 가톨릭교회의 예속을 제거했다. 그는 신앙을 권위와 대립시켰고, 신앙의 권위를 회복시켰다. 그는 사제들을 평신도로, 평신도를 사제들로 바꾸어 놓았다. 그는 인간을 외적 종교의 권위로부터 해방시켰지만, 종교성을 인간의 내적인 것으로 만들었다. 그는 종교적 억압의 사슬을 부수었지만, 그 대신에 그는 그 자리에 마음의 사슬을 설치하고 말았다. 다른 한편으로 루터의 "오직 성서"의 원리는 17-18세기의 개신교 정통주의에서 성서를 "종이로 만든 교황"으로 만들었다. 성서의 모든 단어들이, 심지어 모음 부호까지, 영감된 것으로 믿어지고 축자적으로 이해되었으며, 그에 따른 순종이 요구되었다. 근대에 이르러 그러한 성서무오설은 설 자리를 잃게 된다. 그러나 근대의 성서연구는 역사비평을 근거로 해서 성서를 단순히 역사적인 문서로 취급했고 더 이상 살아 계신 하나님의 말씀으로 수용하지는 않았다. 이에 대해 성서는 장구한 세월을 거치면서 경전화 되는 과정 가운데 "스스로를 하나님의 말씀으로 드러낸다." 성서 안에 있는 살아 계신 하나님의 말씀과 계시가 성서를 경전으로 만든다. (a) 성서는 자체의 역사 과정과 콘텍스트로부터 읽혀야 한다. (b) 믿음의 공동체는 성서를 통해 하나님의 말씀을 들으며, 모든 신앙과 경험의 기준으로 수용한다. (c) 예언자들과 사도들을 통해 증언된 것은 증언 자체와 동일시되지 않으며, 그들의 증언들의 배후나 위에서가 아니라 바로 그 안에서 우리는 살아 계신 하나님의 말씀을 발견한다. (d) 성서 전체, 특히 시편에서 우리는 성도들의 마음을 본다(루터). 성서 저자들의 인간성은 살아 계신 하나님에 대한 그들의 증언 안에 용해되어 있고, 또한 그들의 이해관계나 연약함이 비판적으로 드러날 수도 있다. 예수 그리스도에 대한 사도들과 제자들의 증언에는 그분과의 시간적인 가까움과 직접적인 관계가 있다. 이러한 일차적인 증언은 교회의 선포를 통해 오늘 우리에게 이차적인 증언으로 번역되고 재해석된다. 여기서 성서의 일차 증언은 마땅히 존중되어야 한다. 하나님의 말씀에 대한 해석을 통하여 그러한 역사적인 차이와 거리감이 매개된다. (e) 성서의 역사적인 배경과 신앙공동체의 삶의 자리에 대한 사실주의적이며 사회·경제적인 질문은 성서 시대의 사회적인 상황과 이해관계의 충돌을 파악하는 데 도움을 준다(예를 들어 바울과 오네시모, 또는 바울과 로마 제국의 관계). 이것은 성서에 대한 개인주의적 이해를 넘어서서 성서적인 삶의 자리에 대한 정치적·경제적인 관계를 물음으로써, 우리 시대의 이차적 증언인 해석을 위해 하나님의 말씀의 주제를 파악하려는 시도에 도움을 준다. 이것은 성서에 대한 예언자적인 해석일 수 있다(Gollwitzer, *Befreiung zur Solidarität*, 49-63). 그리스도의 삶과 십자가와 부활을 지지하는 성서적 진술들은 하나님 나라에 관한 복음에 속하며, 회당에서 행한 예수의 복음 선포(누가 4:18)의 빛에서 인간의 삶을 억압하고 지배하는 것들에 대한 저항과 동시에 가난한 자들과의 연대와 교회 안의 모든 차별을 거절한다. "유대 사람도 그리스 사람도 없으며 종도 자유인도 없고 남자와 여자가 없습니다. 여러분 모두가 그리스도 예수 안에서 하나이기 때문입니다"(갈 3:28).

(3) 바르트에 의하면 성서를 "비성서적으로"(unbiblically) 읽어서는 안 된다. 또한 "비역사적으로"(unhistorically) 읽어서도 안 된다. 성서는 성서 자체가 해석하며(veritas scripturae ipsius), 이것이 바른 해석학이다. 바르트는 역사적인 방법을 위해 루터와 칼뱅의 성서 해석을 중요하게 수용한다. 해석학의 원리는 성서 자체로부터 온다. 왜냐하면 성서는 계시의 증언이기 때문이다. 이 점에서 성서는 보편적으로 타당한 해석학적 원리의 한 가지 특수한 형식이다(CD I/1, 468).

성서의 주제는 하나님의 역사적인 계시이다. 이 주제를 마스터할 수 있는 확고한 인간적인 접근 방법은 없다. 살아 계신 하나님에게 사로잡히는 것이 해석의 핵심이다. 성서적 주제의 주권적인 자유가 스스로 말하며, 성서의 언어와 역사성 앞에서 우리를 사로잡는다. 전제가 없는 성서 주석은 존재하지 않는다. 성서를 주석하는 사람은 이미 자신의 역사, 전통, 문화, 언어, 사회적 상황과 교육적 배경에 의해 영향을 받고 있으며, 역사와 사회적 전제에 둘러싸여 있다. 살아 계신 하나님의 주권이 성서 그리고 성서를 읽는 독자에 대한 주도권을 갖는다. 이것은 흔들리지 않으며 확고부동하다. 성서의 주제이며 신비인 하나님의 계시가 성서의 인간적인 말들을 말하고 듣게 한다(CD I/2, 471). 바르트적인 의미에서 해석학은 이와 같은 계시의 내용에 의해 주도되어야 하며 "성서 해석학은 일반 해석학의 전제 군주적인 [존재론적] 요구에 맞서 스스로를 방어해야 한다"(CD I/2, 472). 불트만적인 의미에서 일반 실존론적인 해석학은 성서에 관한 특수 해석학의 문제를 충분히 고려하지 못한다.

일반 해석학, 특히 철학적 해석학에서 한스 게오르그 가다머는 바르트의 이러한 입장을 높이 평가한다(Gadamer, *Truth and Method*, 509, 521). 텍스트의 생활세계 내지 지평은 역사비판적인 의식 혹은 방법으로 환원되지 않는다. 가다머에게 텍스트의 생활세계는 일반 언어를 통한 보편적인 이해를 요구하지만, 바르트에게 텍스트의 생활세계 내지 주제는 살아 계신 하나님의 말씀 및 계시의 주권성과의 관계 안에 있다. 성서를 통한 하나님의 이러한 말씀하심은 성서비평학적인 방법으로 환원되지 않고, 끊임없이 성서의 독자와 만나면서 지평융합을 이루어갈 수 있다. 성서의 독자들 역시 자신의 지평과 전제를 가지고 성서를 읽지만, 그러한 전이해나 편견은 성서와의 대화를 통해 새롭게 갱신될 수 있고, 말씀하시는 하나님을 향해 항상 새롭게 열려진다.

경전으로서의 성서는 장구한 세월을 거치며 복합적인 역사를 갖게 되었고, 교회 안에서 규범 또는 진리의 규칙으로 자리 잡게 되었다. 역사가들이 오해하는 것처럼 교회가 경전을 선언한 것이 아니라, 교회는 이미 경전으로 자리 잡은 성서의 문서들을 확인했을 뿐이다. 그러므로 우리가 성서를 경전으로 받아들인다는 것은 교회가 아니라 계시가 교회를 지지하고 지배한다는 사실을 받아들이는 것이다. 천 년 동안 로마 가톨릭교회에서 경전으로 받아들여진 외경과는 달리(유딧서, 솔로몬의 지혜서, 토비아스, 집회서, 마카베오 상·하), 루터, 칼뱅, 츠빙글리는 이러한 외경을 받아들이지 않았다. 루터에게 성서의 근거는 그 책들이 그리스도를 드러내는가 혹은 드러내지 않는가에 있다. 그리스도를 가르치지 않는 것은 설령 베드로와 바울이 가르친다고 해도 사도적인 것이 아니다. 그리스도를 설교하는 것은 설령 그것이 가룟 유다, 빌라도, 헤롯이라고 할지라도 사도적이다(Luther, *Preface to the Epistles of St. James and St. Jude*, 1522).

(4) 성서를 경전으로 만드는 근거는 그리스도이다. 바르트에 의하면 구약성서는 신약성서의 입문서가 아니며, 삭제되어서도 안 된다. 신약의 그리스도는 구약의 그리스도이며, 이스라엘의 메시아이다(CD I/2, 488). "모세가 율법 책에 기록하였고 또 예언자들이 기록한 그분을 우리가 만났습니다"(요한 1:45). 예수 그리스도 안에 드러난 이스라엘의 하나님은 교회 및 회당과의 결정적인 관계를 형성한다(CD I/2, 489).

바르트의 이스라엘 신학은 예정론에서 전개된다. 여기서 그는 교회와 이스라엘을 고려하며, 구약과 신약의 통일성에 대한 해석학적인 성찰에 근거를 제시한다. 신약성서가 그리스도의 부활을 근거로 하여 말할 때, 구약은 예수 그리스도에 대한 예언자적인 선구자가 된다. 하나님의 계시의 증언으로서 성서는 인간적인 측면에서 이스라엘의 산물이다. 여기서 우리는 유대적 정신과 인간을 만나며, 교회의 설립은 진정한 이스라엘로 파악된다. 반유대주의나 자유주의가 볼 수 없었던 것은 유대인이 계시의 성서적 증언에 대한 자연적이고 직접적인 증거라는 사실이다. 성서는 유대인의 책이며, 유대인을 거절할 때 교회는 하나님을 거절하게 된다(CD I/2, 511).

『괴팅겐 교의학』에서도 바르트는 종교개혁자들의 성서영감론을 다루면서 하나님을 성서의 저자로 간주할 때, 성서가 "종이 교황"이 아니게 된다고 말한다(CD I/2, 525). 성서 안에는 "넘어섬"이 있는데, 그것은 계시이다. 하나님은 계시를 통해서만 알려진다. 계시는 하나님의 말씀으로서 성서 안에서 간접적으로 우리와 만난다. "주님께서 이렇게 말씀하셨다"는 형식에서 그 내용은 인간적이고 역사적인 기록으로 주어진다. 하나님의 말씀에 대한 인간 언어의 참여는 성서 원리의 근본에 속한다. 이러한 바르트적인 성서 원리는 17세기 개신교 정통주의가 주장하는 문자적 성서영감론을 비판한다. 성서 저자들이 하나님의 말씀인 성서를 하늘로부터 직접 받아 적었다면, 이것은 성서를 "종이 교황"으로 만들어버리게 되며, 이때 우리는 구두장수에게서 신발을 사듯이 성서로부터 신탁을 받아야 하게 된다(GD, 212, 217).

기계적인 성서영감론은 성령에 의한 성서영감론과 다르다. 개혁자들에게 문자적으로 영감을 받은 성서는 계시에 대한 증언을 의미했고, 이것은 하나님을 영화롭게 하며 하나님의 자유로운 은총을 가리킨다. 성령의 거룩한 내적 증거를 통해 종교개혁자들은 하나님의 말씀으로서의 성서에 대한 믿음을 확립했는데, 이 믿음은 성서 자체 안에 있는 성령의 살아 있는 증언과는 구분된다. 성서영감론은 인간의 언어로서 성서 단어들의 무오성을 의미하지 않는다(CD I/2, 521, 533).

『괴팅겐 교의학』에서 바르트는 성서란 하나님의 말씀의 두 번째 형식이며, 역사 안에서 인간을 향하여 행해지는 하나님의 의사소통이라고 말한다. 성서는 인간을 향한 하나님의 두 번째의 말 건넴이다(GD, 201). 성서는 하나님의 계시를 증언하며, 계시 자체는 아니다. 역사적인 타율과 상대성은 우리에게 절대적인 타율, 즉 하나님의 계시와 신비를 가리킨다. "성서의 최고의 증거는 항상 하나님이 인격 안에서 말씀하시는 것이다"(『기독교 강요』 I, 7.4). 성서의 배후에서, 위에서, 그리고 그 너머에서, 계시는 하나님의 말씀하는 행위(Deus dixit)이며 그 중심은 예수 그리스도이다(GD, 202).

바르트는 성서비평을 일차적으로 사도 바울에게서 찾는다. 바리새파 출신으로서 바울은 그리스도의 복음을 증언하기 위해 토라 비판을 감행하는 것이다. 물론 바울의 토라 비판은 그리스도의 계시의 빛 아래서 수행되며, 토라의 의미는 그리스도의 복음 안에서 성취되어 그 영적인 의미가 교회로 이어

제1부 | 하나님의 말씀에 대한 신학적 성찰

진다고 본다. 그러므로 성서는 축자영감적으로 이해되지 않는다. 죽이는 것은 문자이고 살리는 것은 영이기 때문이다. 성령의 내적 증거를 통해 성서는 오랜 역사적인 간격을 지니고 있는 성서의 개별 문서적인 의미를 스스로 해석하며, 말씀에 대한 주석을 통해 오늘 우리를 위한 계시의 의미를 끊임없이 새롭게 발견한다.

§5 ◆ 하나님의 말씀의 본성은 무엇인가?

삼중적인 형식과 일치에서 하나님의 말씀은 인간을 향한 하나님의 말씀 행위이다. 그러므로 말씀은 인간에 대한 하나님의 행동에서 발생하고 적용되며, 인간에게 영향을 미친다. 하나님의 말씀의 본성은 실존적 혹은 현상학적으로 파악될 수 없다. 여기서 바르트는 자신의 말씀의 신학의 역동성을 표현한다. 살아 계신 하나님은 계시 안에서 성서를 통해 말씀하시지만, 그러나 세계를 통해서도 말씀하신다. 그러므로 하나님의 말씀은 자체 상 다른 모든 발생과 구분되는 하나님만의 방식으로, 즉 하나님의 신비 안에서 일어난다. 하나님은 변증법적인 분이 아니라 자유로운 은총과 신비 가운데 우리에게 말씀으로 다가오신다. 계시의 숨어 계심과 드러냄은 변증법적 성격을 갖지만 변증법을 하나님의 존재에 적용해서는 안 된다. 또한 말씀이 행동이라는 측면에서 그것은 동시대성을 의미한다. "그때 거기서"(illic et tunc) 일어난 하나님의 사건은 성서의 내적인 역사 안에서, 즉 전체 본문들과의 연관성 안에서 살아 계신 하나님의 말씀과 계시를 증언한다. 또한 이러한 성서 안에서 즉 "그때 거기서" 일어난 하나님에 대한 증언은 "지금 여기서"(hic et nunc) 일어나고 이어진다.

1. 하나님의 말씀의 본성: 브루스 맥코맥 논쟁

하나님의 말씀의 본성에 대한 논의에서 바르트는 이전의 『그리스도교 교의학 개요』 §5.1에서 표명했던 입장을 수정한다. 그곳에서 바르트는 교회의 선포를 통해 삼중 형식의 하나님의 말씀 개념을 수립했다. 그와 함께 현상학적인 논의에서 실존주의적 방식으로 전환했는데, 이 입장에 대해서는 많은 비판이 쏟아졌었다. 현상학적이며 실존주의적인 방법이 하나님의 말씀론을 다루는데 적합한가, 아니면 실존주의적인 방식은 현상학적인 논의보다 더 특별한가? 물론 이것은 신학이라기보다는 철학적인 질문이다. 지그프리트(T. Siegfried)의 비판에 의하면 "바르트는 실존적인 토대 위에 자신의 교의학을 세우려고 했다"(CD I/1, 126). 그러나 바르트는 그런 비판적인 평가가 결코 자신의 의도에 적중하지 못했다고 말한다. §§5-7에서 바르트는 하나님의 말씀의 특성을 전개하는데, 다음의 세 가지가 이전의 잘못을 해명한다.

(a) 하나님의 말씀에 대한 보다 더 정확한 정의는 독자의 주목과는 별개로 취급되어야 한다. 그렇지 않을 경우 치명적인 결과와 오류를 낳을 수 있다.

(b) 이러한 결과를 바르트는 자신이 이전에 하나님의 말씀을 다루는 데서 고려하지 못했다고 인정한다.

(c) 설교자나 청중의 구체적인 상황에 대한 분석을 통해 하나님의 말씀을 추론하는 것은 (앞서 비판을 받은) 현상학이나 실존론적 철학처럼 잘못된 경향을 내포한다. 여기서 바르트는 우상에게 경의를 표했다고 스스로 자책한다.

고가르텐에 의하면 바르트의 신학에는 진정한 인간학이 없으며, 하나님을 인간에 반하여 말함으로써 하나님과 인간 사이의 상호연관성을 서술하지 못한다. 고가르텐은 성육신하신 그리스도를 통해 이 문제를 해결하려고 하지만, 바르트의 관점에서 본다면 고가르텐은 슐라이어마허나 포이어바흐의 비판을 넘어서지 못한다.

프리드리히 고가르텐(Friedrich Gogarten, 1887-1967)은 루터교 신학자로서 1920년대 바르트와 더불어 변증법적 신학운동에 가담했다. 그는 1933년에 히틀러를 지지하는 "독일 그리스도인들"을 옹호하는 글을 쓰고 그들에게 가담하면서, 바르트와 멀어졌다. 고가르텐은 빌헬름 슈타펠(Wilhelm Stapel)의 원리─하나님의 법은 독일 민족의 법이다─를 지지했고, 히틀러에게 협력한 "독일 그리스도인들" 그룹에 가입했다. 그러나 나치당에 가입하지는 않았다. 바르트는 1933년 10월 18일 "『중간시기』의 작별"이라는 글을 실었다. "나는 '독일 민족세계'에서 고가르텐이 슈타펠의 원리를 수용한 것을 읽었다.…나는 독일 그리스도교 안에서 신개신교주의의 마지막이자 가장 사악한 괴물을 보았다.…나는 하나님의 율법에 대한 슈타펠의 원리를 복음에 대한 명백한 배신으로 간주한다"(Busch, *Karl Barth*, 229-30).

(1) 바르트에 의하면 고가르텐이 말하는 "진정한 인간학"은 예수 그리스도의 계시 안에서 자신을 드러내신 하나님과 분리해서 생각할 수 없다. 인간학은 복음으로부터, 즉 신학 일반의 콘텍스트로부터 추론되어야 한다. 1927년 『그리스도교 교의학 개요』에서 바르트는 "교회의 인간학"이라는 제목 아래 설교자와 듣는 자의 자기이해를 분석했지만, 고가르텐은 그것을 수긍하지 않았다. 고가르텐은 바르트에게 신학의 학문적 성격의 문제에 관한 기본적인 탐구가 결여되어 있다고 지적했고, 이것을 신학과 철학의 관계 문제로 보았다. 신학과 철학의 관계를 해명하고 신학의 학문적 성격을 규정하는 것은 쉬운 과제가 아니다. 고가르텐은 이렇게 말한다. "[바르트는] 하나님을 이해하지 않고서는 인간을 이해할 수가 없다고 한다.…그러나 나는 더 이상 인간을 이해함이 없이 그러한 하나님을 이해하지 않는다."

바르트에 의하면 고가르텐이 말하는 "더 이상"은 하나님 이해에 앞선 인간의 우선권을 주장하고 있다. 이것은 또한 불트만이 말하는 인간의 "전이해"이기도 하다. 이러한 전이해로부터 하나님을 이해할 때 인간은 하나님과의 상호 연관성 안으로 들어가게 되는데, 이 점은 고가르텐의 입장과는 조화를 이루지 못한다. 왜냐하면 고가르텐에게 인간은 일차적으로 계시의 외부에 존재하고 있고, 그래서 하나님의 계시를 생각하지 않고서는 불가능하기 때문이다. 그러나 고가르텐이 말하는 하나님의 계시는 창조 그리고 인간에 대한 섭리와 관련되는 것이며, 예수 그리스도 안에 나타난 역사적 계시와는 무관하다. 예수 그리스도의 계시와 무관한 창조주 하나님과 피조물 인간에 관한 인간학적인 이해가 설정된다. 여기서 고가르텐의 복음은 그리스도의 계시와 달리 창조와 연관된다.

이런 경우에 우리는 이미 (창조 안에 존재하는) 첫 번째 인간에 대한 이해 없이는 그리스도의 계시 안에 나타난 하나님을 이해할 수 없게 된다. 인간을 창조의 계시로부터 분석하고, 그러한 인간 이해를 그리스도의 계시에 도입하는 것은 언제나 자연신학의 특성과 목적이었다. 고가르텐은 그의 인간학적인 프로그램에서 자연신학을 거절할 수 없었다. 자연신학은 로마 가톨릭 교의학에서 가능한 시도이다. 그러나 피조물 가운데 나타나는 신적인 흔적과 더 나아가 타락 이전의 상태에 있는 창조된 인간을 하나님의 계시로 파악하는 것은 죄로 인해 파괴된 현실을 고려하지 못한 것이다. 적어도 종교 개혁자들에게 이러한 타락과 죄의 문제는 복음 곧 특별계시를 통해서만 해결될 수 있다. 바르트는 하나님의 말씀을 계시, 성서, 선포로 이해한다. 그리고 이러한 말씀으로부터 벗어난 인간 이해나 하나님 이해를 수용하지 않는다. 인간은 하나님의 피조물로서 하나님의 말씀을 듣는다. 이것이 신학의 기본이다. 신학적 인간학은 인간으로부터 하나님에게로 향하는 것이 아니라, 하나님으로부터 인간에게로 향하는 데서 가능해질 수 있다. "인간으로부터"의 시도는 상실된 인간의 본래적 상태(*status integritatis*)로부터 시작하지만, 그것은 결국 현재의 타락의 상태(*status corruptionis*)로부터 시작하는 것이다. 인간으로부터 하나님을 생각하려는 시도는 인간학에서가 아니라 오로지 그리스도론에서만 가능하다.

바르트는 1927년의 『그리스도교 교의학 개요』가 잘못된 출발이었다고 인정하고 수정했다(CD III/4, xii). 안셀무스에 대한 집중적인 연구를 통해 바르트는 1932년 『교회교의학』을 새롭게 시작했다. 발타자르에 의하면 바르트의 고전적인 신앙의 유비는 『교회교의학』 I/1에서 발견된다. 발타자르는 바르트 신학의 결정적인 전환점을 보는데, 첫 번째는 자유주의 신학으로부터 변증법적 신학으로의 전환이며, 두 번째는 1931년의 안셀무스 연구를 통해 "변증법으로부터 유비로 전환"한 것이다. 『그리스도교 교의학 개요』는 『로마서 강해』 제2판에 비해 상당한 진보를 보이며, 이 개요는 바르트의 유비신학을 향한 점진적인 전환으로 파악된다. 그리고 『교회교의학』은 『그리스도교 교의학 개요』에서 나타나는 실존주의적이며 인간학적인 출발점을 넘어서서 순수하게 신학적인 하나님의 말씀론을 전개했다고 말해진다(McCormack, *Karl Barth's Critically Realistic Dialectical Theology*, 2-3).

(2) 그러나 맥코맥은 발타자르의 해석이 토랜스와 한스 프라이 같은 영미 계열의 신 정통주의에 영향을 미쳤다고 진단하고, 발타자르에게 거친 비판을 퍼부었다. 맥코맥은 자신의 스승인 에버하르트 윙엘의 입장을 인용한다. 윙엘은 바르트에게서 한 번의 전환만을 보는데, 그것은 제1차 세계대전을 통해 바르트가 자유주의 신학을 거부하게 된 시점을 가리킨다. 바르트 신학은 하나님의 말씀의 신학으로 제시될 수 있

제1부 | 하나님의 말씀에 대한 신학적 성찰

고, 이 표현은 변증법적 신학이라는 표현에 비해 더욱 적합하다. 윙엘은 『로마서 강해』 제2판의 서문에서 바르트가 언급하는 하나님의 실재 변증법(Realdialektik)에 주목한다. 이것은 하나님 자신의 내적인 변증법을 말하는데, 다시 말해 하나님의 존재 자체가 변증법적으로 파악된다. 맥코맥은 여기에 착안하여 바르트의 신학을 "비판적이고 실재적이며 변증법적인 신학"으로 재해석하고 수정한다. 왜냐하면 맥코맥은 『교회교의학』에서도 여전히 바르트의 계시는 비변증적이라기보다 변증법적으로 전개된다고 보기 때문이다(같은 곳, 7).

발타자르가 주장하는 "변증법에서 유비로의 전환"은 지지되기가 어렵다. 이미 자펜빌 시기에서 바르트의 유비론은 특히 『탐바하 강연』(1919)에서 변증법과 더불어 정치·사회적인 의미를 가지며, 안셀무스 연구에서 나타나는 바르트의 관심은 유비론보다는 신학의 합리적인 성격의 규명에 보다 더 많이 주어진다. 그리고 바르트는, 발타자르가 언급했던 것처럼 『그리스도교 교의학 개요』에서 실존주의적이며 인간학적인 기반을 극복하지 못했고, 잘못된 우상에게 경의를 표했다고 실수를 인정했다.

그러나 바르트의 이러한 자기수정에 대해 브루스 맥코맥은 매우 도전적인 질문을 던진다. 맥코맥에 의하면 바르트의 『그리스도교 교의학 개요』는 잘못된 출발로 볼 수 없다. 오히려 『교회교의학』과 연속적인 관계 안에 있다고 파악되어야 한다. 두 교의학을 구분하는 차이는 후자를 새로운 출발로 볼 만큼 충분히 크지 않다(같은 곳, 15). 이렇게 주장하는 이유는 바르트의 안셀무스 연구에서 나타나는 유비가 여전히 변증법적이기 때문이다. 맥코맥은 유비를 변증법으로 환원시킴으로써, 『로마서 강해』 제2판의 하나님의 실재 변증법(Realdialektik)을 근거로 삼아『교회교의학』에 나타나는 바르트의 계시 이해를 드러냄과 숨김의 변증법으로 파악한다. 맥코맥의 핵심 주장을 들어보자. "드러냄과 숨김의 실재 변증법(Realdialektik)이 바르트의 유비론을 이끌어가고 가능하게 한다"(같은 곳, 16). 이 진술에 따르면 바르트는『교회교의학』에서도 변증법적 신학자로 남는다.

바르트의 다양하고 복합적인 신학적 사고와 방법을 변증법으로 환원하는 맥코맥의 해석은 과연 옳은 것인가? 바르트에게 하나님의 말씀의 드러냄과 숨김은『로마서 강해』제2판이 말하는 하나님의 존재의 변증법(Realdialektik)이 아니라, 말씀의 신비의 차원에서 드러난다. 바르트에 의하면 하나님의 말씀은 형식적인 측면에서 볼 때 세속적인 차원에서 간접적으로 드러난다(말씀의 선포, 성서, 그리고 계시). 동시에 그 내용은 여전히 숨겨져 있다. 바르트에게서 하나님의 말씀은 하나이며, 은총, 심판, 계명, 명령 등으로 나타난다. 하나님 자신은 변증법적인 분이 아니다. 바르트는 1925년 괴팅겐 대학교 교수 시절에 에릭 페터슨과의 논쟁에서 이 사실을 이미 해명했다.

윙엘은 맥코맥과는 달리 바르트가 비변증적인 하나님의 말씀론을 발전시켰고,『로마서 강해』제2판의 단계에서 보여주었던 키에르케고르적이며 역설적인 변증법적 신학과는 작별했다고 말한다. 윙엘의 이런 판단은 적절해 보인다. 더욱이 바르트는 삼위일체론에서 하나님의 존재를 변증법적으로 다루지 않는다. 그러나 맥코맥은 윙엘의 그런 입장이 잘못된 판단이라고 비판한다(같은 곳, 370).

(3) 맥코맥의 주장과는 달리 바르트 자신은 신학, 성서 주석, 교의학, 그리고 설교를 실존주의 철학의 기반 위에 세우는 것을 거절한다.

바르트는 실존주의 철학이 신학 안으로 도입된 것에 대해 자신에게도 어느 정도 책임이 있다고 말한다. 바르트는 이미 『로마서 강해』 제2판과 그의 잘못된 출발인 『그리스도교 교의학 개요』에서 이런 사실을 감지할 수 있었다. 물론 바르트는 신학이 비판, 공격, 파괴적 논쟁, 비신화화에 관련될 때, 그와 대항하여 실존주의가 신학에서 유용한 도구가 될 수도 있다고 말한다. 더 나아가 바르트는 루터주의자들이 16세기 개신교 교리를 현대적으로 재건하려는 시도를 맹목적인 것으로 간주한다 (CD III/4, xii-xiii).

맥코맥이 자신의 비판적·실재적·변증법적 관점에서 다차원적인 측면을 가지고 있는 바르트의 말씀의 신학을 해석하기를 원한다면, 일차적으로 바르트가 왜 『그리스도교 교의학 개요』를 잘못된 출발로 언급하는지 분석해야 한다. 바르트 신학의 해석에서 중요한 것은 바르트가 어디까지 말하고 있는지를 따라잡고 그의 논지를 분석하며, 그의 신학의 체계 안에서 일관적이지 않거나 충분히 말해지지 않은 것을 비판적으로 주석하는 것이다. 바르트 신학이 잘못되었다고 미리 단정한 뒤 자신의 생각을 집어넣어 바르트를 교정하려는 것은 바르트 해석에 심각한 오류(eisegesis)를 낳을 수 있다. 바르트 자신은 이와 같이 저자의 의도를 무시하는 해석의 오류에 매우 비판적인 입장을 취하고 있었다.

『그리스도교 교의학 개요』와 『교회교의학』의 관계는 맥코맥이 추정하는 것처럼 『로마서 강해』 제1판 (1919)과 수정판인 『로마서 강해』 제2판(1922) 사이에 존재하는 연속적인 관계와 비슷한 것이 아니다. 바르트 자신은 『로마서 강해』 제1판을 오류나 잘못된 출발이라고 말한 적이 없다. 『로마서 강해』 제1판은 러시아 10월 혁명(1919), 스위스 대파업(1918), 그리고 사회운동의 소용돌이 속에서 무력해진 교회와 종교 사회주의 운동을 시대적 배경으로 한다. 이 시대에 바르트는 바울의 로마서를 통해 복음의 진리를 해명하려고 했다. 이에 비해 수정된 『로마서 강해』 제2판은 러시아 혁명 이후에 일어난 잘못된 정치적 독재와 폭력이 사회를 얼룩지게 만드는 상황을 바라본다. 이 상황에서 바르트는 1판에서 제기한 전적 타자로서의 하나님의 혁명을 보다 더 심화시키고 키에르케고르의 변증법을 수용한다. 바르트의 케에르케고르의 수용은 단순히 혁명을 비난하는 보수적인 입장이 아니라, 헤겔주의적으로 내재화된 마르크스-레닌주의에 대한 비판을 담고 있으며, 이 비판은 이후에 비판 이론가들 특히 키에르케고르를 수용했던 테오도르 아도르노의 마르크스 정통주의에 대한 비판에서 볼 수 있다.

그러나 『그리스도교 교의학 개요』에서 『교회교의학』으로 전환하는 과정에서 바르트는 자신의 이전의 변증법의 실존주의적-인간학적인 약점을 극복하기 위해, 안셀무스로부터 신학의 합리성 곧 합리적 신학의 성격을 배우고 『교회교의학』에서 그 입장을 이어간다. 이제 바르트에게 신학이란 하나님의 신비에 대한 합리적인 씨름이다.

바르트에 의하면 하나님과 그분의 말씀은 자연적 혹은 역사적 실재처럼 주어지지 않는다. 하나님은 우리에게 항상 새롭게 말씀하신다. 신앙 안에서 우리는 하나님이 누구신지를 말한다. 하나님의 유일한 말씀은 선포, 성서, 계시에서 드러난다. 신앙 안에서 하나님이 누구신지와 어떤 분이신지를 말하는 것처럼 또한 우리는 삼위일체론의 해명을 통해 하나님을 말한다. 삼위일체 하나님은 변증법의 하나님이 아니다. 바르트의 이러한 입장은 맥코맥의 비판적·실재적·변증법적 접근과는 거리가 매우 멀다.

2. 하나님의 말씀: "말씀-행위"(speech-act)

교회의 선포는 말하는 것이고 언어적 행위이다. 성서도, 나아가 계시 자체도 그렇다. 이 점에서 하나님의 말씀은 하나님이 말씀하시는 것을 의미한다(CD I/1, 132). 말한다는 것은 틸리히의 생각처럼 상징이 아니다. 하나님의 말씀에 대한 인간의 탐구는 주석으로 간주되며, 우리는 하나님이 말씀하시는 언어 행위를 하나님의 행동으로, 그리고 하나님의 행동을 하나님의 신비로 파악한다. 하나님의 행동과 신비는 언어(또는 말씀) 행위(speech) 개념을 넘어선다. 하나님의 말씀이 하나님의 말씀하시는 행위라면, 그것은 무엇을 의미하는가?

(1) "말씀-행위"는 하나님의 말씀의 영적 성격을 자연적·물리적 사건의 신체성과 구분한다. 물론 구체적인 사건이 없는 하나님의 말씀은 존재하지 않는다, 설교와 성만찬은 이러한 사실을 말한다. 성서의 문자들도 마찬가지다. 인간 예수의 신체성도 그렇다. 그렇다고 해서 하나님의 말씀의 영적인 성격이 자연적인 것과 동일시되지는 않는다. 하나님의 말씀이 자연적이며 구체적인 이유는, 그 말씀이 영적·자연적인 존재인 인간에게 전해지기 때문이다. 그래서 성만찬이 설교와 더불어 존재한다. 교회가 그리스도의 몸으로 불린다. 하나님의 말씀이 피조물의 영성 및 신체성과 관계되는 것은 하나님의 말씀의 형식 안에 상위와 하위의 측면이 있음을 의미한다.

신체성은 하나님의 모든 길의 목적이다(외팅거). 에리히 프리즈와라(Erich Pryzwara, 1889-1972)는 바르트가 말씀과 성령에 지나치게 집착한다고 비판한다. 프리즈와라는 탁월한 예수회 신학자요 철학자이며, 칼엔의 스승이기도 하다. 그는 존재의 유비(*analogia entis*)에 대한 형이상학적 원리를 대변한 신학자로도 유명하다. 존재의 유비는 가톨릭 신학 및 철학의 형식적 원리에 속한다. 프리즈와라는 히틀러의 국가사회주의에 저항했고 비밀경찰의 심한 감시망 속에 놓여 있었다. 철학적으로 프리즈와라는 에드문트 훗설의 현상학과 하이데거의 존재론을 연구했고, 에큐메니칼 관점에서 신앙의 유비와 존재의 유비에 대하여 칼 바르트와 오랜 논쟁을 벌였다. 한스 우어스 폰 발타자르는 프리즈와라의 제자이기도 하다.

그러나 바르트는 신약성서에서 그리스도의 부활과 그로부터 예견되는 인간의 몸의 부활에 주목하면서, 특히 동방 교회의 종말론적 구원 이해에 관심을 갖는다. 동방 교회는 보다 더 포괄적인 의미에서 우주와 피조물 전체의 구원을 말한다. 그럼에도 불구하고 성서는 자연적 존재로서의 인간에게 관심을 갖는다. 영의 특징을 갖는 자연적인 인간 존재에게 하나님의 말씀이 전해진다. 이것은 성서의 사실주의적 관심이기도 하다. 하나님의 말씀은 일차적으로 영적이지만, 그러한 영적 형식 안에서 그것은 또한 육체적이고 자연적인 사건이다. 언어 행위를 통해−하나님의 "말씀-행위"를 포함하여−이성이 이성과 소통하며 인격과 인격이 서로 소통한다. 물론 인간의 이성과 하나님의 이성이 소통하며, 인간의 인격에 대한 하나님의 인격의 소통이 이루어진다. 하나님의 말씀은 이성적이거나 비합리적인 사건이 아니다. 하나님과 인간의 만남은 일차적으로 그리고 특징적으로 이성의 영역에서 일어난다. 하나님이 말씀하시는 것은 들음, 이해, 순종과의 상관관계 안에 있다. 하나님의 말씀을 듣고 이해하고 순종하는 것이 신앙이다.

루돌프 오토의 "거룩"은 하나님의 말씀으로 이해될 수 없다. 그것은 누미노제이고 비합리적이다. 비합리적인 것은 절대화된 자연적인 힘과 구별되지 않

제1부 | 하나님의 말씀에 대한 신학적 성찰

는다. 하나님의 말씀 또한 자연적인 힘을 가지고 있다. 하지만 일차적으로 그 말씀은 진리의 영적인 힘을 갖는다. 모든 다른 말은 때로는 관념론, 때로는 사실주의 사이를 불확실하게 오고간다. 오로지 하나님의 말씀 안에서 우리는 자연적인 것과 영적인 것 사이의 정상적인 질서를 발견한다"(CD I/1, 136). 우리는 자연으로부터 탈선하는 인간의 어떤 영성을 허락해서는 안 된다. 성서의 언어를 볼 때, 생명, 빛, 불, 근거, 강, 또는 폭풍과 같은 언어는 일정한 질서 안에서 나타나며, 이러한 자연주의적인 언어에서 하나님의 말씀이 일차적으로 의도되지는 않는다. 자연주의가 신학의 진술에서 추방되지는 않지만, 그러나 그것은 하나님의 말씀의 첫 번째 고유한 관심은 아니다.

(2) 하나님의 말씀은 "하나님이 말씀하시는 것"을 의미한다. 하나님의 말씀은 진리이며, "하나님은 말씀하시는 인격이시다"(*Dei loquentis persona*). 하나님의 말씀은 말씀하시는 하나님이다. 하나님은 항상 구체적으로 말씀하신다. 하나님의 말씀을 선포와 성서로서가 아니라 선포와 성서 안에서 그분의 계시로 이해함으로써, 우리는 하나님의 말씀을 하나님 자신과 일치된 것으로 이해한다. 하나님의 계시는 예수 그리스도 즉 하나님의 말씀이다. 하나님의 아들은 삼위일체론적인 측면에서 하나님의 말씀과 구별될 수가 없다. "태초에 '말씀'이 계셨다. 그 '말씀'은 하나님과 함께 계셨다. 그 '말씀'은 하나님이셨다"(요 1:1). "일찍이 하나님을 본 사람은 아무도 없다. 아버지의 품속에 계신 외아들 하나님께서 하나님을 알려주셨다"(요 1:18). "그는 피로 물든 옷을 입으셨고, 그의 이름은 '하나님의 말씀'이라고 하였습니다(계 19:13). 우리가 하나님을 인격으로 보는 것은 그분의 말씀 안에서다. 하나님은 그분의 말씀 안에서 우리에게 온다. 하나님은 성서의 말들과 표현들에 구속되시는 것이 아니라, 성서의 표현 방식들을 자유롭게 지배하고 사용하신다.

(3) "하나님의 말씀은 하나님이 말씀하시는 것이다." 내재적 삼위일체의 삶 안에서 아들의 영원한 출생은 하나님의 자유로운 사랑의 표현이다. 그분의 사랑은 자신 안에 대상을 갖는다. 하나님은 자신에 대해 사랑의 대상을 갖는다. 듣는 사람은 말씀하시는 하나님의 목적이고 대상이지만, 그가 하나님께 대해 본질적인 것은 아니다. 인간은 슐라이어마허의 하나님 개념처럼 절대 의존의 감정을 근거로 하나님과 같은 자리에 설 수 없다. 인간이 실제적인 필요성으로 인해 하나님과 같은 자리에 놓인다면, 그것은 절대 의존의 감정 때문이 아니라 하나님의 자유로운 은혜 때문이다.

여기서 바르트는 이전의 『그리스도교 교의학 개요』의 입장을 수정한다(CD I/1, 140). 하나님이 인간에게 말씀하실 때, 그리고 말씀하시는 곳에서, 그 말씀의 내용은 각자의 인간에게 구체적이다. 하나님의 말씀의 실제적인 내용은 일반 진리로 구성되거나 반복될 수가 없다. (a) 하나님의 말씀이 우리에게로 향할 때, 그것은 우리가 우리 자신에 대해 할 수 있는 그런 말이 아니다. 하나님의 말씀과의 만남은 진정한 만남이며, 하나님과의 합일로 해소되는 만남도 아니다. 하나님의 말씀은 항상 새롭고 신선하게 우리에게 들려지며, 이전에 우리가 전혀 들어보지 못한 말씀들이다. (b) 하나님의 말씀이 우리에게 주님의 말씀으로 들려질 때, 그것은 우리를 목표로 하며 우리의 존재를 찌르고 들어온다. 이것은 마치 죽음이 우리 존재의 마지막 순간에 우리와 직면하는 것과 같다. 그러나 하나님의 말씀은 주님의 말씀으로서 심지어 죽음의 지배를 넘어 우리에게로 온다. (c) 하나님의 말씀이 창조주의 말씀으로서 우리에게 올 때, 그것은 하나님과 인간의 본래적인 관계의 갱신을 위해 필요하다. 하나님이 말씀하시고 계시하시고 전혀 새로운 방식으로 우리에게 향하실 때, 하나님은 우리에게 알려진다. 하나님의 말씀은 새 창조를 일으키는 화해의 말씀이다. (d)

화해의 말씀으로서 하나님의 말씀이 우리에게 올 때, 하나님은 자신을 인간의 미래의 내용으로 약속하신다. 말씀으로서의 그분의 임재는 오시는 분으로서의 임재인데, 창조와 화해를 통해 이루어진 하나님과 인간의 관계를 성취하고 완성하기 위해 오신다.

3. "말씀-행위": 말씀의 동시성

하나님의 말씀은 행동 그 자체이다. "한 마디 주님의 말씀으로 모든 것이 생기고, 주님의 명령 한 마디로 모든 것이 견고하게 제자리를 잡았다"(시 33:9). 하나님의 말씀이 구약의 예언자들에게 올 때, 그것은 "일어난다"는 동사(*hayah*)로 표현된다(렘 1:2). 성서에서 우리는 말씀과 창조, 말씀과 부르심, 말씀과 죄의 용서, 말씀과 기적, 말씀과 복, 말씀과 심판 등의 직접적인 관계를 본다. 단순한 말은 수동적이지만, 행동은 역사 안에서 활동적인 참여를 뜻한다. 그러나 이러한 구분은 하나님의 말씀에는 적용되지 않는다. 하나님이 말씀하실 때, 하나님은 무엇인가를 행하신다. "하나님께서는 성령을 통하여 이러한 일들을 우리에게 계시해 주셨습니다"(고전 2:10).

(1) 하나님의 말씀이 하나님의 행동이라는 것은 일차적으로 동시대성을 의미한다. 예수 그리스도의 시간(요 8:56) 곧 "너희의 조상 아브라함은 나의 날을 보리라고 기대하며 즐거워하였고, 마침내 보고 기뻐하였다"), 예언자들과 사도들의 증언의 시간, 그리고 교회의 시간은 각각 다르다. 이러한 다름은 인간에 대한 하나님의 서로 다른 태도에 의해 구별된다. 여기서 하나님의 시간(성서)은 그리스도 및 성도들과의 연속성으로, 즉 동시대성으로 이어진다.

레싱(Gotthold Ephraim Lessing, 1729-1781)은 성서와 우리 사이에 놓인 "추하고 넓은 도랑"을 말한다. 레싱은 독일의 드라마 작가이자 철학자이며 비평가였다. 그는 당대 계몽주의를 대변한 탁월한 사상가이기도 했다. 그는 사상의 자유를 옹호하고, 계시 신앙과 문자주의적 성서 해석을 비판했다. 기적은 과학적으로 입증될 수도 없는데, 왜 그리스도교의 근거로 사용되는가? 18세기에 사는 레싱에게 성서의 역사들은 더 이상 일어나지 않는 것이었다. 기적에 관한 보도들은 기적이 아니다. 역사적인 진리는 우발적인 것이며, 형이상학적 진리(예를 들어 하나님의 존재)를 입증하기 위해 존재하지 않는다. 역사와 영원한 진리 사이에는 넘어설 수 없는 넓은 심연의 도랑이 있다. 우리가 넘어갈 수 없는 "추하고 넓은 도랑"으로 인해 역사 속의 계시는 불가능하다. 레싱에게 합리주의는 세계를 이해하는 보편적으로 수용될 수 있는 원리다. 성서는─심지어 하나님의 진리도─어떤 진리를 진술할 수 있는 근거가 되지 못한다. 키에르케고르에 의하면, 레싱의 문제는 실존적인 하나님과의 만남을 통해 극복되는데, 이때 모든 세대는 하나님을 만난 첫 번째 세대와 동시대적으로 된다.

레싱에 의하면 "역사의 우연한 진리들은 결코 이성에 필요한 진리들의 증거가 될 수가 없다." 비록 역사의 진리가 역사적 사실에 대한 구체적인 경험의 진리라고 해도 그렇다. 이성의 진리가 수학과 철학적 공리의 무시간적인 진리라고 해도 마찬가지다. 레싱은 역사를 통한 그리스도교의 증거에 익숙하다. 그러나 "그것은 영과 능력의 증거다." "종교는 복음 전파자들과 사도들이 가르쳤다고 해서 진리가 아니다. 그것이 진리이기 때문에 그들이 가르친 것이다." 성서적 전통은 내적인 진리에 의해 설명되어야 한다. 레싱은 이러한 내적 진리를 우리에게 접근될 수 있고 파악될 수 있는 것으로 간주했다. 우리는 이러한 내적 진리의 임재를 우리 자신의 감정과 경험을 통해 판단할 수 있다. 그때 우리는 성서의 문자가 아니라 성서의 정신에 호소하게 된다. 레싱의 문제는 그리스도와 사도들과 우리 사이에 동시대성이 결여된 것으로 보았다는 데 있다. 레싱은 이 결여가 극복될 수가 없다고 보았다. 그러나 동시대성의 결여는 내재성으로 극복될 수 있다. 레싱 이후에 많은 사상가들은 계몽주의 및 칸트와 대립하여 계시를 역사로, 그리고 역사를 계시로 해석하는 데 더 이상 큰 어려움을 겪지 않았다.

그러나 바르트가 동시대성에 접근하는 방식은 레싱과는 달리 하나님의 말씀의 개념을 근거로 해서 삼중적으로 전개된다. 우리가 그리스도와의 동시대적인 관계, 그리고 사도들과의 동일한 기반 및 예언자적인 정신을 나누고 우리 자신의 감정 속에서 내적 진리를 가지려면, 이들의 말씀의 가치에 관하여 토론해야 한다. 근대적인 의미에서 동시대성은 성서와 계시를 교회 및 인간의 삶과 통합시키면서 발전되어야 한다. 하나님의 말씀은 "하나님이 말씀하시는" 행동을 의미하기 때문이다. 이것은 역사적 이해의 문제와는 직접적인 관계가 없다. 물론 하나님의 말씀이 "지금 여기서"(hic et nunc) 우리의 동시대성으로 드러날 때, 역사적인 이해는 문제가 된다. 하나님의 말씀이 들려지고 선포될 때 어떤 중요한 일이 발생하는데, 이 점에서 모든 본문이 오로지 해석학적인 기술을 통해서만 해명되는 것은 아니다.

해석학적인 기술은 일차적으로 본문 전체와 부분 사이의 연관성을 파악하는 언어적인 측면을 갖는다. 인간은 언어를 통해 본문을 이해하기 때문이다. 전체와 부분의 연관성에 대한 언어적인 접근은 독자의 감정, 경험, 판단, 혹은 전이해를 본문의 이해로 안내한다. 이것은 해석학적인 순환이 된다. 또한 역사가 언어를 통해 매개되어 독자에게 영향을 주기 때문에, 그 접근은 역사적이면서 또한 동시대적일 수 있다. 그러나 바르트는 이러한 해석학적인 기술에 한

가지 중요한 내용을 보충한다. 그것은 살아 계신 하나님의 말씀이고, 성서 본문을 통해 스스로 말씀하시는 하나님 자신이다. 살아 계신 하나님이 성서의 역사에서 그리고 오늘 우리의 역사에서 그분 자신의 자유로운 은혜와 주권으로서 활동하신다. 해석학적인 기술에 앞서 하나님의 우위성이 전제되어야 한다.

성서의 증언은 예수 그리스도에 대한 특수한 역사적인 이해를 가지고 있다. 그러나 "이제부터 우리는 아무도 육신의 잣대로 알려고 하지 않습니다"(고후 5:16). 사도들은 예수 그리스도 안에서 하나님의 아들을 보았으며, 이것은 레싱이 말하는 감정과 경험의 능력을 통한 것이 아니었다. "시몬 바요나야, 너는 복이 있다. 너에게 이것을 알려주신 분은 사람이 아니라 하늘에 계신 나의 아버지시다"(마 16:17).

내적 진리, 예를 들어 예정, 계시, 부르심, 중생 등은 하나님의 자유로운 은혜의 행동 안에서 창조되고 실행된다. 성서 저자들은 이러한 사실을 말하며, 성서와 우리 사이의 역사적인 시간 간격을 제거하지 않은 채 하나님의 자유로운 은총의 시간을 통해 그리스도의 시간이 예언자들 및 사도들과 동시대적으로 있음을 말한다. 바울은 이 사실을 다음과 같이 말한다. "그러나 나를 모태로부터 따로 세우시고 은혜로 불러주신 하나님께서"(갈 1:15) 그 자신의 사도로서의 삶을 가능하게 했다. 그리고 교회의 선포에서 하나님은 성서의 말씀을 통해 지금 여기서 우리와 동시대적으로 활동하신다. 바울은 그리스도의 사도로서 하나님의 말씀을 말하고, 그리스도는 바울에게 임재하신다. 계시, 성서, 교회의 선포라는 질서를 통해 각각의 시간적인 차이에도 불구하고, 그것들은 하나가 되며 동시대적으로 된다. "예수 그리스도는 어제나 오늘이나 영원히 한결 같은 분이십니다"(히 13:8).

바르트는 동시대성을 우연적인 것 또는 우발적인 것(Kontingenz)

이라고 특징짓는다. 왜냐하면 그것은 발생하는 사건의 성격을 갖기 때문이다. 계시와 성서 사이에, 성서와 선포 사이에는 말씀하시는 하나님의 관점에서 항상 우발적인 "그때 거기서"가 있으며, 또한 듣는 사람의 관점에서 우발적인 "지금 여기서"가 있다. 하나님의 특별계시는 성서와 선포를 통해 오늘의 특별한 사람에게 주어진다. 특별한 "그때 거기서"(illic et tunc)는 특별한 "지금 여기"(hic et nunc)가 된다.

『괴팅겐 교의학』에서 바르트는 "레싱의 추한 도랑"을 하나님의 말씀의 숨겨져 있음과 관련시켰다. 설교는 인간의 언어로 행해지는 하나님의 말씀이지만, 설교가 자신의 대상인 하나님께 완전하게 도달하는 것은 불가능하다. 성서 안에 있는 하나님의 말씀은 "레싱의 추한 도랑"처럼 우리와 분리되어 있다. 하나님의 신비와 이해될 수 없음에도 불구하고 하나님은 자신의 계시 안에서 인간을 만나신다. 설교에서 하나님의 말씀은 우리에게 성서와 계시를 연구할 것을 요구한다. 말씀과 성령에 순종하면서 우리는 "레싱의 추한 도랑"을 하나님의 말씀에 대한 경험과 믿음을 통해 극복한다(GD, 37).

(2) 하나님의 말씀이 행동이라는 것은 말씀의 지배 능력을 말한다. 하나님의 말씀은 주님의 행동이다. 예수 그리스도가 성서와 선포를 통해 우리에게 동시대적으로 될 때, 우리와 함께 하시는 임마누엘의 하나님이 선포될 때, 우리는 그분의 주권 아래 있게 된다. 하나님의 말씀의 구체적인 내용으로서의 복음과 율법은 항상 인간을 사로잡는다. 바르트는 하나님의 예정을 복음의 총괄로 해석하기에, 루터주의의 해석학적인 원리인 "율법과 복음"을 뒤집어 "복음과 율법"으로 발전시킨다. 태초에 율법이 아니라 복음이 있었다. 예수 그리스도 안에서 우리는 하나님의 말씀을 은혜의 요약으로 이해하며, 은혜는 인간이 항상 하나님

의 손 안에 있는 것이지 인간 자신의 능력에 달려 있는 것이 아님을 말한다.

복음 즉 십자가의 말씀은 믿는 자들에게 하나님의 능력이며, 그들에게 구원이 된다. 복음은 "모든 믿는 사람을 구원하는 하나님의 능력"이다(롬 1: 16). "그것은 그리스도의 십자가가 헛되이 되지 않게 하시려는 것입니다"(고전 1:17). "여러분은 다시 태어났습니다. 그것은 썩을 씨로 된 것이 아니라, 썩지 않을 씨, 곧 살아 계시고 영원하신 하나님의 말씀으로 그렇게 되었습니다"(벧전 1:23). "사람이 빵으로만 살 것이 아니라, 하나님의 입에서 나오는 모든 말씀으로 살 것이다"(마태 4:4). 우리가 하나님의 능력을 회상하고 기대할 때, 우리는 하나님의 말씀을 말한다. 성령은 말씀과 떨어지지 않으며, 그분의 능력은 말씀의 능력과 다른 것이 아니다. 말씀의 삼중 형식(계시, 성서, 선포)을 도외시하면, 우리는 창조와 섭리에서 드러나는 하나님의 능력을 알 수가 없다.

"나는 하늘과 땅의 모든 권세를 받았다"(마 28:18). "그분은 만물보다 먼저 계시고 만물은 그분 안에서 존속합니다"(골 1:17). "그분은 교회라는 몸의 머리이십니다. 그는 근원이시며, 죽은 사람들 가운데서 제일 먼저 살아나신 분이십니다. 이는 그분이 만물 가운데서 으뜸이 되시기 위함입니다"(골 1:18). 그리스도는 하나님의 말씀이며, 예언과 사도들의 가르침을 통해 동시대적이시며, 또한 교회의 선포에서도 동시대적이시다. 교회에서 하나님의 말씀의 주권성은 하나님과 교회에 대한 종교개혁적인 견해를 특징짓는다. "거룩한 그리스도교 교회의 유일하신 머리는 그리스도이며, 그분은 하나님의 말씀으로 나신 분이다"(츠빙글리). "우리 모두는 하나님의 말씀을 통해서만 구원을 얻는다.…" "하나님은 당신의 마음에 말씀 없이는 스스로를 계시하지 않으신다"(루터). "하나님의 말씀만이 우리의 신앙에 충분해야 한다. 우리의 신앙이 어디에 근거되고 완성되는지를 묻는다면, 그것은 하나님의 말씀을 통해서다"(칼뱅). 우리가 하나님의 말씀을 말할 때, 우리는 그분의 능력과 효율성과 권능을 말한다. 말씀은 변화를 불러일으킨다. 말씀이 행동인 것처럼 그것은 역사를 만든다. "내 말은 맹렬하게 타는 불이다. 바위를 부수는 망치다. 나 주의 말이다"(렘 23:29). "나의 입에서 나가는 말도 내가 뜻하는 바를 이루고 나서야, 내가 하라고 보낸 일을 성취하고 나서야 나에게로 돌아올 것이다"(사 55:11). 하나님의 말씀의 약속은 공허한 것이 아니라 사람들에게 도전하고 명령한다. 하나님의 심판 자체는 새로운 빛과 상황을 만들 뿐만 아니라 그 상황과 더불어 새로운 인간을 창조한다. "그는 뜻을 정하셔서 진리의 말씀으로 우리를 낳아주셨습니다"(약 1:18). "여러분은…썩지 않을 씨 곧 살아 계시고 영원하신 하나님의 말씀으로 그렇게 되었습니다"(벧전 1:23).

말씀의 효율성은 예수 그리스도의 주권성과 구분되지 않는다. 하나님의 말씀이 행하시는 것은 약속, 요구, 심판, 그리고 복이다. 하나님의 말씀은 우리가 믿기 전에 이미 효력을 발생시킨다. 신앙은 신앙 이전에, 그리고 신앙 없이도 존재하는 하나님의 능력에 의해 살아간다 (*efficacia verbi extra usum*). 세례는 이러한 하나님의 말씀의 능력에 대한 진정한 표징(sign)이다. 인간은 모든 경험과 결단 이전에 그리스도의 주권적 영역에 속한다. 인간의 믿음 이전에 하나님이 먼저 우리를 사랑하시고 은혜를 베푸신다. 이러한 자유로운 은혜의 영역 안에 신앙과 불신앙, 의로움과 죄가 존재한다. 그리스도는 세계, 역사, 사회 안으로 오셨고, 십자가에서 죽으시고 부활하셨다. 은총의 빛 아래서 자기 폐쇄적으로 머물 수 있는 세속의 영역은 없다. "세상 나라는 우리의 주님의 것이 되고 그리스도의 것이 되었다. 주님께서 영원히 다스릴 것이다"(계 11:15). 세계는 계시, 성서, 선포에 대해 고립되거나 중립적으로 존재할 수 없다.

(3) 하나님의 말씀이 행동이라는 것은 결정을 의미한다. 이 사실이 하나님의 말씀 사건을 단순한 사건들로부터 구분한다. 하나님의 말씀은 역사적이며 현재적인 사건이다. 하나님의 말씀은 일차적으로 결정이며, 그에 따라 역사로 이해된다. 하나님의 행동으로서의 말씀은 결정이다. 하나님 자신이 이러한 행동과 결정 가운데 계신다. 주님이신 하나님은 자기 자신 안에 존재한다.

하나님의 자존성(God is *a se*)은 공허하고 추상적인 자유가 아니다. 결정은 선택이며 역사적으로 실행에 옮겨진 자유를 말한다. 하나님의 말씀은 행사된 자유이며 행해진 결정이고 발생한 선택이다. 그리스도의 인간성 안에서, 성서와 선포 안에서 하나님의 말씀은 또한 인간의 행동이 되지만, 그것은 일시적인 사건이 된다. 선택을 통해 하나님의 말씀은 그리스도의 인간성, 성서, 교회의 선포와 동일시된다. 선택과 사건은 하나님의 말씀을 다른 행동들과 구분되는 하나님의 행동으로 만든다. 하나님의 행동으로서의 말씀은 선택이며 결정이며 행사된 자유를 뜻하는데 (a) 하나님의 말씀은 피조되지 않은 실재이며 하나님과 동일시된다. 인간의 현실성 안에서 하나님의 말씀은 보편적으로 임재하거나 확실히 확인될 수 있거나 혹은 잠정적으로 알 수 있는 것이 아니다. 그것은 오직 우발적으로 임재하며 확실시 될 수 있다. 왜냐하면 그것은 하나님의 방식, 자유, 그리고 자비의 은총이기 때문이다.

"주의 말씀을 듣지 못하여 사람들이 굶주리고 목말라할 것이다"(암 8:11).

"내 백성을 곁길로 이끌었으니 너희가 다시는 환상을 못 볼 것이고 다시는 예언하지 못할 것이다"(미 3:6).

사건으로서의 하나님의 말씀은 야웨로부터 기대되고 찾아지며 야웨에 의해 계시되는 것이지, 내재적인 필요성에 의해 일어나는 것이 아니다. 세계 안에 있는 진정한 빛의 존재는 요한복음에서 다음과 같이 증언된다.

"참 빛이 있었다. 그 빛이 세상에 와서 모든 사람을 비추고 있다."(요 1:9)

하나님의 말씀과 성령은 자유로운 결정이다.

"바람은 불고 싶은 대로 분다. 너는 그 소리는 듣지만 어디에서 와서 어디로 가는지 모른다"(요 3:8).

하나님의 말씀이 결정이라는 것은 하나님의 이름 없이는 존재하지 않는다. 우리는 하나님의 이름을 사랑하고 경외하며 예배한다. 왜냐하면 이름은 이름을 담지하는 자와 동일하기 때문이다.

(b) 하나님의 말씀은 보편적이 아니라 특정한 개인에게 일어나며, 항상 인간에 대한 선택으로 남는다. 그래서 그것은 하나님의 자유로운 은혜의 결정이다. "내가 너를 모태에서 짓기도 전에 너를 거룩하게 구별해서 뭇 민족에게 보낼 예언자로 세웠다"(렘 1:5). 이것은 예언자의 선택에 관한 개념이다. 신약성서에서 선택과 예정은 개별 성도들에게도 적용되고 사용된다. "그리하여 하나님께서는 이미 정하신 사람들을 부르시고, 또한 부르신 사람들을 의롭게 하시고, 의롭게 하신 사람들을 또한 영화롭게 하셨습니다"(롬 8:30). 부르심은 효율적으로 발생하며, 예정에는 거절 내지 유기가 포함된다. "부름 받은 사람은 많으나 뽑힌 사람은 적다"(마 22:14).

개혁파 신학에서 이러한 부르심은 개인의 소명으로 파악된다. 소명은 오로지 선택된 사람에게만 말씀을 통하여 주어진다(외적 소명, *vocatio externa*). 또한 성령을 통하여 이들의 마음 가운데 말씀을 심어주시고 그리스도와 생명의 교제를 나누게 하신다(내적 소명, *vocatio interna*). 이러한 하나님의 부르심을 통하여 이들은 이끌리고 새롭게 창조되며 다시 태어난다. 이와 같이 소명을 통하여 신앙의 사건이 하나님의 선물로서 시작되고 또한 사랑(*caritas*)과 연결된다. 그러나 개혁파 신학은 이러한 소명을 신뢰(*fiducia*)에 국한시키고 사랑과 더불어 사회를 향한 신앙의 책임성을 강조하는 그리스도인의 소명으로 발전시키지 못한다(헤페, 『개혁파 정통 교의학』, 728. 761).

(c) "우리와 함께하시는 하나님"은 일반적으로 하나님의 말씀의 내용에 관한 것이다. 이 사실은 신학적 인간학과 관련된다. 이것은 일반적인 인간학으로 하나님의 말씀을 해결할 수가 없음을 뜻한다. 일반 인간학에서는 인간이 스스로 결정한다. 그러나 신학적 인간학에서는 하나님의 결정이 인간에게로 온다. 마르틴 하이데거의 존재론을 신학적 인간학의 영역에 적용하는 사람들은 신앙과 불신앙, 순종과 불순종, 그리고 이 둘 사이에 대한 결단을 충분히 다루지 못한다. 하나님의 말씀 앞에 설 때 이 문제는 오로지 신학적 인간학의 틀 안에서만 다루어질 수 있다. 신앙과 순종 가운데 내려지는 나의 결의와 선택은 하나님 앞에서 선하다. 나는 하나님의 말씀에 상응하여 존재한다. 나는 그분의 은총을 받아들인다. 불신앙과 불순종 가운데 내려지는 나의 결의와 선택은 하나님 앞에서 악하며, 그때 나는 하나님의 말씀과 대립하여 존재한다. 나는 그분의 은총을 거절한다. 하나님만이 나를 판단하실 수 있다. 하나님의 결정에 따라 나는 나의 결정을 근거로 해서 믿는 자 혹은 믿지 않는 자가 될 수 있다. 하나님의 말씀은 행동으로 완성되며, 그

것은 항상 하나님의 심판으로 드러난다. "빛이 폭로하면 모든 것이 밝게 드러나게 됩니다"(엡 6:13).

4. "말씀-행위": 하나님의 신비

말씀-행위(speech-act)의 관점에서 하나님의 말씀은 정반합이라는 변증법적 논리에 구속되지 않는다. 하나님만이 말씀 안에서 "원형적 신학"의 의미로 자신을 생각하실 수 있다. 이러한 개념은 인간적 인식의 제한성을 가리킨다. 하나님만이 하나님 자신에 대한 개념을 가지실 수 있다. 이 점에서 바르트는 하나님의 말씀이 하나님의 신비라고 말한다. 말씀은 신학을 궁극적으로 확실하게 하는 보증이라기보다는 신학에 대해 항상 궁극 이전의 불확실성을 부여한다. 신비는 단순히 하나님의 숨어 계심을 말하는 것이 아니다. 오히려 신비는 그분의 계시가 직접적이라기보다는 인간에게 간접적이며, 숨겨져 있고 투명하지 않음을 말한다. 신비는 하나님이 그분의 말씀을 주시는 것인데, 인간의 제한성을 고치며, 또한 다른 모든 것으로부터 스스로를 구별한다.

(1) 하나님의 말씀은 비종교적 즉 세속적 차원에서 하나님의 신비로 남는다. 교회는 사회학적인 실재이고, 역사적이며 구조적인 특징을 갖는다. 설교는 회중들에게 말을 건네는 것이고 성만찬은 상징이며, 성서는 근동의 종교와 헬레니즘적·종교적 유산에 대한 역사적인 기록이며, 예수 그리스도는 우리가 역사적으로 거의 알 수 없는 나사렛의 랍비이다. 심지어 성서의 기적도 이러한 세속성의 벽을 뚫고 나가지 않는다. 우리는 하나님의 말씀을 이러한 세속성의 신비와 다른 어떤 방식으로 갖고 있지 않다.

바울은 고린도전서 13:12에서 말한다. "지금은 우리가 거울로 영상을 보듯이 희미하게 보지만, 그때는 얼굴과 얼굴을 마주하여 볼 것입니다. 지금은 내가 부분밖에 알지 못하지만, 그때는 하나님이 나를 아신 것 같이 내가 온전히 알게 될 것입니다." 우리는 이중적인 의미에서 하나님의 비전에 대해 간접적인 관계를 갖는다. 첫째, 하나님의 말씀은 내용과 구분되는 형식을 통해 우리와 만난다. 둘째, 말씀의 형식은 수수께끼이며 하나님의 말씀을 숨긴다. 여기서 하나님의 말씀의 역설이 드러나며, 말씀만이 이러한 역설을 엄격한 의미에서 성취한다. 개혁파 신학자들에게 하나님의 본질은 원형의 신학에 속하고 인간에게는 오로지 모사로서만 온다. 그 본질은 이차적으로, 간접적으로, 그리고 유비에 근거하여 표현된다(헤페, 『개혁파 정통 교의학』, 104).

하나님의 말씀의 세속성은 피조적 현실성의 옷을 입고 우리와 만나지만, 이러한 피조 현실은 타락한 인간의 현실이다. 죄의 현실 안에서 하나님 인식은 하나님의 신비를 꿰뚫어가는 순수한 인간의 이성이 아니라, 타락한 인간의 이성을 통과해서 온다. 하나님의 말씀이 우주론적인 또는 세속적인 형식을 통해서 올 때, 그것은 "그럼에도 불구하고" 오는 것이다. 이 점에서 말씀에 대한 인간의 해석이나 주석은 항상 새로운 해석과 주석으로 머문다. 그것은 하나님의 말씀에 대한 보충이나 해결이 되는 것이 아니라 부분적인 인식에 그치고, 단순한 성찰, 때로는 대립적인 것으로 머문다.

"십자가의 말씀이 멸망하는 자들에게는 어리석은 것이지만, 구원을 받는 우리에게는 하나님의 능력입니다.…하나님께서는 어리석게 들리는 설교를 통하여 믿는 사람들을 구원하기를 기뻐하십니다.…하나님께서는 성령을 통하여 이런 일들을 우리에게 계시해 주셨습니다. 성령은 모든 것을 살피시니 곧 하나님의 깊은 경륜까지도 살피십니다"(고전 1:18; 2:10). 루터는 1518년 "하이델베르크 논쟁"에서 십자가 신학을 영광의 신학과 대립시켰다. 뢰베니히(W. von Loewenich)는 적절하게도 십자가 신학을 청년 루터의 원리가 아니라 특별한 신학적 형식이며, 그의 신학 전체의 원리라고 말했다. 창조에 대한 루터의 주요 개념인 하나님의 마스크(*larva Dei*)는 하나님의 자기소통의 간접성에서 이중적인 의미를 말한다. 하나는 피조성이며, 다른 하나는 피조물의 죄성이다.

하나님의 말씀을 선포하고 수용할 때, 이것은 하나님의 일반적인 행동이 아니라 그분의 신비를 드러나는 기적의 행동을 가리킨다. 하나님의 말씀의 세속성, 즉 이중적인 의미에서의 간접성은 양도될 수 없는 말씀의 진정한 성격이다. 바르트에 의하면 계시는 하나님의 말씀의 성육신을 의미한다. 그러나 성육신은 이러한 세속성 안으로의 진입이다. 우리가 세계 안에 존재한다면, 우리는 당연하게도 철저히 세속적이다. 하나님이 세속적인 형식으로 우리에게 말하지 않으신다면, 그분은 우리에게 전혀 말씀하실 수 없다. "그분의 말씀이 지닌 세속성을 회피하는 것은 그리스도를 회피하는 것이다"(CD I/1, 168). 하나님은 자신을 숨기시는 동시에 스스로를 드러내신다. 이와 같이 하나님의 말씀은 세속성 안에서 은총의 말씀이 된다.

루터에게 "하나님을 직접적으로 알기를 원하는 것은 인간의 업적을 통한 의로움을 의미하며, 이것은 루시퍼의 타락과 절망을 뜻한다." 칼뱅도 다음과 같이 말한다. "우리의 눈앞에서 드러나는 하나님의 주권성을 보지 못한다면, 우리는 불안에 빠질 것이다. 하나님에 대한 접근은 거절될 것이다. 우리는 연약한 피조물이고, 우리 안에는 죄 이외에 아무 것도 없다. 우리는 이곳 땅에 살고 있고, 깊은 지옥에 빠질 수밖에 없는 존재들이다." 루터와 칼뱅의 이와 같은 견해를 근거로 해서 바르트는 고가르텐의 입장을 다룬다.

고가르텐에 의하면 신학을 과거의 성육신으로부터 시작하는 것은 오류다. 그러나 바르트는 하나님 자신의 존재를 인간과 구분하여 다룬다. 달리 말하면 바르트는 하나님의 영원한 역사와 인간의 역사 안에 나타난 하나님의 계시를 구분한다. 이것은 하나님의 자존성(내재적 삼위일체의 삶)과 우리를 위한 하나님(경륜적 삼위일체)의 구분을 뜻한다. 바르트에 대한 고가르텐의 비판은 루터의 입장, 즉 하나님의 주권성에 대한 사변을 근거로 한다. 바르트의 내재적 삼위일체는, 루터가 비판을 받는 것처럼, 하나님의 주권성에 대한 사변을 열어놓지 않는가? 그러나 바르트에 의하면 루터와 루터주의 교의학자들은 하나님의 주권성에 대한 사변을 거절했음에도 불구하고, 오히려 이러한 사변을 하나님의 행동의 진리로 간주했다. 그렇다면 하나님 자존성은 출발점으로서 (terminus a quo) 목표(terminus ad quem)가 되는 성육신과 구분될 필요가 있다. 하나님의 자유 없이 우리는 그분의 말씀을 은총으로 이해할 수 없다. 이런 측면에서 바르트는 고가르텐과는 달리 하나님의 말씀 안에서 객관적인 것(하나님의 자존성과 자유)과 주관적인 것(신앙/인간의 경험)의 구분을 유지한다.

더욱이 가톨릭 신학자 에리히 프리즈와라는 바르트 신학에 날카로운 비판을 제기했다. 바르트는 키에르케고르를 따라 그리스도교의 계시를 하나님이 인간에게 접근하고 말을 걸어오시는 것으로 파악했다. 삼위일체는 계시자, 계시, 계시됨이라는 삼중 구조로 파악될 수 있다. 그리고 성육신은 이러한 계시 과정의 구체화이며, 은총은 계시를 체험하는 인간의 주관적인 가능성일 수 있다. 프리즈와라는 바르트 신학의 이와 같은 경향성이 "하나님이 인간에게 말을 걸어오심"으로 환원되고, 결국 개신교 자유주의의 범신론적인 상관관계 신학으로 역전될 수 있다고 비판했다. "아래로부터 위로 향하는 방법"은 "위로부터 아래로의 방향"으로 바뀐다. 그러나 바르트는 프리즈와라의 비판이 오류라고 말한다. 바르트는 상관관계 신학을 전개할 의도를 가지고 있지 않다. "아래로부터 위로의 방향"에서 하나님은 인간의 술어가 되어버릴 수 있다. 이에 대해 "위로부터 아래로의 방향"에서 인간은 하나님의 본성에 참여하는 필수적인 부분이 된다. 두 가지 오류를 회피하려면 하나님과 인간을 연관시키는 상관관계의 자유로운 근거가 하나님 자신에게 두어져야 한다. 상관관계 일반은 하나님의 주도권으로부터 만들어지는 것이며, 인간에 의해 조건화 되지 않는다. 이런 점에서 신학은 하나님과 분리된 채 인간에 대해 말할 수 없다. 그리고 삼위일체는 그리스도론의 전제가 되는데, 이때 삼위일체는 하나님 자신을 인간과 분리해서 말한다. 하나님은 자유 가운데서 인간에게 말을 건네시며, 주님이신 하나님은 영원하신 영광의 역사 가운데 거하시며, 세계와 인간의 상관관계를 설정하고 또한 바르게 하신다.

이러한 관점에 선 바르트는 신론에서 하나님을 주님으로서 계시되시는 분, 그리고 자유 가운데 사랑하시는 분으로 이해한다(CD 2/1, §28). 영원 전부터 존재하시는 하나님의 자존성(내재적 삼위일체)과 우리를 위해 존재하시는 하나님(경륜적 삼위일체)에 대한 바르트의 구분은, 고가르텐이 루터를 근거로 해서 바르트를 비난하는 것과 같이, 하나님의 주권성에 대한 사변이 아니다. 바르트에 의하면 루터 역시 하나님의 그런 주권성에 대한 사변을 요한복음 1장의 프롤레고메나에서 허락한다. 만일 고가르텐처럼 내재적 삼위일체를 경륜적 삼위일체와 동일시해버리면, 하나님에 대한 인간의 간접적인 인식은 거부될 수밖에 없다.

(2) 하나님의 말씀은 일방적으로 하나님의 신비로 남는다. 이것은 말씀의 세속성을 통해 발생하는 계시의 드러남과 은폐의 관계를 말한다. 말씀의 드러남은 우리에게 절대적인 은폐로 변하며, 말씀의 은

폐는 또한 절대적인 드러남으로 변한다. 우리는 이러한 하나님의 말씀을 오로지 믿음 안에서만 붙잡을 수 있다. 이러한 말씀에 대해 우리는 "기쁨, 감사, 신뢰, 열심, 진지함, 공포, 혼란, 불안, 후회"로 응답한다(CD I/1, 174). 하나님의 말씀하심은—그 말씀의 전체성, 무거움, 진지함에서—신비로 남으며, 그것은 항상 오직 일면적으로만 알려지고 반대쪽 부분은 숨겨진다. "나의 생각은 너희의 생각과 다르며 너희의 길은 나의 길과 다르다"(사 55:8). 숨겨진 말씀의 차원은 오직 믿음 안에서 하나님과 더불어 찾아지고 발견된다. 우리는 항상 우리의 한계 앞에, 즉 말씀의 신비 앞에 서게 된다. 하나님이 기적의 행동을 통하여 우리에게 말씀하시고, 우리가 그 말씀을 세속적인 형식 안에서 받아들일 때, 실제로 우리는 "하나님이 우리와 함께하심"을 듣는다(CD I/1, 177). 신적인 내용을 갖지 않는 세속적인 형식은 하나님의 말씀이 아니며, 세속적인 형식이 없는 신적인 내용도 하나님의 말씀이 아니다(CD I/1, 175). 믿음 안에서 우리는—세속적인 형식 안에 있는 신적인 내용에서—말씀의 충만함과 진정함을 듣는다. 신앙이란 인간의 한계를 인정하는 것이며, 하나님의 말씀의 신비를 인정하는 것이다. 신앙은 하나님의 말씀의 운동을 따라가면서, 하나님이 선포와 성서와 그리스도 안에서 말씀하시는 동시에 또한 숨어 계심을 꿰뚫어 보는 것이다. 사실 하나님의 숨어 계심은 그분의 실제적이고 진정한 드러냄이다. 인간은 하나님의 말씀에 의해 해방되지만, 또한 동일한 말씀에 의해 붙들린다. 로마 가톨릭과 개신교의 영광의 신학은 하나님의 말씀의 간접성을 포기함으로써, 진정한 신앙과 하나님의 현실적인 말씀을 포기한 셈이 되었다.

신앙과 신비주의의 차이는 다음과 같다. 신비주의자는 엑스터시 경험에서 계시된 신성 앞에서 하나님의 숨어계심을 의식하지 않는다. 신비주의자는 교회의 선포(설교/성만찬), 성서, 그리고 그리스도를 신성에 대한 단순한 상징으로 간주한다. 신비주의자는 그 상징을 버리기도 한다. 그는 충만한 신성의 신비적인 드러냄의 깊이와 높이 안에서 자신의 미래를 본다고 주장한다. 그러나 신앙인은 이와 달리 교회의 선포와 성서와 그리스도에게 의존한다. 신앙은 자신의 미래를 볼 때, 죄인인 자신의 삶에 드러나지 않고 숨어 계신 하나님 안에서만 본다.

『괴팅겐 교의학』에서 바르트는 신비적인 사유와 자연적인 신 인식 사이에 놓인 친화력을 본다. 이것은 칸트의 이성비판에서 슐라이어마허의 (절대 의존의 감정을 근거로 하는) 직접성의 신학, 그리고 마이스터 에크하르트에서 헤겔에까지 이르는 길에서 나타난다. 합리주의 철학자들이 설정한 인간의 제한성은 하나님의 계시와 구분되는가? 하나님의 계시는 신비주의자들이 확인하는 인간성의 신비와 다른가? 합리주의 철학가들은 신비가가 되거나, 신비주의자들은 합리적인 철학자가 되지 않는가?(GD, 364) 바르트가 말하는 하나님의 신비가 신비주의자들의 생각과 다른 것은 하나님의 신비는 말씀과 계시 안에서 알려지며, 그 신비의 인식은 간접적인 방식을 통해 수행된다는 것이다. 신비주의자들, 예를 들어 에크하르트, 수소(Suso), 타울러(Tauler)에게 신비적 사고의 방법론적 원리는 하나님의 본질이 정의될 수가 없다는 데 있다. 이러한 신비적 원리는 하나님의 개념 자체에 대한 도전을 의미한다(GD, 353).

바르트에 의하면 하나님의 개념 자체 대한 신비주의자들의 도전은 하나님을 그분 자신의 말씀과 계시 안에서 간접적으로 알려지게 하는 성서적 진술과는 반대되는 입장에 선다. 인간의 경험과 사고 자체는 자신의 편견을 좇아가게 되면, 절망에서 보다 더 깊은 절망으로, 심각함에서 보다 더 큰 심각함으로, 영광에서 보다 더 큰 영광으로, 승리에서 보다 더 큰 승리로, 기쁨에서 보다 더 큰 기쁨으로 나갈 수밖에 없다.

여기에 부정적인 영광의 신학이 존재한다. 하지만 이러한 부정적인 영광의 신학은 믿음의 세계에서는 불가능하다. 왜냐하면 믿음에는 그러한 직선적인 방향과 진보가 하나님의 말씀에 의해 차단되기 때문이다. 하나님의 말씀은 우리를 절망에서 영광으로, 심각함에서 기쁨으로, 또한 승리에서 절망으로, 기쁨에서 심각함으로 부르기 때문이다. 이것이 십자가 신학이다. "숨어 계심에서 하나님의 말씀과 그 형식은 인간을 향한 하나님의 요구이다. 드러냄에서 하나님의 말씀과 그 내용은 인간에 대한 하나님의 전향이다. 하나님의 말씀은 하나다"(CD I/1, 179).

진정으로 그리고 진지하게 율법의 요구 아래 놓일 때, 인간은 복음으로 다가간다. 그가 그리스도의 계시와 믿음을 통해 복음으로 다가갈 때, 그는 진정으로 그리고 진지하게 율법의 요구 아래 놓인다. 하나님의 분노와 심판은 하나님의 은총의 다른 한 가지의 낯선 일이다(*opus alienum*). 은총 즉 하나님의 적절한 일(*opus Dei proprium*)을 아는 사람은 하나님의 분노와 심판을 안다. 선포와 성서의 문자는 성령을 담지하며, 우리를 그런 문자로 인도하시는 분은 성령이시다.

출애굽기 19-20장은 시내 산에서 하나님과 이스라엘 백성이 맺는 계약을 묘사한다. 계약의 성격은 하나님으로부터 받은 도움을 기억하는 가운데 다음과 같은 약속으로 제시된다. "너희는 모든 민족 가운데서 나의 보물이 될 것이다"(출 19:5). 하나님은 계약의 명령을 이스라엘에게 준수하도록 하신다. 그분의 약속은 이러한 율법 준수에 묶여 있다. 예레미야 31:31에서도 하나님의 계약에 관하여 보고하는데, 이 계약은 이스라엘 백성이 모세에게 준 첫 번째 계약을 위반했기 때문에 바벨론 유폐의 상황에서 새롭게 주어진다. "그때가 오면 내가 이스라엘 가문과 유다 가문에 새 언약을 세우겠다.…나는 나의 율법을 그들의 가슴 속에 넣어주고 그들의 마음 판에 새겨 기록하여, 나는 그들의 하나님이 되고 그들은 나의 백성이 될 것이다." 여기서 이스라엘 백성의 마음에 기록될 것은 율법이다. 이러한 새로운 율법의 계시, 즉 새 계약은 모세에게 준 첫 번째 계약의 관점에서는 이해될 수 없다. 왜냐하면 새 계약은 죄의 용서에 근거하기 때문이다. "나는 그들의 하나님이 되고, 그들은 나의 백성이 될 것이다.…내가 그들의 허물을 용서하고 그들의 죄를 다시는 기억하지 않겠다."

출애굽 이후 맺어진 시내산 계약과 예레미야의 새 계약은 서로 다르다. 신약성서에서도 공관복음 전승과 요한복음 전승에서 예수 그리스도의 인성과 신성의 문제에 관한 차이점이 존재한다. 바울은 "예수 그리스도"(메시아 예수)와 "그리스도 안에서"라는 말을 사용하지만, 이것은 오로지 예수 그리스도의 이름과 동일한 의미로 사용된다. 이러한 그리스도의 이름은 일치된 경험이나 사고를 대변하는 시스템이 아니다. 그것은 하나님의 말씀 자체이며, 이 말씀 안에서 십자가와 부활은 하나가 된다. 그럼에도 불구하고 십자가와 부활은 하나가 아니다. 성서는 하나님의 말씀을 다음과 같이 특징짓는다. "하나님의 말씀은 살아 있고 힘이 있어서, 어떤 양날 칼보다도 더 날카롭습니다. 그래서 사람 속을 꿰뚫어 혼과 영을 갈라내고 관절과 골수를 갈라놓기까지 하며, 마음에 품은 생각과 의도를 밝혀냅니다"(히 4:12).

(3) 바르트는 영성의 문제를 일차적으로 성령의 관점에서 파악한다. 하나님의 말씀이 인간에 의해 인식되고 믿어질 때, 그것은 영적인 것이다. 성서와 교회의 교리와 신학은 성령을 언급한다. 이러한 영적 사건에서 하나님이 주님이 되신다. 말씀을 주시는 주님은 믿음을 주시는 분이며, 성령이시다. 하나님의 말씀을 믿는 신앙의 사건에서 말씀은 하나님의 기적의 행동이다.

루터는 **소요리문답**에서 이 사실을 언급한다. "내 자신의 이성과 능력으로 예수 그리스도를 나의 주님으로 믿는 것이 아니라…성령이 나를 복음을 통해 부르시고 그분의 선물로 나를 조명하며, 나를 바른 신앙 안에서 거룩하게 하고 그렇게 유지하신다." 물론 신앙은 인간의 경험이다. 이러한 인간의 태도는 구체적 인간의 사고 안에서 표현된다. 신앙에서 드러나는 경험과 태도와 사고는 하나님의 말씀을 듣는다. 그것들은 영적으로 즉 신앙에 의해서가 아니라 믿어진 말씀에 의해 결정된다. 신비로서의 하나님의 말씀은 모든 상황에서 영적으로 즉 성령을 통하여 우리와 만나신다. 바르트에게 하나님의 말씀의 영성은 성령과 연관되어 있고, 이 점은 그의 영성 신학을 이해하는 데 매우 중요하다.

틸리히는 성서와 그리스도교 전통에서 주어진 종교적 경험과 내용으로부터 거리를 둔다. 대신 그는 경계 상황에 서 있는 인간 존재의 급진적인 경험을 주장한다. 조건 없이 그리고 진지하게 경계 상황에 놓여있는 현대인에게 틸리히는 긍정을 말한다. 틸리히는 그런 현대인에게 비밀스런 유보를 취하는데, 다시 말해 그는 조건 없는 결단을 통해 현대인을 인간 존재의 경계선에 여전히 자리매김하지 않는다. 마지막으로 개신교는 새로운 존재를 증언해야 하며, 그것으로부터 권위의 말씀을 전할 수 있다. 틸리히에 의하면 개신교의 종교적인 가르침의 과제는 인간의 경계를 통해 인간의 상황을 세속적이고 종교적인 표현으로 드러내는 것이다. 한편에서는 그리스도교 전통에 서 있지만, 다른 한편에서는 세속화된 문화와 이성의 영역의 경계에서 틸리히는 자신의 신학을 실존론적으로 설정하고 발전시킨다. 이 방법은 그의 상관관계의 방법이기도 하다.

그러나 바르트는 묻는다. 현대인이 서 있다는 경계 상황의 급진적인 경험은 무엇을 뜻하는가? 현대인에 대한 조건 없는 결단이란 무엇인가? 어떻게 틸리히는 이러한 유보를 취할 수 있는가? 조건 없는 진지함을 가지고 경계 상황에 있는 현대인에게 행해지는 긍정이란 무엇인가? 인간의 경계에 의해 언급되는 새로운 존재는 무엇인가? 만일 루터처럼 하나님의 말씀이 인간의 능력이 아니라 오로지 하나님의 손에 있다면, 하나님의 말씀을 듣기 위한 방법의 추구는 거부될 수 있다.

물론 바르트는 하나님 말씀의 인식 가능성을 인간적 경험의 대상으로 파악하지만, 틸리히처럼 인간 존재의 경계 상황의 분석을 통해 추구하지 않는다. 하나님의 말씀을 듣는 것은 틸리히의 주장처럼 신학의 방법에 속하는 것이 아니라 신앙에 속하며, 신앙은 성령의 일이다. 물론 인간의 경험이나 태도 및 사고는 신앙고백과 연관되고, 인간성의 영역에 속한다. 그러나 그와 동시에 신앙이 하나님의 말씀을 경청하는 것이라면, 그리고 신앙이 성령의 역사라면, 그것은 인간성의 영역을 넘어선다. "내가 복음을 전하지 않으면 나에게 화가 미칠 것입니다"(고전 9:16).

『괴팅겐 교의학』에서 바르트는 하나님의 본성이 말씀을 통해서만 계시되고 알 수 있다고 말한다. 1545년의 **제네바 교리문답**은 인간의 삶의 주된 목적이 우리를 창조하신 하나님을 아는 데 있다고 말한다. 루터파 정통주의 신학자인 게르하르트도 창조 안에 그리고 말씀에 의해 하나님은 그분의 위엄과 신비를 드러내며, 인간은 하나님에 대한 순수 교리를 보존한다고 말한다. 그러나 "우리는 하나님을 알지만 파악할 수는 없다." 파악은 완전한 지식과 동일시된다. 하나님을 파악하는 것은 하나님에 대한 정의를 내리는 것이다(GD, 352). 바울은 다음과 같이 말한다. "자기가 무엇을 안다고 생각하는 사람은 아직도 그가 마땅히 알아야 할 방식대로 알지 못하는 사람입니다. 그러나 하나님을 사랑하는 사람은 하나님께서 그를 알아주십니다"(고전 8:2-3).

§6 ◆ 하나님의 말씀과 인간의 인식

삼중 형식의 하나님의 말씀이 지니는 실제성과 현실성은 오직 그 자체 안에 근거된다. 그러므로 말씀에 대한 인간의 인식은 하나님의 말씀에 대한 인정에서 시작되며, 인정은 말씀 자체를 통해서만 인간에게 실제적이고 현실적일 수 있다. 말씀은 그 자체에 의해서만 이해될 수 있다. 다시 말해 하나님은 하나님에 의해서만 알려지신다. 여기서 바르트는 인간의 인식의 문제를 하나님의 말씀의 주권성과 자유에 대한 인간의 인정으로 파악한다. 바르트는 이러한 인정을 통해 인간학적인 자리를 허용하려고 한다. 이러한 허용은 그리스도교의 간접-데카르트주의나 신비주의로 가는 것을 뜻하지 않는다. 그러나 신앙의 경험에는 신비적인 차원이 있고, 그리스도와의 연합이 있다. 바르트는 인간의 경험과 신앙(마음의 신뢰, *fiducia*)을 하나님의 말씀의 인식에서 매우 중요하게 파악한다.

1. 하나님의 말씀은 인간적 인식의 대상이 될 수 있는가?

하나님의 말씀에 대한 바르트의 이해는 변증법적이라기보다는 말씀 자체 안에 근거한다. 교회의 선포와 교의학의 개념에서 인간은 하나님의 말씀을 듣고 말하고 인식한다. 여기서 인간은 일반적 인간을 의미하지 않고 교회의 영역 안에 있는 특수한 상황의 인간 존재를 말한다. 교회의 선포에서 인간은 하나님의 말씀을 인식한다. 그렇지 않다면 하나님의 말씀의 개념은 인간적 상상력의 산물이 되고 말 것이다. 그럴 경우 교회의 선포와 교의학은 무의미한 활동이 되며, 교회는 자기기만의 장소로 전락할 것이다. 그렇게 되지 않으려면 진리가 선포되고 들려지는 장소인 교회에서, 그리고 의미 있는 활동으로서의 선포와 교의학 안에서 하나님의 말씀에 대한 인간의 지식이 필요하다.

『괴팅겐 교의학』에서 바르트는 교회의 선포를 순수한 교리와 관련시킨다. 설교자는 성서를 통해 계시를 매개하며, 그것을 성찰하면서 설교한다. 하나님은 이러한 설교자의 설교를 인정하고, 그들이 선포할 때 스스로 말씀하신다. 하나님의 말씀의 세 번째 형식으로서 설교는 계시와 소통하는 것이며, 설교자의 말이 하나님의 말씀에 상응할 때 그것은 순수한 교리가 된다. 설교자의 말은 교의학의 주제가 된다(GD, 265). "내가 같은 말을 되풀이해서 쓰는 것이 나에게는 번거롭지도 않고 여러분에게는 안전합니다"(빌 3:1).

말씀을 인식할 때, 인간은 그 말씀에 의해 영향을 받는다. 말씀의 진리가 인간에게 다가와 그를 각성시키며, 그 말씀은 인간의 것이 된다. 이 과정에서 인간은 진리의 소유가 된다. 이러한 사건을 바르트는 "인식"이라고 부른다. 우리가 진리의 내용에 대한 책임적인 증인이 될 때, 말씀에 대한 인간의 의식과 "인정"(認定, acknowledgement)은 "인식"이 된다. 이런 점에서 하나님의 말씀에 대한 지식은 교회의 전제가 된다. 또한 역으로 교회는 하나님의 말씀의 지식에 대한 전제가 된다(CD I/1, 188). 말씀에 대한 진지한 경청과 말함은 말씀에 대한 지식의 가능성에 근거한다. 교회의 전제는 이러한 관계, 즉 인간과 하나님의 말씀 사이에 존재하는 지식의 관계의 가능성이다. 인간은 어떻게 하나님의 말씀을 알 수 있는가?

"하나님의 말씀의 설교는 하나님의 말씀이다"(스위스 제2 신앙고백). 하나이 인간의 설교를 인정한다면, 그리고 설교자가 말을 할 때 하나님 자신이 말씀하신다면, 그분은 항상 주체가 되시는 것이다. 이러한 가능성과 조건 안에서 우리는 하나님에 대하여 말을 한다. 하나님의 말씀으로서의 설교는 성령에 의해 잉태된다(GD, 271).

(1) 교회에 주어진 성서의 약속과 성취가 반복되는 곳, 즉 하나님의 말씀이 이러한 인간의 말의 반복과 언급 속에서 드러나는 곳에서 하나님의 말씀이 알려진다. 그곳은 교회의 선포가 일어나는 곳이며, 교회의 선포에서 우리는 하나님의 말씀을 안다. 하나님의 말씀만이 그 하나님의 실제적인 지식에 대한 질문에 답변한다. (2) 하나님의 말씀을 아는 문제는 인간의 보편적·일반적 존재에 관계되는 것이 아니라, 교회 안에 있는 특정한 인간 존재에 관계된다. 하나님의 말씀이 알려지는 곳에서 그 말씀은 특정한 인간에 대한 하나님의 부르심으로 드러난다. 하나님은 이들을 알고 계시며, 이들은 교회에서 말씀을 선포하고 경청하는 자들이고 그리스도의 몸 안에서 살아 있는 교회를 구성한다. (3) 이들은 부르심을 받고 선택된 그리스도인들이다. 실제 이슈는 이들이 어떻게 하나님의 말씀을 알게 되어서 진정한 그리스도인이 되며, 말씀의 경청자와 선포자가 되는가 하는 것이다. 하나님은 이들을 아신다. (4) 하나님의 말씀을 아는 가능성에 관련하여, 그러한 앎은 말씀의 빛 안에서 수정되고 제한되거나 또한 역전될 수도 있다. 하나님에 대한 지식은 결코 결정적인 형식을 통해 자신의 질문을 탐구할 수 없다. 하나님에 대한 지식은 일반적인 지식 개념에 의해 판단되지 않으며, 오로지 말씀 자체를 통해서만 규정될 수 있다.

교회의 선포는 이념이나 생각이 아니라 사건이다. 이때 인간의 행동은 하나님의 행동에 상응한다. 우리가 하나님의 말씀과 설교의 일치를 선물이라고 말한다면, 순수 교리의 개념에 의해 우리는 설교를 인간의 과제라고 부를 수 있다. 교의학은 교회에 봉사하며 교리를 순수하게 정화한다(GD, 276).

2. 하나님의 말씀과 인간의 존재론적 가능성

교회의 선포 즉 설교와 성만찬에서 하나님의 말씀은 인간에게 행하여진다. 예수 그리스도 안에서 드러난 하나님의 계시가 인간에게 전해진다. 바울은 복음을 진리의 로고스라고 말한다. "진리의 말씀과 하나님의 능력으로 이 일을 합니다"(고후 6:7). "하나님께서는 모든 사람이 다 구원을 얻고 진리를 알게 되기를 원하십니다"(딤전 2:4). 바르트는 하나님의 말씀의 드러남과 숨김을 통해 삼위일체론을 해명하기를 원한다. 인간에게 주어지는 하나님의 말씀은 계시, 성서, 선포로 이루어진다. 하나님의 말씀은 우리를 이른바 인간학적인 문제 앞에 세운다. 이 문제는 종교개혁 이래 개신교 신학의 역사와 근대주의 신학 안에서 매우 긍정적으로 답변되었다.

앞서 다룬 것처럼 개신교 정통주의의 전통에서 중심적으로 다루어진 토론은 신학이 토마스 아퀴나스의 주장처럼 본질상 이론적인 학문인지, 아니면 둔스 스코투스의 견해처럼 본질적으로 실천의 학문인지 하는 것이었다. 개신교 정통주의에서 신학은 엄격한 객관주의로서 하나님과 그분의 성품에 관한 학문(*Scientia de Deo et rebus divinis*)으로 추구되었다. 그러나 개신교 정통주의는 실천의 학문(둔스 스코투스)으로 되돌아가려 했고, 하나님의 말씀을 인간에게 행하여진 것으로 이해했다. 이러한 발전에서 나타난 또 다른 측면은 르네상스 이후 과학적인 의식이 요구되면서 신학적 관심이 초월의 영역으로부터 인간 자체로의 영역으로 옮겨간 것이다. 이에 따라 신적인 대상은 인간의 자기이해의 영역 안에서 연구되었는데, 여기서 자연신학이 토마스 아퀴나스의 의미에서 신앙의 입문(*praeambula fidei*)에 관한 학문으로 재구성되었다. 18세기에 신학은 종교학으로 받아들여졌고, 슐라이어마허는 종교의 심연의 힘과 자율성을 매우 잘 이해했다. 슐라이어마허는 종교의 문제를 인간학적으로 입증할 수 있다고 생각하고, 그리스도교를 근본적으로 일반적인 인간론의 틀 안에서 인간 존재에 대한 구체적인 역사적 분석을 통해 해석했다.

(1) 이제 하나님과 인간의 만남은 인간의 종교적 경험으로 이해되고, 역사적 및 심리학적으로 설정된다. (2) 이러한 종교적 경험은 일반적으로 입증될 수 있는 인간의 종교적 능력에 대한 현실화로 이해된다. 하나님의 말씀은 인간학에서 찾아져야 한다. 20세기에 이르러 인간학은 마르틴 하이데거의 존재론적 철학에 영향을 미친다. 바르트는 자신의 하나님의 말씀에 대한 신학을 위해 슐라이어마허의 인간학적인 길이나 하이데거의 존재철학의 원리를 수용하지 않는다. 물론 바르트는 경험 혹은 "종교적 경험"을 원칙적으로 거절하지는 않는다. 이러한 표현은 하나님의 말씀이 인간의 현실성 안으로 들어오는 것을 말한다. 그러나 바르트가 문제 삼는 것은 이러한 용어에서 (하나님의 주도권 없이) 인간의 일반적인 종교적 경험이 가능하다고 주장한다는 점이다. 이런 가능성에 대해 바르트는 비판적인 혐의를 둔다. 바르트는 1910년에 종교철학 분야에서 큰 역할을 한 종교적 아프리오리(*a priori*)라는 개념이 다음 사실을 고려한다면 그것에 개방적인 입장을 취할 수도 있다고 말한다. 만일 이 개념이—칸트에 대해 바른 해석이든지 잘못된 해석이든지 간에—인간 자체 안에 근거된 가능성이나 자산 또는 초월적 자유에 상응하는 개념으로 파악되지 않는다면, 그렇게 할 수 있다는 것이다.

바르트가 언급하는 종교적 아프리오리의 개념은 트뢸치(1865-1923)의 신학에서 중요한 역할을 한다. 하이델베르크 대학교에서 21년 동안 교수생활을 하면서 트뢸치는 종교사학파를 결성하고 슐라이어마허의 종교 의식의 문제를 종교사 연구와 통합시켰다. 그에 의하면 교의학적 연구는 역사적으로 추구되고 설정되어야 한다. 하르나크가 그리스도교 교리를 그리스의 토양으로부터 분리시켰을 때, 트뢸치는 그리스도교의 역사적 연구를 통해 현재 상황의 그리스도교 신앙을 검토하려고 했다. 종교사 의식의 관점에서 트뢸치는 교의학의 원리들을 비판적으로 분석했다. 하나님은 역사에 개입하신다기보다는 내재적으로 초월하신다. 인간의 역사는 초월적인 하나님과 내재적으로 겹쳐지며, 초월적인 하나님을 향한 행진이 된다. 인간의 정신은 슐라이어마허처럼 인간의 개인적인 영혼에 거주하는 하나님의 내재성을 증언하는 자기표현이다. 트뢸치는 이것을 인간 정신의 내부에 담겨 있는 종교적 아프리오리라고 불렀다. 비록 트뢸치는 개별적 인간의 중요성 즉 개인주의를 강조했지만, 보다 더 중요한 것은 이러한 인간을 역사적인 존재로, 다시 말해 역사적인 콘텍스트와 상대주의를 통해 파악하는 것이다(정승훈,『동시대성의 신학』, 61).

하나님의 말씀에 대한 접근과 지식에서 이러한 인간적 가능성을 자기성찰이나 인간학적인 존재 분석 또는 역사적인 콘텍스트 안에서 파악할 때, 우리는 하나님에 대한 지식을 인간의 가능성으로 이해하게 된다. 칸트는 이러한 인간의 존재론적 가능성을 인간에 고유한 이성의 능력(Vermögen) 또는 기관(faculty)으로 언급했고, 이것은 그의 비판철학에서 매우 중요한 역할을 담당한다. 그러나 바르트는 하나님의 말씀을 하나님의 자유로운 사랑의 행동으로 이해했으며, 말씀을 경청하는 인간을 하나님의 말씀에 본질적인 것으로 파악하지는 않는다. 우리가 인간을 말씀의 수용자로서 말씀에 본질적이고 독립적인 존재적 가능성으로 파악하게 되면, 하나님의 말씀은 더 이상 은총이 될 수가 없다. 말씀의 수용자로서 인간은 말씀에 순종하고 자신의 삶을 회개하고 말씀에 의해 새로워지는 존재다. 인간 스스로 하나님의 계시를 성취할 수 없고, 계시의 새로움은 인간에게 말해져야 한다. 하나님의 피조물로서 인간은 그분 앞에서 죄인임을 인식하고 은총으로 살아가며, 말씀을 통해 다가오는 미래의 주님이신 그분을 기대하면서, 자기존재에 대한 비판과 갱신을 수행해 나간다. 여기서 말씀은 인간에게 생각할 수 없는 새로움으로 다가온다.

바울은 그리스도 안에 나타난 하나님의 지혜는 이 세상의 통치자들의 지혜가 아니라고 말한다. 하나님은 성령을 통하여 하나님의 지혜를 우리에게 계시해 주신다. 성령은 하나님의 깊은 경륜까지도 살피신다. 하나님의 영이 아니고서는 아무도 하나님의 생각을 깨닫지 못한다(고전 2:6-11).

그러나 근대 신학에서 르네상스 철학, 특히 데카르트로의 회귀가 일어난다. 게오르그 보버민(George Wobbermin)과 하인리히 숄츠(H. Scholtz)는 데카르트에 의존하고, 인간의 자기확실성으로부터 하나님을 증명하는 데카르트적인 사고의 틀을 좇는다. 보머민은 신학에서 슐라이어마허와 알브레히트 리츨의 영향을 받았고, 종교 심리학적으로는 윌리엄 제임스의 영향을 받았다. 보버민은 근대 신학을 종교 심리학적인 관점에서 매우 세련되게 발전시킨 신학자이다. 그는 윌리엄 제임스의 『종교적 경험의 다양성』(*Varieties of Religious Experiences*)을 독일어로 번역했다.

보버민에게 "자아-경험"(I-experience)은 인간이 생각할 수 있는 실재에 대한 가장 분명한 확실성을 설정한다. 그리고 이것은 외부세계에 관하여 실재가 갖는 타당성의 전제가 된다. 그러나 바르트는 근대 철학을 대변하는 데카르트의 인식론을 신학적으로 수용하기는 어렵다고 본다. 칼 홀(Karl Holl) 역시 자신의 논문("칭의론은 현대인에게 무엇을 말하는가?")에서 모든 인간에게 공통적인 것이 종교의 깊이를 측정하고 검증하는 노선이 된다고 주장한다. 인간에게 임재하는 실재와 인간의 직접적인 경험에서 산출되는 것은 종교적으로 타당하다. 이러한 홀의 신학적인 원리는 사실은 데카르트적인 사유의 원리이다. 그러나 신학에서 이러한 원리는 유지될 수 없다. 왜냐하면 여기서 하나님의 말씀의 인식은 불가능하기 때문이다. 오히려 바르트에 의하면 하나님의 말씀은 우리에게 임재하면서 우리를 발견한다. 이것은 우리의 직접적인 경험에서부터 산출되는 것이 아니다. "[하나님은] 뜻을 정하여 진리의 말씀으로 우리를 낳아주셨습니다"(약 1:18). 우리를 위한 말씀의 진리는 절대적으로 그 자체 안에 근거한다. 신학의 절차는 하나님의 확실성에 대한 인간의 확실성을 세우고, 그것을 하나님의 확실성을 기준으로 해서 측정하고 판단하는 것이다. 이 점에서 신학의 물음은 어떻게 인간일반이 하나님의 말씀을 아는가 하는 것이 아니다. 하나님의 말씀에 관한 한, 인간 일반이 문제되지 않는다. 하나님이 특수한 상황 가운데 있는 특수한 인간을 향해 말씀을 하시는데, 바로 그가 하나님을 말씀을 알 수 있게 된다.

(a) 이와 같은 맥락에서 우리는 하나님의 말씀의 인식 가능성에 대해 긍정적으로 답변한다. 하나님의 말씀과 분리된 인간의 능력 자체는 이러한 상관관계를 위해 사용될 수 없다. 하나님과 인간의 상호연관성은 하나님의 은총의 주도권으로부터 가능해진다. (b) 하나님의 말씀을 인식하는 사건에서 이 사건을 가리키는 전거가 존재한다. 전거의 힘은 그 자체에 있는 것이 아니라, 그것을 넘어서는 외부에 있다. 하나님

의 확실성의 실제적인 우위성은 인간 안에 있는 가능성을 전제하는 것이 아니라, 하나님의 능력과 약속을 전제한다. 이 점에서 하나님에 대한 전제는 그분의 약속과 미래의 희망을 회상하는 것이며, 성서의 말씀에 호소하며 그 성취를 기대하는 것이다. 바르트에 의하면 하나님의 주제(matter)에 대한 인간의 연관성은 인간이 아니라 주제 자체에 전적으로 의존한다. 왜냐하면 주제로서 하나님의 말씀은 단순한 것이 아니기 때문이며, 그것은 살아 계시고 인격적이며 자유로우신 하나님의 말씀이기 때문이다(CD I/1, 198).

『괴팅겐 교의학』에서 본래적인 하나님의 말씀하심(*Deus dixit*)은 교의학적 사고의 중심 영역으로 들어온다. 교의학은 하나님의 자신의 지식—하나님만이 하나님 자신에 대해 가질 수 있는 지식(*theologia archetypa*)—에 대한 진술이 아니다. 원형적 신학은 인간의 일에 속하지 않는다. 하나님의 생각과 길은 우리와 다르기 때문이다(사 55:8-9). 하나님의 말씀의 인식에 관한 한, 우리는 순례자의 신학에서 이해의 신학으로 옮겨진다. 그러나 신학은 유비의 신학(*theologia ektypa*)으로 남는다. 이 점에서 바르트는 신율적인 신학은 존재하지 않는다고 말한다. 그렇다고 타율적인 신학이 있는 것도 아니다. 하나님의 진리를 인간의 언어로 산출할 때, 오로지 인간의 경험과 사고를 통해야 하는 것은 아니다. "하나님은 하늘에 계시고 인간은 땅에 있다." 타율과 자율은 신율에 의해 제한된다. 상대적인 자율성이 교의학적 성찰과 하나님의 말씀에 대한 인식에 주어진다. 하나님의 말씀하심(*Deus dixit*)에 의해, 그리고 성서의 증언 안에서 인간의 생각과 경험은 결정된다. 우리는 인간으로, 하나님은 하나님으로 머문다(GD, 285. 288).

3. 하나님의 말씀과 종교적 경험: 말씀과 인정

하나님의 말씀에 대한 지식은 하나님의 말씀의 현실성이 일어나는 사건에서 가능해진다. 이러한 측면을 바르트는 경험의 개념을 통해 해명한다.

밀러(H. M. Müller)는 루터에 근거하여 경험을 신앙의 시련에 대한 특별한 경험과 시험에 대한 승리로 이해한다. 하나님의 말씀을 아는 지식이 가능하다면 그 경험도 가능하다. 지식이 그 지식의 대상에 대한 인간의 친숙함을 확인하는 것이라면, 진리는 그 지식을 소유하는 인간 존재를 결정한다. 지식을 가지고 있는 인간 존재에 대한 결정을 경험이라고 부른다. 인간은 구체적으로 경험 안에 존재하는데, 경험이란 인간의 외부에 존재하는 대상에 의해 인간 존재가 결정되는 것을 말한다. 하나님의 말씀을 아는 지식이 가능하다면, 인간은 말씀에 대한 경험을 가질 수 있으며, 말씀에 의해 결정된다.

바르트는 19세기 자유주의 신학이 표현하는 "종교적 의식"이란 단어를 대체로 회의적으로 대하지만, 하나님의 말씀과 인간의 경험을 다룰 때는 그 표현을 자신만의 방식으로 수용한다. 하나님의 말씀은 인간적 의식의 근거와 목적이 될 수가 있다. 슐라이어마허가 그리스도교적인 의식이나 자의식을 말할 때, 그것은 하나님에 의해 "영향을 받은 상태"를 의미한다. 이러한 "영향을 받은 상태"는 바르트의 표현으로는 말씀에 의해 "결정된 것"과 비슷하다. 여기서 바르트는 경험을 보다 더 포괄적인 의미에서 사용하기를 원한다.

하나님의 말씀을 경험한다는 것은 말씀이 인간 존재를 결정한다는 것을 의미한다. 그러나 이 경험이 하나님의 결정과 인간의 자기결정의

협력을 뜻하는 것은 아니다. 하나님의 결정과 인간의 자기결정 사이에는 아우구스티누스나 칼 홀에게서 볼 수 있는 것과 같은 상호연관성이나 일치는 없다. 은총은 자유를 의미하기 때문이다. 성서의 약속에서 보듯이 우리는 하나님의 말씀에 대한 진정한 경험이 인간의 자기지식과 대립하는 것을 안다. 하나님의 말씀의 경험에서 나타나는 하나님과 인간의 공존은 동일한 수준에서 일어나는 것이 아니라, 인간의 자기결정이 하나님의 결정에 종속되는 방식으로 일어난다. 하나님이 모세를 부르고 출애굽의 사명을 주실 때, 하나님은 모세의 삶을 새롭게 결정하신다. 물론 이러한 하나님의 부르심과 결정에 대해 모세는 주저하며 거절하기도 한다. 그러나 하나님의 결정에는 모세를 위한 은총의 예비하심과 모세의 능력을 채워주시는 배려가 포함되어 있으며, 그래서 모세는 출애굽을 향한 결단을 내린다(출 3-4장).

하나님의 말씀과 인간의 경험을 다룰 때, 바르트는 펠라기우스주의나 반(半) 펠라기우스주의의 신인 협력설을 날카롭게 거절한다. 심지어 아우구스티누스도 펠라기우스주의를 거절했지만, 구원론에서 칭의(우리 외부에서 일어난 하나님의 은총의 사건)와 성화(이러한 칭의의 은혜를 인간이 완성해 나가는 카리타스적인 [사랑의] 노력)를 하나의 사건으로 파악했다. 칭의가 우리의 외부에서부터 하나님의 은총의 주도권을 통해 주어지지만, 이러한 칭의를 성화로 완성시켜 나가는 것은 인간의 결정이며 책임에 속한다는 것이다. 여기서 구원의 삶을 통해 하나님과 공존하려는 인간의 노력, 즉 아우구스티누스적인 협력설이 나온다. 루터는 아우구스티누스적인 카리타스 전통과 날카롭게 결별했다.

바르트도 루터처럼 아우구스티누스의 구원론에 담겨 있는 인간학적인 카리타스(사랑)를 거절한다. 하나님이 말씀에 대한 인간의 경험에

제1부 | 하나님의 말씀에 대한 신학적 성찰

진지하게 관여하신다면, 또한 인간도 마찬가지로 진지하게 관여한다. 하나님이 인간의 결정에 관여하신다고 해도, 말씀에 대한 인간의 경청은 자기결정, 행동, 결단이다. 하나님의 말씀에 대한 인간의 경험에서 하나님과 인간은 동일한 수준에서 파악되지 않는다. 인간의 자기결정은 하나님의 결정에 종속되며, 그분의 말씀에 대한 경험이 되기 위해서는 하나님의 결정을 필요로 한다. 인간은 자기결정을 내리는 가운데 하나님의 말씀에 의해 결정된다.

『괴팅겐 교의학』에서 바르트는 이렇게 말한다. 하나님 앞에 선다는 것은 인간이 하나님의 대답을 향하여 움직이는 것이며, 하나님이 주신 질문 안에 인간 스스로를 설정하는 것이다. 이것은 하나님을 인정하고 그분의 권위를 인정하는 것을 뜻한다. 인간의 감정이나 직접적인 자의식은 이러한 만남을 충분히 알지 못한다. 하나님에 대한 지식과 행동 즉 신앙과 순종은 성령에 의해 주어지는 것이며, 성령은 인간의 주관적인 계시의 가능성으로 대체되지 않는다(GD, 168). 성령의 사역에서 바르트는 인간학적인 자리를 허용한다.

(1) 바르트는 하나님의 말씀의 경험에 필요한 인간학적인 자리를 정의하려고 할 때, 하나님과 인간의 결정(의지, 양심, 감정)을 종합할 필요가 없다고 본다. 인간의 자유에 대해 의지나 양심을 강조할 필요도 없으며, 하나님의 전지전능하심에 대한 인간의 절대적 의존성을 말하기 위해 슐라이어마허처럼 인간의 감정을 강조할 필요도 없다. 의지, 양심, 감정, 그리고 다른 모든 인간학적인 중심들은 인간적 자기결정의 가능성들이며, 이러한 인간학적인 총체성은 그 자체로 하나님의 말씀에 의해 결정된다.

(2) 바르트는 인간의 지성을 인간학적인 장소로 파악하고, 사고와 이해의 능력인 지성을 말씀에 대한 가능한 종교적 경험의 자리로

분석한다. 종교적 경험에 관한 한 지성이란 무능하다고 여겨온 그룹이 있다. 지성은 단순히 수동적인 성찰이나 사변에 빠질 수 있다는 것이다. 그런가 하면 다른 그룹은 지성의 활동이 과감한 인간적 자기결정의 정점을 이룬다고 주장한다. 그러나 바르트에 의하면 말씀의 경험에서 인간의 지성은 부서지고 파괴된다. 한편으로 지성은 현실적인 능력을 갖고 있지 못하며, 다른 한편으로 진정한 겸손도 갖추고 있지 않다. 물론 우리는 지성을 인간학적으로 의지, 양심, 감정과의 비교에서 선호할 이유는 없다. 그러나 하나님의 말씀은 글자 그대로 "말씀-행위"이며, 소통을 요구하는 지성적인 사건이다. 말씀에 대한 인간의 경험은 지성을 포함한다. 인간 존재를 결정하는 하나님의 말씀은 충분히 강하며, 이것은 지성 이외에도 인간의 의지나 양심이나 감정과 같은 인간학적 장소를 언급할 때도 마찬가지다. 신학은 하나님의 말씀을 간과하는 인간학적인 장소에 유혹될 필요가 없다.

(3) 하나님의 말씀을 경험할 수 있는 가능성을 위한 근거로서 우리는 숨겨진 인간학적인 중심을 요구하거나 발견하거나 주장할 필요가 없다. 이론 이성의 제한적인 본성을 밝힌 철학적 계몽주의의 영향을 받아서 신학자들은 슐라이어마허 이래로 인간의 마음에 내재하는, 종교에 적합한 특별한 영역을 발견하려고 시도했고, 그 결과 심리학을 선호하게 되었다. 그러나 바르트는 가능한 종교적 경험의 특수한 자리를 제시하는 일에 관심을 보이지 않는다. 심리학적인 영역이 인간을 결정하는 하나님의 말씀과의 접촉점을 제공할 수 없다고 본 것이다. 심층심리학은 우리에게 인간 존재의 심연의 넓이를 가르쳐줄 수는 있다. 그러나 가장 심오한 심층 심리학에서도 우리는 하나님의 말씀을 향한 인간의 개방성을 찾지 못한다. 물론 바르트는 하나님의 말씀에 대한 인간적 경험의 특수한 자리들을 배제하지 않는다. 하지만 그는 인간 존재의 총체

성에서 인간학적인 중심들을 하나님의 말씀에 의해 결정되는 지점으로 파악한다.

요약해 보기로 하자. 인간 존재는 인간의 자기결정을 의미한다. 하나님의 말씀의 경험이 인간 존재를 결정한다면, 인간의 총체성(의지, 지성, 경험, 양심)이 그 결정에 관여된다. 하나님의 말씀에 대한 경험은 말씀이 인간의 총체적 삶을 결정하는 것을 말하는데, 그것은 인정을 의미한다. 바르트는 하나님 말씀의 본성을 아홉 가지로 분석하여 설명한다.

(a) 인정(acknowledgment)은 지식과 인식의 개념을 내포한다. 하나님의 말씀은 일차적으로 "말씀-행위"(speech-act)이기에 인격적이고 이성적인 소통을 말하며, 합리적인 사건을 의미한다. 진리의 말씀은 인간의 이성에게 말해진다. 인정이란 말은 이러한 합리적인 소통의 사건을 지적한다. (b) 인정이란 말은 하나님의 말씀에 대한 경험이 인격적인 관계와 더불어 하나님의 인격을 내포함을 뜻한다. 우리는 자연적 지형의 변화나 무지개와 같은 것을 인정하기도 하지만, 그렇게 인정된 사실은 피조된 것이며 인격적인 관계에서 제시된다. 그러나 하나님의 말씀에 의한 인간의 결정은 그런 자연적인 사실의 인정이 아니라 하나님의 인격에 의한 결정을 의미하며, 이 점에서 인정이라고 부른다. (c) 인정은 인정해주시는 분에 대한 (긍정적이든 부정적이든 간에) 일정한 순종과 적응에 관련된다. 이것은 필요성에 따른 순종이 아니라, 오히려 그 필요성이 의미가 있고 여기에 적응하는 것이며, 이것을 승인하는 것이다. 하나님의 말씀에 대한 인정은 말씀의 목적과 내용(주님, 창조주, 화해자, 구원자의 말씀으로서)에 관여한다. 하나님의 말씀에 대한 인간의 인정은 하나님의 말씀 안에서 선언된 목적, 즉 "하나님이 우리와 함께하심"에 대한 맹세와 순종과 확인에 있다. (d) 하나님의 말씀에 대한 인정은 말씀에서 일어나는 사실에 대한 존경을 의미한다. 이러한 사실이 우

리에게 다가오며, 계시, 성서, 선포로서의 우발적인 동시대성을 말한다. "그때 거기서"(*Illic et nunc*)는 "지금 여기서"(*hic et nunc*)가 된다. 하나님의 말씀의 경험은 적어도 예수 그리스도의 임재의 경험을 말하며, 이러한 임재는 인간의 회상의 행동에 의존하지 않는다. 오히려 하나님이 스스로 인간의 삶에 현재하신다. 인간은 이러한 하나님의 임재를 인정하는 것이다. (e) 인정이란 단어에는 조절 즉 필요성이 있다. 하나님의 말씀은 능력이며, 그분의 약속과 요구, 심판과 복은 말씀의 내용이며, 또한 능력이다. 하나님의 말씀을 경험하는 것은 동일한 사람들 사이에서 일어나는 설득과 같은 관계가 아니라, 그분의 우월하신 능력에 대한 순종이다. (f) 인정은 결단을 의미한다. 인간에게 오시는 하나님의 말씀은 하나님의 자유와 선택의 행동이다. 은총이든지 심판이든지 간에 말씀은 하나님의 선의에 따라 온다. 그것은 인간을 신앙이든지 아니면 불신앙, 또는 순종과 불신앙으로 결단하게 한다. (g) 인정에서 의도된 행동은 수수께끼 즉 하나님의 신비 앞에서 멈춤을 의미한다. 앞에서 언급한 것처럼 하나님의 말씀의 세속성은 말씀의 은폐성을 지적한다. 말씀에 대한 경험은 이러한 간접적인 형식에서 드러난다. 이러한 간접성 혹은 애매함은 말씀 자체의 성격에 근거하며, 말씀에 대한 경험은 말씀의 신비에 대한 존경과 인정에 의존한다. (h) 하나님의 말씀의 신비에 대한 인정에서 문제가 되는 것은 인간의 편에서 드러나는 행동과 운동이다. 하나님 말씀의 총체성—드러나든지 숨겨지든지 간에—이 우리와 만나며, 그 말씀은 매 시간마다 특수하고 구체적이며 일방적이다. 왜냐하면 말씀은 드러남에서 우리와 만나는 동시에 숨겨짐에서도 만나기 때문이다. 이 점에서 하나님의 말씀에 대한 인정은 우리로 하여금 끊임없이 이전의 경험에서 다른 새로운 경험으로 인도하며, 항상 진보와 운동을 포함한다. 진보와 운동에서 우리는 하나님의 말씀의 신비를 인정하고 그리스도교적인 경험을 갖는다. (i) 인정이 생겨날 때, 인간은 상대방의 권위에 승복한다. 인정의 행동에서 인간의 삶은—자기결정을 그치지 않은 채—삶의 중심을 갖고 의미 있는 태도를 취하게 된다. 태도로서의 인정은 모든 점에서 인간의 행동이며, 삶의 의미에 관한 한 외부로부터 오는 결정이다. 하나님의 말씀의 영성에서 인간은 하나님의 말씀을 성령의 선물로 가지며, 말씀은 인간에게 영향을 미치는 행동이 된다. 하나님의 말씀을 인정하는 태도는 인간의 자기결정이지만, 그 의미와 근거, 최종적 진지함과 진정한 내용은 인간에게 있는 것이 아니라 하나님의 말씀에 의한 결정에 속한다.

위에서 서술한 아홉 가지 측면에 근거하여 바르트는 하나님의 말씀의 경험을 긍정적으로 해명한다. 인간의 자기결정이라는 관점에서 바르트는 감정이나 양심, 특히 지성을 말씀의 경험으로 도입하는 것에 반론을 제기하지 않는다. 경험의 개념에 반대하지도 않고, 심지어 "종교적 의식"을 이의 없이 수용하기도 한다. 그러나 중요한 것은 바르트가 이런 경험을 심리학적인 연구를 통해서가 아니라 하나님의 말씀의 본성으로부터 해명한다는 사실이다.

유감스럽게도 바르트의 신학에서 계시와 신앙은 객관적으로 믿어져야 하는 대상(*fides quae creditur*, 예를 들어 신앙의 교리)으로 지나치게 강조해서 주관적인 차원(마음)의 믿음(*fides qua creditur*)을 간과한다는 비평가의 목소리가 있다. 하지만 개인의 직접적인 확신과 신앙의 경험은 바르트 신학에서 제거된 것이 아니라, 하나님의 말씀과 더불어 다루어지고 있다.

하나님의 말씀의 경험은 우리에게 가능한 진정한 인간적 경험을 포함한다. 그러나 하나님의 말씀과 유한한 자아 사이의 결합이 신앙 안에서 발생하거나 제시되지는 않는다. 하나님의 영과 인간의 유한한 영 사이가 말씀에 의해 매개되는 어떤 종합이란 불가능하다. 만일 우리가 슐라이어마허와 그의 추종자들에 대하여 인간 주체를 신적 결정을 창조하는 자로 격상시켰다고 비난한다면, 그것은 정당하지 못하다. 이렇게 비난하는 사람들의 신학은 직접 데카르트주의가 되고 말 것이다.

에리히 쉐더(Erich Schaeder)의 신 중심 신학에 의하면 "신학이 관계하는 하나님은 인간적 의식의 하나님이지 다른 어떤 분이 아니다. 하나님은 인간 의식의 신적인 영의 내용(the divine spirit-content)이다.···유한한 영이나 인간 의식은 신학이 탐구하는 대상이며, 이때 신학은 인간 의식이 소유하는 하나님이나 성령, 또는 그 조건을 존중한다." 바르트는 이러한 입장을 신 중심적인 신학이라고 평가한다. 역설적이게도 이러한 신 중심 신학은 인간의 영적 의식으로부터 시작한다. 인간 의식을 기반으로 하는 이러한 신학은 성령의 신적 실재에 접근하는 지식을 통해 하나님의 실재를 추구한다. 쉐더에 의하면 "하나님이 인간을 접근하는 방식에서만, 즉 우리를 향한 계시를 근거로 해서만 우리는 하나님께 도달한다." 보버민(Wobbermin)에게도 "현안이 되는 것은 하나님으로부터 인간에게 도달하는 것이다." 그것은 인간으로부터 하나님에게 도달하는 것이 아니다. 그러나 바르트가 보기에 항상 죄와 양심의 가책 가운데 있는 인간은 자신의 방식으로는 하나님에게 도달하지 못한다. 왜냐하면 죄와 죄책이 인간을 하나님으로부터 멀어지게 만들기 때문이다. 하나님만이 하나님과 인간 사이를 관련시키며, 끊임없이 인간의 죄에 의해 열려진 틈의 간격을 메울 수 있으시다.

(4) 바르트에 의하면 이와 같은 신 중심적 신학은 출발점에서는 데카르트적이지 않지만, 귀결에서는 명백하게 데카르트적이다. 하나님

의 말씀에 대한 인간의 경험은 선험적으로 가능한 것이 아니지만, 인간의 자기결정에서 하나님은 인간의 손에 놓이게 된다. 왜냐하면 인간의 의식은 영의 신적인 내용을 가지기 때문이다. 여기서 "인간은 하나님의 말씀에 대한 가능성을 가질 수 있다"(*homo capax verbi Dei*). 이러한 인간은 말씀의 실재에 대한 참여자로서 자율성과 독립적인 관심을 갖는다. 결국 신 중심적 신학은 신비주의에 접근한다. 하나님과 인간의 종합 또는 결합이 나타난다. 쉐더는 "신앙-신비주의"를 말하는데, 이것은 "하나님을 향한 적극적인 접근"을 뜻한다. 이것은 하나님이 인간을 향한 요구, 양자로 받아들임, 그리고 의롭게 하심이다. 더 나아가 이것은 "자아의 특징적인 내적 변형" 또는 그 내용을 풍부하게 하는 것"이다. 결정적인 것은 신비주의의 도입이 아니라 하나님과 인간의 종합 내지 결합에 있다.

물론 여기서 언급되는 인간은 특별한 종교적 인간 즉 그리스도교의 믿는 자를 말하며, 인간 일반을 말하지 않는다. 신적인 영의 내용의 담지자가 되는 가능성은 하나님의 말씀을 경험하는 데서 나타난다. 종교적 인간의 존재와 자기결정은 하나님의 말씀에 의한 결정과 동일시된다. 항상 하나님께 호소하지만, 그와 동시에 그는 스스로 독립적으로 서며, 이것은 하나님과의 결합 또는 종합에 근거한다. 이러한 종교적 인간에게 다음과 같은 사실이 발생한다. "존재는 하나님의 말씀에 대한 가능성을 가질 수 있다"(*esse capax verbi Dei*). 이때 하나님의 말씀에 대한 경험은 말씀 자체에 근거하는 것이 아니다. 말씀의 신적인 실재는 원이 아니라 원곡선(원둘레 위의 두 점에 의하여 한정된 부분-편집자 주)의 두 극점 중 하나가 되며, 이것은 하나님에게 대립하며 인간에게 근접한다. 이러한 신 중심적인 신학에서 바르트는 다음과 같이 묻는다. "조그만 검은 나무에서 빛이 비치는 것은 아니지 않은가?"(*a lucus a non lucendo?*) 하나님의 말씀의 경험에 대한 독립적인 관심을 통해 인간은 자신의 경험을 독자적으로 현실화한다. 하나님의 말씀은 종교적인 인간에게 임재하며, 종교적 인간의 본성과 존재는 하나님의 말씀을 인식하는 저장소가 되며, 일차적으로 결정적인 기준과 근거가 된다.

『괴팅겐 교의학』에서 바르트는 슐라이어마허의 종교개념을 비판하면서 이러한 간접-데카르트주의 신학의 고전적인 모습을 본다. 슐라이어마허는 종교를 절대 의존의 감정으로 정의한다. 이것은 인간의 의식 안에서 신과의 합일로 주어지는 것이다…우리 안에 주어진 보편적인 종교인 절대 의존의 감정은 이렇게 표현된다. "나는 무한한 세계의 품 안에 안겨 있다. 이 순간 나는 그의 영혼이며…몸이다. 나는 그의 모든 힘과 근육과 지체를 나의 것으로 느끼기 때문이다. 그의 가장 내밀한 신경이 나의 마음과 감정에 따라 나의 것으로 움직인다"(GD, 185). 슐라이어마허에게 하나님은 본래 나의 감정 자체 안에 주어지고 감정의 인간과 병렬된다. 그의 하나님은 강의 근원과 같은 원인이지, 창조주가 아니다.

슐라이어마허적인 의미에서 간접-데카르트주의나 또는 신 중심의 신학을 거절하면서(종교적 인간의 독립적인 관심 혹은 하나님의 영과의 결합 내지 종합을 거절하면서) 바르트는 하나님의 말씀의 경험 가능성을 다음과 같이 말한다. 교회의 선포가 있는 곳에 하나님의 말씀의 인식과 경험이 인간에게 가능해진다. 인간은 하나님의 말씀에 의해 결정된다. 하나님의 말씀과 인간의 관계는 인정의 관계이다. 그러나 그리스도교의 간접-데카르트주의(또는 신 중심적 신학)는 하나님의 말씀에 대한 인정(경험 또는 지식)에서 인간을 향한 하나님의 유출, 다시 말해 말씀이 인간에게로 주입(*influxus*)되는 것을 함축하는데, 그 주입된 것은 인간의 소유가 되며 인간적 의식의 내용이 된다.

(5) 이러한 인간적 의식 안으로의 주입 내지 그 내용의 소유에 대항하여 바르트는 하나님의 말씀을 아는 지식의 가능성을 계시, 성서, 선포를 통해 다룬다. 여기서 인간은 하나님의 말씀에 대한 증인이 된다. 이것을 위해 교의학은 교회의 선포를 검증하고 비판하고 수정한다. 하나님의 말씀이 교회의 선포와 교의학의 기준이 된다. 여기서 그리스도교의 간접-데카르트주의와 대비를 이루는 현격한 차이가 다음과 같이 드러난다. 하나님은 말씀을 종교적인 인간 즉 그리스도교 신자에게 말씀하시지만, 바르트는 그 종교적인 인간 안에서 하나님의 말씀의 인식의 가능성을 발견하거나 확인하지 않는다. 만일 현안이 되는 질문이 하나님의 말씀의 인식 가능성이 아니라 플라톤의 지혜 혹은 문화에 대한 이해의 가능성이라면, 열정과 심정에 의해 붙들려 있는 인간에게 그 가능성을 긍정할 수도 있을 것이다. 다시 말해 교의학의 기준의 문제가 아니라 철학이나 세계관의 문제라면 그것은 가능하다. 교회의 선포가 아니라 영적으로 각성된 자들(*illuminati*)의 연합이나 깊은 깨달음을 얻은 사람들의 신적인 합일이라면, 인간 존재의 궁극적 확실성을 긍정할 수도 있다.

그러나 하나님의 말씀의 인식의 가능성은 이와 다르다. 물론 인간은 말씀을 경험하는 사건에서 그러한 가능성을 갖지만, 그것은 하나님이 우리에게 주입하는 어떤 영적 특질과 같은 것이 아니다. 우리가 성령의 신적인 실재성을 인간 의식 안에서 찾는다면, 이것은 연못 안에 은빛으로 비치는 달의 반영을 붙들려는 것과 같다. 인간의 경험을 분석하고 연구하는 과정을 통해 하나님의 말씀의 인식 가능성을 인간 의식 안에서 찾으려고 한다면, 이러한 인간의 인정은 "타종교들"의 현상과 구분될 수도 없을 것이다. 그렇다면 그리스도교는 트뢸치의 경우처럼 일반 종교사의 영역에 속하게 된다. 종교사의 전체 영역은 일반적인 문화사의 포괄적인 영역에 속하지 않는가? 문화는 인간의 업적의 관점에서 볼 때, 인간의 삶의 행동이 아닌가? 그러나 교의학과 교회적 선포와 교회는 말씀의 인식 가능성을 일반 종교사나 문화 혹은 인간 일반의 존재론이나 생물학적인 측면에서 찾을 수 없다. 그럴 경우 신학은 철학의 직접적인 데카르트주의에 호소해야 한다.

쉐더와 보버민은 확실성 전체와 실재의 타당성은 인간의 자의식 안에 놓여 있다고 본다. 이 두 사람에게서 나타나는 그리스도교적인 간접-데카르트주의는 인간 일반의 자기 확실성에 호소해야 한다. 하나님의 말씀 자체를 지적할 때 일어나는 일은 아론이 바로 앞에서 지팡이를 뱀으로 만드는 것과 같다. "아론이 바로와 그의 신하들 앞에 자기 지팡이를 던지니, 그것이 뱀이 되었다.…그들[애굽의 현인들과 요술가들]이 각자 자기의 지팡이를 던지니 그것들이 모두 뱀이 되었다. 그러나 아론의 지팡이가 그들의 지팡이를 삼켰다"(출 7:10-12).

말씀의 인식에 관여하고 그 인식의 증인이 되는 사람과 그의 자기이해는 하나님의 약속을 통해 이해된다. 여기서 나의 자기이해가 중요한 것은 나는 하나님의 약속에 의해 도전을 받으며, 하나님의 말씀은 계시, 성서, 선포 안에서 나와 만난다는 사실이다. 여기서 나는 나의 존재를 비추는 특별한 빛 안에서 나 자신을 본다. 그리스도교적인 경험은 여기에 근거하며, 약속의 빛에서 주어지는 경험은 인간 자체에게 속한다기보다 인간을 향한 하나님의 결정으로 나타난다. 하나님의 말씀에 의해 결정되는 인간은 이러한 행동을 실행에 옮길 것이다. 이 행동을 실행에 옮기지 않는다면, 하나님의 말씀을 아는 지식은 존재하지 않

제1부 | 하나님의 말씀에 대한 신학적 성찰

는다. 인간이 하나님의 말씀을 아는 한, 이러한 행동의 실행과 경험이 언급되며, 그것은 실제적인 것이지만 또한 심리학적으로도 설정될 수도 있다. 여기서 이해가 나타나며, 개인적인 몰두, 수용, 동의, 승인, 순종, 결정이 주어진다. 그리고 하나님의 신비 앞에서 멈추어 서는 것, 내적인 삶에 의한 동요와 자극, 자신을 넘어서는 이러한 신비에 자신의 삶의 근거를 두게 된다.

성서에서 드러나는 하나님과의 만남의 경험은 믿음의 갱신과 성화, 지식, 순종과 회개, 사랑, 겸손, 감사 등을 포괄한다. 이러한 성서적인 개념들은 매우 구체적인 사건과 행동—심리학적으로 경험되고 설정될 수 있는 행동—을 지적한다. 루터는 말한다. "똑같은 평화가 위로부터 모든 감각과 이성과 이해에 미친다.…하나님과 평화를 이루려 한다면, 우리는 먼저 평화를 마음과 양심에서 느껴야 한다." 하나님의 말씀에 관한 한 인간은 감정으로만 느끼지 않으며 "말씀에 구속된 자아"로 머무는 것이 아니라, 존재 전체가 말씀 사건에 관여한다. 마음과 영혼과 힘을 다하여 인간은 하나님의 말씀에 관여한다. 하나님의 말씀의 심판과 은총이 인간 존재에 미친다. 인간의 경험에서 드러나는 하나님의 말씀에 대한 인정에서 이러한 말씀에 상응하는 확실하고 필요한 상응이 인간 편에서 존재하는가? 바르트는 말씀의 경험에 관한 한, 칼뱅주의적 원리—"유한은 무한에 대한 가능성을 갖지 못한다"(*finitum non capax infiniti*)—를 다음과 같이 교정한다. "죄인인 인간은 주님의 말씀에 대한 가능성을 갖지 못한다"(*homo perccator non capax verbi Domini*). 하나님의 말씀에 대한 인간의 경험에서 말씀 자체는 경험을 넘어선다.

여기서 우리는 베드로의 경험을 언급할 수 있다. "주님, 나에게서 떠나 주십시오. 나는 죄인입니다"(눅 5:8). 루터는 다음과 같이 말한다. "신앙은 스스로 느끼지만, 이성을 빠뜨리지는 않는다. 그것은 눈을 감고 하나님의 말씀에 순종한다. 그리고 죽음과 삶을 통해 말씀을 알아간다. 그러나 느낌은 이성과 감각들이 파악하는 것을 넘어서지는 못한다.… 느낌은 신앙과 대립하며, 신앙은 느낌과 대립한다.…느낌을 추구하는 자는 망하지만, 느낌과 대립하는 자는 진정으로 말씀에 의존한다. 그리고 그는 도움을 얻는다."

"지고선"(至高善)에 대한 철학적인 언급이 갖는 약점과 어리석음을 보면서 칼뱅은 다음과 같이 말한다. 지고선은 하나님과의 친교. 그러나 이것은 하나님과 인간 사이의 확증을 요구한다. 이러한 확증은 인간을 부정하는 곳에서만 생겨난다. 이것은 충분한 의미에서 인간의 공로와 업적을 정지시키는 것을 뜻한다. 경건하고 거룩한 삶의 규칙에서 중요한 것은 항상 새로운 시작과 더불어 다시 시작하는 것이다.…하나님이 행동하실 수 있도록, 인간은 자신의 업적으로부터 자유로워야 한다. 우리가 고백하는 것은 하나님에게 종속되는 한, 인간의 삶이 올바르게 근거된다.…하나님의 인도하심과 인간의 감정의 움직임 사이의 대립은…크지만, 오직 우리가 고요할 때 우리 안에 계신 하나님이 활동하실 수 있다.

"영혼의 존재의 멸망"(루터) 또는 "하나님께 자리를 허용하는 자"(칼뱅)는 하나님의 행동 앞에서 인간의 수동성 내지 죽음을 말하는데, 의심할 바 없이 이것은 신비주의의 단어에서 나타난다. 바르트는 하나님의 말씀의 경험에서 드러나는 종교개혁자들의 신비적인 표현을 거절하지 않는다. 그것은 참되고 현실적인 경험이며, 그 근거는 우리의 외부에 존재한다. 이것은 인간의 급진적인 종말에 대한 이해를 뜻한다. "여기에 인간의 실제적인 멸망과 죽음이 존재한다"(CD I/1, 222). 인간의 경험을 열어놓는 극점에서 바르트는 신비적인 측면을 거절하지는 않지만, 그럼에도 불구하고 그 극점은 인간의 모든 행동, 경험, 소유와 동떨어진 영역을 말하며, 주님 하나님, 창조주, 화해자, 구원자의 영역을 가리킨다. 하나님의 말씀을 인정하고 경험하는 사건에서 인간의 자기결정은—이것이 하나님에 의해 결정되는 것이라면—그러한 하나님의 영역을 볼 수도 인식할 수도 없다. 인간 존재는 여기서 오로지 하나님의 말씀을 인정하는 것에만 관여하며, 그 인정은 하나님으로부터 오는 참된 것이다. 왜냐하면 하나님이 말씀하시고 인간은 듣기 때문이다. 새롭게 거듭난 사람의 이와 같은 인정의 사건에서 하나님은 그에게 말씀하시고 그는 경청한다. 그는 인간의 모든 이해를 넘어서는 하나님의 평화 가운데 거한다. 하나님의 말씀의 진리는 세속적이거나 심지어 종교적인 인간이 제공하는 모든 진리의 기준으로부터 독립해 있다. 하나님의 말씀이 진리 자체이기 때문에, 그것은 진리이다. 그것은 하나님의 말씀 자체의 진리이다. 하나님의 말씀의 인식의 가능성은 하나님의 말씀 안에 있으며, 그밖의 다른 곳에 있지 않다. 그것은 모든 사람의 면전에서, 즉 세속의 사람이나 종교인에게 또는 그리스인이나 유대인에게 오직 기적으로서 발생한다(CD I/1, 222-3).

(6) 바르트는 진정한 그리스도교적 경험을 다음과 같이 말한다. "외관상 무지개는 지평선에 걸쳐 있지만, 실제로 그것은 지구 위에서 아치를 그리고 있다.…하나님의 진리도 이와 같다. 무지개가 지구를 필요로 하지 않는 것처럼, 신적인 진리는 인간의 지지를 필요로 하지 않는다. 진정 그것은 인간에게 비추고, 인간은 그것을 받는다. 그러나 그것은 인간에게 의존하지 않는다. 그것이 물러서면 인간은 어둠 가운데 머문다. 그것이 다시 돌아오면 인간은 빛 가운데서 걷는다. 그러나 인간은 신적인 진리의 조력자가 아니다. 인간은 빛을 만들 수가 없다. 마찬가지로 인간은 빛을 저장할 수도 없다"(Eduard Böhl, *Dogmatik*, 1886,

XXV). "내가 죽을 때…나는 교회 바깥의 뒤뜰에 묻힌다. 그러나 나는 내적으로 천국에 있다. 모든 고난은 잊힌다. 하나님의 위대한 사랑이 나를 위해 이것을 하셨다. 우리를 위하여 그리스도는 십자가를 지고 골고다로 가셨다"(H. F. Kohlbrügge, *Passionspredigten*, 173 f).

바르트는 이러한 그리스도교적인 경험이 신앙의 기적이라고 말한다. 우리는 다음 장에서 바르트가 말하는 신앙과 그리스도교의 경험을 상세히 다룰 것이다. 하나님의 말씀에 대한 경험을 논의하면서 바르트는 그리스도교의 간접-데카르트주의를 거부하며, 나아가 실존주의적 사고 역시 도움이 되지 않는다고 말한다. 실존주의적 사고가 하나님의 말씀을 통해 배운 인간의 자기이해라고 한다면, 바르트가 말하는 그리스도교적인 경험의 내적인 측면은 하나님의 말씀에 대한 인정인데, 이것은 인간에게 내재하는 가능성이 아니다. 그것은 하나님의 말씀 자체에 의존한다. 바르트는 이러한 입장을 옹호하고, 그것을 교회가 서거나 쓰러질 수 있는 신앙의 조항으로 말한다(*articulus stantis et cadentis ecclesiae*). 하나님의 말씀의 인식 가능성은 신앙의 확신 안에 거한다. 하나님은 그분의 자유로운 은총을 통해 인간을 신앙으로 불러내며, 신앙 안에 있는 사람들은 말씀을 확신한다. 신앙의 확신이 인간의 확신이라고 해도, 그 자리는 인간의 외부에 존재하며, 하나님의 말씀 자체가 신앙의 확신을 가능하게 한다.

하나님의 말씀이 우리에게 임재할 때, 우리는 우리 자신으로부터 돌아서서 하나님의 말씀을 향한다. 신앙 안에 있다는 것은 새로운 신앙으로 부르심을 받는 것을 의미한다. 말씀의 임재와 신앙 안에 서 있는 것은 말씀과 신앙을 붙들고 체험된 은총을 자유롭게 현실화하면서 나아가는 것이다. 하나님의 약속을 붙들고 우리는 하나님의 말씀의 인식 가능성이 일어나는 사건을 향해 항상 새롭게 나아간다. "우리는 모두 그의 충만함에서 선물을 받되 은혜에 은혜를 더하여 받았다"(요 1:16). "하나님의 의가 복음 속에 나타납니다"(롬 1:17). 이것은 아브라함의 신앙을 가리킨다. "아브라함은 희망이 사라진 때도 바라면서 믿었으므로…"(롬 4:18)

세례를 받은 사람은 희망을 바라보며 기대한다. 말씀과 신앙을 인간의 소유로 생각하는 사람은 믿음도 말씀도 없는 자이다. 말씀과 신앙을 갖는 사람은 말씀을 향해 목마르며, 이러한 영적 갈망으로 인해 복을 받은 자이다. 하나님의 말씀의 인식 가능성에서 우리는 항상 말씀이 현실화되는 사건에 관여한다. 이러한 현실화 사건에서 우리는 새로운 미래의 현실화 사건에 관여하게 된다. 우리는 신앙 안에서 하나님의 은총의 사건을 고백한다. 이러한 은총의 사건, 그리고 은총과 더불어 신앙이 먼저 온다. 은총과 믿음과 세례의 확신은 항상 새로운 희망을 바라보는 신앙의 확신을 말한다. 미래의 기대와 희망 속에서 인간은 자신의 모든 확신을 포기하고 온전하게 자유로운 하나님의 은총에 맡겨진다. 이러한 기대의 확신은 두려움과 떨림의 확신이며, 그 능력은 은총에 순종하는 데 있다. 이러한 은총의 확신은 믿음의 은총이며 세례의 은총이다. 이것은 약속과 신앙의 순환 안에 거한다. 이러한 확신은 간접-데카르트주의나 인간의 자의식에 근거한 확신과는 차원이 다르다.

루터에게 세례나 성만찬을 받은 사람들은 그러한 은총과 자비가 주어짐을 믿었고, 이들은 의심하거나 흔들리지 않았다. 이것은 인간의 업적을 통해 오는 것이 아니라, 그리스도 안에서 하나님이 인간에게 부여주시는 순수한 자비로부터 오기 때문이다. 믿는 자들은 두려움과 떨림 가운데 이러한 은총의 삶을 산다. 이러한 신앙은 오직 하나님만 자랑하며, 하나님의 은총은 이러한 신앙을 떠나지 않는다. 『괴팅겐 교의학』에서 바르트는 성령론적 관점에서 신앙과 순종을 정의한다. 성육신이 하나님의 객관적인 계시라면 성령은 계시의 주관적인 가능성이다. 하나님의 말씀이 인간에게 들려질 때 신앙과 순종이 요구된다. 신뢰로서의 신앙은 마음의 신뢰(*fiducia cordis*)로서, 인간의 마음은 신앙 안에서 신성화 된다. 믿을 때 기적이 발생한다. 성령의 사역 안에서 신앙과 순종은 일치하게 된다(GD, 194-6).

4. 하나님의 말씀과 신앙의 사건

하나님의 말씀의 인식은 하나님의 은총의 현실이 인간에게 오는 것이다. 그러나 은총이 인간에게 어떻게 오는가의 문제는 숨겨져 있다. 하나님이 항상 은총을 계시하시기 때문에, 우리는 "어떻게"라는 물음보다는 은총의 현실 자체를 선포한다. 앞서 언급한 것처럼 하나님 인식의 가능성은 은총의 현실화에 근거되어 있고, 인간은 이러한 사건을 만들어 낼 수가 없다. 우리는 이러한 사건을 신앙의 사건으로 언급한다. 신앙이 하나님의 말씀에 대한 인식을 가능하게 한다. 교회와 신학의 일반적 전통에서 바르트는 신앙이란 말을 택하고, 하나님의 은총의 사건과 말씀의 인식 가능성과 관련시킨다.

신약성서의 "피스티스"(*pistis*)는 로마서 3:3에서 하나님의 신실하심을 의미한다. 하나님과 그분의 말씀은 믿을 수 있고 신뢰할 만한 가치가 있다. 하나님은 신실하신 분이기 때문에, 하나님과 그분의 말씀을 근거로 해서 우리는 하나님에 대한 지식을 얻을 수 있다. "피스티스"는 신앙의 교리 또는 인간에게 계시된 복음, 그리고 하나님에 대한 인식이 가능해지는 길을 말한다(롬 12:6; 갈 1:23; 3:22; 딤전 4:1, 6; 유 1:3). "피스티스"는 그리스도 안에 나타난 하나님의 계시에 의해 만들어지는 상태와 그리스도 안에 거하는 그리스도인들의 존재를 말한다. 그리스도에 대한 믿음에서 우리는 인간을 향하신 하나님의 결단을 본다. "피스티스"는 신뢰를 의미하는데, 하나님의 신뢰는 그리스도 안에서 드러나며 인간은 이러한 신뢰에 복종하며, 하나님의 말씀을 믿고 인정한다. 여기서 말씀은 우리를 위해 현실화 한다. 그리스도교 종교는 "피스티스"와 충실하게 연관되어 있다. "피스티스"는 하나님의 뜻과 말씀에 의존하는 현실적인 사건이다. 인간은 이러한 진리에 붙잡히며, 이러한 진리의 담지자가 된다. "피스티스"는 "그노시스"(지식) 이상을 뜻하지만, 그러나 모든 상황에서 그것을 포함한다. "그노시스"가 "피스티스" 안에 포함됨으로써 하나님 자신 또는 그리스도는 하나님의 말씀에 대한 실제적인 지식의 대상과 의미가 되며, 또한 이러한 지식을 강화하고 판단한다. 그리고 이러한 하나님의 지식은 인간에 의해 실행되고, 경험된다.

아우구스티누스에 의하면 "동의가 제거된다면, 신앙 자체가 없어진다. 왜냐하면 동의 없이는 신앙은 존재하지 않기 때문이다." 토마스 아퀴나스의 정의는 올바르다. "신앙은 인식 대상에 대한 이해를 설정하며, 그런 의미에서 신앙은 인식이다." 루터도 말한다. "신앙은 마음의 진리와 다른 것이 아니다. 다시 말해 그것은 하나님 앞에서 마음의 바른 생각이다. 그리스도는…이성과 지성적인 이해가 신앙에 의해 형성되는 한, 이성과 이해에 의해 붙잡힌다. 신앙을 통해 그리스도에게 붙들리는 것은 본래적인 의미에서 그리스도를 관조하는 삶을 말한다. 신앙은 지성적인 이해에서 자기 자리를 가지며…이때 신앙은 가르침이며 지식이다. 신앙은 진리를 대상으로 갖고, 경건한 사람에게 중요한 것은 바른 통찰과 신앙이 형성하는 지성적인 이해이다.…그러므로 신앙은 신앙의 모든 선한 것과 그 원형을 파악하는 변증법이다." 칼뱅에 의하면 "신앙은 무지가 아니라 인식에 근거한다. 신앙의 보편적인 대상은 하나님의 진리다."

하나님의 말씀의 인식 가능성은 신앙의 사건 안에서 주어진다.

(1) 현실적 경험인 신앙 안에서 하나님의 말씀에 대한 인정은 말씀 자체에 의해 활성화 된다. 하나님의 말씀이 스스로 결정한다. 여기서 말씀에 대한 "인정"으로서의 인간의 행동은—완전하든지 불완전하든지 관계없이—중요하다. 신앙은 경험이며, 특별한 인간이 구체적으로 확신할 수 있는 일시적인 행동이다. 다시 말해 그것은 인정하는 행동이다. 그러나 확실한 경험이라고 해도 신앙은 신앙이다. 신앙이 언급하는 것은 그리스도이며, 하나님의 말씀이다. 그리스도가 신앙에 임재하며, 신앙의 근거이신 그리스도가 신앙을 신앙으로, 그리고 현실적인 경험으로 만든다.

캔터베리의 안셀무스는 『프로스로기온』에서 하나님이 인간의 생각에 임재하시는지를 기도의 형식으로 묻는다. "언제 당신은 우리의 눈을 밝게 하셔서 당신의 얼굴을 보여 주시겠습니까? 당신이 가르쳐 주지 않으시면, 나는 당신을 찾을 수 없습니다. 당신이 나에게 보여주지 않으시면, 발견할 수도 없습니다." 여기서 안셀무스의 관심은 철학적으로 하나님을 이해할 수 없다는 것이 아니다. 그는 특정한 죄인에게 심판으로 다가오는 하나님의 신비에 관심을 둔다. "당신은 나를 창조하시고 또한 새롭게 창조하십니다. 당신은 나에게 모든 선한 것을 주셨지만, 나는 여전히 당신을 모릅니다. 나는 나의 마음을 믿고 사랑하시는 당신의 진리에 대해 부분적으로 알기를 갈망합니다."

안셀무스에게 나타나는 하나님을 향한 갈망과 불안은 절대적인 것이 아니라 상대적이다. 모든 신앙의 불안은 기도에 담기며, 그래서 기도는 깊은 불안이 된다. 불안으로서 기도는 하나님에 대한 기대이다. 기대는, 불안이든지 평화이든지 간에, 대상인 하나님에 의해 살아간다.

제1부 | 하나님의 말씀에 대한 신학적 성찰

그것은 하나님을 발견하고 항상 새롭게 발견할 것이다. 기도의 대상이신 하나님은 자유로운 분이시며, 인간으로부터 숨어 계신다. 왜냐하면 인간은 죄인이며, 신앙의 새로운 상태에 놓여야 하기 때문이다. 신앙을 위해 하나님은 객관성, 즉 하나님의 말씀의 외부에 계신 예수 그리스도 안에서 드러나신다. 그리스도교 신앙은 이러한 외부적인 대상, 즉 그리스도 안에 계신 하나님에 의해 살아간다. 토마스 아퀴나스에 의하면 "믿는 인간의 인간적 관조가 아니라 신앙 그 자체의 관조로부터 인간 지성과 인식 대상[하나님] 사이의 관계가 설정된다"(『신학대전』, I. qu 12).

칼뱅은 말한다. "말씀을 제거하라. 그러면 신앙은 남지 않을 것이다"(『기독교 강요』, III. 2.6). 멜란히톤에 의하면 "우리가 신앙에 관해 말할 때, 그것은 신앙의 대상 즉 약속된 하나님의 긍휼에 관계된다. 신앙은 인간의 가치 있는 업적에 따라 인간을 의롭게 하지 않는다. 오히려 신앙은 약속된 긍휼을 받아들이기 때문에 [인간을] 의롭게 한다"(멜란히톤, 『변명』, art. 4). 개신교 정통주의에 의하면 "신앙이 의롭게 하는 것은 인간의 내적 특질이나 행동이 아니라, 신앙의 대상인 하나님에 대한 관계를 통해서다.…이러한 관계는 다음 사실을 의미한다. 신앙은 그리스도의 공적을 지향하며, 그것을 소유한다—그리스도에게만 그런 모든 가치가 있다." 인간을 의롭게 하는 신앙(*fides quae justificat*)은 인간의 편에서 정확하게 지식(*notitia*), 동의(*assensus*), 신뢰(*fiducia*)를 통해 기술될 수 있다. 그리고 의롭게 하는 신앙은 하나님의 편에서 의롭게 하시는 행동(*fides qua justificat*)으로 이해될 수 있다.

개혁파 정통주의는 신앙을 다섯 가지로 나누어 설명한다. 우리가 믿는 신앙(*fides qua creditur*), 믿어지는 대상(*fides quam credimus*, "믿음의 비밀을 깨

끗한 양심에 간직한 사람," 딤전 3:9), 역사적 신앙(*fides historica*, 약 2:19), 일시적 신앙(*fides temporaria*, 마 13:20-21), 기적적 신앙(*fides miraculorum*, 마 17:20), 그리고 구원의 신앙(*fides salvifica*, 마 10:8)이 그것이다(헤페, 『개혁파 정통교의학』, 751).

루터에게 "하나님과 신앙은 일치한다." 하나님과 신앙의 공존은 루터의 대요리문답의 첫째 계명에 대한 해명에서 드러난다. 또한 로마서 강연에서도 나타나는데 "신앙과 약속은 상호 관련된다." 대요리문답에서 루터는 다음과 같이 질문한다. "하나님을 갖는다는 것은 무엇을 의미하는가? 하나님은 무엇인가? 대답은 다음과 같다.…하나님을 갖는다는 것은 마음으로부터 하나님을 신뢰하고 믿는 것이다.…신뢰와 마음의 믿음이 하나님인지 우상인지를 구분한다. 신앙과 신뢰가 올바르면, 당신의 하나님도 올바른 분이다. 그러나 신뢰가 오류이고 잘못된 곳에는 바른 하나님이 존재하지 않는다. 왜냐하면 신앙과 하나님은 서로 공속하기 때문이다." 보버민은 루터의 이러한 입장을 하나님과 신앙의 상관관계라고 부른다.

(2) 물론 바르트는 보버민의 그러한 해석을 거절하지는 않지만, 수용하기에는 애매하다고 판단한다. 루터는 신뢰와 마음의 신앙이 하나님의 말씀을 형성한다고 말하지 않았기 때문이다. 루터에게 하나님은 인간이 최고의 신뢰를 두는 분이다. 하나님의 말씀 없이는 신앙은 존재하지 않는다. 여기에 루터는 다음 사실을 변증법적으로 첨부한다. "신앙 없이 우리는 하나님의 말씀을 가질 수가 없다." 이 점에서 보버민의 "상관관계"의 표현은 정확하지 않다. 신앙을 신뢰(*fiducia*)로 해석할 때 멜란히톤은 다음과 같이 말한다. "그러므로 신앙은 약속된 하나님의 긍휼에 대한 신뢰와 다른 것이 아니다"(멜란히톤, *Loci*, 1521, IV). 신뢰는

실제의 신앙을 단순한 역사적인 견해와 구분한다. 이러한 역사적인 견해는 성서나 교회의 진술들을 확인하거나 또는 중립적으로 기억하는 지식을 말하지만, 신앙의 실제와는 다르다.

개신교 정통주의에서 신앙은 신뢰이며, 이것은 하나님의 말씀에 관한 한 지식과 동의 그 이상이다. 신뢰로서의 신앙 안에서 인간은 하나님의 말씀이 선언하는 자비로운 임마누엘을 영접한다. 신앙은 그것이 말씀에 대한 신뢰가 될 때, 신앙이 된다. 지식과 동의는 신뢰 없이 신앙이 되지 않는다. 오히려 그것은 믿음이 없는 사람들이 가질 수 있는 역사적인 견해일 수밖에 없다. 하나님의 자비에 대한 신뢰는 약속의 자비로서 인간과 만난다.

이 점에서 개혁파 신학은 신앙을 다음과 같이 정의한다. "진정한 신앙은 하나님이 인간에게 부어주시는 초자연적인 덕성"(하이데거)으로서 이러한 신앙은 지성에 속하는 지식(*notitia*)과 동의 그리고 의지에 머무는 신뢰와 구별된다. "지식(*notitia*)은 구원에 필요한 것들을 이해하는 것이며, 동의(*assensus*)는 하나님의 말씀으로 전수된 것"을 진실로 확고히 믿는 것이고, 바울 사도가 말한 *pepoisesis(plemophoria)* 즉 "신뢰는…신자가 복음의 약속들을 자기 자신에게 적용시키는 것이다"(헤페, 『개혁파 정통 교의학』, 754). "우리는 그리스도를 믿음으로써 그분 안에서 확신을 가지고 담대하게 하나님께 나아갑니다"(엡 3:12). "우리는 여러분에게 복음을 말로만 전한 것이 아니라 능력과 성령과 큰 확신으로 전했습니다"(살전 1:5).

"그러므로 신앙이란 무엇인가? 그것은 하나님의 모든 말씀을 확고하게 인정하는 것이다." 멜란히톤이 믿음을 신뢰로 정의할 때, 그것은 인간을 의롭게 하는 믿음을 의미한다. 법적으로 신뢰(*fiducia*)는 자산을 신용기관에 위탁하는 것을 뜻하는데, 이것은 다른 사람에 대한 소박한 믿음 또는 타인의 정직함을 보증하는 계약일 수 있다. 달리 말하면 계약을 보증하는 예금이기도 하다. 이것은 타인에 대한 좋은 믿음(bona fides)에 관련되며, 또한 법적, 심리학적, 신학적인 의미를 갖는다. "하나님께서는 자기가 정하신 사람을 내세워 심판하실 것인데, 그를 죽은 자들 가운데서 살리심으로써 모든 사람에게 확신을 주셨습니다"(행 17:31). 신뢰는 지식 및 동의와 마찬가지로 믿음의 객관적인 대상을 가리킨다. 그러나 신뢰는 믿음의 실제적인 내용을 말하며, 지식과 동의는 형식적인 내용을 언급한다. 『괴팅겐 교의학』에서 바르트는 다음과 같이 말한다. "신앙의 상관되는 내용은 약속이며, 신뢰(fiducia)는 보증의 빛에서 승인하는 것이다"(GD, 196).

(3) 이제 바르트는 믿음의 두 가지 차원을 해명하는데, 그것은 믿어지는 믿음, 또는 믿음의 내용(fides quae creditur)과 신앙을 통해 믿어지는 것, 즉 구원의 확신으로서의 믿음(fides qua creditur)이다. 하나님은 말씀과 성례를 통해 우리에게 구원을 주시며, 인간은 믿음으로 이것을 붙들고, 받아들인다. 이것은 인간에게 일어나는 믿음의 주관적인 측면을 말한다(fides qua creditur). 그러나 사도신경를 통해 우리의 신앙을 고백할 때, 그것은 믿음의 객관적인 내용을 언급한다(fides quae creditur). 이러한 객관적인 내용을 간과할 때 믿음의 주관적인 측면은 감정주의로 갈 수 있고, 주관적인 측면이 없는 믿음의 객관적인 내용은 메마른 지식으로 흐를 수 있다. 믿음의 이러한 두 가지 차원은 아우구스티누스로부터 유래한다. "한편으로 믿어지는 것이 있고, 다른 한편으로 믿음을 통해 믿어지는 것이 있다"(『삼위일체』, XIII, 2.5). 게르하르트는 fides qua가 신뢰, 지식, 동의를 포함한다고 간주했다. 이후에 믿음에 대한 이러한 정의는 개신교 스콜라주의에서 보편적인 것이 되었다.

레이든의 『신학통론』은 다음과 같이 말한다. 인간을 의롭게 하는 신앙은 이성만이 아니라 의지도 포함한다. "지식과 동의는 이성에 속하고, 신뢰(*fiducia*)는 의지에 속한다"(헤페, 『개혁파 정통 교의학』, 756).

우리가 믿음 안에 머물 때, 자신으로부터 돌아서서 하나님의 말씀을 향해 귀를 기울인다. 말씀의 실재 안에서 우리는 말씀에 대한 가능성을 가지며 그것을 사용한다. 그러나 관조하지는 않는다. 관조하면 우리는 말씀을 듣지 못하며, 그 실재를 상실한다. 관조 안에서 인간은 믿음과는 다른 어떤 것을 항상 말하게 되기 때문이다. 그러나 피조물과 죄인으로서 인간은 자신에게 오시는 하나님의 말씀과 믿음을 기다린다.

알트하우스에 의하면 "나는 내가 믿는지 잘 모르지만, 그러나 나는 누구를 믿는지는 안다"(*Grundriss d. Dogm.*, 1929, 19). 바르트에 의하면 "우리는 우리의 **신앙**을 믿을 수 없다. 그러나 우리는 단지 우리의 신앙을 **믿을 수 있다**." 신앙은 모든 다른 업적과 일들의 근거가 되는 선한 행동이다(루터). "두려워하지 말라. 이제부터 너는 사람을 낚을 것이다. 그들은 배를 뭍에 댄 뒤에 모든 것을 버리고 예수를 따라갔다"(눅 5:11). 베데스다 못에 있는 중풍병자에게 예수는 말한다. "일어나서 네 자리를 걷어가지고 걸어가라"(요 5:8). 병자는 믿고 일어난다. 예수의 명령이 항상 새로운 방식으로 치고 들어올 때, 우리는 예수의 약속을 항상 새로운 방식으로 붙잡는다. 루터는 이러한 하나님의 은총의 약속을 붙드는 믿음만이 우리를 의롭게 하며, 다른 모든 일과 행동의 근거가 되는 첫 번째 일이라고 말한다. 오직 믿음으로"만"에서 믿음은 항상 그리스도의 약속과 "더불어" 존재한다(Gollwitzer, *Befreiung zur Solidarität*, 215-6).

믿음 안에 있는 말씀의 가능성은 특별한 기술이 아니며 특별한 재능을 전제하지도 않는다. 중요한 것은 인간 존재에 대한 하나님의 심판인가 아니면 은총인가 하는 것이다. 그러나 하나님의 말씀이 인간의 믿음과 지식에 대해 진리로서 다가오는 한, 그것은 특별한 것이다. 이 점에서 출애굽의 만나 이야기는 바르트가 말하는 믿음과 유사하다(출 16장). 믿음처럼 우리가 지적할 수 있는 가능성은 하나님의 말씀 자체, 즉 베들레헴에서 동정녀 마리아에게서 태어나신 아기 예수이다.

(4) 믿음 안에서 일어난 것이 하나님의 말씀에 대한 "인정"이라면, 그것은 인간의 행동이며 경험이다. 인정된 하나님의 말씀이 그것을 가능하게 한다. 그러므로 믿음 안에서 인간은 말씀에 대해 실제적인 경험을 한다. 이러한 경험의 차원은 칼뱅주의 원리인 "유한은 무한에 대한 가능성을 가질 수 없다" 혹은 "죄인은 하나님의 말씀에 대한 가능성을 가질 수 없다"(peccator non capax verbi divini)를 넘어선다. 우리는 믿음을 인간적인 의미에서 일면적 가능성으로 간주하지 않는다. 물론 믿음 안에서 하나님에 대한 인간의 충실한 순종이 일어난다. 순종은 하나님의 말씀에 대한 인간의 순응이며, 하나님처럼 되는 것이 아니다(deifictaion). 하지만 말씀하시는 하나님과 경청하는 인간 사이에 공동적인 것이 없다면, 하나님의 말씀을 믿을 수 없다. 하나님과 인간 사이에는 다름에도 불구하고 유사함이 존재하는데, 이것을 접촉점이라고 말한다.

신학적 인간학은 창세기 1:27을 근거로 해서 그 접촉점을 하나님의 형상이라고 부른다. 에밀 브룬너는 하나님의 형상을 심지어 죄인으로서의 인간이 창조로부터 받은 인간성과 인격이라고 말한다. 인간성과 인격은 하나님에게 순응하지 않지만, 말씀에 대한 접촉점이 될 수 있다. 이 점에서 하나님의 형상은 파괴되지 않았다. 심지어 죄인으로서의 인간 안에 남겨진 하나님의 형상은

"자연적으로 바른 것"이다(*recta natura*). 그러나 바르트는 브룬너의 이러한 입장에 동의하지 않는다. 오히려 바르트가 보는 하나님의 말씀의 접촉점은 그리스도를 통하여 회복되고 새롭게 된 "온전하고 바른 상태"(*rectitudo*)를 말한다. 그리스도 안에서 일어난 하나님과 인간의 화해는 상실된 접촉점의 회복과 더불어 시작한다. 여기서 접촉점은 믿음의 외부가 아니라 오직 믿음 안에 있다. 믿음 안에서 인간은 하나님의 말씀에 의해 바로 말씀을 위해 창조되고, 그 말씀 안에 거한다. 인간은 인간성과 인격성을 통해, 혹은 창조를 근거로 해서 회복되는 것이 아니다. 왜냐하면 창조는 타락 가운데 있기 때문이다.

신학적인 측면에서 볼 때, 접촉점은 믿음 안에 즉 화해의 은총을 통해 주어진다. "하나님을 닮아가는 것 또는 하나님에 대한 순응"(Gottförmigkeit, conformity to God)은 하나님의 말씀을 영접하는 가능성을 말하는데, 하나님의 형상의 개념도 이와 같은 효력을 갖는다. 로마 가톨릭의 존재의 유비와 아주 작은 차이만 있다고 해도, 바르트의 신앙의 유비는 현격하게 다르다. 바르트는 존재의 유비에 걸맞은 것에 관심을 두지 않는다. 존재의 유비는 방관자의 측면에서 창조주와 피조물의 종합으로 이해된다.

그러나 바르트에 의하면 모든 차이에도 불구하고 피조물이 창조주와 공동으로 갖는 것은 존재가 아니라 행동이며, 이 행동은 믿음 안에서 일어나는 하나님의 은총의 결정과 비슷하다. 유비와 유사함 이상으로 우리는 말할 수가 없다. 로마 가톨릭의 존재의 유비는 "거대한 차이"에도 불구하고 창조주와 피조물의 "최소한도의 유사성"을 말한다. 만일 여기서 창조주와 피조물 사이의 비밀스런 일치가 존재한다면, 그것은 차이 안에 있는 유사성이 아니라 "비동등성 안에 있는 동등성"을 말한다. 그럴 경우 우리는 "하나님에 대한 순응"이 아니라 하나님처럼 되어가는 인간을 말해야 한다.

바르트는 토마스 아퀴나스의 존재의 유비를 거절하지만, 존재의 유비에 담긴 진리의 내용은 분별한다. "그리스도교 신앙은 인간에게 하나님에 대해 가르치기 때문에…인간 안에는 신적인 지혜와 유사한 것이 일어난다"(토마스 아퀴나스). 루터 역시 믿음 안에 있는 칭의의 행동을 말한다. "하나님은 우리를 그분의 말씀처럼 바르고 참되고 지혜롭게 만드시며…우리가 그분의 말씀을 믿을 때 하나님은 우리를 그렇게 변화시키신다. 말씀과 믿는 자들은 유사한 형식, 즉 진리와 의로움을 갖는다.… 믿음을 통하여 인간은 하나님의 말씀과 유사하게 되어간다"(*Per fidem fit homo simillis verbo Dei*). "말씀에 의해 영혼도 말씀처럼 되어간다. 이것은 쇠가 불에 달구어져 빨갛게 되는 것과 같다"(루터, 『그리스도인의 자유』, 1520).

루터는 믿음 안에서 인간이 받는 의로움을 다음과 같이 설명한다. "믿음은 인간의 마음을 고양하여 자기를 넘어서서 하나님을 향하게 한다. 성령은 마음과 하나님으로부터 온다." 믿음의 항존성과 확실성에 관하여 루터는 이렇게 말한다. "믿음을 통해 인간은 하나님처럼 되어간다(*fide homo fit Deus*). 믿음 안에서 인간은 하나님을 영화롭게 한다. 믿음은 신성을 성취한다. 말하자면 이것은 하나님 안에 있는 신성의 창조주를 본질적으로 말하지 않지만, 우리 안에 계신 하나님을 말한다. 왜냐하면 믿음이 없이는…하나님은 위엄과 신성을 갖지 않기 때문이다." 같은 의미에서 아우구스티누스는 인간을 의롭게 하는 사건에서 인간이 하나님의 자녀가 된다는 점에서, 하나님처럼 되어감을 말한다. "물론 이러한 것은 양자가 되는 은총을 말하지, 신성으로부터 자연적으로 생산되는 것이 아니다." 아우구스티누스나 루터에게 믿음 안에서 하나님처럼 되어가는 것은 인간의 본성이 하나님의 본성으로 변하는 것을 의미하지 않는다. 갈라디아서 주석에서 루터의 간결한 표현은 이것을 표현한다. "신앙 그 자체 안에 그리스도가 임재한다"(*In ipsa fide Christus adest*).

루터의 표현대로 "신앙 그 자체 안에 그리스도가 임재하는 것"은 오늘날 핀란드 루터학파를 통해 동방교회의 신성화(deification) 개념과 비교하는 에큐메니칼 대화의 소재를 제공한다. 루터에게 이 표현은 "그리스도교인의 자유"에서 행복에 찬 교환(Fröhliche Wechsel; happy exchange)을 뜻한다. 우리 외부에서(*extra nos*) 우리를 의롭게 하시는 칭의의 은혜는 성령을 통해 우리를 위한(*pro nobis*) 인격적인 사건이며, 동시에 우리와 함께(*cum nobis*) 내주하시는 그리스도의 임재를 포함한다. 이러한 통합적이고 역동적인 구원론에서 칭의에 대한 법정론적 이해(forensic)는 인간을 변화시키는 차원(effective, transformative)과 연결되며, 그리스도가 이러한 구원의 드라마를 이끌어가는 주님이 되신다(*Christo formata fidei*). 신앙의 확신은 그리스도와의 연합에서 구원의 확신이 된다. 하나님처럼 되어가는 행복에 찬 교환은 그리스도론적으로 설정되지만(엡 5:31-32), 이것은 예수 그리스도의 인격에서 나타나는 신성과 인성의 합일(*communicatio idiomatum*)을 의미하지는 않는다(*Union with Christ*, eds. Braaten and Jehnson).

"그리스도를 붙드는 것", "우리 안에 그리스도가 내주하시는 것", "그리스도와 인간의 합일"은 바울에게서도 나타난다. "나는 그리스도와 함께 십자가에 못 박혔습니다. 이제 살고 있는 것은 내가 아닙니다. 그리스도께서 내 안에 살고 계십니다"(갈 2:20). 칼뱅 역시 그리스도의 신비한 연합을 가르쳤고, 아우구스티누스나 루터 또는 안셀무스, 클레르보의 베르나르두스(Bernard of Clairvaux)에게 결코 뒤지지 않는다. 이러한 차원을 이해하지 못하면, 종교개혁의 칭의론과 믿음의 깊이를 파악할 수 없다. 칼뱅은 오시안더와 논쟁하면서(『기독교 강요』 III. 11. 5) 믿음과 그리스도를 혼동할 수 없다고 잘라 말한다. 그리스도와의 연합은 충분한 숨겨짐에서 나타난다. 이런 연합의 관계에서 인간은 여전히 인간으로, 그리스도는 그리스도로 머문다. 그리스도만이 믿음의 대상이며, 믿음이 만든 대상이 아니다.

안드레아스 오시안더(Andreas Osiander, 1498-1552)는 초기에 루터주의 진영에서 활동했고, 마르부르크 콜로키움(1529)에 참여하고 **슈말칼덴 신앙조항**(Schmalkald Articles, 1531)에 서명을 했다. 그러나 이후 오시안더는 루터의 칭의론과는 다르게 그리스도와의 신비적 연합으로부터 칭의론을 도출했다. 루터에 의하면 일차적으로 칭의의 은총은 인간의 외부로부터 전가된다(imputed *extra nos*). 그리스도가 인간의 삶 안에 내주함으로써 인간을 의롭게 하는 것이 아니다. 오시안더의 신비한 연합은 그리스도의 인성과 십자가 신학을 허물어 버린다. 오시안더에 의하면 그리스도의 신성을 통해 인간은 삼위일체론적인 본질(페리코레시스)에 참여함으로써 성화되고 신성화 되는데, 칭의의 은총은 이러한 신성화의 귀결이 된다. 그리스도를 닮는 것, 즉 신성화가 칭의의 근거가 된다. 여기서 죄와 회개의 문제("항상 죄인, 항상 의인")는 진지하게 취급되지 않는다. 루터, 칼뱅, 멜란히톤은 오시안더의 입장을 배격했다.

믿음 안에서 인간은 하나님께 순응하며 자신을 하나님의 말씀에 맞게 순응해간다. 인간은 자신의 결정을 통해 하나님의 결정에 상응해간다. 믿음 안에서 나타나는 그리스도의 내주는 인간학적인 진술로 바꿀 수 없다. 죄인으로서의 인간은 그리스도 안에서 죽고, 믿음 안에서 다시 산다. "세례를 받아 그리스도 예수와 하나가 된 우리는 모두 세례를 받을 때 그와 함께 죽었다는 것을 여러분은 알지 못합니까?"(롬 6:3).

믿음 안에서 인간은 희망하는 것들의 본성에 상응하고 열리는 확신을 갖는다. "믿음은 바라는 것들의 확신이요, 보이지 않는 것들의 증거입니다"(히 11:1). 믿음 안에서 하나님 앞에서 의롭게 된 자들에게 다음과 같이 말해진다. "하나님의 말씀은 네게 가까이 있다. 네 입에 있고 네 마음에 있다"(롬 10:8). 믿음은 하나님의 말씀에 순응하고 말씀에 맞게 살아가며 말씀의 인식 가능성을 말한다.

아담 안에서 상실된 하나님의 형상이 그리스도 안에서 회복될 때, 인간은 하나님의 말씀을 듣는다. 은총 안에서 하나님이 인간의 죄를 향해 응답할 때, 그러한 가능성이 살아난다. 이것은 인간에게 내재한 자연적인 능력이 아니라 은총 안에서 회복된 것이다. "눈으로 보지 못하고 귀로 듣지 못한 것들, 사람의 마음에 떠오르지 않은 것들을 하나님은 자기를 사랑하는 사람들에게 마련해 주셨다"(고전 2:9). 하나님의 은혜로우신 행동과 선물을 깨달아 알게 하는 것은 성령이다. 성령은 하나님의 깊은 경륜까지도 살피신다. 성령은 신령한 것을 신령한 것으로 알게 하신다(고전 2:13). 말씀을 행하는 사람(약 1:22)은 믿음 안에 있다.

믿음의 증거는 믿음을 선포하는 데 있으며, 말씀의 인식 가능성은 말씀을 고백하는 데 있다. 믿음과 고백 안에서 하나님의 말씀은—엄청난 차이와 부적합성에도 불구하고—인간의 생각과 말이 된다. 하나님의 약속에 대한 회상과 미래의 성취에 대한 기대에서 하나님의 말씀과 인간의 말은 믿음을 통해 연합이 된다. 이러한 상호적인 내주와 연합은 하나님의 말씀의 인식 가능성이며, 교회의 선포와 교의학의 가능성이다. 바르트는 루터와 칼뱅의 그리스도와의 연합과 성령의 사역을 통하여 교회의 선포 사역과 교의학을 추구하는데, 여기서 그는 존재의 유비나 신비주의나 동일성의 철학과는 전혀 다른 방식으로 신앙 사건과 경험적인 측면을 말한다.

"나의 생각은 당신과 연합되어 있으며, 나의 노력 역시 당신과 전적으로 하나가 되어 있으며, 또한 당신의 긍휼을 입은 우리의 본질도 이미 당신에 의해 축복 속에 지배됩니다"(캔터베리의 안셀무스). 루터도 말한다. "믿음 안에서 그리스도는 임재하신다"(*In ipsa fide Christus adest*, 갈라디아서 주석 2:16). "하나님이 말씀하시는 계시의 진술은 인간이 듣는 진술과 일치한다"(에두아르트 투르나이젠, *Das Wort Gottes und die Kirche*, 1927, 222).

(5) 하나님의 말씀의 인식 가능성은 말씀에 대한 인간의 상응관계를 포함한다. 말씀에 대한 인간의 "인정"은 인간의 신앙의식의 분석에서 찾아지는 것이 아니라, 하나님의 말씀이 신앙의식을 향해 요구하는 것에서 찾아진다. "인간은 실제의 믿음 사건에서 위로부터 열려진다. 위로부터이고 아래로부터가 아니다! 아래로부터 볼 수 있고 파악되고 분석되는 것, 즉 인간의 경험, 행동, 신앙의식은 위로부터 요구된 것의 성취가 아니다"(CD I/1, 242). 참된 신앙인은 신앙의식 그 자체가 인간의 어둠에 불과하다는 사실을 주저하지 않고 인정한다.

실제의 신앙 사건에서 일어나는 위로부터의 열림은 하나님의 약속에 대한 회상과 미래의 성취에 대한 희망 안에서 명백해진다. 인간의 어둠 속에서 하나님이 수행하시며(*forma Dei*), 마음의 어둠 속에서 그리스도가 임재하신다. 모든 차이에도 불구하고 믿음 안에서 하나님의 약속을 붙드는 가능성은 말씀을 현실화시키는 하나님의 가능성과 유사하다. 이러한 유사성을 근거로 해서 교회, 선포, 교의학은 가능해진다.

바르트는 가톨릭의 존재의 유비를 거절하지만, 유비 개념을 포기하는 것은 아니다. 그는 신앙의 유비(롬 12:6)를 사용한다. 바울에게 신앙의 유비는 인간이 하나님을 알기 전에 인간 존재가 먼저 하나님에게 알려진다는 사실로 바뀐다. "지금은 여러분이 하나님을 알 뿐만 아니라, 하나님께서 여러분을 알아주셨습니다"(갈 4:9). "그러나 하나님을 사랑하는 사람은 하나님께서 그를 알아 주십니다"(고전 8:3). 아무런 차이 없이 얼굴과 얼굴을 맞대고 하나님을 보는 것은 종말론적인 완성을 기다려야 한다. 하지만 믿음 안에 하나님과의 유사성과 유비가 존재한다. "그때는 하나님이 나를 아신 것 같이 내가 온전히 알게 될 것입니다"(고전 13:12). 바르트가 접촉점의 가능성으로 언급하는 것은 인간의 존재론적인 가능성이나 능력에 있지 않다. 그것은 하나님의 말씀에 순응하며, 하나님의 은총의 사역을 통해 신앙 안에서 가능해진다.

신앙의 유비를 하나님의 말씀과 연관시키면서 바르트는 다음 사실을 해명한다. (a) 인간이 믿을 때, 믿음의 대상이신 하나님은 그에게 임재하신다. (b) 인간이 하나님께 순응할 때, 인간은 하나님에 의해 전적으로 신앙인으로서 존재한다. 믿을 때 인간은 자신의 근거가 자기 자신이 아니라 하나님 안에 두어졌음을 안다. 인간이 자신의 신앙을 만드는 것이 아니라, 말씀이 신앙을 창조한다. 말씀을 통해 신앙이 인간에게 다가오며 허용된다. 인간은 신앙의 주체이지만(믿는 자는 하나님이 아니라 인간이다), 인간의 자아는 주체이신 하나님으로부터 파생된다.

오랜 신학적 전통 안에서 신앙은 하나님의 선물 즉 성령의 선물이라고 말해져왔다. 아우구스티누스는 펠라기우스에 저항하여 신앙을 은총으로 말했다. 펠라기우스(360-418)는 영국의 금욕주의 도덕가였다. 예정론을 거절하고 인간의 자유의지를 옹호했다. 펠라기우스는 선행을 하는 데 하나님의 도움이 필요 하지 않다고 말한다. 펠라기우스에게 필요한 은총은 율법의 선포에 있으며, 인간은 아담의 죄로 인해 상처를 입지 않았고, 하나님의 도움이 없이도 율법을 실행에 옮길 수 있다. 펠라기우스는 아우구스티누스의 원죄 개념을 거부했다

(신 24:16). 아우구스티누스에 의하면 아담의 죄는 성적으로 이어지는 인간의 죄의 충동(concupiscence, 선의 결함 또는 상처)을 통해 유전되고, 인간을 죄인으로 만든다. 모든 인간은 아담의 죄와 그 귀결인 사망의 지배 아래 있다. 이로 인해 선함에 대한 자유의지가 결여된다. 이런 측면에서 유아세례가 지지된다. 하나님의 은총이 없다면 인간은 하나님의 뜻에 응답할 수 없다. 하나님의 은총은 불가항력적이다. 카르타고 회의(418)는 펠라기우스가 이단이라고 선언했다.

"우리가 믿는 것을 하나님이 주신다"는 아우구스티누스의 표현은 애매하다. 왜냐하면 그는 다음과 같이 말하기도 했기 때문이다. "신앙은 인간의 능력과…행동의 가능성에 놓여 있다." 이러한 두 가지 입장은 다음과 같이 요약된다. "인간이 갖는 것과 받는 것은 하나님에게 속한다. 그러나 받는 것과 갖는 것은 인간에게 속한다." 아우구스티누스에 의하면 "보편적인 인간 본성이 존재하는데, 이것을 근거로 해서 신앙을 가질 가능성이 주어진다." 아우구스티누스에 비해 루터가 더 잘 표현해준다. "신앙은 단순하게 말하자면 하나님의 선물이다. 그분이 우리 안에 신앙을 창조하시듯이 그것을 보존하신다." 루터는 신앙을 해명할 때, 진리에 대한 단순한 승인으로 말하지 않는다. 루터에게 신앙은 그리스도에 대한 직접적이고 살아 있는 관계를 의미한다. 그리고 신앙은 하나님의 선물로서 인간의 일을 통해서도 살아난다. 아우구스티누스에게 "주님에 대한 인식과 지식은 그 어떤 부분도 주님으로부터 주어지지 않는 것이 없다." 안셀무스에 의하면 말씀의 "들음으로부터 오는 지성은 은총이다."

하나님의 말씀은 스스로를 인간에게 알려지게 한다. 하나님의 말씀의 인식 가능성은 우리에게 오시는 하나님의 기적이다. 이러한 은총의 기적에서 인간은 자신의 자유를 제한하거나 단지 수동적으로만 머물지 않는다. 하나님과 인간의 상호 내주성 내지 연합은 인간의 자유 안에서 일어나는 사건이지만, 이것은 말씀을 통한 신앙의 기적으로서 다가온다. 하나님이 본래적인 주체로 드러나시며, 말씀의 인식 가능성의 창조주로서 다가오신다. 그리스도는 외부에 머물지 않는다. "보아라, 내가 문밖에 서서 문을 두드리고 있다. 누구든지 내 음성을 듣고 문을 열면, 나는 그에게로 들어가서 그와 함께 먹고 그는 나와 함께 먹을 것이다"(계 3:20). 행동과 가능성에 관한 한, 이것은 외부에 서 계신 그리스도의 일로 나타난다. 부활의 그리스도가 닫혀 있는 문을 열고 들어오신 것은 조건 없는 진실이다(요 20:19).

5. 종교개혁의 칭의론과 에큐메니칼 대화

루터의 칭의론은 스콜라주의 신학에 대한 집중적인 비판과 함께 시작된다. 아퀴나스(1225-1274)는 하나님 개념을 성서로부터 가져오지 않고, 아리스토텔레스의 신 개념으로부터 차용한다. 그것은 "움직이지 않으면서 움직이게 하는 자"(Unmoved mover)의 개념이다. 아퀴나스의 칭의는 네 가지 조건을 요구한다. (a) 은총의 주입, (b) 신앙 안의 자유의지를 통한 하나님을 향한 움직임, (c) 죄를 향한 자유의지의 움직임, (d) 죄의 용서(『신학대전』, Ia 2ae. 113.7). 칭의는 그리스도의 은총에 의해 시작되고, 하나님을 향한 인간의 의지는 하나님을 향해 움직여야 한다. 하나님이 우리를 용서하신다면, 하나님이 우리의 마음을 움직이는 것이 아니라 우리가 하나님을 향한 마음을 움직여야 한다. 죄의 용서는 죄로부터 돌아서려는 인간의 의지에 근거한다. 칭의는 우리를 보다 더 하나님을 닮게 만들어가는 과정을 말한다. 칭의의 삶에서 우리는 죄로부터 돌아서야 한다. 이러한 네 가지 요구를 통해 아퀴나스의 칭의는 그리스도교적인 삶의 시작, 과정, 완성을 의미한다. 칭의는 하나님을 닮아가는 과정 또는 신성에 참여하는 것(신성화)을 말한다(Davies, *The Thought of Thomas Aqunas*, 336).

은총의 주입(fusion of grace)을 근거로 해서 죄의 용서가 주어진다면, 다시 말해 은총의 주입을 통해 인간의 영혼에 부여된 *habitus*(신성과 인성의 매개항)의 은총을 통하여 인간 안에 의로움이 만들어진다면, 인간은 선행을 통해 하나님의 은총에 합력하면서 구원을 완성할 의무가 있다. 아퀴나스는 초기 저작에서 은총의 주입 이전에 인간이 미리 준비하는 행동이 하나님으로부터 은총을 얻는 데 적절한 공적이 된다고 보았다(congruous merit - *analogia entis*). 그러나 후기 저작에서는 이러한 입장을 수정하지만 이 부분은 여전히 불분명하게 남아 있어서 논쟁을 일으킨다. 아퀴나스에게 중요한 것은 실제적인 공적인데(condign merit), 이 입장은 다음 사실을 강조한다. 은총의 주입을 통해 인간 안에 만들어진 의로움(*habitus*)을 통해 최선의 선행을 하면 믿는 자는 하나님으로부터 구원의 보상을 받는다.

아퀴나스의 칭의론에서 은총의 주입이 첫 번째 단계에 속하고, 이어지는 두 번째 단계에서는 *habitus*의 은총을 근거로 삼아 인간이 합력하여 구원을 완성한다. 물론 이 사상은 아우구스티누스에게서 유래하는데, 그는 칭의를 사건(하나님이 그리스도 안에서 우리 외부에 일으키신 은혜의 사건)과 과정(성화의 삶)으로 구분하지 않고 하나로 파악했다. 가톨릭 신학이 칭의와 성화를 구분하지 않아서 일으켜진 혼란에 맞서 칼뱅은 칭의와 성화를 명확하게 구분했다. 칭의는 그리스도의 십자가를 통해 하나님의 용서의 은혜로서 우리에게 오며, 성화는 그리스도의 부활을 통해 우리에게 새로운 삶을 살아가는 성화의 은혜로서

제1부 | 하나님의 말씀에 대한 신학적 성찰

온다. 칼뱅에게 성화는 가톨릭 교리처럼 인간의 업적에 속하는 것이 아니라, 그리스도의 부활로부터 오는 성령의 사역이며 은혜에 속한다. 이런 맥락에서 칼뱅은 그리스도와의 연합을 통해 칭의-성화-예정의 은혜를 이해했다. 멜란히톤은 혼란을 피하기 위해 칼뱅과 더불어 1차 칭의를 의롭다 함을 입는 은혜로, 2차 칭의를 거룩하게 되는 성화로 구분하지만, 트리엔트 공의회는 이를 거부했다.

(1) 트리엔트 공의회(1545-63)에 의하면 1차 칭의는 은총의 주입을 통해 주어지며, *habitus*의 은총을 근거로 하는 2차 칭의는 인간의 의로움을 증가시키면서 칭의를 완성해 나간다. 원죄가 있지만 자유의지는 파괴되지 않았고, 여기서 루터의 노예 의지론에 대한 비판이 나온다. 인간의 칭의란 "신분과 본성"의 근본적인 변화를 의미한다(은총의 주입을 통한 *habitus-habere*). 인간의 노력과 공적은 여전히 중요하며, 칭의의 삶에서 배가되어야 하고 하나님으로부터 보상을 받는다. 칭의는 외부로부터 전가되지만 이후에도 여전히 죄인으로 남는다는 루터의 입장은 받아들여지지 않는다. 그리스도의 십자가의 은혜를 통해 주어지는 의로움은 부정되며, 칭의를 성화로 만드는 의로움은 하나님의 은총을 존재론적으로 소유하는(*habitus divina gratiae*) 인간의 의로움에 속한다. 아퀴나스는 의롭게 만드시는 하나님의 은총을 두 가지 차원으로 분리하고, 하나는 활동적 은총(operative)으로, 다른 하나는 합력의 은총(cooperative)으로 말한다. 그리고 은총의 주입을 통해 주어진 *habitus*는 인간의 영혼 안에 의로움을 만들어내고 이 의로움은 내재적으로 인간에게 속하며, 이러한 인간의 내재적 의로움은 하나님의 은총과 협력하면서 칭의를 완성한다. 고해성사를 통한 사제의 용서 선언은 죄의 고백 이후에 주어지며, 마음으로부터의 회심과 적절한 만족

배상으로 끝난다. 그러나 트리엔트 공의회는 은총의 주입 이전에 인간의 노력이 하나님으로부터 보상을 적절하게 받는다는 입장(congruous merit)에 대해서는 절충주의적인 입장을 취한다. 은총의 주입 이후에 최선을 다하는 활동적 공적(Condign merit)을 통해 구원을 얻지는 않지만, 하나님은 마지막까지 선행과 업적을 통해 칭의를 지키는 자에게 영원한 생명을 허락하신다(McGrath, *Iustitia Dei*, 272). 트리엔트 공의회의 견해는 아퀴나스와 더불어 오컴과 비엘의 유명론의 입장을 절충하고 있다.

(2) 영국 프란체스코 수도회 출신인 오컴은 아퀴나스의 구원론의 체제를 깨뜨리는데, 그에 의하면 하나님은 절대적인 능력(*de potentia absoluta*)과 약속된 능력(*de potentia ordinata*)을 통해 활동한다. 하나님은 절대적인 능력으로 교회의 성사를 통하지 않고서도 구원을 이루신다. 그리스도의 은혜 없이도 인간이 최선을 다해 선행을 하면 하나님은 구원하신다(*facienti quod in se est*). 이것은 타종교의 사람들도 마찬가지이고, 자유의지를 통해 죄를 멀리하고 하나님을 사랑할 때 인간이 이루는 업적은 하나님으로부터 구원의 보상을 받는다. 오컴은 종교다원주의의 아버지라고 볼 수 있으며, 츠빙글리가 이러한 유명론의 전통에 서 있다. 가브리엘 비엘(약 1420/25-1495)은 제2의 오컴으로 여겨지는 인물인데, 당시 사제 서품을 준비하는 사람들에게 비엘의 책은 교과서로 통했다. 오컴이 파문을 당하고 뮌헨에서 쓸쓸히 최후를 마치는 것을 보면서 비엘은 아퀴나스의 입장과 오컴의 입장을 절충시킨다. 은총의 주입을 통해 하나님은 구원의 사역을 시작하지만, 그와 동시에 은총 이전에 있었던 인간의 노력은 적합한 업적이 되며 하나님이 그것에 대해 보상하신다(congruous merit). 그리고 이후의 그리스도인으로서의 선행과 업적도 하나님이 최대한 보상하신다(condign merit).

은총의 주입과 더불어 인간이 행하는 실제의 공적(condign merit; mertitum de condigno)은 하나님이 수용하시고 그것을 보상하신다. 은총의 주입과 상관없이 인간이 도덕적인 선행을 할 경우 그것은 하나님의 칭의의 은혜를 보상받을 수 있는 적합한 공적(congruous merit; meritum de congruo)이 된다. 유명론이 취한 근대의 길(via moderna)은 다음의 문장에서 잘 나타난다. "하나님은 최선을 다하는 자들에게 은총을 거절하지 않는다"(facienti quod in se est Deus non denegat gratiam). 최선을 다하는 자들에게 하나님은 칭의의 은총으로 보상한다. 아퀴나스와 가브리엘 비엘 사이의 연관성은 아퀴나스가 인간의 도덕적 선행을 하나님의 칭의의 은총을 얻는데 적합한 것으로 본 데 있다(Summa Theologiae, I. Qu. 109). 비록 실제의 공적 즉 인간의 카리타스(자비의 선행)가 인간의 삶을 지복과 구원으로 인도한다고 해도, 인간의 본성은— 비록 타락의 상태에 있기는 하지만—많은 선한 것을 행할 수 있다. 비엘은 아퀴나스의 입장을 하나님의 계약의 빛에서 전개했다. 의지의 표징(voluntas signi)은 창조를 향한 하나님의 선언이며, 모든 인간의 도덕과 정의는 하나님의 의지에 근거한다. 자연법은 하나님의 영원한 법의 명시이다(Oberman, Harvest of Medieval Theology, 104). 죄의 혐오와 하나님에 대한 사랑은 칭의의 은총을 보상받는 필요한 준비에 속한다. 하나님의 은총은 죄의 혐오와 하나님에 대한 사랑을 가능하게 하는 근거가 되는 것이 아니라, 역으로 인간의 도덕적인 선행의 결과로 주어진다. 이러한 비엘의 입장은 초기 아퀴나스의 입장(『명제집』에 대한 주석)에 근거하며, 아퀴나스를 넘어서서 비엘은 인간의 자유의지를 통한 공적(congruous)과 은총 안에서 보상되는 실제의 공적(condign)의 구분을 폐기한다. 비엘의 입장은 "너희 안에 있는 것을 행하라"는 문구로 요약된다. 인간의 최선의 행동을 통해 하나님의 칭의는 적합하게 보상된다. 비엘은 트리엔트 공의회에 지대한 영향을 미쳤다.

그러나 은총의 주입을 통해 *habitus*의 은총(*habere*, 소유의 은총)을 입은 자들이 선행을 하지 않으면 하나님은 처벌하고 심판하신다. 특히 아퀴나스에게서 그리스도는 십자가에서 우리의 죄를 대신해서 하나님의 분노를 만족(satisfaction)시켰기 때문에, 인간이 죄를 지고 회개하려면 자기가 저지른 죄에 대한 보상을 만족시켜야 한다. 이것을 고해성사(sacrament of penance)라고 말하는데, 고해성사를 통해 자기가 지은 죄에 대해 예를 들어 돈으로 배상해야 한다. 만일 죽을 때까지 돈으로 배상하지 못하면, 연옥에서 배상해야 한다. 여기서 면죄부 사상이 유래한다. 면죄부를 사면서 죄를 고백하면 이전의 모든 죄가 사해지며, 연옥에 있는 영혼도 사면된다.

아퀴나스 이전에 만족설은 아벨라르-안셀무스를 거쳐 논의되어 왔는데, 인간의 선행을 통해 만족된다는 아벨라르(Peter Abelard, 1079-1142)의 입장과 그리스도가 십자가에서 하나님의 공의로움과 명예를 만족시켰다는 안셀무스(Anselm of Canterbury, 1033-1109)의 입장이 아퀴나스에게 수용된다. 만족설은 칼뱅주의 교리인 1561년의 벨기에 신조 21조항에서도 나타난다. 그러나 칼 바르트는 그의 예정론(선택하시는 하나님과 선택된 인간—예수 그리스도라는 삼위일체론적인 관점)을 통해 칭의론과 십자가 신학을 안셀무스의 만족설과 날카롭게 대립시키며 안셀무스를 비판한다(CD IV/1, 253).

(3) 루터의 종교개혁은 아퀴나스와 스콜라주의 신학 전체에 대한 공격을 뜻한다. 루터는 스콜라 신학자들이 가르친 "하나님의 의로움"과 엄청난 투쟁을 벌인다. 그러나 로마서 1:17이 말하는 하나님의 의로움은 가톨릭 교리의 가르침과는 달리 영혼에 주입된 인간의 *habitus*으로 율법을 지키지 않으면 처벌하고 심판하는 하나님의 의로움이 아

니다. 그 의로움은 복음 안에서 드러난다. 그리스도의 십자가에서 하나님의 의로움이 계시되며, 결국 하나님의 의로움은 우리를 용서하는 의로움이 된다. 성령을 통하여 십자가 안에 나타나는 그리스도의 은혜를 영접하는 사람들에게 구원이 주어진다. 일차적으로 루터는 이것을 외부에서 전가된(imputed) 의로움이라고 말한다. 내가 아직 죄인이었을 때 하나님은 나의 외부에서(extra nos) 곧 그리스도의 십자가를 통하여 나를 사랑하셨고, 성령을 통하여 믿음을 선물로 주셔서 나는 이러한 하나님의 은혜를 영접한다. 성령을 통해 나는 그리스도의 은혜가 나를 위한 사건임을 안다(pro me). 나는 여기서 그리스도와 더불어 영적인 죽음을 경험한다. 이러한 영적 죽음을 경험하는 사람들에게 살아 계신 그리스도는 이들의 믿음 안에 실재적으로 임재하신다(cum nobis).

루터의 구원론의 체계는 아리스토텔레스의 신 개념을 우상으로 파악하고 이어서 은총의 주입과 만족설을 깨뜨리며 구원의 삶에서 인간의 모든 공적을 부정한다. 그러나 루터는 아우구스티누스의 전통에 서서 칭의와 성화를 칼뱅처럼 날카롭게 구분하지는 않는다. 칭의는 나의 외부에서(extra nos) 일어나는 전가된 사건이고 영적 죽음을 경험하는 자들에게 주어지는 은혜이며, 이들에게 그리스도는 임재 하신다. 이러한 칭의의 사건은 단번에 끝나는 것이 아니며, 나의 존재적 본성이 가톨릭의 habitus의 은총을 통해 변하는 것도 아니다. 칭의는 그리스도의 용서로부터 시작하고 말씀과 세례와 성만찬을 통해 끊임없이 살아 계신 그리스도의 은혜를 체험하면서 영적 진보를 이루어가며, 나의 삶 속에서 그리스도가 내주하시면서 나의 신앙의 삶을 인도하고 완성한다.

루터의 이러한 입장은 외부에서 전가된 의로움(사건)과 더불어 그리스도와의 행복한 교환(happy Exchange)으로 표현된다. 외부에서 전가된 의로움은 멜란히톤에 의해 루터교 교리와 신조 안에서 표현되는데(아우크스부르크 신앙고백), 이것은 루터의 칭의론과는 다르다. 루터에게 믿음으로 구원을 얻는 것은 "한 번 구원으로 끝"(one time basis salvation)을 말하지 않는다. 그것은 나의 영적 신분이 항상 새롭게 갱신되는 것을 말하며, 여기서 루터의 유명한 표현 곧 "항상 죄인, 항상 의인"(*simul peccator et justus*)라는 표현이 나온다. 루터에게서 하나님과의 연합 또는 그리스도와의 행복한 교환은 하나님의 거룩한 신성에 참여하는 삶을 거절하지 않지만, 다른 점은 우리는 여전히 죄인으로 남아 있다는 사실이다. 이것은 죄의 본성이라기보다는 인간의 피조성에 기인한다. 죄의 문제를 해결하는 분은 인간이 아니라 하나님이시다.

(4) 칭의가 사건이며 과정이라는 점에서 루터는 가톨릭 교리의 성사론을 비판한다. 가톨릭적인 성사론에서 핵심적인 표현은 성사의 자동적 효율성인데(*ex opere operato*), 성사를 집행하는 사제의 영적 상태와는 아무런 상관이 없다. 성사가 집행하는 사제의 영적 상태에 따라 효력을 발휘한다면 그것은 더 이상 성사가 될 수가 없다(*ex opere operantis*). 그러나 루터에게서 세례와 성만찬은 그리스도의 명령이고 약속이며, 그것에는 구원과 영원한 생명이 보증된다. "이것은 나의 몸이다"(Lutheran *Est*)는 아퀴나스의 화체설과 다르다. 아퀴나스는 겉으로 보이는 빵과 포도주(accidents)가 본체론적으로(substance) 예수의 몸과 보혈로 변형된다고 본다(tran-substantiation). 루터가 마르부르크 담화에서 츠빙글리와의 논쟁 가운데 주장하는 것은 훗날 루터주의자들이 교리로 말한 공제설도 아니다. 루터의 입장은 매우 단순하다. 그리스도가 "이것이 나의 몸이고 피"라고 했다면, 그것으로 충분하다. 약속은 복음이며, 떡과 포도주가 아니라 그리스도의 말씀이 세례와 성만찬을 복음과 말씀으로 만든다. 그래서 성례는 보이는 말씀에 속한다.

이러한 약속의 성례에 부활의 그리스도는 실재적으로 임재 하신다(real presence). 우리는 신뢰의 믿음을 가지고 성례에 참여한다. 루터에게서 칭의론이 "오직 믿음으로"라고 표현될 때, 이것은 현재 진행형을 말하며 성례전적인 삶에 참여하는 것을 말한다. 이런 구원의 삶을 사는 사람들에게 영원한 생명과 구원에 대한 "믿음의 확신"이 주어진다. 성례를 통해 살아 계신 그리스도가 성령을 통하여 우리의 믿음을 새롭게 하고 성숙하게 한다. 그리스도가 실제적으로 임재하시기 때문에 성례는 거룩하게 집행되어야 하며, 참여자들은 자신의 모습을 살피고 경건하게 그리스도를 만날 수 있어야 한다. 이것을 루터의 성례전적 신학의 "인격적 차원"이라고 부른다.

(5) 이것은 칼뱅에게도 마찬가지다. 가톨릭적인 칭의론의 혼란을 피하고 자신의 칭의론을 부각시키기 위해 칼뱅은 칭의와 성화를 구분했지만, 성화는 가톨릭 교리처럼 하나님으로부터 상급과 보상을 받기 위한 인간의 선행 혹은 죄에 대한 처벌을 만족시키는 것을 뜻하지 않는다. 그것은 부활의 그리스도의 은혜로부터 오며, 세례와 성만찬에서 표현된다. 루터와 더불어 칼뱅은 그리스도의 생명과 구원의 약속이 성례전에 담겨 있으며, 우리의 칭의와 구원은 한 번에 끝나는 것이 아니라고 말한다. 차이가 있다면 칼뱅은 루터주의자들이 말하는 그리스도의 몸이 온다는 표현을 성령론적으로 표현한다. 성령을 통한 그리스도의 실재적인 임재가 세례와 성만찬에서 일어난다. 이러한 칼뱅의 입장은 츠빙글리의 영향을 받은 웨스트민스터 신앙고백의 영적 임재와는 달리 "성령을 통한 실재적 임재"로 말해진다. 츠빙글리는 성례가 영원한 생명을 허락하는 것을 부정하고, 성례를 단순한 기념설로 보았다. 칼뱅 이후 웨스트민스터 신앙고백에서는 칼뱅보다는 사실상 츠빙글리가 칼뱅주의의 이름 아래서 지대한 영향을 미쳤다.

바르트는 루터파와 개혁파의 성만찬 논쟁이 서로의 입장을 갈라놓는다기 보다는 에큐메니칼 관점에서 양자가 서로 화해될 수 있다고 본다. 특히 바르트는 칼뱅이 말하는 성령의 실재적 임재에 주목했고, 칼뱅의 그리스도의 연합에 기초하여 그리스도의 사역을 다음과 같이 요약한다. 그리스도의 은혜의 (성례전적) 사건은 우리의 외부에서(*extra nos*), 우리를 위해(*pro nobis*), 우리 안에서(*in nobis*) 일어난다. 그리스도는 말씀으로 우리에게 오시며 성령으로 세례를 주신다. 믿음은 가톨릭 교리처럼 카리타스를 통해 형성되는 것(*fides caritate formata*)이 아니라, 그리스도를 통해(*fides Christo formata*) 형성된다. 여기서 바르트는 성령세례를 물세례와 구분하여 성례전적으로 말한다. 성령세례란 예수 그리스도가 말씀과 성령을 통해 인간을 회심(거듭남)시키며, 새로운 존재로 만들어 가는 사건이다. 성령세례는 교회가 베푸는 물세례를 통해 일회적으로 일어나지만, 칭의-성화-소명의 은혜와 더불어 현재 진행형으로 그리고 종말론적으로 펼쳐진다. 성령세례는 물세례를 배제하는 것이 아니라 필요한 것으로 만든다. 여기서 바르트는 세례와 성만찬을 구원에 필요한 조건이나 구원을 수여하고 확증하는 것으로 보는 가톨릭의 입장을 배제한다(*ex opere operato*). 바르트의 성례 신학은 이미 그의 하나님 말씀론에서 예수 그리스도의 계시가 성서와 설교를 하나님의 말씀으로 만든다는 입장(성령의 내적 증거)과 다르지 않다. 세례와 성만찬 안에서 삼위일체 하나님의 행동과 친교가 교회의 원형(prototype)이 되며, 이러한 하나님의 행동의 원형(original)에 대한 유사성을 근거로 해서 세례와 성만찬은 공허한 표징이 아니라 의미와 능력으로 채워진다(CD IV/ 3.2, 901).

(6) 루터주의자와 칼뱅주의자들의 논쟁은 실제로는 루터와 칼뱅 사이의 논쟁으로 볼 수 없다. 칼뱅은 츠빙글리를 분파적인 인물로 위험시했고, 멜란히톤과 신학적으로 연대했다. 멜란히톤은 루터주의자들이

말하는 "외부에서 전가된 의로움"이 잘못하면 선행을 무시하는 반율법주의(antinomian)와 방종주의로 가게 되는 것을 염려했다. 그는 칼뱅의 율법의 삼중 기능을 높게 평가했고, 특히 율법의 제3기능 곧 성화를 루터주의 진영 안으로 수용했다. 하나님에 의해 의로움을 입은 자들은 세례와 성만찬을 통해 예배의 삶을 살지만, 육신의 연약함으로 인해 언제나 죄인이 될 수 있기 때문에 성화의 삶도 살 수 있어야 한다. 성화의 삶을 살지 못하면 다시 타락의 길로 빠질 수 있다. 여기서 멜란히톤은 인간의 자유의지를 강조하면서 루터와 거리를 둔다.

그러나 루터에게 율법은 이중적이다. 율법의 첫째 기능은 자연법이다. 이에 따르면 하나님은 믿지 않는 자들에게도 삶의 축복을 허락하셨다. 그러나 이것이 하나님의 구원의 은혜를 얻을 수 있는 "접촉점"이 되지는 않는다(바르트와 브룬너의 논쟁). 왜냐하면 구원은 십자가로부터 오기 때문이다. 이미 루터는 인간의 업적을 근거로 한 가톨릭교회의 영광의 신학을 자신의 유명한 "하이델베르크 논쟁"에서 비판한 적이 있다. 루터에게 중요한 것은 율법의 두 번째 기능인데, 율법은 나의 모습을 거울처럼 비추어주며 나의 죄를 깨닫게 한다. 바울이 율법을 가정교사에 비교한 것을 루터는 율법의 제2기능으로 발전시킨다. 이 점에서 루터는 율법을 폐기하지 않는다. 율법이 없으면 우리는 죄를 알 수 없다. 율법이 나를 죄인으로 고발하고, 나로 하여금 믿음을 가지고 그리스도의 은혜에 의지하게 한다. 이른바 루터의 신앙의 내적 고투(Anfechtungen)는 히브리서 7장의 그리스도의 대제사장직에서 해결된다. 그리스도는 하나님 곁에서 우리를 위해 중보하신다. 그리스도의 옷을 입은 자들에게 하나님은 대적하지 않고 항상 아멘이 되신다. 그리스도의 십자가 안에서 드러나는 하나님의 사랑을 끊을 자가 없다. 율법은 우리의 죄를 고백하게 하지만 동시에 그리스도 안에 나타난 하나님의 사랑을 믿음으로 의지하게 하고, 항상 우리를 회개의 삶으로 인도한다. 루터는 율법의 세 번째 기능 대신에 사도들의 도덕적 권면(*paraenesis*)을 말한다. 만일 우리의 성화의 삶이 인간의 노력과 공적에 속한 것이 되고 우리의 구원을 완성하는 조건이 된다면, 루터에 따르면 이것은 가톨릭 교리의 반복이 된다. 루터는 의롭게 된 자들은 이웃들을 위해 그리스도처럼 살아가야 한다고 인간의 선행을 강조한다. 그러나 인간의 선행을 통해 역사하시는 분은 그리스도이며, 우리의 선행은 봉사(디아코니아)로 드러난다. 칭의의 은혜를 입은 자들은 이제 하나님의 동역자로서 살아가면서 이웃을 위한 디아코니아에 헌신한다. "선한 나무"(의롭게 된 존재)가 선한 열매를 맺는다. 하지만 선한 열매(업적)를 통해 선한 나무(존재)를 판단하지는 않는다. 루터에게 복음의 제1형식이 죄의 용서라면, 사도들의 복음적인 삶에 대한 권면(*paraenesis*)은 복음의 제2형식에 속한다. 우리가 의롭게 될 때 우리는 권면을 실천하는 존재가 된다. 이러한 그리스도교인의 삶을 이끌어 가시는 분은 살아 계신 그리스도요 성령이다. 루터는 선행을 강조하지만, 선행에 대한 그의 이해는 가톨릭교회의 "카리타스"나 멜란히톤 또는 이후의 청교도적 입장(practical syllogism, 선행은 구원받았음을 확인하는 증표)과는 전혀 다르다. 헬무트 골비처는 이 점에 주목하면서 바르트의 율법에 대한 입장(복음의 필요한 형식)을 루터적 복음의 제2형식(paranesis)과 중재한다. 그러나 루터 이후의 루터주의들의 역사에서는 오히려 반(反)율법주의가 지배적으로 나타난다.

(7) 칼뱅은 성화를 강조하지만, 칭의론에서는 루터와 동일하다. 하나님의 은혜는 죄의 용서로 끝나는 것이 아니라, 성령을 통하여 새로운 삶으로 이어지고 드러난다. 루터가 십자가 신학으로부터 출발한다면, 칼뱅은 예정론으로 시작한다. 물론 루터는 아우구스티누스의 예정

론에 근거하여 가톨릭 교리의 공적 사상을 깨뜨렸지만, 그럼에도 불구하고 일관성 있게 십자가 신학을 중심으로 하여 사고했다. 칼뱅의 이중예정은 많은 논쟁을 불러일으켰다. 칼뱅에게 예정의 근거는 그리스도이며, 예정을 통해 그리스도를 믿음으로 영접한 자들은 세례와 성만찬에 참여한다. 이러한 예정은 삶 속에서 성화로 드러난다. 그러나 칼뱅은 루터처럼 선한 나무(예정/존재)가 선한 열매(성화)로 드러나는 것이지, 겉으로 드러난 것을 통해 예정이 판단되어서는 안 된다고 본다. 칼뱅은 츠빙글리의 지대한 영향을 받은 영국 청교도들과 매우 깊은 갈등 관계에 있었고, 오히려 에큐메니칼 교회의 스승으로서 루터주의자인 멜란히톤이나 영국 성공회의 수장인 토마스 크랜머와 교류를 나누고 있었다.

(8) 1999년 루터교와 가톨릭교회는 칭의론에서 합의를 이끌어 냈다.[11] 이전에 한스 큉은 칼 바르트의 지도 아래 공부하면서 트리엔트 공의회의 칭의론과 바르트의 칭의론을 비교하여 양자가 서로 대립하지 않는다고 발표한 적이 있었다. 그러나 한스 큉은 바르트의 "우리 밖에서"(*extra nos*)의 입장과 트리엔트 공의회의 "외부로부터 오는 은총의 주입" 사이의 유사점을 지나치게 강조함으로써, 트리엔트 공의회에서 나타나는 인간의 공적과 협력설을 간과하는 경향을 보였다. 바르트는 예수 그리스도를 첫 번째 성례로 보고 성령세례를 구원의 시작으로 생각하며, 구원의 완성은 그리스도가 행하시는 것이라고 말한다. 이 점에서 트리엔트 공의회의 은총의 주입과는 많은 차이를 보인다.

1992년 칭의론에 관한 합의 문서에서 가톨릭교회는 그리스도 중심성과

---

11 *Joint Declaration on the Doctrine of Justification* (October 31, 2000).

믿음을 강조하면서 루터의 대부분의 주장을 긍정한다. 21조항에서 믿는 자들은 개인적으로 신앙의 과정에 참여하는데, 칭의와 삶의 갱신은 믿음 안에 실재적으로 임재하시는 그리스도와의 연합을 통해 발생한다(26 조항). "그리스도와의 연합" 내지 "믿음 안에 임재하시는 그리스도"는 가톨릭교회뿐만 아니라 동방 교회의 신성화(deification)와도 깊은 에큐메니칼 대화를 촉진시킨다. 이 점에서 루터파의 주요 교리인 "신앙일치 신조"(Formula of Concord)에 나오는 일면적으로 "외부에서 전가된 의로움"이라는 칭의론은 상당한 비판에 직면한다. 하나님의 호의(*favor Dei*, 그리스도의 십자가를 통한 죄의 용서)와 하나님의 선물(*donum Dei*, 우리 안에 임재하시는 그리스도)는 루터의 칭의론의 핵심에 속하며, 루터의 기독론의 두 속성의 교류(*communciatio Idiomatum*)와 "그리스도와 행복한 교환"이 새로운 해석의 빛을 받고 있다.

가톨릭교회와 루터교회의 합의문서에서 여전히 문제가 되는 것은 가톨릭교회의 신인협력설과 공적 문제가 제대로 다루어지지 않았다는 것과, 26조항에서 칭의론을 다룰 때 은혜를 입은 자들에게 죄의 능력이 치명적이지는 않다는 입장이다. 세례 이후의 죄에 대한 성향(concupiscence)—즉 현실적인 죄—은 죄로 간주되지 않는데, 이것은 루터의 "항상 죄인, 항상 의인"의 명제와는 대립된다. 루터에게 칭의의 시작 및 과정에서 완성자는 인간이 아니라 살아 계신 그리스도이시고, 내가 범하는 죄는 항상 실제적이고 치명적이며, 나는 회개를 통해 그리스도의 은혜 앞으로 나와야 한다. 그러나 가톨릭 교리는 여전히 인간 본성에 대한 강조를 포기하지 않는다. 그러나 중요한 것은 트리엔트 공의회의 입장이 철회되고, 루터와 개혁교회의 칭의론이 존중을 받았다는 역사적 사실이다. 그리고 2000년도의 합의문서는 종교개혁에 대한 트리엔트 공의회의 파문 입장을 철회한다. 종교개혁 500주년을 기념하면서 가톨릭교회가 축하 사절단을 보내는 것은 이러한 에큐메니칼 대화를 배경으로 한다.

보론: 신앙의 유비와 존재의 유비

바르트는 제2차 바티칸 공의회의 문서를 검토한 후에 존재의 유비에 대한 오랜 논쟁은 이제는 불필요하다고 말했다. 바르트는 존재의 유비의 진정한 의미에 대해 수긍할 수 있다고 한다(Barth, *Gespräche, 1964-1968*, 337). 윙엘은 바르트의 신앙의 유비를 가톨릭교회의 존재의 유비와 비교했고, 존재론적으로 매개했다. 현존재(Dasein)는 존재와의 관계를 함축한다(Jüngel, "Die Möglichkeit theologischer Anthropology," in Jüngel, *Barth-Studien*, 216, Footnote 7). 하이데거의 현존재 개념은 세상에 있는 존재이며, 타자와 더불어 있는 관계적인 성격을 가지기 때문이다.

(1) 윙엘은 하이데거의 존재론을 기반으로 삼아 존재의 유비를 "신앙의 언어형식"으로 새롭게 정의했다. "하나님은 말씀하시고 인간은 상응한다"(같은 곳). 언어는 존재의 집이고, 하나님과 인간은 언어를 통해 매개된다. 이러한 윙엘의 테제는 신학적 인간학의 가능성을 위해 의미를 갖는다. 더욱이 윙엘은 제4차 라테란 공의회에서 표현된 프리즈와라의 존재의 유비 개념을 옹호한다. 그것은 하나님과 피조물의 "위대한 유사성 안에 있는 보다 큰 차이"다. 이 차이가 프리즈와라의 존재의 유비 구조에 결정적이다. 윙엘에 의하면 존재의 유비는 본질적으로 "하나님께 접근할 수 없음"에 근거한다(Jüngel, *God as the Mystery of the World*, 283). 윙엘에 의하면 바르트는 이런 관점에서 프리즈와라를 이해하지는 못했다.

그러나 윙엘의 이런 해석은 새로운 것이 아니다. 왜냐하면 "하나님께 접근할 수 없음"은 보다 큰 차이에도 불구하고 하나님과 피조물 사이의 존재론적인 유사성을 통해 접근할 수 있음을 뜻하기 때문이다. 제1차 바티칸 공의회를 보면서 바르트는 자신의 입장을 확인했다. "하나님은 오직 하나님을 통해서만 알려진다. 그것은 그분의 자기계시의 사건에서 그렇다"(CD II/1, 79). 마찬가지로 바티칸 문서인 "영원하신 아버지에 관하여"(*Aeterni Patris*)는 아퀴나스의 저작 『대이교도대전』(*Summa Contra Gentiles*)을 옹호한다. "인간의 이성은 하나님의 말씀에 매우 충분한 확신과 권위를 부여할 수 있다"(Rogers, *Jr. Thomas Aquinas and Karl Barth*, 206.191에서 인용됨).

(2) 가톨릭 교리의 존재의 유비를 비판하면서도 바르트는 죙엔(Söhngen)의 새로운 해석을 적극적으로 평가했다. 즉 존재의 유비는 신앙의 유비에 종속된다. 만일 죙엔의 이러한 해석이 로마 가톨릭 교리의 주류에 속한다면, 바르트는 이전의 비판 즉 "존재의 유비는 적그리스도의 고안"이라는 비판을 철회한다고 말한다(CD II/1, 82). 죙엔의 해석에서 바르트는 신앙의 유비를 통해 존재의 유비가 수납되는 것을 본다. "신앙의 유비는 예수 그리스도를 통하여 존재의 유비를 치유하고 고양"하기 때문이다(같은 곳). 그러므로 존재의 유비는 신앙의 유비에 종속된다. 죙엔에 의하면 인간성을 수납한 하나님의 말씀은 신앙의 유비이며, 신앙의 유비는 존재의 유비를 수납한다. 하나님의 자녀로서 하나님에 대한 신앙의 참여는 존재의 참여에 대립되지 않는다. "오로지 하나님의 은총의 능력에 의해 발생하는 참여, 곧 하나님께 대한 인간의 진정한 참여는 존재의 참여이다"(같은 곳). 우리는 그리스도의 부활에 참여하는 자들이다. 이것은 몸의 부활이며, 존재에의 참여이다. 만일 존재의 유비가 말씀과 신앙 안에 근거한다면, 그리고 그것이 하나님에

대한 믿는 자들의 참여를 의미한다면, 바르트는 이러한 새로운 해석에 반대하지 않는다. 물론 이런 해석은 전통적인 존재의 유비에 대한 설명과는 다르다.

몰트만은 1215년 라테란 공의회의 입장, 즉 창조주와 피조물 사이의 유사점은─이 둘 사이의 커다란 차이를 인정하지 않고서는─언급할 수 없다는 것을 수용한다. 하나님과 피조물 사이의 엄청난 차이는 창조주의 자유에 근거한다. 창조는 창조주에 상응하며, 창조주와 비교할 수 없지만 창조주를 드러내는 비유가 된다. 창조의 영역은 비유가 될 수 있는 가능성을 자체적으로 갖는다. 그리스도의 역사적인 계시와 상관없이 인간은 비교할 수 없는 창조주에 대해 유비, 메타포, 이미지, 스토리를 통해 말할 수가 있다. 프리즈와라에 의하면 하나님의 본질과 존재의 외부에는 아무것도 존재하지 않는다. 창조 전체는 창조주의 비유로 이해될 수 있다. 피조물에게 이러한 일치가 존재하지 않는 한, 존재의 유비나 본질의 유비는 발견될 수 없다. 창조주의 본질과 존재의 일치라는 공동의 요소를 통해 피조물은─거대한 다름에도 불구하고─창조주와 유사하다. 존재의 유비는 "무로부터의 창조"라는 이념에 대한 철학적인 용어이다. 피조된 모든 것은 순종의 능력(*potentia oboedientalis*)을 통하여 하나님을 향해 열려있으며, 하나님에 대한 전적인 비유가 된다. 창조주는 피조물 안에 그리고 위에 존재한다. 피조물은 신앙과 무관하게 존재론적으로 하나님을 수용하고, 하나님을 향해 열리는 가능성을 갖는다. 몰트만은 윙엘의 입장─ "보다 큰 차이에도 불구하고 하나님과 인간 사이에는 보다 큰 [신앙의] 유사점"이 존재한다─을 프리즈와라의 입장과 병행시킨다. "하나님과의 보다 큰 차이에도 불구하고 인간의 [존재론적] 유사점"이 존재한다. 몰트만은 윙엘과 프리즈와라의 입장이 하나님에 대한 유비론적인 지식을 말하며, "말씀 가운데 있는 하나님의 정체성과 다른 모든 인간적 언어에 대한 상대화"에 중요하다고 본다(Moltmann, *Experiences in Theology*, 155, 160). 이것은 몰트만의 절충주의적인 방식을 말하는데, 신앙의 유비와 존재의 유비 사이에 상호변증법이 작용한다는 것을 뜻한다. 그러나 몰트만의 상호변증법의 작용은 바르트의 신앙의 유비나 관계의 유비와는 다르다.

물론 바르트는 제2차 바티칸 공의회를 보면서 변화된 새로운 "존재의 유비" 개념을 수긍할 수 있었다. 이것은 몰트만의 절충주의적 상호변증법을 뜻하지는 않는다. 왜냐하면 바르트는 존재의 유비론으로 자신의 신학을 설정하지는 않았기 때문이다. 바르트에게서 중요한 신학적인 원리는 존재의 지식이 행동의 지식을 추종한다(*esse sequitur operari*)는 것이다. 이 원리는 절충주의식으로 아퀴나스의 원리―모든 존재의 행동의 역동성보다 그 실제 존재가 선행한다(*operari sequitur esse*)―로 전환되지 않는다. 왜냐하면 하나님의 말씀의 사건 안에서 인간 존재는 믿음을 통해 하나님의 은총의 행동을 쫓아가는 것이지, 자신의 존재론적인 가능성을 쫓아가는 것이 아니기 때문이다. 하나님을 아는 지식은 나의 "존재의 순종의 가능성"을 통해서가 아니라 하나님의 자유로운 은총의 행동을 통해 알려진다. 존재론적인 가능성에 앞서 하나님의 "말씀-행위"가 우위를 갖는다. 그것은 자유와 신비로서 헤겔적인 의미에서의 역사적 과정이나 되어감으로 해소되지 않는다. 하나님의 존재는 인간의 존재와 비교될 수가 없다(CD III/2, 220). 야웨 하나님은 가톨릭 교리처럼 철학적으로 존재론화 될 수 없다.

바르트의 "말씀-행위"의 신학은 근대주의의 존재론적 신학(onto-theo-logy, 하나님과 인간의 존재를 병립하거나 또는 존재론적으로 분석하는 신학)과는 다르다. 그것이 하이데거적이든지, 헤겔의 역사철학이든지(윙엘), 또는 상호변증법적인 작용(몰트만)이든지 관계없이 그렇다. 한스 큉은 바르트가 이전의 자연신학과 존재의 유비에 대한 날카로운 공격을 "빛과 빛들"의 교리를 통해 철회했다고 말한다. 예수 그리스도 안에 나타난 하나님의 자기계시의 빛은 피조세계와 우주 그리고 자연의 영역에게 빛들, 말씀들, 진리들을 수여한다. 여기서 한스 큉은 바르트가 심지어 "창조의 계시"나 "본래적 계시"와 같은 위험한 근대적인 표현들을 자신의 "빛과 빛들"의 교리에 긍정적으로 통합시켰다고 주장한다. 물론 한스 큉은 바르트의 빛들의 교리가 바르트의 본래 입장을 철회하는 것이 아니라 여전히 유지하면서, 말씀들이나 빛들이 그리스도 안에서 나타난 하나님의 영원한 계시와 능력을 증언한다고 말한다. 바르트에 의하면 피조된 존재들은 지속성, 상수와 시스템, 그리고 자연의 리듬과 법을 독립적으로 갖는다. 한스 큉은 여기서 바르트가 자연신학이나 존재의 유비에 대한 이전의 비판적인 입장을 공개적으로 인정하지 않고 수정했다고 본다(Küng, *Does God Exist?*, 526-27).

앞에서 기술한 것처럼 우리는 한스 큉의 이러한 주장을 수용하기 어려운 것으로 판단한다. 바르트는 계시와 화해를 통하여 창조의 영역을 통합적으로 파악했다. 나사렛 예수는 하나님 나라를 증언하기 위해 세상의 비유들을 사용하셨다. 그렇다면 예수는 자연신학자인가? 하나님의 말씀-행위의 자유와 신비는 이후에 "빛과 빛들"의 교리로 발전하기 이전에도 교회 밖에서 하나님이 말씀하시는 가능성을 제한하지 않았다. 여기서 말씀하시는 하나님은 예수 그리스도의 계시와 화해에서 드러나는 삼위일체 하나님이시며, 창조는 하나님의 영광을 드러내는 무대로서 긍정적으로 파악된다. 만일 이것이 한스 큉이 말하는 자연신학이라면, 이러한 입장은 바르트가 이미 칭엔의 갱신된 자연신학의 해석에서 긍정적으로 보았던 것이다.

(3) 그럼에도 불구하고 바르트는 자신의 말씀의 신학의 근거를, 존

재를 아는 지식이 행동을 아는 지식을 뒤따른다(*esse sequitur operari*)는 인식론에 둔다. 즉 하나님을 아는 지식은 그분의 은총의 행동과 신앙의 행위를 통해서만 가능해진다. 세상의 빛들, 진리들, 말씀들은 하나님의 자유로운 은총의 행동과 화해의 사건을 통해 설정되고 "관계-유비론적으로" 파악되는 것이며, 자체 상의 독립적인 능력과 가능성으로 존재하는 것이 아니다. 바르트의 관계의 유비는 창조에 대한 하나님의 긍정에 근거하고, 하나님의 존재는 모든 것을 비판적으로 변혁하는 실재이며, 예수 그리스도는 세상에서 비천한 사람들을 위해 연대하고 편드시는 분으로서 존재한다(IV/2, 248-9). 하나님 나라의 빛에서 볼 때 피조적인 영역들은 그리스도의 자유로운 소통의 길을 위해 봉사하며, 유비론적인 비유들이 될 수 있다. 바르트는 예수 그리스도의 예언자적인 사역에서 교회를 그분의 투쟁의 역사로 부르며, 여기서 인간은 계약의 파트너가 된다(CD IV/3.1, 248).

바르트는 교회를 자본주의적 유물로 비판한 마르크스를 진지하게 다루었으며, 사적 유물론을 역사와 사회에 대한 사실주의적인 인식과 방법으로 사용했다(CD III/2, 387, 390). 바르트는 문화에 대한 무비판적인 순응이나 신학의 존재론화는 항상 거부했다. 전통적인 의미에서 존재의 유비나 자연신학은 국가 사회주의나 우리의 한가운데 있는 주인 없는 폭력들의 현실에 저항할 수 없기 때문이다. 신앙의 유비 또는 관계의 유비 안에 담겨 있는 하나님의 행동과 사건의 차원이 "신앙의 언어 형식"을 비판적으로 초월하며, 화해와 종말의 빛에서 존재의 유비의 전통적·형이상학적 구조를 상대화하고 변혁한다. 언어는 단순히 존재의 집으로서 존재를 드러내는 것이 아니라, 죄 가운데 있는 인간 존재에 의해 권력추구와 거짓과 이데올로기로 사용된다. 하나님의 말씀은 이러한 인간 언어의 이데올로기적 성격을 비판한다.

바르트가 아퀴나스에 저항하여 안셀무스를 수용하는 것은 이른바 다섯 가지의 길에서 제시된 아퀴나스의 자연신학을 뒤집는 결과를 초래한다. 하나님은 "인간이 그보다 더 큰 것을 생각할 수 있는 그런 분"이 아니다(안셀무스). 자연의 길을 통해 우리와 전적으로 다른 하나님 또는 우리보다 크신 하나님을, 존재의 유사점을 통해 접근할 수가 없다. 그러나 계시와 은총에서 표현되는 하나님의 자유로운 사랑의 행동(일차원인)은 인간의 자유(이차 원인)를 가능하게 하고, 피조물의 행동의 상대적인 자율성을 존중한다(CD III/3, 97). 피조된 것들에게 주어지는 그와 같은 상대적인 자율성은 우주의 리듬과 운동, 창조의 영역에서 드러나는 삶의 선함과 지속성 등에서 볼 수 있다. 바르트에게 화해는 창조와 깨진 계약을 회복한다. 회복된 창조의 영역을 통해 하나님의 말씀의 자유와 신비는 들을 수 있게 된다. 이 점에서 바르트의 관계 신학은 유비론적이고 해석학적이며 사회비판적이다. 피조물과 하나님의 동행에서 나타나는 이중적 관여(double agency)는 하나님의 말씀에 근거하며, 아퀴나스의 존재의 유비를 비켜간다.

바르트의 관계 신학에서 신학적 방법으로서의 변증법은 개념적인 생각, 비판적 분석, 그리고 구성적인 논쟁을 보충한다. 우리는 유비를 주시는 분(*analogans*, 하나님)과 유비의 대상이 된 것들(*analogatum*, 하나님 나라의 비유의 세속적인 형식들)에 대한 상응과 노선을, 바르트가 세상을 떠나기 전에 에버하르트 베트게가 쓴 본회퍼 자서전을 읽고 보낸 편지에서 읽을 수 있다. "윤리-공동 인간성-섬기는 교회-제자직-평화운동-민주적 사회주의-무엇보다도 정치적 책임성"(Barth, *Briefe 1916-1968*, 404)-이것들은 하나님 나라의 복음을 증언하는 방향과 노선이 되며, 하나님의 존재는 인간의 존재론적인 가능성을 통해 알려지지 않는다. 오히려 하나님은 자유로운 계시의 은총과 화해를 통해 정치적 영역과 창조의 영역을 하나님의 영광을 위한 무대로, 즉 세속적 비유의 형식들로 새롭게 만들어 가실 수 있는 분이다. 하나님이 이러한 영역을 말씀에 봉사하는 영역으로 만들어가고 그것들을 통해 말씀하실 때, 교회는 겸손과 개방성을 통해 하나님의 낯설게 들리는 음성을 경청해야 한다. 하나님 나라의 비유는 "말씀-행위"의 신학 안에 담겨 있는 정치신학이며, 이것은 자펜빌 시기의 사회주의 운동으로부터 교회교의학의 마지막까지 이어지는 "말씀의 신학"의 주음에 속한다. 하나님의 존재는 그분의 은총과 자유의 행동에 의해, 즉 "말씀-행위"를 통해 알려진다(esse sequitur operari).

§7 ◆ 하나님의 말씀, 교리, 교의학

교의학은 교리(Dogma), 즉 교회의 선포에서 나타나는 하나님의 말씀에 대한 비판적인 질문이다. 보다 구체적으로 말하면 교의학은 교회의 선포가 성서가 증언하는 계시와 일치하는지를 묻는다. 교의학의 프롤레고메나는 인식론적인 길에 대한 이해를 말하는데, 하나님의 말씀의 삼중적인 형식, 즉 계시, 성서, 설교를 해석학적인 연관성 안에서 해명한다. 바르트는 교의학적 인식론을 다루면서 프롤레고메나의 문제를 해석학적인 순환을 통해 해결하려고 시도한다. 이런 측면에서 바르트는 정규적인 교의학의 성찰과 비정규적인 교의학의 성찰을 하나님의 말씀하심 즉 계시를 통해 통합시킨다. 정규적인 교의학은 말씀과 계시와 교회의 교리를 체계화하지만, 세상의 영역에서 활동하시는 하나님의 말씀-행위를 역동적으로 수용하기는 어렵다. 비정규적인 교의학은 설교와 경구의 형식으로 수행되지만 실제로는 정규 교의학보다 더 오랜 것이며, 하나님의 말씀의 신비와 세계의 영역 안으로 치고 들어오는 역동성을 비체계와 비동일성의 방식으로 즉 게릴라전 방식으로 파악한다. 비정규적인 성찰은 종교·사회주의자들 특히 블룸하르트와 쿠터에게서, 또는 고전적으로는 루터에게서 나타난다. 칼뱅과 멜란히톤을 정규 교의학자로 수용하면서 바르트는 비정규적인 성찰을 그의 말씀의 신학에 통합시켜 나간다.

1. 교의학의 문제

약속에 대한 교회의 회상과 미래의 성취에 대한 기대에서 바르트는 이제 하나님의 말씀의 구체적인 내용을 언급한다. 미래의 희망은 과거의 회상과 분리되지 않는다. 하나님의 말씀은, 그 신비와 이해 불가능성에도 불구하고, 인간에게 알려지고 이해된다. 물론 우리는 하나님의 말씀의 "이해할 수 없음"이라는 측면을 항상 고려해야 한다. 인간은 항상 말씀에 대한 회상과 더불어 미래에도 새롭게 주어질 말씀에 대한 기대 가운데 서 있다. 이러한 회상과 미래의 기대 가운데서 교회는 말씀의 구체적인 내용을 인식한다. 우리는 교의학에서 초자연적인 것을 기대할 수 없다. "하나님의 말씀"은 "모든 이해 불가능성"에도 불구하고 잠정적으로 이해될 수 있다. "잠정적"이라는 것은 한 번에 끝나는 것이 아니라 지속적인 통찰이 필요함을 뜻한다. "모든 이해 불가능성"이란 인간의 제한성에도 불구하고 인간이 말씀에 대한 지속적인 통찰을 향해 움직이는 것을 말한다.

§1에서 바르트는 교의학의 과제를 하나님에 대한 교회의 특수한 언급과 내용에 대한 자기 검증으로 정의했다. §3에서 바르트는 보다 구체적으로 말하기를, 교의학의 과제란 하나님에 대한 교회의 책임적인 진술을 연구하는 데 있다. 교회의 선포는 하나님의 말씀에 의해 측정되고 판단되어야 한다. 이것을 통해 하나님에 대한 교회의 특수한 진술과 내용에 대해 책임지는 교의학적 자기검증이 행해질 수 있다. 교의학의 과제는 교회의 선포가 하나님의 말씀과 일치하는지를 분석하고 연구한다. 교회에서 행해지는 인간의 선포에 하나님의 말씀은 임재한다. 교의학은 교회의 선포에서 수행되는 것을 받아들이고, 그러한 수행을 비판적으로 검토하며, 선포를 하나님의 말씀에 따라 측정한다.

하나님의 말씀은 인간의 선포에 의해 판단되지 않는다. 역으로 교회는 하나님의 약속을 믿고 붙잡는다. 믿음은 인간의 일로서, 말씀에 대한 순종을 의미한다. 교회의 선포에 대한 비판적 관심은 교의학의 과제다. 물론 우리는 매우 다양한 방식으로, 즉 철학적·인식론적·논리적·우주론적·심리학적 내용을 통해 교회의 선포를 검토할 수도 있다. 또는 역사적·윤리-교육학적, 또는 정치적으로 검토할 수도 있을 것이다. 신학은 이러한 기준들과의 연관성들을 진지하게 적용할 수 있지만, 이 경우 반드시 신학의 진정한 기준인 하나님의 말씀에 근거해서 실행되어야 한다.

근대 개신교신학은 종교개혁의 전통을 이어가면서, 하나님의 말씀에 일치하는 바른 선포에 관심을 가졌다. 그러나 종교개혁과는 달리 근대 개신교신학은 교회의 선포보다 우위에 있는 적합한 기준인 계시로서의 하나님의 말씀을 상실했다. 경건주의와 계몽주의 역시 신학의 비판적인 기능을 이어가기를 원했다. 그러나 18-19세기에 그것은 철학적이고 도덕적이며 문화적인 개신교가 되었다. 금송아지(출 32장)가 대변했던 것은 낯선 우상이 아니라 실제로는 이스라엘 백성을 애굽으로부터 인도해내신 하나님을 향한 경건한 마음이었다. 아론은 이스라엘의 그런 의도를 받아들였다. 바르트는 근대 개신교신학에 대한 비판을 이런 관점에서 수행한다. 그들은 하나님의 말씀이 교회의 선포와 연관되면서도 구분된다는 점에 주목하지 않았다. 오히려 교회의 선포와 다른 근대의 문화적 의식을 동일하게 보고 규범적으로 받아들였다. 이것은 문화적 의식을 하나님의 말씀의 자리에 대신 서게 만드는 것이었다. 결국 문화적 의식을 통해 교회의 선포가 검토되고 판단되었다. 하지만 문화적인 이슈나 정치적·시대적인 문제가 교회의 선포를 규범적으로 검토하고 평가해서는 안 된다. 교회의 외부적인 문제와 도전 역시 하나님의 계시와 은총의 사건의 빛에서, 즉 하나님 나라의 복음의 빛에서 숙고되어야 한다(Wort zur Sache). 여기서부터 사회적 상황을 향한 하나님의 말씀(Wort zur Lage)이 사회·정치적 영역과 해석학적·비판적으로 관련될 때, 무엇이 하나님 나라를 향한 유비론적인 성격, 즉 방향과 노선을 지적하는지에 주목하게 된다.

하나님의 말씀을 교회의 선포와 명확히 구분하지 못한다면, 우리 또한 근대 개신교주의처럼 유혹에 빠질 수 있다. (a) 신학의 구체적인 기준에서 하나님의 말씀을 상실해버리는 것은 과연 우리가 받아들일 수 있는 선하고 필요한 과정인가? (b) 상실된 기준을 대신하기 위해 새롭게 선택된 기준이 실제로 교회의 선포와 일치하는지 어떻게 알 수 있는가? 그러한 새로운 기준이 적용될 때, 우리가 구성하려는 말씀의 신학은 파괴되어 혼란에 빠지지 않는가? (c) 절대적인 기준을 고려하는 자리에서 우리 스스로가 기준을 선택하고 설정하려 할 때, 우리는 오류에 빠지는 것이 아닌가? (d) 어떻게 우리는 다른 어떤 기준이 하나님의 말씀을 대신하는 것을 알 수 있는가? 그렇다면 교회 혹은 신학 전반에 대한 우리의 모든 비판적 관심은 포기되어야 하지 않는가? 이러한 질문을 통해 바르트는 이제 신학적 자유주의를 검토한다.

신학적 자유주의는 하르나크와 트뢸치에서 마지막 단계에 도달한다. 종교적 열정은 같은 시기에 빌헬름 헤르만에게서도 발견된다. 아돌프 폰 하르나크(Adolf von Harnack, 1851-1930)는 독일 루터교 신학자이며 탁월한 교회사가이다. 그는 사도신경을 비판했고 사회복음을 지지했다. 학생 시절 베를린에서 바르트는 하르나크에게서 배웠다. 이 시기에 바르트의 관심은 알브레히트 리츨과 에른스트 트뢸치 사이를 뚫고 지나가는 것이었다. 그는 강의 시간에 들었던 하르나크의 말을 기억했다. "그리스도교의 초기 교리는 복음의 영역으로 스며들어 온 그리스 정신의 자기표현이다." 자펜빌 시기에 바르트는 하르나크와 서신으로 논쟁하기도 했다(정승훈, 『동시대성의 신학』, 65).

에른스트 트뢸치(Ernst Troeltsch, 1865-1923)는 종교사학파에 지대한 영향을 미쳤다. 그는 사회학자 막스 베버와 오랜 친분을 유지했고 그의 영향을 받았다. 그는 역사비평 방법을 발전시켰으며, 유비, 비판, 상호연관성을 통해 역사의 문제를 이해할 것을 주장했다. 그의『그리스도교 교회의 사회적 가르침』은 이러한 분야의 고전에 속한다. 빌헬름 헤르만(Johann Wilhelm Hermann, 1846-1922)은 독일 루터교 신학자이며, 알브레히트 리츨의 영향을 받았다. 칼 바르트가 마르부르크 대학교에서 배운 선생이기도 하다. 헤르만은 하나님이 순수이성이 아니라 실천이성의 영역에 속한다는 칸트의 입장을 수용했고, 그리스도교 신앙의 근거는 하나님과의 교통에 있으며 역사적 예수의 내적인 삶이 이러한 신앙 경험의 토대가 된다고 주장했다.

1914년 제1차 세계대전이 발발했을 때, 바르트의 계시신학은 문화신학과 결별했다. 물론 문화 개신교에 대해 오랫동안 신학적인 저항이 있었다. 그러나 그러한 저항은 자유주의 안에서 움직였다. 바르트에 의하면 자유주의 신학은 흔히 생각하는 것처럼 완전히 나쁜 것은 아니다. 교회는 성서로 인해 살았지만, 그러나 성서는 역사와 문화와 심리학에 의해 상대화 되었다. 그 결과 성서는 종교철학에 의해 오염되었다. 여기서 교회의 선포를 위해 텍스트의 기반을 제공하는 성서는 논쟁의 대상이 되고 만다.

교의학에서 하나님의 말씀을 다른 기준으로 대신하려는 시도에 대해 바르트의 입장은 간단명료하다. 교회의 선포는 실제로 다른 기준이 아니라 오로지 성서와 직면하고 대결해야 한다. 성서와의 이러한 대결이 간과되는 곳에서 하나님의 말씀의 가능성은 사라지고 만다. 윌리엄 파우크 (Wilhelm Pauck)는 자신의 책『칼 바르트, 새로운 그리스도교의 예언자?』(1931, 99)에서 다음과 같이 말한다. "미국과 유럽의 개신교가 보여주는 설교의 차이는 근본적임을…기억하는 것이 중요하다. 미국의 설교는 거의 비성서적이며 주석적이지 않다. 성서에 대한 언급은 간략하거나 피상적으로 다루어진다. 일반적으로 그것은 '종교적인' 토픽을 다룬다. 그러나 유럽의 개신교는—자유주의 신학이나 정통주의 신학이나 관계없이—'말씀'을 설교하려는 전통을 따라간다." 설교에 대한 미국 그리스도교의 관심에서 성서와의 실제적인 대결은 더 이상 일어나지 않는다. 그러나 교회는 하나님이 성서 안에서 말씀하셨고 계속하여 우리에게 말씀하실 것이라는 사실을 회상하고 기대한다.

(1) 하나님의 말씀이 교회의 선포를 측정하는 기준이 아니라면, 이 것은 역사적인 운명이 아니라 하나님의 진노의 표징이고 신앙의 시련이며, 불순종의 귀결이다. 신앙은 때때로 불신앙에 빠지기도 하고 신학적인 연관성을 상실하기도 하며, 이스라엘의 하나님을 대변하려는 금송아지의 유혹을 받을 수도 있을 것이다. 하지만 신앙은 이러한 유혹을 극복한다. 불신앙의 심연에서 신앙은 새로운 신앙을 향한 부르심의 소리를 듣는다.

교회의 선포는 하나님의 말씀과 내용이 아닌 다른 어떤 기준 아래 있을 수 없다. 그것은 철학이나 윤리 또는 정치의 판단을 받지 않는다. 교회의 선포에 다른 기준이 도입될 경우, 그것은 하나님의 약속이 주는 교회의 사명을 멈추게 만든다. 하나님의 말씀을 대신하여 다른 기준이 적용될 때, 혼란과 파괴가 일어난다. 교회의 선포에서 결정적인 것은 주님의 음성을 듣는 것이다. 교회의 선포에 관한 한, 교회의 기준은 하나님의 선하심으로 인해 이미 교회에 주어진 것으로서 스스로 능력을 발휘한다. 선포는 바로 이 능력에 근거하여 수행된다. 하나님의 말씀에 대신하여 다른 기준을 선택하는 것은 교회의 근거를 배신하는 일이며, 근거에 대한 기억과 기대를 저버리는 것이다.

하나님의 말씀이라는 오직 하나의 기준 즉 예수 그리스도에 대한 순종이 없다면, 그리고 다른 어떤 기준이 말씀을 대신하는 대리모가 된다면, 신학은 그 과제를 포기하는 정도가 아니라 무지에 빠지는 수밖에 없다. 한 가지 기준 옆에 다른 기준을 병행할 때, 그런 대리모는 말씀에 봉사할 수 없다. 철학, 윤리, 정치는 자체의 영역에서 자체의 가치와 정당성을 갖지만, 그것은 죄인들의 철학, 윤리, 정치이다. 그것들은 하나님의 말씀과 교회의 선포를 판단할 수 없다. 신학이 교회의 진정한 문제에 답을 주지 못한다면, 신학은 포기될 수밖에 없다.

로마 가톨릭교회에 의하면 전통이 성서 곁에 있다. 비록 성서를 읽는다고 해도, 그것은 해방된 성서, 곧 교회와 대결하는 권위로서의 성서가 아니다. 가톨릭 교리에서 성서는 교회의 가르침에 대한 최고 권위로 인정되지 않는다. 오히려 성서는 교회의 가르침에 의해 권위적으로 해석된다. 신앙에 접근하는 규칙(regula proxima fidei)은 성서의 결정이 아니라, 성서에 대한 교회의 가르침의 직무가 내리는 결정이다. 그러나 루터에 의하면 "하나님의 말씀만이 신앙의 조항들을 설정한다.…성서만이 배타적·무조건적으로 교의학적 작업의 근원이다." 모든 다른 보조적인 근거들은 날카롭게 거절된다. 권위적으로 성서를 대변하는 교회의 무오한 가르침이란 없다. 교회는 norma normans(다른 모든 규범들을 규정하는 규범, 곧 성서)와 norma normata(규범적으로 된 규범, 곧 교회의 교리와 신앙고백)의 일치로서 로마 가톨릭 교리에서 특별한 대리기능을 갖는다. 그러나 바르트에 따르면 이것은 본질적이지 않다. 오히려 본질적인 것은 교회와 성서의 구분이며, 이 구분이 교회에 주어진다. 근대 개신교주의는 가톨릭교회처럼 교회의 가르침의 직무 없이 스스로 이러한 상대적인 일을 수행했다. 이것은 철학적으로―슐라이어마허를 제외하고―헤겔로부터 영향을 받은 신학자들에게서 볼 수 있다. 헤겔적인 의미에서 "정신"은 전통과 성서에 대한 규범적인 해명자이다. 성서의 정신으로서 이러한 해명자는 교의학과 교회 전통에서 스스로를 반복한다. 성서는 그리스도교적 정신의 자기운동이 통과하는 단계로서 보존된다. 하나님의 말씀과 인간의 말의 차이는 상대적으로 그리스도교적인 사상가에 의해 보존되고 극복된다. 그리스도교적인 사상가가 자신의 정신을 통해 성서와 전통을 판단한다면, 이는 교황이 성서에 내리는 판결과 다르지 않다.

비더만(A. E. Biedermann, 1819-1885)에 의하면 교의학은 신앙에 대한 경험적인 지식을 논리적으로 발전시키는 과제를 갖는다. 그렇게 함으로써 교의학은 그리스도교 원리에 대한 자율적인 이해를 얻는다. 그는 이러한 원리를 "예수의 종교적 인격"에서 보았는데, 다시 말해 그것은 예수의 종교적인 자의식, 즉 하나님과 인간 사이의 상호관계를 의미한다. 그리스도교의 원리는 일차적으로 "그리스도교 신앙의 본래적 형식" 안에 있는 역사학에 의해 소통되어야 한다. 교의학과 성서의 관계는 변증법적인 순환관계로 파악되며, 그 진행은 변증법을 전개하는 자에 의해 결정된다. 신앙과 그리스도교 원리는 교회의 역사적인 발전과 신앙에 대한 성서의 본래적 형식에서 동일하게 파악된다. 로마의 교황이 성서를 오류 없이 해석하듯이, 그리스도교의 원리나 정신을 가지고 있는 신개신교주의의 신학자들은 이러한 정신을 성서 안에서 발견하고 성서를 해석했는데, 그것은 교황과 동일한 효력을 갖는다. 비더만은 스위스 개신교 교의학자이며, 청년 헤겔 운동을 대변했다. 그는 바젤에서 공부했고, 이후 베를린 대학교에서 그는 슐라이어마허와 헤겔을 연구했으며, 취리히 대학교에서 교수 생활을 했다.

(2) 교회를 향해 말하는 최고의 권위로서의 성서는 로마 가톨릭교회와 신개신교주의에서 이미 교의학적으로나 역사적으로 교황 아니면

신학자에 의해 해석된다. 하지만 본래 성서 그 자체는 모든 해석들 앞에서 자유롭다. 이것은 가톨릭교회의 치명적인 가르침의 교리나 또는 개신교 근대주의가 말하는 그리스도교의 원리나 그리스도교 공동체 정신의 교리에 대해서도 그렇게 말해져야 한다. 교회가 성서를 지배하는 것이 아니라, 성서가 교회를 지배한다. 자유로운 성서는 교회와 해석에 저항할 수 있으며, 어떤 해석에 의해서도 포로가 되지 않는다. 성서는 교회 안에서 자신의 음성을 발견했고, 오늘도 여전히 그렇다. 그러나 교황과 근대 개신교 신학자들은 자신들이 원하는 방식으로 성서를 해석했다.

그러나 우리는 성서를 그렇게 해석하지 않는다. 교회 안에서 들려지는 성서의 소리에서 인간은 하나님의 말씀을 듣는다. 경청되는 말씀은 교회의 포로가 되거나 괄호에 묶이지 않는다. 하나님의 말씀은 해석에 의해 인간의 말로 번역될 수가 없다. 말씀이 교회와 만날 때, 교회는 말씀과 더불어 이중창을 부를 수 있는 것이 아니라, 말씀의 독주(솔로)를 들어야 한다.

약속의 내용과 명령이 교회에 주어지는 한, 우리는 현재로부터 성취를 말하게 되는 것이 아니라, 기억과 기대로부터 성취를 말할 수 있다. 이러한 사건이 약속에 따라 발생할 때, 교회는 예수 그리스도의 교회가 되며 성서는 하나님의 말씀으로 들려진다. 하나님의 말씀은 언어-행위이고, 행동이자 신비이다. 하나님의 말씀이 사건으로 들려지고 믿어지는 곳에서 교회는 예수 그리스도의 교회가 된다. 교회 안에서 설정되는 표징은 성서가 말하며 들려지는 것인데, 이것이 진정한 표징이다. 이러한 사건을 도외시한 채, 우리가 이미 발생한 것들의 성취를 말하고, 하나님의 약속과 계명 대신에 이러한 현재적인 성취를 해명한다면, 표징은 데이터 정보가 되고 만다. 이러한 정보를 근거로 해서 성서는 직접 하나님의 말씀으로 이해되기도 하지만, 이럴 경우 정보가 성서를 하나님의 말씀으로 입증하는 셈이 된다.

로마 가톨릭교회와 근대 개신교주의에서 볼 수 있는 것처럼 하나님의 말씀에 대해 이미 실행된 신앙 사건 또는 이미 현재화된 신앙 안에서 표징은 증거로서의 기능을 행사할 수 있게 된다. 하지만 이러한 증거는 하나님의 말씀과 그 권위가 교회 안에서 행사하는 것이 아니다. 결국 성서의 권위는 교회 안으로 통합되며, 여기에 종속되고 만다.

교회보다 우위에 있는 하나님의 말씀은 그런 식의 증거를 허락하지 않는다. "내가 믿기 때문에" "믿는 나"에게 성서는 하나님의 말씀이라는 식의 간접-데카르트주의적인 결론은 하나님의 말씀의 신성을 파괴하게 된다. 이러한 결론은 영광의 신학에 속한 것이며, 하나님의 말씀에 순종하는 것이 아니다. 성서가 교회의 선포에 대해 자유롭게 머물고 최고의 기준이 된다면, 신앙 사건, 곧 말하고 들려지는 하나님의 말씀은 더 이상의 증거를 요구할 필요가 없다. 우리는 이러한 사건을 우리의 손에 가지고 있지 않다. 본성상 신앙 사건은 우리가 그 결과를 예견할 수 없는 하나님의 결정에 속한다. 하나님의 말씀에 대한 믿음에서 바르트는 교회를 통해 성서의 권위를 설정하고 감독하는 견해를 거부한다.

그뤼네발트가 그린 십자가의 그리스도에서 세례 요한이 그리스도 사건을 증언하는 것처럼 우리는 그렇게 예언자들이나 사도들인 것처럼 말할 수 없다. 우리는 성서 안의 증인들처럼 충분한 확신을 가지고 말할 수 없다. "우리가 그분의 영광을 보았다"(요 1:14). 하지만 지금 우리는 하나님의 영광을 본 자들이 아니다.

(3) 우리는 그리스도의 영광이 아니라 그 영광을 가리키는 표징

(sign)을 보면서 신앙 사건과 관계한다. 우리는 이러한 표징, 즉 말씀을 가리키는 것을 스스로 만들거나 설정할 수 없다. 예수 그리스도의 교회 안에는 이러한 표징이 존재한다. 모세와 예언자들과 복음을 전파하는 자들과 사도들의 음성이 있다. 이들이 말은 하나님의 말씀 사건과 신앙을 직접 가리킨다. "우리는 그분의 영광을 보았다." 그리고 "우리는 믿었고 알고 있다"(요 6:69). 그러나 우리는 우리 자신에 대해서는 그와 동일한 방식으로 말할 수 없다. 우리는 예언자들 및 사도들과 동일한 의미에서의 증인이 아니다. 우리의 눈과 귀 앞에서 그들은 인간의 말이 아니라 하나님의 말씀을 인간의 말로 증언한다. 이 말씀은 하나님이 인간들에게 말하신 것이고 하나님의 신비를 드러내는 것이다. 이것은 우리 가운데 놓인 성서의 표징이다. 우리는 이러한 표징, 즉 예언자들과 사도들의 진술에 주목한다. 우리가 이런 일을 하는 것은 과거에 일어난 하나님의 말씀에 대한 회상의 행동이다. 여기서 아는 지식이 생겨나며, 우리는 역사적인 의견(opinio historica)을 형성한다. 그러나 이것이 우리를 예언자들이나 사도들로 만드는 것은 아니며, 우리가 말씀의 실재와 신앙 안에 놓이는 것도 아니다. 성서 해석은 다만 가리키는 것(pointer)이지, 성령을 발견하거나 성서 안에 있는 그리스도교적인 원리를 드러내는 것이 아니다. 심지어 하나님의 말씀을 매개하는 것도 아니다.

회상과 지식(notitia), 성서의 말씀-행위와 침묵, 지금 여기서 예언자들과 사도들의 말, 오늘 말씀을 들으려는 인간의 준비, 하나님의 말씀이라는 요청의 확인, 취해진 결정, 신앙 사건 또는 비사건 등—이 모든 것은 인간의 견해를 피해가며 오히려 인간을 붙잡는다. 여기서 모든 것은 상대적인 정당성을 가지지만, 성서는 절대적으로 하나님의 말씀으로 정당화된다. 하나님의 말씀이 교회의 선포와 교의학에 대한 진정한 최고의 기준이 된다. 인간이 아니라 성서가 스스로 하나님의 말씀이라고 책임적으로 말한다. 성서는 말하고 교회는 듣는다. 이러한 성서의 자기책임성의 빛에서 바르트는 교회 안에 내재하는 계시의 진리에 대한 발전을 추구하는 로마 가톨릭 교리, 혹은 교회와 연합한 인간의 신앙을 해명하고 분석하는 근대 개신교주의의 신앙론에 반대한다.

교의학은 교회의 선포에 관련된 하나님의 말씀에 대한 질문이며, 선포는 인간의 진리나 가치 규준(첫 번째 가능성의 딜레마)이나 교회 안에 이미 알려지고 선포된 신적인 진리의 기준(두 번째 가능성의 딜레마)과 일치하지 않는다. 이 점에서 선포는 비판적인 질문이며, 따라서 교의학은 선포가 성서적 증언에 따른 계시와 일치하는지를 물어야 한다. 교의학이 이런 과제를 갖는 한, 그것은 교리신학(*theologia dogmatica*, 교의신학)으로 불리는데, 교리는 교회의 선포가 성서가 증거하는 계시와 일치하는 것을 의미한다. 교의학은 이런 일치와 교리를 탐구하며, 이 관점에서 로마 가톨릭 교리나 근대 개신교주의와 갈등을 일으킨다.

"교리"라는 단어는 일차적으로 고대의 이방 세계와 그리스어로 된 신구약성서에서 질서, 법적인 문서, 또는 칙령이란 의미로 사용된다. 다니엘을 사자굴에 던져 놓은 것은 메디아와 페르시아의 법인데, 이것이 교리였다(단 6:16). 황제 아우구스투스가 반포한 칙령도 교리였다(눅 2:1). 구약의 율법의 문서 또는 "여러 가지 조문으로 된 계명의 율법"은 교리였다(엡 2:15; 골 2:14). 교리의 두 번째 의미는 개인적인 선생이나 학교나 사상운동의 철학적인 원칙 또는 보다 더 일반적인 아카데미의 원리였다. 2세기에 사용된 교리는 이런 의미였고, 이후 교리는 그리스도교의 진리들을 가리키는 용어로 통용되었다. 그러나 아우구스티누스나 토마스 아퀴나스는 이런 의미에서 교리라는 말을 사용하지는 않았다. 오히려 교리는 이방인들이나 이단의 잘못된 가르침을 뜻하는 것으로 사용되기도 했다. 16세기 이후부터 교리란 말은 진리의 교리, 가톨릭의 교리, 교회의 교리처럼 체계적으로 강조되면서 사용되었다. 교회에서 해석되고 계시된 진리들을 조직적으로 해명하는 것을 가톨릭에서는 교리학(교의학)이라고 부른다. 복음적 개신교에서도 마찬가지다. "교리는 하나님이 공식적으로 계시하신 것이며, 교회가 엄숙하게 받아들이고 실제로 규정한 진리이다."

(4) 그러나 바르트는 교리가 하나님이 공식적으로 계시하신 것(veritas a Deo formaliter revelata)으로 받아들이지 않는다. 또한 교리가 교의학적 작업의 목적을 구성하지도 않는다. 교리에서 과거의 교회가 우리에게 말을 한다. 물론 그것은 규범적이며 존중되어야 한다. 그러나 그것은 여전히 교회의 교리다. 교리에서 교회는 계시된 진리, 즉 하나님의 말씀을 규정하고 제한한다. 하나님의 말씀은 인간의 말이 된다. 그러나 하나님의 말씀은 하늘이 땅보다 높듯이 교리 위에 있다. 교회의 교리와 이단적 교리의 근접한 유사성은 교회의 무오한 가르침이라는 교리에서도 나타난다. 교의학적인 진술에서 변하지 않고 무오한 진리는 본질적인 내용을 말한다. 그러나 교회 자체가 교리를 해명하는 과정의 주체가 된다. 내용적인 의미와 교리적 진술이 다른 것은 "거룩한 어머니교회의 교리"를 유지하는 정도로 사용된다. 이럴 경우 교회가 선포하고 해명하는 교리에 대한 실제적인 분쟁은 없으며, 교리와 하나님의 말씀 사이에는 진지한 구분이 주어지지 않는다.

하나님의 말씀과 교회의 교리를 동일시하는 것으로부터 교회는 말씀의 진리를 자신의 관리와 통제 아래에 둔다. 여기서 교의학은 교회의 자기대화 즉 오늘과 어제와 그 이전의 교회와의 대화가 된다. 하나님과 교회 사이의 대화에서 교회의 자기대화는 중요하지만, 교회는 하나님의 말씀에 대해 책임을 져야 한다. 교의학이 탐구하는 교리는 교회 자체의 규정으로부터 오는 진리가 될 수 없다. 오히려 역으로 교회의 규정과 결정으로부터 오는 진리 자체가 교리를 질문하며, 교의학을 인도할 수 있어야 한다. 교의학이 탐구하는 교리가 계시의 진리가 아니라면, 그것은 계시의 진리를 이해하고 수용하는 것을 목표로 해야 한다.

토마스 아퀴나스까지도 신앙의 조항의 개념을 따랐고, 고대 세계의 최후의 학자라 할 수 있는 세비야의 이시도레(Isidore of Seville, 560-636)가 말한 교회 교리에 대한 한 가지 구체적인 정의를 수용했다. "신앙의 조항은 하나님의 진리에 대한 개념적인 파악이며, 진리는 이러한 개념적 파악을 향해 있다"(『신학대전』, II.2. qu.1 art.6).

신앙의 조항이 하나님의 진리에 대한 개념적인 파악이라면, 이것은 모든 교의학적 전제의 요약이 된다. 교의학이 탐구하는 교리는 계시의 진리에 대한 노력이다. 교리는 교의학의 전제가 되며, 교회를 위해 교의학은 교리를 다룬다. 마지막으로 교의학은 학문적으로 교리의 전제를 형성한다. 교의학적 전제와 교리는 학문적인 것을 공유하지만, 이것들 자체가 계시의 진리를 말하지 않는다. 진정한 의미에서 교리는 모든 교리들의 요약이며, 교의학적 전제는 관계의 개념이다. 이러한 관계는 교회의 선포와 하나님의 말씀으로서의 성서 사이의 일치 관계를 뜻한다. 교리가 교회의 선포가 되는 것은 그것이 하나님의 말씀으로서의 성서와 일치하기 때문이다. 바르트에 의하면 "교리는 실제로 하나님의 말씀과 일치하는 교회의 선포이다"(CD I/1, 268).

교의학은 하나님의 말씀의 사건을 전제할 수도 없고 요구할 수도 없으며 생동시킬 수도 없다. 교의학의 실제적인 결론은—설령 그것이 긍정적인 진술로 표현된다고 해도—교회가 선포하는 것과 성서가 원하는 것 사이에서 새로운 질문으로서 움직인다. 이 질문이 끝나는 자리에서 교회의 선포가 하나님의 말씀과 일치하게 되며, 그 일치는 구체적인 교회에서 드러난다. 그렇다면 교의학은 전투하는 교회(ecclesia militans)와 더불어 시작하고 끝난다. 하나님 나라가 동터올 것이다.

전투하는 교회는 그리스도의 군사로서 공중의 권세를 잡은 악한 세력들과 치르는 영적 전쟁에 관여한다. 성도는 죄의 현실과 투쟁하고 성화의 삶을 산다. 이 점에서 교리는 "종말론적 개념"이라고 부를 수 있다. 루터교 정통주의 신학자 크벤슈테트는 원형적 신학(theologia archetypa)과 유비 내지 모사의 신학(theologia ektypa)을 구분한 다음, 전자를 하나님 자신과 연관시키고 후자를 천사와 인간에게 적용시켰다. 인간의 신학(theologia hominum)은 영원한 구원 안에 있는 본향의 신학(theologia patriae)과 현재 잠정적으로 진행되는 순례의 신학(theologia viatorum)으로 나뉜다. 잠정적인 성격으로 인해 우리는 신학을 죄 이전 혹은 죄 이후로 나누며, 자연신학과 초자연신학으로 구별한다. 초자연신학에서 직접적인 신학(theologia immediatae)과 매개된 계시(mediatae revelationis)로 나누어진다.

전자는 예언자들과 사도들과 복음을 전하는 자들에게 관련되며, 후자는 이들의 저술을 연구하는 우리와 연관된다. 우리의 신학은 유비 내지 "모사의 신학인데, 그것은 죄 이후의 인간의 순례의 신학이며 매개된 계시를 말한다." 우리의 신학은 일차적으로 원형의 신학, 즉 직접적인 계시의 신학에 관계된다. 이것은 교의학의 탐구에 속하지만, 여전히 우리에게는 숨겨져 있고 성취할 수 없는 미래에 속한다. 그다음에 구체적인 시간과 장소에서 나타나는 교회적 선포에서 교회의 교리를 유비 내지 모사의 신학의 관점에서 이해한다.

바르트에 의하면 로마 가톨릭의 교리 개념은 성서적 의미의 계명이나 명령보다는 교리적 진술 내지 명제라는 의미로 사용된다. 만일 교회의 교리를 계시된 진리와 동일시한다면, 계시된 진리는 교리적인 진술을 쫓아가야 하지 않는가? 그렇다면 계시의 진리는 인간의 생각이나 개념이나 판단에서 숨겨진 것의 드러남이라는 알레테이아(aletheia)로 설정될 수 있다. 그러나 바르트에 의하면 이러한 알레테이아로서의 진리 개념(하이데거)은 드러나는 존재의 사건을 말하는 것이며, 살아 계신 하나님의 행동을 말해주지는 않는다.

하이데거의 존재론은 훗설의 현상학의 모토(사태 자체로! "To the things themselves!")에 새로운 해석을 제공한다. 하이데거는 인간 존재의 현상학적인 행동 영역을 세계 안에 있는 역사적인 존재로 보았다. 현상학의 새로운 정의를 위해 하이데거는 그리스어인 현상(Phainomenon)을 스스로 드러내는 것, 자기 자신 안에서 명백해지는 것으로 이해한다(Heidegger, Being and Time, 25). 현상은 그리스어의 존재하는 것들(ta onta)과 동일시된다. 로고스의 진리는 알레테이아(aletheia) 개념으로 파악되고, 현상학(현상과 로고스의 결합)은 사태들을 있는 그대로 드러내는 것이 된다. 이것은 훗설의 "사태 자체로"에 대한 하이데거의 비판적인 응답이다. 하이데거에게 현상학은 존재론인데, 이것은 존재들의 "큰 존재"에 관한 학문이 된다. 이 존재론은 이해와 해석에 근거하는데, 여기서 해석학은 현존재를 해석하는 것이 된다. 그러나 바르트는 이와 같은 하이데거적인 진리 개념에서 드러나는 것은 살아 계신 하나님의 행동과는 다르다고 비판한다.

이 비판은 교리적인 진술이나 명제에서도 마찬가지다. 교리적 진술은 중립적인 것이다. 사람들은 그것을 수긍할 수도 있고 거절할 수도 있다. 그러나 로마 가톨릭 교의학이 교리를 교리적인 진술로 정의할 때, 이러한 가능성은 배제된다. 가톨릭 교의학의 가장 중요한 특징들 가운데 하나는 교리를 계시된 진리와 동일시할 뿐만 아니라, 계시된 진리를 교리적 진술의 진리와 동일시하는 것이다. 토마스 아퀴나스의 개념에 따르면 그것은 순수이론이며, 이론을 위한 이론이고 수용된 이론이다. 이것은 순수하고 중립적인 진리이며, 교리적 진술이 설정되고 발전된 의미에서 진리 자체이다. 이론을 위한 이론은 계시된 진리의 관조이며, 이론 자체가 목적이고 끝이 된다.

(5) 바르트가 로마 가톨릭 교의학에 대해 의구심을 갖는 것은 그러한 콘텍스트에서는 계시된 진리가 말씀하시는 하나님의 인격으로부터 분리되기 때문이다. 중립적인 진리를 지키는 사람들은 살아 계시고 자유로우신 하나님을 만날 수 있을까? 교리적 진술은 하나님의 말씀으로 간주될 수 있을까? 로마 가톨릭의 영역에서 교리가 하나님의 말씀과 동일시된다면, 그것은 진리 자체보다는 일차적으로 성서의 사용과 일치하는 계명이나 명령으로 받아들여져야 하지 않을까?

로마 가톨릭에 의하면 교회의 교리는 본질적으로 교리적 진술의 성격을 갖는다. 그것은 관조의 대상이 된다. 교리적 진술은 하나님의 객관성과 그 내적인 진리, 그리고 진리의 신뢰할 수 있음을 보증하는 계시된 진리가 된다. 로마 가톨릭교회는 교리적 진술과 하나님의 말씀의 진리와의 동일성 위에서 서고 넘어진다. 계시된 진리는 교리의 형식으로 교회에 주어졌다. 그 내적인 진리의 신뢰성을 위하여 교회는 이것을 방어하고 신학적으로 정당화한다. 하지만 바르트는 이것을 오류로 간주하고 비판한다. 교회가 설정하고 선포하는 교리는 인간에게 순종을 요구하는 명령이 아니다. 교회의 교리와 계시된 진리는 서로 구분된다. 교회의 손에 의해 교리로 설정된 진리가 하나님의 진리가 된다는 것은 이해할 수가 없다. 하나님의 진리는 성서의 증언으로부터 나오며, 그것은 주권적인 진리이며, 교회의 교리와는 다르다. 교회의 교리가 명령이라면, 그것은 죄인인 인간의 명령이다. 인간의 명령에는 혼란과 애매함과 연약함과 타락이 담겨 있다.

"하늘은 명령으로 간주되는 교회의 교리보다 위에 있다. 마찬가지로 하늘은 진술로 간주되는 교회의 교리 위에 있다"(CD I/1, 273). 첫 번째 의미(하늘)에 대한 회상은 교의학이 추구하는 교리 개념의 이해에 빛을 던져줄 수 있다. 교회의 선포와 하나님의 말씀의 일치가 교회적 선포의 진리를 의미한다고 해도, 진리는 그보다 높으신 하나님의 뜻에 의해 판단되어야 한다. 하나님의 말씀은 교회의 회중을 향해 주님의 말씀으로서 나아간다. 말씀을 아는 지식은 "인정"을 통해 수행된다. 논리적으로 보면, 먼저 믿고 그다음에 진리로 인식된다(*Credo ut intelligam*).

로마 가톨릭교회도 이것을 매우 세련되게 표현한다. "우리는 자연적인 이성을 통해 통찰되는 사태의 진리를 믿지 않는다. 진리는 사태 안에 거한다. 우리는 진리를 계시하시는 하나님의 권위를 믿는다. 이것은 오류가 아니고 오류로 인도할 수가 없다"(제1차 바티칸 헌장, 가톨릭 신앙 3장).

교회의 선포가 하나님의 뜻에 적합한 것이라면, 실제적인 교리에 대한 지식이 존재한다. 실제적인 교리에 대한 지식은 교리에 대한 교의학적 탐구의 영역에 속한다. 교의학이 탐구하는 교리를 계시의 관계개념이라고 부른다면, 이러한 관계개념은 요구와 이 요구에 상응하는 결단 사이에 존재한다. 교리란 명령하시는 하나님과 이 명령에 순종하는 인간 사이의 관계를 말한다. 이것은 명령과 순종의 사건 사이에서 일어나는 관계이다. 교의학이 교회 안에서 추구될 때, 그것은 아카데믹한 게임이 아니다. 교의학적인 논의와 토론에서 중요한 것은 하나님에 대한 교회의 근본적인 순종의 관계이다. 교회는 교의학적 탐구의 대상 즉 하나님에 의해 서고 넘어진다.

2. 교의학과 학문

§1.1에서 바르트는 이미 교의학을 학문으로 정의했다. 그러나 교의학은 스스로를 학문으로 정당화할 필요가 없다. 또한 교의학은 자신의 학문적인 성격을 위하여 오늘날 일반 학문의 권위적·규범적 개념을 요구할 필요도 없다. 교의학이 자기를 학문으로 이해하고 서술하는 것은 실제로 그것이 타학문에 대한 인간적 노력과 분리되지 않고 차별화되지도 않기 때문이다. 학문으로서의 교의학은 교회와의 책임적인 관계 안에서만 규정된다. 교의학뿐만 아니라 다른 제반 학문들도 물론 교회에 책임적으로 봉사할 수 있다. 교의학에서 교회의 선포와 하나님의 말씀의 일치는 인식의 일정한 길을 밟는다. 여기에 관여된 자들은 인식의 길에 대한 책임성을 갖는다. 이러한 측면에서 교의학은 학문으로서의 자기요구를 하지만, 그것은 학문의 일반 개념 앞에서 자신을 입증하지는 않는다. 교의학의 학문적인 특징은 방향설정에 있는데, 그것은 계시의 객관성이다. 이러한 방향설정에서 교의학은 학문으로 자리매김 된다.

(1) 바르트는 교의학의 유형을 상대적으로 구별한다. 그것은 정규(regular) 교의학과 비정규(irregular) 교의학이다. 정규 교의학은 학교나 신학교육을 위한 특별한 과제에 적합하고 체계의 완전성을 목표로 한다. 신학교가 좋은 학교라면, 교리에 대한 독립적인 탐구에 관한 체계적인 훈련을 제공한다. 이러한 교의학은 학생들로 하여금 하나의 질문이 많은 질문으로 나누어지고 또한 다양한 측면과 관점에서 많은 질문들이 개방적이고 상호 연관적임을 가르친다. 정규적 또는 아카데믹한 교의학은 교회의 선포에 중요한 개념들과 주제들의 범위를 보면서

전체 영역을 체계적으로 포함한다. 정규 교의학은 성서적인 진술과 증언을 고려하면서 교회의 선포에 대해 구체적인 기준을 제시하며, 교리의 역사나 교의학의 방향설정을 고려하고 모든 개별적인 질문 사이의 어려움과 대립을 다룬다. 또한 신학적인 인식의 길에서 정규 교의학은 함축성과 명증성을 포함한다. 이런 것들은 신학의 가르침을 통해 학생들을 교의학적 작업으로 안내할 때 필요한 것이다.

바르트는 정규 교의학으로서 오리게네스의 『원리들에 관하여』(*Peri Archon*), 니사의 그레고리오스의 『담론』, 예루살렘의 키릴로스의 『요리문답』(*Catecheses*), 아우구스티누스의 『그리스도교의 교본』(*Enchiridion*) 등을 든다. 중세 신학 가운데서 우리는 캔터베리 안셀무스의 저작, 페트루스 롬바르두스의 『명제론』(*Sentences*), 도미니크회와 프란체스코회의 체계적인 요약인 『논문들』(*Summas*), 토마스 아퀴나스의 『신학대전』, 종교개혁 이후 멜란히톤의 『보편논제』, 츠빙글리의 『참된 그리고 잘못된 종교들에 대한 주석』, 특히 칼뱅의 『기독교 강요』를 들 수 있다. 17세기 정통주의 시대에 이르러 정규 교의학에 관련된 체계적 신학의 텍스트들이 꽃을 피웠는데, 18세기에 들어오면서 쇠퇴하기 시작했다. 19세기 중엽부터 로마 가톨릭교회는 교의학을 특별히 토마스 아퀴나스에 의존하면서 발전시켰다. 개신교 교의학은 슐라이어마허 이후 슈바이처(A. Schweitzer), 비더만(A. E. Biedermann), 도르너(I. A. Dorner)의 저술들을 통해 발전했다. 이후에 알브레히트 리츨(A. Ritschl)의 신학에서 관념론과 낭만주의를 넘어서는 계몽주의로의 전환을 보게 된다. 트뢸치의 『신앙론』(*Glaubenslehre*)은 주도적인 저술이다.

슐라이어마허(1768-1834)의 기여는 칸트와는 달리 종교를 인식(순수이성)

과 윤리(실천이성)로부터 구분하고, 종교적인 감정(하나님에 대한 절대 의존의 감정)을 근거로 하여 합리주의와 정통주의의 논쟁을 넘어서는 데 있다. 더 나아가 그리스도교 교리를 종교적인 감정에 대한 언어적 표현으로 봄으로써, 경건의 언어에 대한 해석학적인 차원을 교의학에서 열어놓았다. 교리는 역사적으로 제한되며, 교회 공동체 안에서 실천된다. 하나님의 초월성 또는 하나님의 자존성(God *in se*)은 칸트처럼 인식의 대상이 되지 않지만, 종교적인 의식(절대 의존의 감정)과의 연관에서 파악되며 의미를 갖는다. 도르너(I. A. Dorner, 1809-84)는 헤겔과 슐라이어마허의 영향을 받았다. 슐라이어마허처럼 도르너는 『신앙론』을 출간했고, 교리는 교회 공동체의 종교적 의식을 표현하는 것이라고 말한다. 도르너에 의하면 성육신은 일회적으로 끝난 역사적 사건이 아니라, 인간의 의식 및 삶과 더불어 계속 진행되는 사건이다. 알브레히트 리츨(1822-1889)은 본 대학교와 괴팅겐 대학교에서 가르쳤다. 그는 루터와 슐라이어마허를 신학적으로 추종했고, 결정적으로는 칸트의 도덕철학과 중재신학의 영향을 받았다. 중재신학은 헤겔과 슐라이어마허의 영향 아래서 그리스도교의 이념과 근대의 과학적 의식 내지 문화적인 정신 사이를 중재하려고 했던 신학이다. 리츨은 하나님 나라의 이념을 통해 칸트의 도덕철학을 통합하려고 했다. 리츨에게 종교적·윤리적 삶의 스타일(Lebensführung)은 칭의, 성화, 하나님 나라의 상호연관성을 강조하는 초점이 된다. 하나님 나라를 도덕적 행위의 보편적인 근거로 해석하면서 리츨은 그리스도교를 구원의 도덕적 종교로 보았고, 그리스도교의 도덕적 행위와 시대적·문화적인 의식과 동일시했다. 여기서 리츨은 중재신학을 넘어서 문화 신학자가 된다. 바르트는 리츨을 프러시아 사회의 세례를 받은 그리스도교적 형식인 문화 개신교의 대변자로 비판했다(Barth, *Protestantische Theologie im 19. Jahrhundert*, 3장).

학파나 학교의 신학(*theologia scholastica*)에서 신학은 단순히 지식의 자유로운 교환만이 아니라 교육을 위해 수행되었다. 우리가 교회의 인간적인 측면을 고려할 때, 학문적인 신학을 추구하는 작업은 회피될 수가 없다. 원칙적으로 우리는 정규 교의학의 과제를 수용해야 한다. 이 점에서 재침례파들이 영성주의를 근거로 해서 신학의 불필요성을 주장했던 것은 오류에 속한다.

다른 한편으로 비정규 교의학이 있다. 비정규 교의학은 신학교에서 가르치는 것과는 다른 방식의 교리 탐구를 뜻한다. 이것은 정규 교의학처럼 체계적·조직적으로 완전할 필요가 없다. 이것은 교회의 선포에서 나타나는 문제에 대한 자유로운 토론인데, 학교의 신학 또는 특수한 과제와는 별도로 교회에서 추구될 수 있다. 이러한 자유로운 교의학은 학교의 정규 교의학이 있기 전에 이미 있었다. 정규 교의학과 더불어 비정규 교의학은 자체의 필요성과 가능성을 갖는다. 비정규 교의학은 교회의 선포나 성서의 증언, 교리사나 상세한 체계, 그리고 신학적 방법론의 엄격함과 명증성을 고려할 때, 그 기반 전체를 조직적으로 다루지는 않는다. 그것은 테제나 아포리즘의 형식을 취하며, 교의학과 선포를 부분적으로 구분하거나 아니면 전혀 구분하지 않기도 한다. 신학의 인식의 길에 대한 함축적인 명료성에 관한 한, 이러한 비정규 교의학에도 많은 것이 요청될 수 있다. 왜냐하면 비정규 교의학은 단편으로 남으며, 단편 그 자체로 평가되기 때문이다.

오리게네스나 다마스쿠스의 요한과는 달리 아타나시오스는 교의학을 남기지 않았다. 멜란히톤이나 칼뱅과 달리 루터는 유형적으로 볼 때 비정규 교의학자에 속한다. 하만(J. G. Hamann), 멩켄(G. Mencken), 콜브뤼게(H. F. Kohlbrügge), 블룸하르트(J. C. Blumhardt), 헤르만 쿠터(H. Kutter) 등도 비정규 교의학의 유형에 속한다. 중요한 것은 교회의 모든 시대에 비정규 교의학이 규칙이었으며, 정규 교의학은 예외에 속했다. 정규 교의학은 비정규 교의학 안에 기원을 가지며, 비정규 교의학의 자극과 협력이 없다면 존재할 수가 없었다.

내용적으로나 역사적으로 볼 때, 우리는 정규 교의학과 비정규 교의학에 대해 일방적인 평가를 내릴 수 없다. 정규 교의학에만 학문적인 성격을 부여하고 비정규 교의학을 비학문적이라고 치부할 수도 없다. 교의학의 학문적 성격이 특별한 객관성, 즉 교리 질문을 향해 방향설정이 된다면, 정규 교의학이 학문적이라거나 비정규 교의학이 비학문적이라고 평가되어서는 안 된다. 이러한 두 가지 교의학의 유형에 중요한 것은 일반적인 진술이 아니라, 경구 스타일의 비정규 교의학과 체계적 스타일의 정규 교의학이 전체 교의학의 과제에 적합할 수 있는가의 물음이다. 물론 바르트가 시도하는 것은 정규 교의학이다. 그의『교회교의학』은 토마스 아퀴나스의『신학대전』, 칼뱅의『기독교 강요』이후 정규 교의학의 대표적인 사례에 속한다.

질서 있는 학교의 정규 교의학이 비정규 교의학보다 건전할 수도 있다. 비정규 교의학의 결론은 정규 교의학에 비해 우발적인 위험에 더 많이 노출되기도 한다. 그것은 저자들의 자서전이나 인물의 성격에 의해 강한 영향을 받게 된다. 교회를 위한 교의학의 진지함과 중요성은 설교의 형식이나 팜플렛의 음조로, 또는 종교적·예언자적 경험과 카리스마적인 인상을 통하여, 다시 말해 비정규 교의학적으로만 수행되는 것은 아니다. 그것은 학문적으로 검증될 수 있는 엄격한 사고의 형식으로, 즉 정규 교의학적으로도 이루어진다. 이전의 선포에 대한 비판과 교정으로서 교의학은 선포 자체에 그 기원을 갖는다. 교의학적 방법과 탐구에서 정규적인 스콜라주의를 피해갈 필요는 없다. 그러므로 교의학은 정규 교의학으로 발전되어야 한다. "스콜라주의에 대한 공포는 거짓 예언자의 표식이다"(CD I/1, 279).

참된 예언자는 자신의 메시지를 학문적으로 엄격한 스콜라주의적 검증에 제출한다. 정규 교의학을 추구하는 사람들은 교의학의 탐구와 학문적인 방법과 성격을 다루는 데서 독자적이어서는 안 된다. 학교의 정규 교의학은 보다 좋은 교의학이라는 뜻이 아니라, 교의학에 반드시 필요한 두 번째 형식으로 간주된다. 그것은 시대의 문제와 자유로운 비정규 교의학의 음성을 듣는 것을 무시해서도 안 된다. 바르트의 말처럼 교의학의 과제가 교회의 선포가 성서에서 입증되는 계시와 일치하는지를 비판하고 수정하는 것이라면, 정규 교의학이든지 비정규 교의학이든지 둘 다에게 학문적인 성격이 요청된다.

(2) 교의학은 교회의 선포 자체의 문제에 몰두한다. 그리스도교의 진리는 선포가 된다는 점에서 진리의 체계는 교의학의 과제에 속한다. 교회적 선포의 과제를 고려하지 않는 교의학은 영지(gnosis)에 불과하며, 그런 교의학은 비학문적인 형이상학이 되고 만다. "교의학은 교회의 선포를 위한 준비다"(CD I/1, 280). 그렇다고 해서 교의학의 모든 진술이 직접 선포의 진술들이 되는 것은 아니다. 학문적 교의학은 교회의 선포의 비판과 수정에 몰두하는 것이며, 교회의 선포에 대한 반복적인 주석에 관여하지 않는다(로테).

리처드 로테(R. Rothe, 1799-1867)는 헤겔과 슐라이어마허의 영향을 받았다. 하이델베르크 교수로 재직하면서 그는 신학적 윤리학을 저술했다. 로테는 교리적 권위를 날카롭게 비판했고, 경건을 우위에 두었다. 학문적 교의학의 목적은 우리를 교리에 대한 신앙으로부터 해방시키는 것이다. 로테는 신학적 사변(speculation)을 교리에 대한 비판으로 이해했다. 사변신학은 인간의 자의식과 신 의식에 의존하고 경건을 전제한다는 점에서 교의학과 다르다. 윤리는 인간의 종교적 감정을 표현한다는 점에서 사변신학의 형식이 된다. 그런가 하면 교의학은 과거 교회의 시대에 선포된 신앙의 고전적인 표현에 대해 역사적인 해명을 하는 것도 아니다(슐라이어마허, 호프만). 또한 그것은 교의학자가 개인적으로 생각하는 신앙을 해명하거나 제시하지도 않는다(A. Schweitzer). 그것은 현재 선포되는 공동의 신앙을 횡단하는 현상학이 될 수도 없다. 이에 대해 바르트는 참된 교회란 하나님의 말씀을 선포하고 듣는 데 있다고 말한다.

물론 반복적인 주석은 모든 단계에서 없어서는 안 되는 것이지만, 교의학은 그런 주석이 아니다. 교의학의 학문적 성격은 교회의 선포를 확인하는 것이라기보다는 선포의 지반을 뒤흔드는 것이다. 동시대성이란 이름으로 행해지는 역사적 설명과 신앙고백은 오직 이러한 목적을 위한 수단이 될 수 있다. 교의학이 자기체계와 조직적인 해명에 대한 만족에 빠질 때, 그것은 비학문적으로 된다. 이것을 바르트는 로마 가톨릭 교의학(말씀보다 우위에 있는 교회의 지배)과 근대 개신교의 교의학(말씀에 대한 인간적 이성과 정신의 우위)에서 본다. 참된 교회는 교회나 인간의 자기 확실성과는 다른 것을 기대한다. 비판적 교의학은 매우 진지하게 비판적인 분석과 수정을 통해 넓은 영역에 대해 역사적인 설명을 해야 한다.

슐라이어마허와 슈바이처의 『신앙론』(Glaubenslehren)은 풍부한 비판과 수정의 잠재력을 담고 있다. 그러나 모든 비판과 수정은 엄청난 확증으로 드러나며, 이것은 로마 가톨릭 교의학과 상당한 정도의 조화로 끝나지 않는가라고 질문할 수도 있다. 교의학이 학문이라는 것은 그것이 단순히 자료의 배열과 지식이라는 뜻이 아니다. 교의학은 신학적인 자료들을 제공하는 것이 아니라, 움직이고 있는 그 자료들의 배열과 운동 패턴을 비판적으로 분석하고 그것에 관여하는 것이다. 이러한 자료의 배열과 운동 없이 교의학적 작업은 시작될 수 없다.

(3) 학문적 교의학은 교회의 선포가 성서에서 증언되는 계시와 일치하는지 탐구한다. 이것이 교리의 의미이며 초점이다. 교의학의 학문적 성격이 특별한 객관성 즉 교리의 질문을 향한 방향설정에 있다면, 이것을 기준으로 해서 교의학의 학문적 성격은 항상 검증되고 입증될 수 있다. 영지와 무비판적인 교의학은 우연히 교의학의 과제에 적합할 수는 있겠지만, 그러나 이 두 가지는 배제되어야 한다. 왜냐하면 이것들은 교의학의 기준을 다른 기준들과 혼동할 수 있기 때문이다. 인간적으로 말하자면 이것은 왜곡이다. 교의학은 교회의 선포를 측정하는 기준인 계시, 곧 성서가 증언하는 계시에 따라 서고 넘어진다.

이 기준은 철학적, 윤리적, 심리학적, 혹은 정치적 이론이 아니다. 물론 교의학자들이나 신학자들은 "예술교육 또는 철학자, 심리학자, 역사학자, 미학자의 사유에 친숙해야 하고 이런 것들은 요구되어야 한다. 교의학자 또한 특별한 시대 안에서 생각하고 말해야 하며, 이 점에서 그는 시대의 사람이다. 그러므로 신학자는 현 시대를 형성하는 과거의 사람 즉 교육된 교양인을 의미한다"(CD I/1, 283). 그러나 그런 것들이 사람을 교의학자로 만드는 것이 아니라, 성서와 교회의 표징에 주목함으로써 신학자는 신학자가 된다. 그러나 이것이 다른 학문들을 평가절하 하는 것은 아니다. 이런 점에서 문화를 비판하는 것은 명백한 넌센스다. 왜냐하면 성서에 대한 주목은 결국 문화나 교육의 요소일 수 있기 때문이다. 그것은 야만적인 요구 즉 문화 자체가 신학에 무관심하다는 것도 의미하지 않는다. "문화의 문제는 인간이 되는 문제이며, 의심

제1부 | 하나님의 말씀에 대한 신학적 성찰

할 여지없이 문화는 신학자를 위해 존재한다. 왜냐하면 신학은 인간성의 특수한 활동이기 때문이다. 신학과 교의학의 문제는 전적으로 문화적인 문제의 틀 안에서 설정된다"(CD I/1, 284).

루터는 왜 신학이 법학이나 의학처럼 자체의 어휘(vocabulary)를 가져야 하는지 그 이유를 제시한다. 루터는 다음과 같이 기술한다. "한 가지 기술(지식)은 다른 기술(지식)들에게 방해가 되지 않는다. 마찬가지로 모든 기술(지식)은 고유한 길을 가면서 독자적인 표현을 갖는다." 교의학은 사실적인 지식들 가운데 있는 지식이며, 다른 지식들처럼 가르침의 대상이 되어야 한다. 이러한 지식의 법은 성서를 결정적인 규범으로 가리키며, 성서의 정당성을 준수하지 않는다면, 교의학은 엉망이 되고 만다.

모든 문화적인 문제의 틀 안에서 인간은 이러한 문화적인 법을 인정하지만, 문화의 문제를 최고의 일반적인 법으로부터 추론해서는 안 된다. 다른 모든 문제에 대해 문화의 우위성을 신학적인 문화철학으로부터 도출해서도 안 된다. 문화에 대한 오만한 비판 없이도 우리는 다른 철학들의 기준이 문화의 영역 안에서 그다지 큰 역할을 하지 않는다는 것을 안다. 만일 누군가가 문화의 영역에서 최종적인 기준을 이러저러한 논리나 존재론, 심리학이나 사회학으로부터 추론하려 한다면, 그는 자신의 일을 중단해야 할 것이다. 그런 사람은 오로지 다른 최종적인 규준들과 혼동을 일으키고 있을 뿐이다.

순수성과 적합성이라는 이름으로 신학의 타락에 대해 저항하는 시대가 도래했다. 신학은 그저 일반 인문학의 한 가지로 취급되었다. 신학의 자율성에 대한 형식적인 필요성이 언급되어야 하고, 이 필요성은 성서의 증언에 얼마나 주목하느냐에 따라 서고 넘어질 것이다. 성서적 신학(scriptural theology)이 없는 어떤 바른 신학에 대한 질문과 토론은 무의미하다. "성서는 신학의 집에서 주인이어야 하고, 반드시 주인이 되어야 하며, 계속해서 주인으로 머물러야 한다"(CD I/1, 285).

성서적으로 인도되는 교의학과 다른 권위들에 의해 결정된 교의학은 전적으로 구분되어야 한다. 성서는 천장에 매달린 칼처럼 교의학 위에 놓여 있다. 성서의 기준 아래 설정된 교의학적 작업은 소명의 문제이며, 소명의 임재와 지속은 인간의 외부로부터 온다. 이것은 하나님의 말씀에 대한 실제적 선포를 향한 부르심이다. 이러한 소명의 가능성과 관련하여 교의학적 작업은 성서의 약속이 제시하는 것처럼, 끊임없이 갱신되어야 하는 문제에 속한다.

바르트에 의하면 궁극적인 질문은 우리가 정규 교의학이나 비정규 교의학을 수행할 것인가 하는 데 있지 않다. 또한 우리가 영지나 무비판적인 교의학을 피해갈 수 있는가 하는 것도 아니다. 중요한 것은 오직 하나다. 그것은 교의학이 성서적인가 하는 것이다. 교의학이 성서가 증언하는 계시를 그 기준으로 삼고 있는가 하는 것이 관건이다. 그 기준을 잊은 모든 시대에 신학적인 논쟁과 대립에서 자기결정이 내려지고, 그러한 판단을 통해 분열된 교회는 서로 대립하고 적대적인 신앙고백을 갖게 된다. 원칙적으로 이것은 교회일치의 차원에서 매우 날카롭게 제기되어야 하는 문제이지만, 그 자체가 하나님의 심판인 것은 아니다.

『괴팅겐 교의학』에서 바르트는 방법론적인 측면에서 비정규 신학을 중요하게 취급했다. 교회의 선포에서 하나님의 말씀을 성찰하는 것은 게릴라적인 방식으로 무질서하게 또는 폭발물처럼 지반을 파괴하며 행해질 수도 있다. 이것은 교과서나 강연에서 배울 수는 없지만, 그곳에서보다 더 큰 성과를 거둘 수도 있다. 이것은 비정규 교의학을 가리키는데, 학문으로서의 정규 교의학은 이러한 비정규 교의학을 지지하기 위해 필요한 것이다. 역사적으로 발전된 진정한 교의학도 자유로운 비정규 교의학으로부터 온다. 물론 교의학에서 방법론적인 절차와 인식을 지나치게 스콜라주의적으로 강조할 필요는 없다. 교리는 인간의 단순한 의견이 아니라, 발견되고 인정되고 선포되어야 하는 것이다. 하나님의 말씀의 빛에서 교리는 이미 주어진 것이 아니라, 신앙과 이성을 통하여 추구되어야 한다. 심지어 인정된 신앙의 조항도 교리에 대한 접근에 불과하다. 주어진 교리는 불변하거나 무오한 것이 아니라, 원칙적으로 변할 수 있고 갱신될 수 있고 보충될 필요가 있는 것이다. 모든 새로운 교의학적 성찰은 바로 근원에서부터 운동을 다시 시작하는 것을 말한다.

토마스 아퀴나스의 『신학대전』이나 개신교 교의학도 교회의 교리에 대한 질문과 대답을 통하여 이미 고착된 교리는 아무것도 없다고 말한다. 교의학자는 하나님의 말씀의 빛 안에서 교회의 선포에 대해 비판적인 판단을 함으로써 교회에 봉사한다. 교회는 "비교의학적인 잠"에서 깨어나야 한다.[12] 종교개혁자들이 외쳤던 근원으로 돌아가야 한다(*ad fontes*, GD, 38-41).

『그리스도교 교의학 개요』에서 바르트는 비정규 교의학을 강조했다. 비정규 교의학은 하나님의 말씀에 대해 성찰할 때, 정규 전투병인 군인과는 다른 방식으로 게릴라전을 수행하듯이 무질서하게 행한다. 이것은 스콜라주의적 정규 교의학에 담겨 있는 경화증과도 같은 위험과 체계에 대한 자기만족에 저항한다. 여기서 정규 교의학의 스콜

---

12 칸트는 『모든 미래 형이상학의 프롤레고메나』에서 데이비드 흄을 통해 자신은 "교리적인 잠"에서 깨어나 비판적인 관념철학으로 새롭게 지향했다고 말한다. I. Kant, *Prolegomena zu einer jeden künftigen Metaphysik*, in *Gesammelte Schriften*, IV. 260

라주의적인 전통에서 교조화 되어 썩은 나무처럼 생기가 없는 신학적 방법과 성찰들이 드러난다. 비정규 교의학은 하나님의 말씀에 대해 엄청날 정도로 효과적인 방식으로 성찰하며, 그래서 정규 교의학에 비해 전혀 비학문적인 것도 아니다(CDE, 151). 바르트는 『교회교의학』에서 정규 교의학의 인식의 길을 걷지만, 비정규 교의학의 차원을 블룸하르트와 헤르만 쿠터로부터 수용한다. 바르트의 말씀의 신학은 특별히 루터의 말씀의 신학의 역동성으로부터 온다. 루터에게 복음은 절규이며, 복음의 선포는 하나님의 음성(*viva vox evangelii*)으로 파악된다. 또한 칼뱅의 하나님은 살아 계시고 인격 안에서 말씀하신다(*Dei loquentis persona*). 정규 교의학자로서의 칼뱅의 체계적 인식과 루터의 비정규적이고 시대적·상황적인 통찰은 바르트의 교의학에 중요한 관점을 부여한다. 이러한 통합모델은 바르트의 "말씀-행위"의 신학과 이후 화해론의 "빛과 빛들"의 교리에서 정점에 달한다. 이러한 통합모델을 간과할 때, 많은 신학자들은 창조의 영역과 세상을 향한 바르트의 개방성을 기껏해야 전통적인 자연신학의 수용 내지 갱신으로 오해하게 된다.

보론: 『교회교의학』을 향한 바르트의 긴 여정

바르트는 목회자와 신학자로서 사회적·정치적 이슈에 참여하면서 치열한 삶을 살았다. 바르트 신학의 특징은 "항상 시작과 더불어 다시 시작한다"(CD I/2; §64.2)는 것이다. 시작은 하나님의 말씀이며, 그리스도 안에서 드러난 하나님의 계시이다. 이것은 하나님의 행동이며, 동시에 신비이다. 이러한 신학의 길을 추구하는 데 바르트는 담대한 정신 (Verwegenheiten)이 요구된다고 말한다. "40년 전 나는 프란츠 오버베크의 다음과 같은 글을 읽은 적이 있다. '신학은 담대함을 갖지 못하면 더 이상 수행할 수 없다.' 나는 여기에 주목했다. 물론 자유주의 신학자들도 여기에 주목할 것이다."[13]

『로마서 강해』 제1판과 제2판에서 바르트의 변증법적 신학은 유비론과 더불어 전개된다. 변증법과 유비의 공존은 "인격적인 하나님에 대한 신앙"(Der Glaube an den persönlichen Gott, 1914)에서 드러나는데, 유비의 내용적인 발전은 근원(Ursprung)에서 나온다. 근원과 더불어 시작하는 바르트의 변증법에는 항상 유비가 같이 설정된다. 변증법과 유비는 근원에 대한 공동의 사고에서 설정된다. 이러한 상관관계는 『탐바하 강연』(1919)에서 정치·사회적으로 전개된다(Marquardt, *Theologie und Sozialismus*, 208-9).

『하나님의 인간성』에서 바르트는 1915년 4월에 있었던 블룸하르트와의 만남을 대단히 중요하게 언급한다. 하나님 나라에 대한 블룸하르트의 메시지는 1914년 제1차 세계대전에서 드러난 자유주의 신학의 붕괴를 극복하는 대안으로 나타났다(Barth, *Humanity of God*, 40-1). 1947년 4일 자 편지에서 바르트는 그의 이전의 신학적인 입장이 칸트와 청년 슐라이어마허 사이의 중도 노선을 취하고 있었다고 말한다. 1908-9년 사이에 바르트는 마르틴 라데가 편집인으로 활동한 「그리스도교 세계」(Christliche Welt)라는 잡지사에서 보조 편집자로서 일했다. 신념에 찬 마르부르크 학파의 옹호자로서 바르트는 목회의 길을 시작했지만, 7년 후인 1916년에 신학의 새로운 발견을 하고 나서 자유주의 신학과 결별한다. 바르트는 1915년 1월에 스위스 사회 민주당에 가입했고, 그해 4월에 블룸하르트를 만났다. 그리고 1916년 『로마서 강해』 제1판의 작업을 시작했다.

---

13 Marquardt, *Verwegenheiten*.

바르트는 『교회교의학』에서 『로마서 강해』 제2판(1922)이 취했던 입장을 많이 수정하지만, 제1판에 대해서는 별다른 수정을 하지 않았다. 1921년 괴팅겐 대학교에서의 교수생활은 『로마서 강해』 제1판에 대한 심화와 확대라고 볼 수 있다. 1916년에 시작된 『로마서 강해』 제1판은 바르트에게 자유주의와의 결정적인 결별을 고한 것이었다. 그는 블룸하르트의 메시지에 충실했고, 교의학 화해론(IV/3.2 §71.4)과 사후에 편집된 『그리스도교적인 삶』(화해론의 윤리)에서도 여전히 블룸하르트와 『로마서 강해』 제1판의 입장을 유지했다. 『교회교의학』에서 바르트는 『로마서 강해』 제2판의 키에르케고르적인 종말론을 제1판의 블룸하르트적인 종말론을 통해 극복하려고 했다(CD I/2, 50; II/1, § 31.3). 바르트는 1947년의 인터뷰에서 『로마서 강해』로부터 『교회교의학』에 이르는 길에서—흔히 사람들이 생각하는 것처럼—단절이나 전환은 결코 있을 수 없다고 말했다. 이미 『로마서 강해』에서 화살은 날아갔고, 그것이 신학의 주제를 향해 날아가는 동안 변화와 차이를 거치며 다르게 보일 수는 있었을 것이다.[14]

울리히 단네만은 『로마서 강해』와 『교회교의학』 화해론 사이에 존재하는 연속성을 설득력 있게 분석했다. 단네만은 마르크바르트의 교수 자격 논문인 『신학과 사회주의: 칼 바르트의 예』를 높게 평가했고, 이 연구가 바르트의 신학적 실존을 초기 자펜빌의 목회 및 정치활동과 더불어 『교회교의학』에 이르는 여정을 해명하는 데 탁월하게 기여했다고 말한다(Dannemann, *Theologie und Politik*, 19-20).

---

14 "Brechen und Bauen: Diskussion mit Prof. Karl Barth am 5 August 1947." In Barth, *Der Götze wackelt*, 112.

제1부 | 하나님의 말씀에 대한 신학적 성찰

에버하르트 윙엘은 "바르트의 신학적 출발"에서 마르크바르트의 신학과 사회주의를 거칠게 비난했다. 마르크바르트에 의하면 바르트의 신학, 특히 신론은 그의 사회적 실천 및 경험과 관련되어 있다. 신학과 민주적 사회주의 실천은 상호연관성을 갖는다는 것이다. 그러나 윙엘에게 바르트의 정치적 실천은 술어에 불과하다. 물론 윙엘의 이러한 판단은 전적으로 틀린 것은 아니다. 윙엘은 『로마서 강해』에 나오는 하나님의 혁명은 바르트의 정치적 실천이나 종교 사회주의에 근거하고 있다기보다는 하나의 비정치적인 메타포라고 본다. 하지만 이것은 윙엘의 오해다. 마르크바르트는 자신의 바르트 해석에서 정치적 실천을 신학의 주제로 만들려고 하지 않았다. 바르트 신학의 주제(종말론, 신론, 하나님 나라, 기독론, 성령론 등)는 항상 정치적·사회적 연관성을 갖는다. "윤리―공동인간성―봉사의 교회―제자직―민주적 사회주의―평화운동―그리고 이것들과 더불어 무엇보다도 정치"(Barth, *Briefe 1916-1968*, 404). 헬무트 골비처는 자신의 스승인 바르트가 언급한 신학적 술어에 평생에 걸쳐 충실했고, 여기서 바르트 신학의 방향과 노선을 구체화시켰다. 이것은 하나님 나라의 혁명을 위해 가난한 자들의 편을 들며 연대하는 예수에 대한 제자직에서 구체화된다(Gollwitzer, "Reich Gottes und Sozialismus bei Karl Barth," 337). 그러나 윙엘에게 이러한 신학의 제자직과 정치적 술어에 대한 해명은 거의 찾아보기 어렵다. 그는 바르트의 유비론을 하이데거의 존재론을 통해 해명한다.

보충 설명에서 우리는 『교회교의학』에 이르는 바르트의 긴 여정 가운데서 특별히 변증법적인 방법과 유비론적인 이해, 그리고 신학의 합리적인 차원을 다룰 것이다. 안셀무스 연구를 통한 학문으로서의 신학은 하나님의 말씀과 교리에 대한 이해를 추구하며, 최종적으로 『교회교의학』으로 이어지는 인식의 길을 제공한다. 결론으로 『교회교의학』

에 나타나는 바르트의 복합적·유비론적 사고와 구조를 요약하도록 하겠다.

(1)『탐바하 강연』: 변증법과 유비의 공존

바르트의『탐바하 강연』(1919)에서는 변증법과 유비가 공존하면서 그의 정치신학의 방향과 내용이 표현된다. 1917년 러시아 혁명과 1919년 뮌헨에서 일어나는 독일 혁명 이후 교회는 거의 혼란 상태에 빠져 있었다. 목회자들을 위하여 9월 22-25일에 종교 사회주의 총회가 탐바하의 요양지인 탄넨베르크(Tannenberg)에서 열렸다. 첫 번째 강연자로 초청받은 사람은 레온하르트 라가츠였지만, 그는 바쁜 일정과 건강을 이유로 거절했다. 독일에는 그다지 알려져 있지 않았던 바르트가 라가츠를 대신해서 강연을 하도록 초청받았다. 바르트에게 주어진 제목은 "사회 안에서 그리스도인의 자리"였다.『탐바하 강연』은 시기적으로『로마서 강해』제1판과 제2판 사이에 위치하지만, 변증법과 유비, 그리고 정치·사회적 입장을 이해하는 데 매우 중요한 문서에 속한다.

바르트는 이 강연의 서두에서 그리스도인들은 그리스도를 모든 삶의 영역 속에서 주님으로 파악해야 하고, 그리스도인들과 사회는 서로 분리되지 않는다고 말한다. 그러므로 유대인과 그리스도인들 사이, 교회와 세상 사이에 차별(apartheid)을 두거나 울타리를 쳐서는 안 된다. 모두가 그리스도 안에 있다. 그리스도는 타자를 위한 존재이며, 교회 외부에 있는 자들을 위해서도 죽으셨다. 그러나 이러한 포괄주의가 사회에서 행해지는 모든 인간의 행동과 제도들을 그리스도교화 하는 것을 뜻하지는 않으며, 연결부호로 결합되는 그리스도교, 예를 들어 사회-크리스천, 사회-복음주의, 종교-사회주의를 통해 그리스도를 세속

제1부 | 하나님의 말씀에 대한 신학적 성찰

화시키는 것도 아니다(Barth, *Christian's Place in Society*, 276).

모든 차별을 철폐하는 운동을 지지하지만, 동시에 바르트는 단순한 연결부호로 결합되는 모든 그리스도교적인 형태도 거절한다(Marquardt, *Christ in der Gesellschaft*, 54.57). 블룸하르트에 동의하면서 바르트는 하나님을 믿는 것은 인간을 믿는 것이며, 인간을 믿는 것은 세계의 진정한 갱신을 믿는 것임을 말한다(Barth, *Christian's Place in Society*, 276). 사람들은 사회적 존재이며, 삶과 사회는 그 자체의 법과 능력과 논리에 의해 지배되며, 그것들로부터 분리될 수 없다. 그러나 현재의 사회는 와해되었고 1919년 스위스와 독일은 혁명의 소용돌이 안에 서 있다. 바르트는 그와 같은 불의한 바다 한가운데서 의로운 사회를 갈망한다. 바르트의 슬로건은 다음과 같다. "민주적인 방식과 사회주의적 동기를 가진 새로운 교회를 세우자"(같은 곳, 280).

사회 민주주의의 기회주의적 태도에 대해 실망을 표하지만, 바르트는 새로운 사회를 위한 희망을 피력한다. 하나님은 종교 그 이상이다. 그리스도를 세속화하거나 사회를 종교화하는 것은 실패로 끝날 뿐이다. 오로지 살아 계신 하나님의 능력과 의미가 새로운 세계를 창조한다. 유일한 해결책은 하나님 안에 있다. 그리스도인은 세계의 변혁을 위한 희망과 필요를 제사장적으로 선동하고, 하나님에 대한 신뢰를 강화한다(같은 곳, 282). 하나님은 역사 안으로 치고 들어오시면서 현재의 상황에 대한 희망의 귀결을 준다. 이것은 하나님의 운동이며 "날아가는 새를 잡는 것"처럼 어렵다. 이것은 위로부터 오는 수직 운동이고 모든 사회 운동들을 꿰뚫고 들어가면서 내적 의미와 동인을 부여한다(같은 곳, 283). 이 운동의 중요성과 능력은 죽음에서 살아난 예수 그리스도의 부활에서 계시되었으며, "예수 그리스도 안에서 계시된 새로운 삶은 경건의 새로운 형식이 아니다"(같은 곳, 285).

그것은 살아 계신 하나님의 실재를 증언하고, 그의 근원적인 능력에 우리의 삶을 의존하는 것이다. 그리스도의 육체의 부활에서 드러나는 하나님에 대한 인식은 모든 세속화, 모든 순응주의, 연결부호로 결합된 모든 운동 형태들에 저항한다. 종말은 예수 그리스도의 역사, 즉 십자가와 부활 안에서 성취되고 구체화된다. "그리스도 안에서 만유의 회복"(*omnia instaurare in Christo*)은 사회와의 연대 가운데 있다(같은 곳, 281).

바르트는 스파르타쿠스 운동을 사회적으로 불의한 경제 체제를 유지하는 정치에 저항하는 것으로 본다. 이미 로자 룩셈부르크는 1905년 혁명의 해에 『교회와 사회주의』에서 교회에게 십자가에 달리신 분의 제자직에 참여해 줄 것을 호소했다. 1919년 스파르타쿠스 운동에서 그녀는 혁명적인 프롤레타리아를 골고다에서 십자가에 못 박히신 분과 동일시했다. 또한 예수의 제자직의 의미를 억압받는 자들 가운데서 드러나는 형제애와 평등의 복음으로 간주했다(Luxemburg, *Kirche und Sozialismus*, 20).

하나님의 운동은 죽음의 세력에 저항하는 생명의 혁명이며, 근원이신 하나님 안에서 우리는 살아가며 부활을 추구하며 부활의 운동에 참여한다. 그러나 하나님 나라는 우리의 저항 운동과 더불어 시작하지 않는다(Barth, *Christian's Place in Society*, 299). 그것은 모든 혁명보다 앞서 있는 혁명이며, 여기서부터 테제와 안티테제가 나온다. 세계 안에서 하나님을 긍정함으로써, 우리는 세계를 급진적으로 거절한다. 이 거절이 우리의 저항 운동의 의미가 된다. 하나님의 혁명은 모든 영역에서 일어나지만, 사회주의 세계 혁명과 혼용되지도 않는다. 진정한 종말론은 앞을 향해서뿐만 아니라 뒤를 향해서도 빛을 비춘다. 존재하는 모든 것에 대한 종말론적인 비판은 창조에 대한 유비론적인 접근을 가능하게 한다.

창조는 유비론적으로 종말의 빛에서 비판적으로 갱신되어야 한다. 하나님 나라와 세계 사이의 상관관계를 보는 사람은 하나님의 객관성에 대한 열정을 가지고 있는 자들이며, 이러한 화해와 창조의 상관관계에서 책임적인 연대감을 드러낸다(같은 곳, 307). 하나님과 세계의 유기적인 관계는 구체성의 변증법과 사회적 유비의 공존을 통해 파악될 수 있다. 자연의 왕국은 하나님에게 속하며 예수는 자연의 영역을 하나님 나라를 증언하는 비유로 만들었다. 여기서 우리는 처음으로 하나님 나라의 사회적 비유의 성격을 만난다. 하나님은 세계와 유비론적인 관계 안에 계신다. 복음서의 비유의 장르가 바르트로 하여금 유비적 사고를 사회·정치적인 내용과 스펙트럼으로 발전시키는 데 도움을 준다. 사회·정치적 영역은 하나님 나라를 간접적으로 거울처럼 비추는 유비가 될 수 있다. 유비 개념에는 하나님 나라의 지속성을 요구하는 요소가 있다(같은 곳, 317). 사회 안에서 그리스도인의 위치는 "사회 민주주의 안에서 희망과 죄책감을 서로 나누는 동지들"이 되어야 한다. 이 영역에서 우리는 낡은 질서와 대립하고, 우리 시대를 위한 하나님 나라의 유비를 발견해야 한다(같은 곳, 319). 여기서 바르트가 의미하는 사회 민주주의는 바이마르 시대에 희석된 사회 민주주의가 아니라 『로마서 강해』 제1판에서 언급한 급진적 사회주의의 입장을 가리킨다.

바르트에게 전적 타자는 하나님의 운동과 혁명을 뜻하며, 그리스도 안에서 일어난 부활을 의미한다. 또한 이것은 희석되어 버린 사회 민주주의 안에서 갱신운동을 위하여 헌신한 희망과 죄책감을 서로 나누는 동지들을 지지한다. 유비는 근원으로부터 사회를 분석하면서 그 정치·사회적 기능을 이어받는다. 이것은 또한 변증법의 사고이며, 근원의 사고를 위한 수단으로서 기능한다(Marquardt, *Theologie und Sozialismus*, 114). 지상의 영역에 속하는 영구적이지 않고 일시적인 것들은 단지 비유에 그친다. 본래적인 것은 하늘의 유비에서 발견된다. 예수는 유비의 이런 의미를 사용하고(마 13:10-17, 막 4:10-12), 세상의 자녀들이 빛의 자녀들보다 훨씬 더 지혜롭고 자신들의 이해관계를 더 잘 옹호한다고 말한다.

자연의 왕국(창조)에서 은총의 왕국으로 이행할 때, 우리는 긍정보다는 부정, 순진한 태도보다는 비판과 도전, 현재에 참여하는 것보다는 미래에 대한 갈망 안에 산다(Barth, *Christian's Place in Society*, 312). 사회가 하나님의 본래적 사고를 거울처럼 비추는 반사라면, 하나님 나라는 사회를 비판하면서 인도한다. 비유는 약속이며, 약속은 성취를 원한다. 그러나 유비에서 직접 신적인 실재로 이어지지는 않을 것이다(같은 곳, 321). 모든 잠정적인 것을 비유로 만드는 하나님 나라는 시간과 우발성 안에서만 이해될 수는 없다. 하나님의 내재성은 동시에 하나님의 초월성이다. "피안(초월)의 능력은 차안(내재성)의 능력이 된다"(트뢸치). 그리스도의 부활은 전적 타자이신 하나님 안에서 구체성을 형성하며, 세계를 움직이는 능력이다.

전적 타자이신 하나님 안에서, 그리고 그리스도의 부활에서 일어난 하나님의 종말론적 사건에서 우리는 새 하늘과 새 땅을 기다린다. 바르트는 이제 영원한 생명의 소망에 대한 칼뱅의 성찰을 수용하며 영광의 왕국을 전개한다.

칼뱅은 미래의 삶에 대한 성찰(『기독교 강요』, III. IX,6)에서 그리스도의 부활의 능력과 십자가의 용서에 우리 눈을 주목함으로써 장차 올 영광의 왕국의 상속자로서 세계의 악과 죄의 현실을 극복할 것을 말한다. 그와 같이 바르트

제1부 | 하나님의 말씀에 대한 신학적 성찰

에게서도 영광의 왕국의 전적 타자인 하나님이 세계를 구원하고 완성하신다. 이러한 종말론적 완성에 대한 희망이 좌로나 우로 극단적으로 치우친 길을 가지 않게 한다(같은 곳, 324-5). 변증법적 신학은 이러한 극단적인 입장에 긍정과 부정을 말한다. 『로마서 강해』 제2판에서 바르트는 러시아 혁명에 나타난 레닌의 타이탄주의(볼셰비즘)나 자유주의적인 종교 사회주의에 대해 날카로운 거리를 두었다. 이제 『탐바하 강연』에서 전적 타자이신 하나님은 근원으로 나타나며, 모든 혁명을 상대화 한다. 근원에 대한 생각은 모든 사회 운동에 대한 긍정과 부정을 통하여 변증법적으로 파악되는데, 이러한 긍정(테제)과 부정(반립)은 근원(Ursprung)에 기인한다. 본래적인 근원의 종합에서 반립이 나오며, 또한 무엇보다도 정립이 나온다. 이것은 그리스도의 부활의 종말론적인 빛에서 온다. 부활은 역사 안에서, 그러나 역사를 관통하면서 나타나는 하나님의 종말의 생명을 우리에게 가져다준다.

이런 점에서 바르트의 변증법은 헤겔의 것과 다르다. 헤겔은 모든 긍정과 부정이 역사의 내적 과정을 통해 지양되는 것으로, 그리고 또한 종합되는 것으로 파악한다. 그러나 바르트에게서 근원으로서의 종합(하나님)은 부활의 종말론적인 사건으로 나타나며, 또한 변증법적 가능성의 조건으로서 긍정과 부정이 말해진다. 전적 타자이신 하나님은 역사의 내재적 과정으로 해소되지 않는다. 긍정과 부정은—이 두 가지를 만들어내는—근원에 대한 유비론적 친화력을 통해 서로에게 관련된다. "종합은 본래적이고 자발적으로 생산적인 에너지를 갖는데, 여기서부터 정립과 반립의 에너지가 나온다"(같은 곳, 321). 변증법적인 긍정과 부정 안에 계신 하나님은 우리로 하여금 기존 질서에 긍정과 부정을 말할 수 있는 자유를 허락하신다.

전적 타자이신 하나님의 근원(Ursprung)은 그리스도의 부활을 근거로 하여 하나님 나라를 삼중적으로 형성한다. 자연의 왕국(사회), 은총의 왕국(교회), 영광의 왕국(새 하늘과 새 땅)이 그것이다. 부활은 종말론의 기반이 되며, 훗날 바르트는 교의학에서 종말론을 다음과 같은 삼중적 형식의 재림으로 파악한다. 1) 부활(부활 후 40일 지상의 사역), 2) 성령의 부어주심 및 말씀과 성령을 통한 재림(교회의 중간 시대), 3) 새 하늘과 새 땅(CD IV/3.1, 294).

(2) 『엘거스부르크 강연』: 변증법적 방법

바르트는 『로마서 강해』 제2판의 서문(1922)에서 하나님의 실재 변증법(Realdialektik)을 신학의 중심에 놓는다. 변증법적인 방법을 통하여 하나님은 세계를 향해 은혜의 긍정과 심판의 부정을 말씀하신다. 1922년 바르트는 엘거스부르크(Elgersburg)에서 "하나님의 말씀과 사역의 과제"라는 주제로 강연을 한다. 여기서 그는 자신의 신학의 방법론을 매우 농축된 형태로 설명한다. 신학자로서 우리는 하나님에 대해 말해야 하지만, 인간으로서 우리는 그렇게 할 수 없다. 우리가 해야 하는 의무와 더불어 그렇게 할 수 없음을 고려하면서 우리는 하나님께 영광을 돌려야 한다. 우리는 신학의 필요성과 함께 그 과제의 불가능성을 인정해야 한다(Barth, *Word of God and the Task of Ministry*, 213-4).

바르트는 하나님의 말씀과 여기에 필요한 변증법적 방법론을 제기한다. 하나님을 말하는 방법에는 세 가지가 있는데, 교의학적 방법, 비판적 방법, 변증법적 방법이다. 물론 세 가지 방법이 다 적합한 것은 아니지만, 바르트는 변증법적 방법을 선호한다. 교의학적 방법은 기독론이나 삼위일체론처럼 교리로부터 시작하고, 하나님에 대한 긍정적인 진술을 한다. 이것은 성서와 교리의 초자연적인 내용에 의존하면서 하나님의 객관적인 진리에 대한 통찰을 열어준다. 그러나 교의학자들은 초자연적인 개념을 통해서도 하나님을 완벽하게 말할 수 없다. 하나님은 교의학자들이 믿는 것과는 다르게 행동하실 수 있기 때문이다. "자기 스스로를 계시하신 분은 하나님이시다. 하나님은 인간이 되셨다. 교의학자들은 이러한 하나님을 말할 수가 없다"(같은 곳, 202-3).

두 번째 방법은 신비주의자들과 관념론자들이 추구하는 자기비판적 방법이다. 하나님은 특성이 없는 순수존재와 동일시되고, 하나님에 관해 말할 때 인간에 대한 공격과 부정이 행해진다. 그러나 이러한 비판적 방법 역시 인간을 부정하면서 하나님을 말할 수 없다. 교의학적 방법의 약점이 드러나는 곳에서 비판적 방법의 강점이 드러나기는 한다. 하지만 신비주의자들도 자신들 앞에서 "아니오"라고 말씀하시는 하나님을 말할 수가 없다. "그리스도의 십자가는 [신비주의자들]에 의해 세워질 필요가 없다"(같은 곳, 205). 하나님은 정통주의자들이 잘 알고 있는 교리의 진리와 객관성 안에서 말해질 수 있다. 그러나 신비주의자들은 하나님이 인간이 되신다는 것, 그리스도의 비움으로 인해 그분 안에 충만하심이 거한다는 것에 대해 말할 수가 없다.

세 번째는 변증법적 방법인데, 바르트는 이것을 교의학적 방법과 자기비판적 방법에 비해 가장 좋은 방법으로 간주한다(같은 곳, 206). 살아 있는 하나님의 진리를 보면서 신학자들은 교의학적인 긍정과 비판적인 부정을 변증법적으로 발견할 수 있다. 이 방법은 교의학의 위대한 진리들과 신비주의의 자기비판을 거절하지 않고 변증법적으로 전제할 수가 있다. 살아 있는 진리는 명명될 수 없지만, 변증법적인 방법은 교의학적 방법과 자기비판의 신비주의 사이에 있다. 하나님이 실제로 인간이 되셨다는 진리는 하나님의 말씀의 중심과 내용이 되는데, 이것은 인간에게 이해될 수 없다. 이러한 살아 있는 진리와의 직접적인 소통은—그것이 교의학적 방법이든지 자기비판적인 방법이든지 관계

없이—불가능하며, 최상의 양자택일은 변증법적 방법을 선택하는 것이다. 변증법적 방법은 긍정에서 부정으로 그리고 부정에서 긍정으로 향하는 인식의 길을 취하며, 미리 고착된 긍정과 부정에 빠지지 않는다(같은 곳, 206-7).

그럼에도 불구하고 변증법적 방법도 하나님에 관해 말할 수 없다. 왜냐하면 신학의 가능성은 하나님이 말씀하시는 곳에서만 일어나기 때문이다. 신학은 인간의 가능성이 아니라 하나님의 가능성이다. 이것은 모든 방법이 멈추는 곳에서 일어난다(같은 곳, 211). 이 점에서 변증법자들도 교의학자 혹은 신비주의자와 다를 바 없다. 하나님은 변증법자, 교의학자, 신비주의자 없이도 스스로 말씀하실 수 있다. 그러나 다른 두 가지 방법과 비교할 때, 변증법적 방법은 하나님에 관한 인간의 시도를 명백하게 드러내준다. 하나님의 말씀이 인간의 언어를 의미 있게 하고, 그분을 증언하게 해준다. 신학은 그리스도론의 프롤레고메나를 넘어설 수 있는가? 살아 있는 진리가 긍정과 부정을 넘어서는 한, 하나님의 실재는 변증법적인 방법을 넘어선다. 하나님의 말씀은 그리스도론의 프롤레고메나에서 다루어져야 한다. 모든 것은 프롤레고메나에서 말해질 수 있다(같은 곳, 217).

(3) 에릭 페터슨과의 논쟁: 변증법인가 유비인가?

『엘거스부르크 강연』에서 바르트는 『로마서 강해』 제2판의 하나님의 실재 변증법 (Real-dialektik)과 변증법적 방법 사이의 연관성은 다루지 않았다. 여기서 하나님은 여전히 인간에게 신비로 머물며, 그 신비의 드러남은 복음과 율법으로 나타난다. 그렇다면 바르트의 실재 변증법이 여전히 변증법적 방법과 맞물려 있는 것은 사실이다. 그리고 하나님의 말씀의 신학은 십자가 아래 있는 신학이다. 더욱이 바르트는 변증법적 방법 이외에 유비론적인 성찰을 같이 다루지는 못했다. 변증법이 하나님의 드러남과 숨겨짐의 진리를 파악하는 신학 방법이라면, 이러한 변증법은 역설, 비합리성, 그리고 하나님의 신비를 변증법적으로 환원해버리는 위험을 가지게 된다. 그러나 하나님은 변증법을 통해 사람을 구원하지 않으신다. 하나님은 사랑과 은혜 가운데 살아 계신 분이고 변증법자가 아니기 때문이다. 이 지점에서 에릭 페터슨의 공격이 시작된다.

괴팅겐 대학교의 동료인 에릭 페터슨은 1925년에 『신학이란 무엇인가?』를 출간했다. 그는 바르트의 변증법적 신학을 비판하고, 특히 『엘거스부르크 강연』을 공격했다. 하나님에 대해 말해야 하는 신학의 과제와 분리될 수 없이 함께하는 인간적 불가능성은 바르트 신학의 곤경을 드러낼 뿐이다. 변증법적 질문이 외관인 것처럼, 하나님도 외관에 불과하다. 이러한 변증법 안에 있는 하나님은 변증법적 가능성에 불과하다(Peterson, *Was ist die Theologie?*, 13). 변증법의 옹호자는 진지함에도 불구하고 신학적 주제에 도달하지 못한다. 그것은 변증법적으로 가능한 진지함에 불과하기 때문이다. 하나님은 모든 변증법적인 방법의 너머에 계시기 때문에, 인간은 하나님을 진지하게 말할 수 없다. 물론 바르트는 하나님은 변증법적 방법이 끝나는 곳에서 말씀하신다고 했다. 그러나 페터슨은 바르트가 모든 것을 외관과 가능성으로 전환할 때, 하나님의 계시도 외관으로 되고 만다고 주장한다. 이에 대해 암브로시우스가 인용된다. "변증법으로 사람을 구원하는 것은 하나님을 기쁘시게 하지 못한다"(같은 곳, 14). 바르트가 바울과 루터를 변증법자로 만드는 것은 혼란스런 일이며, 키에르케고르는 신학자가 아니라 철학적 작가에 불과하다. 신학자는 계시, 믿음, 순종에 주목해야 하며, 여기서 신학이 가능해진다. 『로마서 강해』 제2판에서 바르트는 성육신을 순수한 역설로 표현했고(RII, 5), 예수 그리스도는 역사적 해명을 필요로 하는 신화라고 보았다(RII, 6). 성육신을 변증법적 가능성으로 언급하는 것은 결코 성육신의 의미를 바르게 다루는 것이 아니다. 세 가지 신학의 전제인 계시, 믿음, 순종은 하나님의 로고스에 참여하는 것을 말한다. 하나님의 학문에 참여하는 것은 성육신 사건에서 실제로 가능해지며, 하나님에 대한 유비론적 지식이 생겨난다. 성육신하신 하나님의 말씀을 전제로 하여 신학은 가능해진다는 것이다(같은 곳, 26-27).

이런 측면에서 볼 때 바르트가 모든 신학을 그리스도론에 대한 단순한 프롤레고메나로 환원한 것은 불합리하다. 바르트가 계시를 변증법적 가능성으로서 역설로 보는 한, 신학도 계시도 존재하지 않게 된다. 여기서 하나님은 정립과 반립의 제공자가 되고 만다. 그러나 신학적 지식의 실제적 성격은 계시의 실제적 성격에 예속된다(같은 곳. Jüngel, *Barth Studien*, 132). 이런 전제에서 하나님에 대한 유비론적 지식이 얻어질 수 있다. 바르트는 그리스도론 자체를 진지하게 취급하지 못했다. 신학은 계시를 교리로 표현하는 것이며, 교리는 하나님이 성육신에서 인간에게 접근한 사실을 객관적으로 그리고 구체적으로 표현하는 것이다.

그러나 바르트는 위와 같은 페터슨의 주장이 신중하지 못하다고 반박한다. 바르트는 1925년 『교회와 신학』 강연에서 페터슨의 평가가 "기발하고 수수께끼와 같고 고상하다"고 말한다(Barth, *Theology and Church*, 286). 바르트는 페터슨의 입장을 "로마 가톨릭보다 한 단계 더 높은 수퍼 가톨릭"이라고 말한다(같은 곳, 287). 페터슨의 가톨릭주의적 현상학은 종교개혁의 관점에서 거절되어야 한다. 만일 우리가 슐라이어마허를 여과 없이 수용한다면, 토마스 아퀴나스도 마찬가지로 수용될 수 있을 것이다. 그러나 이 둘은 루터 및 칼뱅과는 다르다(같은 곳, 288). 계시가 비록 변증법적이지도 않고 역설적이지도 않더라도, 신학에서 계시를 근거로 논쟁하고 생각하고 말하고 글을 쓸 때, 변증법적인 방법은 필요하다. 신학은 하나님에 대한 비역설적인 지식을 말한다(같은 곳, 299).

페터슨의 비판 이전인 1924년에 이미 바르트는 계시의 역설을 정통주의적 교리와 종교개혁자들을 통해 극복했다. 그것은 계시에 대한 성서적 증언을 통해 파악한 것이다. 그러나 바르트의 교리주의에 대한 접근은 오랜 정통주의를 회복하는 것과는 무관하다. 신학은 교리로부터 살아간다. 그러나 개신교는 카이로스로 주어진 객관적인 진리를 말씀과 성령을 통해 접근한다. 계시와 교리사의 관계에 관한 한, 역사가 계시의 술어이지, 계시가 역사의 술어가 되지 않는다(같은 곳, 292). 페터슨의 비판을 수용하면서 바르트는 신학이란 그리스도론의 단순한 프롤레고메나가 아니라 그리스도론 자체를 지속해 나가는 것이라고 말한다.

『로마서 강해』 제2판의 서문에서 바르트는 자신의 신학의 과제를 "주제의 내적 변증법"이라고 말하는데, 여기서 신학의 주제에 관한 것이 인간적인 방법일 뿐만 아니라 주제 자체도 변증법적이다. 성서를 주석하면서 바르트는 이러한 주제의 내적 변증법이 성서의 이해와 해명에 결정적인 역할을 한다고 본다. 바르트는 주제의 내적 변증법을 키에르케고르의 변증법적 체계―시간과 영원의 무한한 질적인 차이―와 연관시키고, "하나님은 하늘에, 인간은 땅에" 거한다고 말한다. 이러한 하나님과 인간의 관계는 성서의 테마이자 철학의 요약이며, 여기서 신학과 철학은 하나가 된다. 철학자들은 인간적 인식의 위기를 근원이라고 부르지만, 성서는 그러한 위기를 예수 그리스도의 십자가의 길에서 본다(RII, XX). 근원 그리고 그리스도의 십자가와 부활은 이미 변증법과 유비론적인 방법을 통해 정치·사회적으로 해명되었다. 이런 관점에서 바르트는 "역사비평은 내가 보기에 지금보다 더욱 비판적이야 한다"고 말한다(RII, XVIII).

그러나 바르트는 『그리스도교 교의학 개요』에서 주제의 변증법을 거절하고, 계시가 인간 존재의 변증법보다 우위에 있다고 설정한다(CDE, 188). 하나님은 변증법적인 존재가 아니라 비변증법적인 말씀이다. 신학은 계시에 대한 끊임없는 봉사이며, 개념적 형식과 변증법적 방법으로 다루어질 수가 있다. 계시는 신학의 내용이다. 변증법적 신학은 순례자의 신학이며 유비신학이다. 계시는 하나님의 은총의 선물이다(CDE, 289). 하나님은 더 이상 키에르케고르적인 의미에서 역설이 아니고, 신비이시다. 이것은 바르트의 안셀무스 연구에서 나타나는 사고 운동이다. 하나님은 "그보다 더 큰 것을 생각할 수 없는 분"(*id quo maius cogitari nequit*)으로서 스스로 존재하시는 분이다. 그리고 역설적이거나 불합리한 사고를 넘어서 학문으로서의 신학은 하나님의 신비와의 합리적인 씨름이며, 하나님의 자존성을 유비론적으로 표현한다. 키에르케고르는 성육신의 메시지를 무한이 인간의 존재를 통해 유한이 되었다고 파악했다(하나님-인간). 예수 그리스도는 다른 인간들과 다르지 않으며, 이것은 신앙 안에서 파악하고 입증될 수 있는 역설이다. 여기서 하나님은 인간 존재의 변증법 안으로 흡수되고 만다. 따라서 역설은 성육신을 말할 때 철학적 신학의 사고유형과 담론이 된다. 그러나 바르트는 이러한 잔재를 안셀무스 연구를 통해 걷어내고, 신학을 믿음 안에서 지성을 추구하는 학문으로 전개했다.

(4) 바르트와 안셀무스: 이해를 추구하는 신앙

1930년에 바르트가 뮌스터에서 본으로 자리를 옮겼을 때, 변증법적 신학자들 사이에 불가피했던 분열이 일어났다. 바르트는 고가르텐 및 불트만과 대립했고, 이들은 바르트의 개신교 정통교리에 대한 접근을 의혹의 눈초리로 바라보았다. 심지어 『그리스도교 교의학 개요』의 출간을 탐탁하게 여기지도 않았다. 그 책을 통하여 바르트는 독일의 정치·사회적 현실을 직시하고 교회에 충실하게 봉사하는 편에 확고히 선다는 예언자적인 관심을 말하기도 했다(CDE, 8). 페터슨의 비판을 고려하면서, 바르트는 뮌스터 대학교에서 행하였던 겨울학기 강연(1926 /27)을 1927년 『그리스도교 교의학 개요』의 프롤레고메나로 출간했다. 이것은 1924년 『괴팅겐 교의학』의 프롤레고메나를 수정하고 확대한 것이다. 그러나 훗날 바르트는 이러한 『그리스도교 교의학 개요』의 시도가 "잘못된 출발"(CD III/4, xii)이었다고 말한다. 바르트는 여전히 실존 철학에 기반을 둔 잔재들을 제거하지 못했고, 신학의 정당성을 확보하지 못했다고 말한다. 바르트는 그리스도교 교리에 대한 인간학적 기반 및 해명과 작별해야 했으며, 작별의 문서로서 1931년에 출간된 캔터베리의 안셀무스 연구를 언급했다(Barth, *How I Changed My Mind*, 42-4).

바르트는 안셀무스 연구에 만족했으며, 그것에 기초하여 『그리스도교 교의학 개요』 §5-6에서 전개된 진술에 대해 유감을 표했다. 훗날 『교회교의학』에서 바르트는 그 부분을 완전히 삭제했다. 바르트는 한스 우어스 폰 발타자르가 자신의 신학을 연구하는 가운데 안셀무스 연구의 중요성을 잘 파악했다고 인정했다. 바르트의 안셀무스 연구는 그 이후 『교회교의학』에서 전개되는 사고의 발전과정 전체에 중요한 열쇠 역할을 담당하게 된다(FQI, 11). 그러나 발타자르는 안셀무스 연구에서 바르트가 이전에 『로마서 강해』에서 전개했던 변증법적 신학으로부터 유비론적 신학을 향해 새롭게 전환했다고 주장한다(Balthasar, *Theology of Karl Barth*, 79). 물론 발타자르의 이러한 주장을 수용하기는 어렵다. 왜냐하면 앞에서 본 것처럼 변증법과 유비는 『로마서 강해』에서부터 상호연관적으로 다루어졌기 때문이다.

뮌스터 대학교의 동료였던 하인리히 숄츠는 안셀무스와 관련된 바르트의 신학적 입장을 해명하고, 안셀무스 세미나를 열도록 자극을 주었다. 바르트는 1926년과 1930년에 안셀무스 세미나를 열었다(FQI, 7). 물론 『그리스도교 교의학 개요』의 프롤레고메나(1927)에서 바르트는 안셀무스의 중요성을 여전히 강조했다. 이러한 강조로 인해 바르트는 로마 가톨릭교도로, 혹은 슐라이어마허 추종자로 비난을 받기도 했다.

캔터베리의 안셀무스(1033-1109)는 역사적으로 아우구스티누스와 토마스 아퀴나스 사이에 위치한 가장 위대한 신학자요 철학가이며 스콜라주의의 창시자로 간주된다. 그는 제2의 아우구스티누스라고 말해지기도 했고 캔터베리 대주교(1093-1109)로서 활동했다. 신앙은 이성보다 앞서지만 이성은 신앙의 기반 위에서 전개될 수 있다. 믿지 않는 자들은 믿지 않기 때문에 이해하려고 노력한다. 그러나 신앙인은 지식에 도달하기 위해 믿는다. 그리고 교리에 순종하고, 사랑하고, 삶의 실천으로 옮긴다. 하나님은 믿음뿐만 아니라 지성의 근원이기도 하다. 신앙은 단순히 출발점일 뿐만 아니라, 또한 그 안에서 살아가는 것도 포함한다. 신앙은 규칙이며 사고의 목적이다. 계시와 이성은 일치한다. 불합리하기 때문에 믿는 것(*credo quia absurdum*)은 거부된다. 모든 것을 넘어서서 하나님은 스스로 존재하시기에 신학의 진술은 유비와 언어적 상상력(메타포, 은유 등)이 되며, 인간의 언어는 하나님에 대한 단순한 접근에 그친다.

하나님에 대한 존재론적 증명은 투렌(Touraine)의 수도승이었던 가우닐로(Gaunilo)의 도전을 받기도 했다. 가우닐로는 사고와 존재의 일치를 의심했고, 사고 속에서 생각하는 것이 반드시 실제로 존재하는 것은 아니라고 말한다. 하나님의 존재를 인간의 사고나 상상력으로부터 추론하는 것은 문제가 있다. 이러한 인간적인 영역에서는 다른 것보다 크거나 적은 존재는 존재하지 않는다. 하나님에 대한 이념과 하나님의 존재가 일치하지 않는다는 것이다. 그러므로 존재론적인 신 증명은 의심스럽다고 한다.

안셀무스에 대한 가우닐로의 비판은 칸트에게서도 발견된다. 최상의 존재에 대한 개념은 유용한 생각이지만 생각으로만 그친다. 존재와 사고의 대립은 근대 철학의 출발점이 된다. 칸트는 안셀무스의 주장—존재와 사고의 일치는 가장 고귀한 성취라는 주장—을 거절한다. 존재는 사고와 다르다. 예를 들어 내가 돈을 가지고 있다고 생각하는 것과 현실적으로 돈을 소유하는 것은 다르다. 하나님의 존재가 인간의 사고를 통해 요청될 수가 없다면, 그것은 실천이성 즉 도덕을 통해 요청되어야 한다. 이 점에서 칸트는 가우닐로와 비슷한 입장을 취한다. 사실 스콜라주의자들은 아리스토텔레스 철학을 통해 잠재태(potentiality)는 자체 상 아무것도 아니며, 현실태(actuality)를 통하여 분명해진다는 형이상학적 원리를 알고 있었다. 그러나 이러한 아리스토텔레스의 원리는 안셀무스의 심각한 도전에 직면한다. 사유(잠재태)와 존재(현실태)에 관한, 만일 하나님이 절대적인 존재시라면, 일반적인 것들은 하나님에 대한 술어와 관계된다. 그러나 헤겔은 안셀무스에게서 정반대의 방향을 보기도 한다. 하나님에 대한 절대적인 이념이 사고의 주체로 설정된다면, 존재는 술어가 된다. 하나님은 인간의 이성 안에 거하게 된다. 그렇다면 안셀무스의 철학적인 내용은 맞지만, 그 사고와 존재를 일치시키는 형이상학적인 형식은 오류인 셈이 된다(St. Anselm, *Basic Writings*, 37-40).

그러나 안셀무스의 견해에 따르면 절대적인 존재가 상대적인 존재에 의존한다는 것은 적절하지 않다. 절대적인 존재를 생각할 수 있는 것은 그가 존재하기 때문이다. 하나님은 우리가 "하나님보다 더 큰 것을 생각할 수 없는 분"이기에 반드시 존재하고, 그래서 우리는 믿는다. 그러나 어리석은 자는 마음속으로 하나님이 없다고 말한다(시 14:1). 안셀무스의 존재론적 신 증명에서 중요한 것은 철학적으로 생각되는 하나님 이념이 아니라, 성서가 증언하는 살아 계신 인격적 하나님이다. 『프로스로기온』은 "믿음은 지성을 추구하는 것"을 해명하며, 또한 하나님과의 대화(Discourse)를 말한다.

안셀무스의 『프로스로기온』에 의하면 인간은 오로지 신앙에 근거해서 하나님을 알 수 있고, 이것은 기도와 연관된다. 이것은 안셀무스의 입장—이해하기 위해 믿는다(*credo ut intelligam*)—을 가리킨다. 하나님이 인간에게 계시해주지 않으시면, 인간은 믿을 수 없다. 인간은 하나님에 대한 이해를 추구하는 것이 아니라, 먼저 하나님을 믿음으로써 이해하게 된다. 이성 내지 지성은 인간의 활동이며, 선행하는 하나님의 행동에 근거하여 일어난다. 여기서 "인식은 근본적으로 인정하는 것이다. 생각은 성찰이다"(CDE, 136). 바르트는 『그리스도교 교의학 개요』에서 충분히 다루지 못한 안셀무스의 『프로스로기온』을 자신의 안셀무스 연구에서, 특히 『프로스로기온』 2-4항목의 성찰에서 주의를 기울여 해명한다. 바르트의 관심은 안셀무스의 사고 전체에 몰두하는 것이라기보다는, 바르트 자신의 신학적 프로그램을 위해 안셀무스의 신 존재 증명을 중요하게 다루며 해명하는 것이다.

하나님의 말씀론에서 바르트는 안셀무스의 신학적인 방법을 "하나님의 신비로서의 말씀-행위"(CD I/1, 162-87)와 "하나님의 말씀과 신앙"(CD I/1, 230)에서 다룬다. 물론 바르트가 안셀무스의 입장을 전폭적으로 수용하는 것은 아니다. 특히 신 존재 증명의 방법에서 그렇다(FQI, 9). 그럼에도 불구하고 안셀무스의 "이해를 추구하는 신앙"은 바르트가 이전의 『로마서 강해』 제2판에서 드러내었던 비합리적이고 역설적인 키에르케고르의 변증법을 넘어서 합리적인 신학 내지 학문적인 신학으로 갈 수 있게 한다. 여기서 유비의 언어는 변증법적 방법에 국한되기보다는 합리적이며 해석학적인 성격을 갖는다.

『프로스로기온』 2-4항목에서 중요한 것은 신 존재 증명인데, 이것을 바르트는 (a) 신학의 필요성, (b) 신학의 가능성, (c) 신학의 조건의 관점에서 다룬다.

(a) 신학의 필요성에 관하여 바르트는 안셀무스의 이성이 논쟁적이고 변증론적인 증명이 아니라 신앙의 요구를 성찰한다고 본다. 이성이 수행될 때 기쁨이 온다. 증명과 기쁨은 사고의 산물이다. 안셀무스의 지성의 필요성은 증명과 기쁨을 산출하기 위해 요구되지 않는다. 안셀무스의 관심은 신학이며, 지성적인 신앙 또는 이해하는 신앙을 말한다. 이해하기 위해 믿는 것이 『프로스로기온』의 본래 제목이다(FQI, 16). 인간의 이성은 하나님께 봉사하며, 예수 그리스도의 계시 안에서 스스로를 드러내신 하나님께 찬미 드린다. 계시는 지성의 희생을 통해 믿어지는 것이 아니라, 지성에 의해 인정된다. 지성의 효과(증명과 기쁨)가 신앙을 위한 하나님의 존재를 파악하는 것이 아니다. 오히려 탐구자는 신앙보다 앞서 있는 하나님의 은총을 확신한다. 물론 그는 이성만으로는 자기가 믿는 것을 이해할 수 없다. 진리는 모든 신학적 탐구의 전제가 되며, 이성은 진리의 목적에 도달하지 못한다고 해도 진리 자체 앞

에서 그것을 경외한다(FQI, 18).

"이해를 추구하는 신앙"에서 신앙은 "나"라는 인간을 하나님을 아는 지식으로 부른다. 하나님 안에서 지성과 진리는 하나가 된다(FQI, 18). 안셀무스에게 지성은 신앙에서 시작하며, 진리를 추구하는 길에서 종말론적인 성격을 띠게 되며, 하나님을 향한 복된 비전을 갖는다. 그러므로 지성이 신앙에서 일어날 때, 하나님의 형상이 현실화 한다(FQI, 21). 이것은 신앙의 유비를 말한다. 왜냐하면 신앙은 하나님의 말씀의 진리에 대한 이해를 추구하기 때문이다.

(b) 신학의 가능성에 관한 한, 신앙은 비논리적이거나 불합리한 것이 아니다. 믿음은 들음에서 나며 들음은 설교에서 난다. 신앙은 그리스도의 말씀에 관계되며, 말씀에 의해 확인된다. 안셀무스에게 성서, 교회의 신앙고백들, 교회 교부들, 특히 아우구스티누스는 규범에 속한다. 안셀무스의 주관적인 믿음은 교회의 객관적인 신앙고백을 중요한 전거로 삼는다(FQI, 24). 주관적인 신앙과 객관적인 신앙(성서와 교회의 신앙고백)의 관계에서 신학의 가능성이 나온다. 지성은 신앙의 객관적 문서에 대한 성찰이 되며, 신앙은 지성의 전제가 된다. 학문으로서의 신학은 교리에 대한 학문이다(FQI, 26). 이해를 추구하는 신앙은 지성의 희생을 요구하는 광신적인 호소가 아니다(FQI, 26). 객관적인 신앙고백이 신앙의 탐구자를 하나님의 진리의 이성(*ratio veritatis*) 앞에 겸손히 서게 한다. 계시는 하나님의 진리의 이성이며, 신학을 학문으로 가능하게 한다. "엄격하게 이해한다면, 진리의 이성은…아버지와 동일 본질인 하나님의 말씀과 같다"(FQI, 45). 하나님의 말씀 자체로서 진리의 이성은 신앙고백과 성서 안에 숨겨져 있으며, 신앙의 이성(*ratio fidei*)과 구분되지만 또한 그것과 연관된다(FQI, 47). 계시된 진리는 텍스트들 안에서 "내적 텍스트"로서 작용한다. 여기서 바르트는 안셀무스

와 구분된다. 안셀무스가 성서와 연관된 신앙 이성(*ratio fidei*)을 진리 이성(*ratio veritatis*)과 동일시한다면, 바르트는 성서를 유보 없이 하나님의 계시와 동일시하지 않는다. 하나님의 말씀에 대한 바르트의 삼중적인 이해는 안셀무스와는 다르다.

(c) 신학의 조건은 필연성에서 나오며 신앙을 통해 지성을 가능하게 한다. 그러나 지성은 신앙고백 조항에 상응하는 신앙의 본질적인 제한성이나 교리의 내적 필요성의 한계를 넘어설 수 없다. 예를 들어 지성은 삼위일체나 성육신 교리의 배후로 들어갈 수 없다. 신학의 진술은 하나님의 신비를 표현할 때 부적절하고 제한적일 수밖에 없다. "엄격하게 말하면, 하나님에 대한 개념을 가질 수 있는 분은 하나님 자신뿐이다"(FQI, 29). 신학은 이러한 조건을 피해갈 수 없다. 안셀무스에게서 신학의 과제, 곧 이해의 추구는 성서의 인용구가 끝나는 데서 시작한다(FQI, 31). 신학에는 학문적인 진보가 있고 이해로부터 보다 더 큰 이해로 나아간다. 이러한 진보는 신학자 임의로 되는 것이 아니라 하나님의 지혜에 달려 있다(FQI, 32). 신학의 전제가 성서의 말씀과 일치하거나 성서로부터 온다면, 그것은 확실하고 타당하다. 바른 신앙을 위하여 요구되는 것은 어린아이와 같은 순종이며, 성령 안에서 살아가는 것이며, 성서로부터 풍부한 양육을 받는 것이다(FQI, 35). 그리고 다른 모든 것을 조건적인 것으로 만들고 상대화하는 것은 기도이다. 『프로스로기온』이 의미하는 것처럼 기도는 하나님을 향해 말하는 것이며, 은총을 구함으로써 지성을 정당화 한다. 신학자로 하여금 하나님에 대한 성찰을 바르게 수행하도록 만드는 것은 하나님의 은총이다. 하나님은 신학자의 성찰 안에도 임재하신다.

몰트만에 의하면 이해를 추구하는 신앙은 "이해하기 위해 믿는 차원"(credo ut intelligam)을 포함한다. 이해는 우리가 믿는 것을 성찰한다는 점에서 신앙의 목적이 된다. 안셀무스는 교회의 신앙고백을 근거로 해서 객관적인 진리에 대한 신앙(fides quae creditur)을 성찰하고 신앙의 내적인 합리성(intellectus fidei)을 전개했지만, 근대적인 의미에서 인간의 주관적인 확신으로서 신앙(fides qua creditur)을 전개하지는 않았다. 안셀무스의 문제는 믿음에서 이해로 일면적인 방식으로 진행하는 반면에, 이해로부터 믿음의 방향(intelligo ut credam)은 고려되지 않는다. 물론 믿음과 이해의 해석학적 순환은 지적된다. 이 점에서 안셀무스의 인식론은 공공신학이 아니라 교회신학에 머문다. 몰트만의 관심은 공공신학을 위하여 안셀무스와 아퀴나스를 같이 수용하는 것이다. 바르트 역시 아퀴나스에 저항하여 안셀무스의 편에 섰다. 바르트에게서 이해를 추구하는 신앙은 교회에서 믿어지는 하나님의 진리에 대한 성찰이다. 그러나 몰트만에 의하면 안셀무스에게는 앞으로 전진하는 사고(thinking ahead)가 있다. 한편으로 교의학은 신앙을 성찰하지만, 다른 한편으로 성찰을 통해 진리를 본다. 신앙과 종말론적인 관조 사이에서 신학은 중재의 역할을 하게 된다(medium inter fidem et speciem). 얼굴과 얼굴을 맞대고 보는 종말론적인 사건이 오기 전까지 하나님에 대한 신학적인 지식은 단편적이고 잠정적으로 머물게 된다. 앞으로 전진하는 신학은 순례자의 신학이며, 하나님의 종말의 완성 즉 새 하늘과 새 땅을 향해간다. 그리스도교 신학의 역사는 부활하신 그리스도의 현현을 보는 데서 시작한다. 바울의 회심 역시 여기에 근거하는데, 이것은 바울에게 주신 하나님의 계시이다(갈 1:16). 예수의 파루시아에 대한 기대는 부활절에 나타나신 그리스도를 목격했던 기억에 근거되어 있고, 다시 오실 그리스도의 영광을 소망한다. 그러나 우리는 믿음으로 걸어가는 것이지, 보는 것으로 걸어가는 것은 아니다(고후 5:7). 몰트만은 안셀무스의 인식론을 소망의 인식론으로 발전시킨다. 종말의 봄은 희망의 교리이며 지혜로 파악된다. 희망은 신앙과는 다른 차원을 지적한다. 희망의 로고스는 장차 올 미래에 대한 약속이다. 약속 안에서 하나님은 오시며, 그분의 미래를 현재에 비추어주신다. 하나님의 약속은 희망하는 자에게 담보이고 계약이며, 약속과 하나님의 신실하심을 향한 믿음을 일으킨다(Moltmann, *Experiences in Theology*, 48-51, 55). 부활의 그리스도에 대한 믿음과 성령의 부어주심이 없이 희망이 각성될 수 있는가? 현재로 치고 들어오시는 하나님은 "지금 여기서"(*hic et nunc*) 부활의 그리스도, 성령의 사역, 그리고 "그때 거기서"(*illic et tunc*) 일어난 하나님의 은총의 사건과는 무관한가? 그럼에도 불구하고 몰트만이 안셀무스의 이해를 추구하는 믿음의 콘텍스트에 인간학적인 자리가 없다고 본 것은 정당하다.

안셀무스의 영향 아래서 이제 바르트는 자신의 사고형식에 "인간학적인 자리"—이성 혹은 감정 혹은 양심—를 허용한다. 여기서 종교적 아프리오리와 역사적 상대주의(트뢸치)는 거부된다. 신학은 순례자의 신학이며 종말론적으로 개방된다. 모든 지성의 결론은 종말론적인 유보 가운데 놓인다. 이것은 합리주의, 슐라이어마허의 사상, 데카르트주의, 포이어바흐의 종교비판을 모두 넘어서는 신학의 담대한 정신을 의미한다. 『그리스도교 교의학 개요』에서 바르트는 자연신학적인 경향과 존재론적인 과도함을 벗겨내지 못했다. "[말씀을] 듣는 인간은 말씀하시는 하나님처럼 하나님의 말씀 개념 안에 포함된다. 슐라이어마허의 하나님이 절대 의존의 감정 안에 있듯이, 인간은 말씀 안에서 [하나님과 더불어] 요청된다"(CDE, 148). 바르트는 후에 자신의 이러한 문장에 경악하며 "잘못된 출발"로 간주했고, 『교회교의학』에서 다음과 같이 수정한다. 하나님의 말씀 안에서 인간을 실제적인 필요성에 따라 요청하는 것은 하나님의 자유로운 은총이다(CD I/1, 140).

안셀무스 연구는 바르트로 하여금 슐라이어마허에게 붙들린 포로 상태로부터 벗어나게 해준다. 교의학이 교회의 선포에 대한 학문적이고 비판적인 자기검증이라면, 교회는 항상 자기검증의 비판과 수정의 과제를 짊어진다. 교회는 근원이신 하나님을 향해 회개하고 전향해야 한다. 더욱이 바르트에게 안셀무스가 갖는 의미는 믿는 자와 믿지 않는 자 모두에게 동일하게 말하는 것이다. 믿지 않는 자들의 질문과 추구는 사실상 믿는 자의 것과 동일하다(FQI, 67). 신학이 단지 교리와 신조만 다룬다면, 그것은 부르주아적인 실증주의의 영역에 빠지고 만다. 적어도 안셀무스는 단지 위대한 스콜라주의 신학자로 머물기보다는 세상과의 연대를 위하여 실천적인 방향으로 나아간다. "그보다 더 큰 위대한 것을 생각할 수 없는 분"으로서의 하나님은 신학자와 세속적인 사람들이 연대할 수 있는 근거가 된다. 왜냐하면 신학자는 세속적인 사람들에게 그들과 적어도 공동으로 가지고 있는 것, 즉 신학을 말해야 하기 때문이다(FQI, 68). 바르트는 안셀무스가 믿는 자와 불신자 사이의 깊은 간격과 경계에 머물지 않고 그러한 경계와 한계를 넘어선 신학자로 높이 평가한다(FQI, 71; II/1, 127).

바르트는 헤르만 쿠터의 예언자적 활동을 통해 전적 타자이신 하나님이 사회와 문화의 영역을 통해 전적으로 다르게, 그리고 이러한 영역들을 변혁시키면서 말씀하신다는 것을 알고 있었다. 이것은 하나님의 "말씀-행위"에 대한 바르트의 비정규적 교의학의 성찰에 속한다. 쿠터는 하나님의 영역을 교회의 영역보다 더 크게 보았고, 하나님은 세속의 형식들과 사건들을 통해 교회에 대항할 수도 있다고 주장했다(CD I/1, 74). 세속적 휴머니즘에 대한 관심과 정치적 영역에서의 책임과 연대는 "하나님의 인간성"을 통해 주어지며, 세상과 연대하는 안셀무스의 신학은 바르트의 "말씀-행위"에 대한 비정규적인 성찰에서 공명을 얻는다.

탐구자의 인식 이성(noetic *ratio*)은 신앙의 대상의 합리성을 성찰하고 추구한다. 신앙의 객관적 대상이 갖는 합리성(성서, 교리, 신앙고백 등)은 존재 이성(ontic *ratio*)을 말하는데, 이것은 궁극적인 것이 아니라 진리의 총합(*summa veritatis*)에 의해 판단될 때 참될 수 있다(FQI, 51). 신앙의 대상에 대한 합리적 지식은 그 자체로부터 나오며, 탐구자의 인식 이성에 상응한다. 탐구자의 인식 이성은 신앙의 대상인 존재 이성을 발견하려고 한다. 이러한 상호관계에서 신앙고백의 조항들은 다음과 같은 길을 보여준다. 인간의 인식 이성이 성서와 교리의 존재 이성을 추구하며, 또한 후자도 전자를 발견하기 위해 존재한다(FQI, 53).

(5) 바르트와 틸리히

안셀무스의 인식론을 통해 바르트는 틸리히의 문화신학과 대결한다. 바르트에 의하면 틸리히는 사회주의를 세속적인 문화 일반으로 대체했고, 이것으로부터 교회를 방어했다. 결국 틸리히는 실재와 상징의 반립을 제거해 버리는 위험에 처한다. 틸리히의 신학을 조직적으로 구성하는 것은 "사이비 종말론적 상황"이다(CD I/1, 75). 그러나 하나님의 미래의 빛에서 (종말론의 유보를 통하여) 교회와 세계를 잠정적으로 구분하는 것은 성례전적 악마주의와 세속적 엑소시즘 사이의 인간적인 틈이나 간격을 의미하지 않는다(CD I/1, 48).

틸리히에게 존재 자체는 하나님의 영 또는 영적 임재(Spiritual Presence)의 상징이 된다. 성령이 인간 정신을 그 내부로부터 인도하고 성취한다(Tillich, *Systematic Theology*, 3, 250). 인간과 문화는 존재 자체 즉 영적 임재에 근거하며, 영적 임재에 적대적인 것은 타율적인 것이라고 판단된다. 그것은 신율적인 문화와는 달리 거룩함의 경험을 소통할 수 없다. 문화와 마찬가지로 도덕도 영적 임재에 의해 안내될 때 신율적인 도덕이 되며, 사랑이 도덕을 신율적으로 만든다. "신율적인 도덕은 성령의 창조로서 사랑의 도덕이다"(같은 곳, 272).

더욱이 틸리히는 그의 상관방법에 신 중심적인 종말론의 차원을 열어놓는다. 그의 역동적-유형론적인 모델은 "구체적인 정신의 종교"에 근거하는데, 이것은 성례전적, 신비적, 윤리적·예언자적인 측면을 포함한다. 종교의 성례전적인 차원이 타락할 때 신비주의 운동이 일어나며, 신비주의 운동이 개인주의로 후퇴할 때 교회의 사회적 책임인 윤리적 책임이 드러난다. 그러나 윤리적·예언자적인 차원이 과도하게 강조될 때, 교회는 도덕 클럽이 되고 만다. 문제는 틸리히가 이러한 현상학적· 실존론적인 모델을 전체 종교의 역사에 적용하는 것에서 나타나는데, 과연 이러한 접근이 타종교에도 타당할지는 상당히 의문스러워진다 (Tillich, *Christianity and Encounter of World Religions*, 71-2).

틸리히는 실존의 물음과 신학의 답변이라는 상호의존적인 틀에서 자신의 상관관계 방법을 전개하고, 여기에 종말론적 차원을 열어놓는다. 신율은 나사렛 예수를 그리스도로 만드는 영적 임재(Spiritual Presence)의 영향 아래 있는 문화의 상태를 말한다. 성령의 영적 임재는 역사적인 예수 그리스도의 계시 이전이나 이후에 상관없이 세계 종교들 가운데 나타나는 계시와 구원의 역사 전체에 임재한다. 신율적인 문화는 신율의 상징으로서 성령에 의해 결정되고 인도되는 문화이다. 타율과 자율은 신율 안에 있는 요소들이다. 신율은 역사의 내적 목적으로서 부분적으로 종교에서 드러난다. 그 성취는 타율과 자율의 문화와 관련하여 종말론적이다(Tillich, *Systematic Theology*, 2, 13-16).

"구체적인 정신의 종교"는 카이로스의 계기를 통해 역사에서 단편적으로 실현된다. 신율은 신(*theos*)과 법(*nomos*)에 기인한다. 이것은 종교사의 내적인 목적이다. 인간의 자율적인 능력들, 예를 들어 지식, 미학, 법, 도덕 등이 자신들의 영역을 넘어서서 삶의 궁극적인 의미를 가리킬 때, 그것은 신율을 갖는다. 구체적인 정신의 종교 안에서 신율은 단편적으로 드러나며, 그 최종 성취는 종말론적으로 열려 있다 (Tillich, *Christianity and Encounter of World Religions*, 75).

바르트는 틸리히를 비판적으로 고려하면서 하나님의 말씀의 진리 이성(궁극 이성)을 신율(theonomy)이라고 말한다. 신율은 상대적으로 자율의 구체적 형식 없이는 공허하다. 마찬가지로 자율은 신율과의 상응과 상관관계를 통해 존재한다. 신율로서의 하나님의 말씀은 계시에서 첫 번째 형식을 가지며, 성서에서 두 번째 형식을, 그리고 선포에서 세 번째 형식을 갖는다. 인간의 자율은 탐구자의 인식적인 이성과 존재적 이성이라는 의미에서 신율과 상관관계를 이룬다. 교회의 선포와 교의학이 종속되는 타율은 신율을 함축한다. 신율은 타율의 상징적인 형식을 인정한다(CD I/2, 815). 그러나 상징적인 타율(하나님의 말씀 곁에서 있는 두 번째 권위)은 하나님의 말씀의 권위를 고려할 때만 가능하다 (CD I/2, 816). 로마 가톨릭 교리처럼 하나님의 말씀의 권위와 병립하는 교회의 권위를 주장하는 것은 신율에 저항하는 타율이 되며, 교의학은 이것을 비판한다.

자율은 자유로운 인간의 결정에서 드러나는 형식, 곧 신율의 상대적이고 구체적인 형식이다. 신율에 순종하면서 자율은 교의학적 작업에서 담대한 일을 수행한다. 그러므로 교의학적 방법은 계시 안에 있는 하나님의 행동을 책임적으로 인정하고 전개한다. 모든 것은 하나님의 이념(계시 안에 계신 하나님)을 고려하면서 추구된다(*omnia tractare sub ratione Dei*, CD I/2, 871). 하나님은 근원으로서 원의 주변부처럼 모든 영역에서 말씀하신다(I/2, 869). 하나님의 자유로운 "말씀-행위"가 교의학적 방법을 명령하고 주도하며, 교의학의 모든 진술과 체계를 종말론적으로 불완전한 것으로 만든다. 교의학은 신율 즉 하나님의 말씀의 궁극적 이성에 의해 영감을 받고 자극되는 종말론적인 길을 취한다. 진리 이성을 고려할 때, 신학의 모든 진술은 파편적인 것이고 불완전하며 부적절한 표현이 된다. 그러므로 교의학은 상당한 정도로 유비적으로나 아니면 이미지로 표현된다(*per aliquam similitudinem aut imaginem*, FQI, 29). 그러나 유비적 언어는 하나님의 말씀을 합리적으로 표현하는 내용을 갖는다.

(6)『교회교의학』에서 드러나는 유비론의 구조와 내용

『교회교의학』에서 나타나는 유비론적 사고와 구조는 대단히 복합적이다. 바르트는 안셀무스를 통하여 신앙과 이성의 문제를 해명하고, 자신의 교의학을 변증법적 신학을 위한 교의학이 아니라 교회를 위한 학문적인 신학으로 발전시켰다. 신앙이 이해와 지성을 추구하는 한, 비합리적이거나 역설적인 변증법적 구조보다 말씀에 대한 합리적 분석과 신앙의 합리적 경험이 해명된다. 앞에서 본 것처럼, 바르트의 유비론적인 관계성은 일차적으로 신앙의 유비로 나타난다. 하나님의 계시는 말씀에서 알려지며, 하나님의 본성은 신앙 안에서 유비론적으로 그리고 지성적으로 파악된다. 바르트는 하나님에 대한 유비론적 인식을 계시와 연관시킨다.

바르트의 입장은 틸리히의 문화신학과는 다르다. 틸리히는 헤겔적인 정신철학에 기반을 두고, 내적으로 나아가는 종말론적 신율 개념을 근거로 삼았다. 그러나 바르트의 종말론은 그리스도의 부활을 근거로 하여 역사와 사회 안으로 치고 들어오시며 변혁과 혁명으로 인도하는 새 하늘과 새 땅이다. 이러한 종말은 계시에서 일어났고, 교회는 궁극적으로 다가오는 새 하늘과 새 땅을 소망 가운데 기다린다. "계시는

제1부 | 하나님의 말씀에 대한 신학적 성찰

창조가 아니며 창조의 지속도 아니다. 그것은 창조에 대한 하나님의 신비하고 새로운 일이다"(CD I/1, 431). 이러한 유비는 하나님의 존재와 인간 존재 사이의 유사성—커다란 차이에도 불구하고—을 비교하는 존재의 유비가 아니다. 그것은 그리스도 안에서 드러난 하나님의 계시와 연관되는 신앙의 유비를 말한다. 하나님에 대한 신앙의 행동에서 존재론적이며 인식론적인 필연성과 관계성이 유비론적으로 드러난다.

발타자르는 바르트의 신앙의 유비는 존재의 유비를 포함한다고 말하지만(Balthasar, *Theology of Karl Barth*, 147-50), 그의 입장은 수긍하기 어렵다. 가톨릭의 존재의 유비는 모든 피조물이 자신의 근원, 의미, 목적이 되는 창조주를 향해 움직이며, 창조주를 향한 이러한 피조물의 존재론적인 방향설정을 통해 유비적인 상응을 갖는다. 이것은 하나님으로부터의 관점 즉 인간을 향해 오시는 하나님의 측면이 아니라, 창조주를 향한 피조물의 성향과 개방성을 존재론적인 운동으로 파악한다.

인간이 하나님의 은혜의 행동을 알려면, 그것은 먼저 인간 존재의 움직임에서 찾아져야 한다(*operari sequitur esse*, 행동은 존재를 좇아간다). 존재의 유비에서 나타나는 형이상학적 원리는 가톨릭 교리의 사유 전체에 깔려 있다. 그러므로 하나님은 역사적인 계시나 신앙과는 무관하게 인간의 이성을 통해 알려질 수 있다. 그러나 바르트에게 하나님은 전적 타자 또는 그보다 더 큰 존재를 생각할 수 있는 그런 분이 아니다. 제1차 바티칸 공의회 문서는 하나님으로부터 존재 일반을 추론함으로써, 하나님의 자유로운 은혜의 행동을 간과한다. 이러한 존재론적 추상화가 가톨릭 교리의 존재의 유비에서 나타난다 (CD II/1, 81).

그러나 바르트에게 유비는 그 현실성과 기반을 오로지 하나님으로부터 부여받는다. 그것은 신앙 안에서 그리고 신앙을 통해서만 가능하다(CD II/1, 83). 신앙 안에서 말씀하시는 하나님과 듣는 인간 사이에 유비와 상응이—그 차이와 다름에도 불구하고—생겨나는데, 다시 말해 신앙이 "접촉점"이 된다. 그리스도의 화해를 통해 접촉점은 신앙의 외부가 아니라 오직 신앙 안에 존재한다(CD I/1, 238-39). 물론 바르트는 토마스 아퀴나스의 존재의 유비 개념에서 신앙의 내용을 보기도 한다. 신앙은 하나님에 관한 인간성을 가르치며, 인간 존재 안에서 하나님의 지혜에 대한 유사성이 생겨나온다(CD I/1, 239). 그러나 바르트는 루터의 칭의론을 강조하고, 믿음을 통해 인간이 하나님을 향해 적합해진다고 말한다(*fide homo fit Deus*, CD I/1, 239).

바르트의 유비 개념은 *analogia tes pisteus*(롬 12:6; "믿음의 정도")에 근거한다. 바울의 신앙 개념은 바르트에게 인간이 스스로 신앙을 만들어내는 것이 아니라 하나님의 말씀이 신앙을 창조한다는 것을 확인시켜준다. 존재의 유비에 대한 바르트의 거친 거부에도 불구하고, 바르트는 죙엔의 존재의 유비 개념을 긍정적으로 평가했다. 죙엔에 의하면 존재의 유비는 신앙의 유비에 종속된다. 신앙의 유비는 예수 그리스도를 통하여 존재의 유비를 수납하고 회복하고 고양시킨다(CD II/1, 82). 고전 15:12-13("죽은 사람의 부활이 없다면 그리스도도 살아나지 못하셨을 것입니다")을 근거로 죙엔은 말씀이 인간성에 참여한다면, 하나님에 대한 인간의 실제적인 참여가 생겨날 수 있다고 말한다. 우리가 그리스도의 은총에 참여하지 않는다면, 그리스도 역시 우리에게 참여하지 않는다. 신앙의 참여는 존재의 참여에 대립하는 것이 아니라 그것을 포함한다. 바르트는 만일 가톨릭 교리의 존재의 유비가 죙엔의 입장과 같은 것이라면, 이전의 거친 비판, 즉 존재의 유비를 적그리스도의 고안물이라고 표현했던 비판을 철회한다고 말한다(CD II/1, 82).

그러나 바르트의 신앙의 유비 개념에는 행위 구조가 기반이 된다. 하나님을 인식하려면 인간은 그분의 은총의 행동을 따라가야 한다. 인간이 자신의 존재를 인식하려 할 때, 그것은 하나님의 은총의 행동을 통해 알려진다. 존재는 행동을 뒤따른다(*Esse sequitur operari*, CD II/1, 82). 그렇게 인간은 하나님의 계약의 파트너로서 그분의 삶에 참여한다. 바르트는 신앙의 유비 개념을 관계의 유비로 확장시켰고, 그의 신학 전체에서 유비 개념은 다양한 측면에 걸쳐 복합적으로 엮여 있다.

(a) 바르트는 그의 창조론(CD III/2)에서 관계의 유비를 발전시킨다. 관계의 유비는 원래 본회퍼가 하나님의 형상을 주석하면서 사용한 개념이다. 하나님이 그리스도 안에서 인류를 위한 하나님의 존재를 입증한다면, 인간은 그리스도를 통하여 하나님과의 유사점을 갖게 되는데, 이것이 관계의 유비이다. 관계의 유비는 그리스도론적으로 설정되며 존재의 유비와는 다르다(Bonhoeffer, *Creation and Fall*, 65). 하나님은 인간을 자유롭게 창조하셨다. 인간은 이러한 자유를 자신의 특질이나 활동 혹은 본성으로 소유하는 것이 아니다. 오히려 하나님은 인간을 자유롭게 일으키시고, 하나님의 형상으로 창조하셨다. 인간은 하나님을 향하여 자유를 누릴 뿐만 아니라, 또한 이웃 인간을 위해서도 자유롭게 창조되었다. 하나님의 형상 안에 있는 자유는 관계의 유비를 존재의 유비와는 구별한다(CD III/1, 195).

바르트는 본회퍼의 유비 개념을 수용하고, 신앙의 유비를 관계의 유비와 연관시켜 발전시켰다. 하나님과 피조물의 관계의 유비는 형상을 포함하는 것이 아니라, 창조주와 피조물의 다름의 상응을 말한다. 하나님은 인간을 위하여 자유롭고, 인간은 하나님을 위하여 자유롭다(CD III/1, 196). 창조 기사에 대한 바르트의 주석에 의하면 인간은 하나님의 형상으로 창조된 것이 아니다. 오히려 "인간은 하나님의 형상에 상응하여 창조되었다"(CD III/1, 197). 하나님의 형상은 인간의 소유가 아니라, 전적으로 창조주 하나님의 의도와 행동에 달려 있다. 하나님은 인간을 그분과의 교제를 위해 계약의 파트너로 창조하셨다(CD III/1, 185).

삼위일체 하나님의 사랑과 자유의 관계가 예수의 인간성을 통해 교통되고 인간들에게 알려진다. 예수의 공동인간성과 인간을 위한 그분의 존재는 하나님을 위한 그분의 존재에 대한 직접적인 상관관계가 되는데, 이것은 그분에 대한 상응과 유사점을 입증하는 근거가 된다(CD III/2, 220). 그러므로 인간의 공동인간성은 하나님의 존재에 대한 상응이 된다. 관계의 유비와 상응에는 다음과 같은 네 가지 차원이 존재한다. (i) 하나님에 "상응하는" 하나님의 형상으로서 인간(자유와 사회성), (ii) 그리스도의 계시를 통한 하나님과 인간의 상응(신앙의 유비와 그리스도의 제자직), (iii) 인간들 사이에서 나타나는 공동인간성 안에서의 상응, (iv) 하나님 나라와 사회적 영역에서의 정치적 상응과 창조 및 문화를 통한 하나님의 말씀하심에 대한 상응.

(b) 이러한 복합적인 관계의 유비는 그리스도론적으로 매개되고 설정된다. 이것은 인간의 타락에도 불구하고 인간 안에서 지속된다(CD III/2, 221). 인간의 타락에도 불구하고, 본래의 복은 여전히 남아 있다. 왜냐하면 하나님은 그분의 말씀과 사역에 끝까지 신실하시기 때문이다(CD III/1, 190). 원죄에도 불구하고 원복이 있다! 예수 그리스도의 인간성은 인류 전체의 인간성을 포괄하며 사회성과 공동인간성으로 고양된다. 바르트에게서 관계의 유비는 예수 그리스도를 통하여 매개되며, 신앙의 유비 구조를 떠나지 않는다. 관계의 유비는 신앙의 유비에 대한 삼위일체론적이며 그리스도론적인 심화요 확장으로 볼 수

있다. "예수의 인간성이 하나님의 형상이다. 그 이상도 그 이하도 아니다"(CD III/2, 219). 우리는 오로지 예수 그리스도와 관련하여 하나님의 형상 가운데 거하며, 예수 그리스도가 진정한 의미에서 하나님의 형상이다(고전 11:7). 신앙의 유비는 하나님의 은총과 자비에 근거하며, 하나님과 인간 사이의 관계의 유비에 대한 기반이 된다.

(c) 다른 한편으로 관계의 유비는 하나님의 내재적 삼위일체에 근거하는데, 하나님은 자기 자신에게 상응하신다. 삼위일체 하나님이 계시사건을 자신의 해석으로 설정하신다. 왜냐하면 하나님은 자기 자신에게 상응하시기 때문이다(CD I/1, 364). 바르트의 이러한 내재적 삼위일체의 상응관계를 윙엘은 "되어감 안에 있는 하나님의 존재"로 발전시키며, 특히 헤겔의 역사철학을 근거로 하나님의 존재를 역사적 과정에서 존재론적인 자리매김을 한다. 바르트는 내재적 삼위일체와 경륜적 삼위일체의 상응관계를 점유의 방식으로 파악하고, 내재적 삼위일체의 본질과 경륜적 삼위일체에서 나타나는 은총의 사역을 조심스럽게 구분했다(CD I/1, 371). 이러한 바르트의 상응원리를 전개하기 위해 윙엘은 신적인 존재론(divine ontology)을 해석학적으로 전개한다(Jüngel, *God's Being is in Becoming*, 36).

하나님의 존재방식은 계시 안에서 그 본질적인 내용을 반복한다. 윙엘은 이러한 하나님의 상응의 반복 또는 계시를 하나님의 자기관계성으로 파악하고 관계의 유비라고 부른다. 바르트에게 예수 그리스도 안에서 일어나는 신성과 인성의 유비는 "대칭의 유비"(analogy of proportionality)를 의미하는데, 윙엘은 내재적 삼위일체와 경륜적 삼위일체의 상응원리(점유이론)와 그리스도 안에서 나타난 대칭의 유비를 구분하지 않은 채 여과 없이 관계의 유비로 파악한다(같은 곳, 38,119).

그러나 바르트에 의하면 하나님의 내적 본질(하나님의 자존성)과 세계와의 관계에는 명백한 대칭성이 있는데, 여기서 점유의 방식으로(*per appropriationem*) 아버지 하나님은 창조주로, 아들은 화해자로, 성령은 구원자로 드러난다(CD III/1, 49). 윙엘의 신적 존재론과는 달리 바르트는 내재적 삼위일체와 경륜적 삼위일체의 관계를 점유 이론으로 파악했고, 관계의 유비로 파악하지 않았다. 윙엘의 존재론적 신학의 문제와 약점은 이러한 오해에 근거한다.

(d) 하나님과 인간 사이에는 유비론적인 관계가 성립한다. 하나님이 삼위일체론적인 관계 안에 거하신다면, 인간 역시 관계 안에 존재한다(나와 너/남성과 여성). 이러한 인간의 사회성과 자유는 타락에도 불구하고 여전히 본래적인 복으로 남아 있으며, 그리스도 안에서 새로운 희망을 발견한다. 하나님의 형상인 예수 그리스도를 근거로 해서 바르트는 다시 하나님과 인간 사이의 유비와 상응을 확인한다. 하나님의 내재적 삼위일체적인 삶에서 하나님이 자기 자신에게 상응한다는 것은 하나님의 일차적인 객관성에 속한다. 이것은 하나님의 페리코레시스(삼위일체의 순환관계)의 삶을 말하는데, 아버지와 아들과 성령은 서로 공존하며 서로에게 내재하며 상호관계적이다(CD III/2, 218). 내재적 삼위일체와 경륜적 삼위일체 사이에는 대칭의 유비(analogy of proportionality)가 존재하며, 이것은 점유의 방식으로 하나님의 존재 방식의 정체성을 창조주(아버지), 화해자(그리스도), 구원자(성령)로 알려준다. 이 점에서 우리는 하나님을 부르고 이해할 수 있는 해석학적인 근거를 갖는다. 그러나 예수의 인간성은 하나님의 형상으로서 삼위일체 안에서 아버지와 아들의 페리코레시스적인 관계(본질의 일치)와는 다르다. 바르트에게 이것은 또한 관계의 유비를 의미한다(CD III/2, 220).

(e) "참하나님, 참인간"이신 예수 그리스도 안에는 상관관계의 유비 (analogy of correlation)가 있다. 성육신하기 이전에도 예수는 삼위일체의 페리코레시스에 포함된다. 이것은 선재하는 예수 그리스도의 존재를 의미한다. "예수 그리스도"는 처음부터 영원히 삼위일체 하나님으로 존재했다. 그러나 역사적으로 인간의 육신을 입으신 예수의 공동인간성은 하나님의 (페리코레시스의) 본질에 간접적으로 연관된다. 인간예수의 육체(육체의 수납, *assumptio carnis*)는 하나님의 일의 외부의 영역, 즉 역사적·경륜적 삼위일체에 속한다.

하나님의 은총의 행동에서 일어난 육체의 수납에서 바르트는 그 안에 모든 인간성이 포함된다고 말한다. 성육신은 점유의 방식으로 삼위일체 하나님의 사역이다(CD IV/2, 44). 하나님의 영원하신 아들은 그분이 입으신 인간성과 동일한 존재가 아니며 본질도 아니다(CD IV/2, 52). 그리스도의 신성과 우리 같이 육체를 입은 인간성은 같은 것이 아니다. 그러나 예수 그리스도의 인격 안에서 일어나는 신성과 인성의 결합은 영원하신 아들의 낮아지심(십자가에서 화해하시는 하나님)과 화해된 인간의 높여짐(부활)에서 일어난 사건인데, 이것은 두 사건 사이의 교류를 말한다(*communicatio operationem*, CD IV/2, 105). 낮아지신 상태에서 일어난 예수의 특별한 인간됨을 서술하기 위해 바르트는 은총의 교류(*communicatio gratiae*)를 말한다. 육체를 입으신 예수 그리스도의 인간성은 결정적으로 하나님의 은총의 선택에 의한 것이다(CD IV/2, 84.88).

육체를 입은 인간 예수는 하나님의 화해의 사건 안에서, 그리고 은혜의 선택(예정)에 의해서 존재한다. 이것은 그를 보내신 아버지의 의지, 영원하신 아들의 순종, 그리고 성령으로부터, 즉 삼위일체 하나님의 뜻과 행동으로 존재함을 뜻한다(CD IV/2, 90). 예수 그리스도의 인격 안에서 상호 연관된 신성과 인성의 유비를 바르트는 화해하시는 하나님과 화해된 인간이라는 관점에서 변증법적 일치로 파악하는데, 이것은 "위로부터 아래로"(하나님의 아들의 낮아지심)와 "아래로부터 위로"(인간 예수와 그의 인간성의 높여짐)의 일치를 말한다. 하나님의 영원하신 아들이 나사렛 예수의 인간적 본질에 그분 자신의 신적인 본질을 허락하시고, 인간 예수로 하여금 자신(하나님의 아들)의 신성의 본질에 참여하게 하셨다(CD IV/2, 62-3). 영원 전부터 계셨던 한분 예수 그리스도 안에서 신성과 인성의 일치는 성육신의 신비를 말하며, 상호참여 가운데 있는 두 본질의 동시성을 말한다(CD IV/2, 65). 상호참여의 양식에서 삼위일체 하나님의 두 번째 인격이신 하나님의 아들 예수 그리스도는 성육신에서 주도권을 행사하시는 주체가 된다. "그분 안에서 아버지와 성령과 더불어 육체의 수납(*per assumptionem*)을 통하여 그분의 인간성에 관여된다"(CD IV/2, 70). 공동본질의 연합의 존재론적인 원리―이것은 아버지와 아들과 성령의 페리코레시스(삼위일체의 순환관계)적인 일치를 뜻한다―는 육체를 입은 예수의 인간성에서는 간접적으로만 나타난다. 인간의 육체는 페리코레시스의 삶에 직접 참여할 수 없다. "하나님이 인간이 되신 것은 인간이 하나님이 되도록 하기 위한 것이 아니라, 하나님에게 다가갈 수 있게 하기 위함이다"(IV/2, 106).

(f) 인간들 사이에서 일어나는 관계의 유비와 상응에서 인간학적인 내용은 인간 존재를 하나님의 삶의 형식의 반복, 모사, 반영으로 이해한다. 타락에도 불구하고 인간은 하나님의 형상 가운데 있는 하나님의 본래적인 복을 가지고 살아가며, 예수 그리스도 안에서 희망을 찾고 그 안에서 진리의 능력과 희망의 확실성을 부여받으며 살아간다(CD III/1, 191). 신학적 인간학은 육체를 입은 인간 예수의 이웃인간성에 근거하며, 이러한 관계의 유비에서 인간은 하나님의 계약 파트너로 창조

되었다고 이해된다. 인간이 하나님의 계약의 파트너가 되는 것은 하나님의 은총을 통해 가능하며, 신앙 안에서 각성된다(CD III/2, 321). 예수 그리스도와 모든 인류와의 존재론적인 연관성은 하나님의 인간성에 근거하고 있다. 이 연관성은 하나님의 계시와 은총에 대한 인간학적인 참여의 유비를 말하는데, 이것은 윙엘의 개념인 인간학적인 실존성(anthropological existentiale)과는 다르다(Jüngel, *God's Being Is in Becoming*, 69-70).

바르트는 하이데거의 존재론을 날카롭게 비판했고, 개인주의적인 현존재가 아니라 인간의 공동인간성을 인간성의 기본 형식으로 파악했다(CD III/2, §45.2). 바르트가 볼 때 언어는 "존재의 집"이라기보다는 오히려 존재를 왜곡시키는 이데올로기로 작용한다. "우리는 끊임없는 말의 가치의 하락 속에서 살아간다. 말에 대한 의심과 환멸로 인해 우리는 어떤 상황에서든지 여기에 공간을 허용해서는 안 된다"(CD III/2, 260). 공동인간성 및 관계의 유비에서 바르트는 가톨릭 교리의 존재의 유비 안에 깔려 있는 존재론적 신학(onto-theo-logy)의 차원을 보는데, 여기서 하나님과 인간은 항상 존재론적인 가능성과 더불어 이해된다. 그러나 바르트에게서 "나를 위한" 그리스도론과 그 존재론적인 연관성은 필연적으로 "나"에 대한 비신화화로 이어진다(CD IV/2, 757).

(g) 유비는 정치적인 차원을 갖는다. 하나님 나라와 시민사회 사이에는 하나님 나라에 상응하면서도 사회적 삶의 방향과 특성을 드러내는 유비(analogy of attribution)가 존재하는데, 이것은 하나님 나라를 향한 방향과 노선을 통하여 해명된다. 바르트는 하나님 나라에 상응하는 정치적 책임성으로 민주주의, 사회정의, 그리고 가난한 자들과의 연대를 든다. 여기서 우리는 바르트가 스콜라주의적 유비론의 존재론적인 제한성을 넘어서서 하나님 나라에 상응하는 특성의 유비

를 정치 비판적으로 강화하고 있음을 알 수 있다. 플라톤은 진리의 상응이론을 이상적인 형식에 대한 미메시스(흉내)로 파악했고, 서구 전통에서 미메시스는 모사 내지 결여된 것으로 나타난다. 아리스토텔레스는 언어에서 일의적 의미, 애매한 의미, 유비론적인 의미를 구분했고, 유비적인 것을 중간의 것으로 파악한다. 유비에 의하면 대칭 개념은 수학의 의미에서 a:b=c:d로 표현된다. 이것은 대칭의 유비(analogy of proportionality)를 말하며, 하나님 자신에 대한 관계와 피조물과의 관계는 상응에서 알려진다. 그러나 주체 a에 상응하는 특성의 유비(analogy of attribution)는 b, c, d가 다양한 방식으로 a와 연관되는 것으로 파악한다. 대칭의 유비와는 달리 주체로부터 분여된 의미에서 유비는 파생적인 것들의 근원에 대한 의존관계로 파악된다. 그러나 플라톤에게 유비는 모자란 것, 결여된 것으로 파악되기에 세상적인 것은 이상적인 형식(Form)의 세계에 적합한 것이 아니다. 그런가 하면 아리스토텔레스적인 의미에서 유비는 진리문제를 표현하지만, 유비는 잠재태를 현실태로 구현하는 존재의 능력으로부터 나온다. 여기서 유비는 정치, 사회, 문화 등의 다양한 인간적 삶의 차원에서 해명되지는 않는다.

바르트는 "그리스도교 공동체와 시민사회"(1946)의 14번째 테제에서 이것을 지적한다. 시민사회는 하나님 나라의 상응과 비유가 될 수 있으며, "사회정의와 공의는 그리스도교의 진리와 실제에 대한 성찰된 이미지"가 된다. 국가는 교회와 더불어 공동책임을 "하나님의 정치"에서 갖는다. 이것은 "함축적이며 간접적이지만, 그럼에도 불구하고 복음에 대한 실제적인 증언"이 된다.[15]

하나님 나라의 유비는 하나님 나라와의 동일성을 의미하지는 않지

---

15 "The Christian Community and the Civil Community," 281-2.

제1부 | 하나님의 말씀에 대한 신학적 성찰

만(종말론적 유보), 하나님 나라에 대한 "방향과 노선"을 정치·사회적 영역에서 정치적 선택과 결단을 하는 데서 구체화한다. 도래하는 하나님 나라 앞에서 바르트의 종말론은 하나님 나라의 의로움을 향한 인간의 추동력과 전진을 말한다(Gollwitzer, "Reich Gottes und Sozialismus bei Karl Barth," 365-6).

(h) 유비는 현상학적인 차원도 갖는다. 바르트는 창조를 하나님의 영광의 무대(*theatrum gloriae Dei*)로 간주하고, 하나님과 창조 사이의 유비를 타자를 통한 하나님의 "말씀-행위"를 통해 관계의 유비의 차원으로 확장시켰다. 이것은 바르트의 화해론에서 전개한 "빛과 빛들"의 교리에서 잘 나타난다. 하나님은 창조와 문화의 영역을 통해서도 말씀하신다. 이때 교회는 영적인 겸손과 개방성을 가지고 타자를 통해 들려오는 하나님의 낯선 음성을 듣고, 화해의 말씀의 빛에서 교회 공동체를 위해 어떤 긍정적인 귀결을 갖는지 분별할 수 있어야 한다. 문화와 세계는 하나님이 말씀하시는 영역이 되며, 말씀에 상응하는 의미론적 텍스트가 된다. 문화적 텍스트에 대한 해석은 현상학적인 문화이론에 속한다. 바르트는 여기서 현상학적 문화이론 특히 클리포드 거츠(Clifford Geertz)와의 대화 가능성을 열어놓는다.

3. 교의학과 프롤레고메나

학문으로서의 교의학은 대상(하나님의 말씀)에 의해 정의되는 특수한 인식의 길을 밟는다. 로마 가톨릭 교의학과 개신교 근대주의 신학의 길은 바르트가 추구하는 복음적(개신교적) 교의학의 길과는 다르다. §2에서 우리는 바르트의 교의학적 프롤레고메나의 과제를 다루었다. 그러나 거기서 교의학이 취하는 인식의 길은 언급되지 않았다. 다시 정리해

보면 교의학의 기준에 대한 정의는 하나님의 약속과 교회에 주어진 선포의 과제를 고려하는 것으로부터 온다. 약속과 선포의 과제는 인간에게 오는 하나님의 말씀이다. 하나님의 말씀은 어디서 어떻게 발견되고 알려지는가? 교회의 선포가 약속과 교의학적 과제의 관점에서 볼 때 하나님의 말씀이 된다. "[하나님의 말씀으로] 되어간다는" 관점에서 선포와 교의학의 과제를 생각할 수 있다.

"되어감"의 의미는 바르트에게는 헤겔적 변증법이 아니라, 하나님 자신이 성령을 통하여 교회의 선포를 그분 자신을 증언하는 말씀으로 만들어가는 사건을 말한다. "되어감"은 하나님의 자유로운 은총의 사건으로부터 온다. 그것은 주어진 시간에 행하여진 교회의 실제적인 선포를 검증하고 비판하고 수정한다. 하나님의 말씀이 성서라는 형식을 통해 교회의 선포와 구체적으로 대결한다. 성서와 일치하는 교회의 선포는 교의(Dogma)의 개념적 성취이며, 교의학의 관심사는 그런 교의를 알려고 하는 것이다.

이미 『괴팅겐 교의학』에서 바르트는 교의학의 중심 문제는 하나님의 말씀에 대한 학문적인 성찰이라고 파악했다. 교의(Dogma)에 관한 학문으로서 교의학과 신학자는 바르트에 의하면 콘스탄스 호수를 말을 타고 건너왔던 사람과도 같다. 구스타브 슈바브(Gustav Schwab, 1792-1850)는 괴테 및 슐라이어마허와 교분을 쌓기도 했다. 그는 지리적으로 스위스, 독일, 오스트리아 사이에 위치한 보덴호수(Bodensee)에 관한 많은 전설을 시로 남겼다. 눈 내리는 겨울 밤 말을 탄 사람이 먼 곳에서 불을 비추는 여관을 발견하고서는 말을 몰고 그곳에 도착했다. 말에서 내리지도 않은 채 그는 여관의 창가에 앉아 있는 소녀에게 호수를 넘으려면 어디서 배를 타는지 물었다. 소녀는 말을 탄 남자에게 이미 당신은 얼어붙은 보덴호수를 건너왔다고 대꾸했다. 여관은 호수가의 끝에 있었다. 얼음이 아니었다면 이 남자는 호수를 건너지 못했을 것이다. 마을사람들은 말을 타고 얼어붙은 강을 건너온 방문객에 놀라워하며, 아무도 호수의 얼어붙은 얼음이 말발굽에 견디지 못했을 것이라고 여겼다. 이 남자는 엄청난 행운아였음이 틀림없다. 그는 의식도 못한 채 말을 타고 보덴호수를 건너다 하마터면 250미터 깊이의 호수 속으로 빠져 익사할 뻔했다. 이 말을 듣고 말을 탄 남자는 충격을 받았고 자신이 여전히 얼음 위에 서 있음을 알았다. 그는 상상 속에서 얼음이 부서지는 소리를 들었고 마침내 말에서 떨어져 죽고 말았다. 상상으로 인해 죽어 그는 호수 근처의 낮은 언덕에 묻혔다. 교의학은 하나님의 말씀하심(Deus dixit)에 대한 학문적인 성찰이지만, 보덴호수를 말을 타고 건넌 사람처럼 인간의 능력에 의해서가 아니라 하나님의 은총의 도움에 의해서만 가능하다(GD, 5).

§4에서 우리는 바르트의 삼중 형식의 하나님의 말씀을 기술했다. 교회의 선포와 하나님의 말씀 사이에는 인식의 길이 있으며, 이것은 선포와 성서의 일치에 관한 비판적 연구를 의미한다. (1) 성서가 교회 안에 주어진 약속의 표징(sign)이라면, 다시 말해 하나님의 계시에 대한 증언이라면, 우리는 인간이 어떻게 이런 표징을 받아들일 수 있는가를 제시해야 한다. (2) 교회의 선포에서 인간의 말이 약속을 통하여 하나님의 말씀이 된다고 말할 때, 우리는 이것을 어떻게 이해할 것인지를 제시할 수 있어야 한다. 우리는 성서론에 엄격하게 상응하는 교회적 선포론을 시도해야 한다. 성서와 선포의 상응을 제시함으로써, 우리는 교의학의 인식의 길에 대해 말하게 된다. (3) 성서론과 교회의 선포 사이의 상응을 연구할 때, 만일 하나님의 말씀 자체에 대한 질문이 전적으로 새로운 방식으로 제기되지 않는다면 허공을 치고 만다. 성서와 선포 전체와의 상응, 다시 말해 인식의 온전한 길은 성서와 교의학에서 하나

님의 말씀을 어떻게 다루는가 하는 것에 있다. 성서 안에서 우리는 교의학의 과제를 발견하며, 교의학의 과제와 관련하여 우리는 선포를 추구하고 연구한다. 우리가 하나님의 말씀을 성서 안에서 발견하고 선포에서 말씀에 관해 질문을 할 때, 상응은 의미 있는 것이 된다. 성서와 선포 사이의 상응이 존재한다면, 그리고 여기서 교의학적 인식의 길이 해명이 된다면, 이것은 우연한 것이나 일반적·교육학적인 성찰의 결과일 수 없다. 그것은 사태 자체, 곧 성서와 선포가 하나님의 말씀이 되는 사실로부터 온다. 하나님의 말씀 자체에 대한 질문은 전혀 새로운 방식으로 제기되어야 한다. 완전히 새로운 방식으로! 하나님의 말씀의 삼중 형식은 하나님의 말씀-행위, 하나님의 행동, 그리고 하나님의 신비이다. 이것이 인간에게 알려진다.

§4에서 하나님의 말씀의 세 가지 형식을 말할 때, 우리는 선포, 성서, 계시를 언급했다. 계시는 하나님의 말씀의 본래적 형식이다. 이러한 계시의 능력과 사건으로 인해 성서와 선포는 하나님의 말씀이 된다. 하나님의 말씀이 성서와 선포 안에서 스스로를 계시할 때, 그것(성서와 선포)은 하나님의 말씀이 된다. 계시 개념은 성서와 선포의 관계를 이해하는 열쇠를 제공한다. 그러나 우리는 계시를 일반적으로 모든 종교에 공통적인 것으로 탐구할 수 없다. 왜냐하면 계시의 구체적 개념은 성서가 증언하며 선포가 약속하는 것으로부터, 즉 예수 그리스도의 현현에서부터 이해되기 때문이다. 선포나 교의학에서 우리는 하나님의 말씀에 대한 과거나 약속된 미래를 현재로 만들 수가 없다. 또한 어떤 현재에서도 우리는 이러한 하나님의 말씀의 과거와 미래의 약속을 만들어 낼 수가 없다.

바르트가 다루는 계시 개념은 과거와 미래 사이에 있는 하나님의 말씀의 현재성이다. 이것은 구체적인 계시 개념이며, 하나님의 말씀의 구체적인 현재성을 의미한다. 우리가 하나님의 계시를 다룰 때, 그분은 예수 그리스도의 아버지시고 계시는 예수 그리스도 자신이며, 성령은 아버지와 아들의 영이다. 이러한 하나님의 개념이 교의학의 관심사가 된다.

"하나님이 자기 자신을 계시하셨다"는 사실을 어떻게 분석할 것인가 하는 것이 교의학의 과제가 된다. 이러한 분석은 바르트에 의하면 삼위일체론의 과제에 속한다. 또한 이것은 그리스도론 및 성령론과도 연관된다. 바르트는 성서론과 교회적 선포를 해명하기 위해 일차적으로 계시 개념을 연구한다. 계시 개념을 통하여 우리는 성서와 교회적 선포가 어떻게 하나님의 말씀으로 이해되는지 알게 되기 때문이다. 성서와 선포 사이에 상응이 존재하며, 후자는 전자에 의해 검증되어야 한다. 계시 개념에 대한 연구가 성서와 선포 연구의 시작이 된다. "계시는 이제 출발점을 형성하며, 선포는 목적이 된다"(CD I/1, 292).

계시가 출발점(*terminus a quo*)이 되고 교회의 선포가 목적(*terminus a quem*)이 된다는 점에서, 계시는 하나님의 말씀의 신학의 인식과 내용을 가리킨다. 헤르만 바빙크로부터 채용한 "하나님이 말씀하셨다"(*Deus dixit*) 또는 칼뱅의 "인격 안에서 말씀하시는 하나님"(*Dei loquentis persona*)은 바르트에게 계시의 내용이 된다. 그러므로 삼위일체론은 하나님이 주님으로서 말씀하셨고 자신을 계시하셨다는 사실을 성서적인 콘텍스트에서 분석하면서 시작된다.

바르트는 『괴팅겐 교의학』에서 *Deus dixit*의 의미와 지평을 다음과 같이 해명한다. (1) 그것은 명백하게도 말을 건네는 것이다. 성서에서 하나님은 말씀하시는 분으로 정의된다. 하나님이 스스로 소통하시며 나와 너의 인격적인 관계 안으로 들어오신다. (2) 명백하게도 하나님의 계시는 감추인 것을 드러낸다. 오로지 행동 가운데 있는 계시는 말 건넴의 사건에서 하나님에 대하여 직접적으로가 아니라 간접적으로 열린다. 하나님이 드러나실 때 숨겨짐은 벗겨진다. 그러나 개신교 정통주의는 문자주의적인 영감으로 인해 이러한 말씀의 역동성과 계시적인 차원을 간과했다. 이들은 성서의 저자들을 성령의 펜으로만 이해했고, 성서를 하나님의 살아 계신 계시와 문자주의적으로 동일시했다. 성령은 성서의 문자에 갇히고 만다. 그러나 *Deus dixit*는 살아 있는 계시이며, 하나님의 지속적인 "말씀-행위"이며, 성서의 문자와 축자적으로 동일시되는 계시가 아니다. (3) 명백하게 *Deus dixit*는 "지금 여기" 즉 동시성을 의미한다. 물론 이것은 "그때 거기서"를 포함한다. 바르트가 라틴어 동사 *dixit*(말했다)를 택하는 이유는 그것이 영원한 현재완료를 의미하기 때문이다. *Deus dixit*는 특수하고 일회적으로 행하여진 사건을 가리킨다. 하나님의 이러한 특수 계시를 통하여 우리는 보편적인 계시를 이해한다. 계시가 스스로를 증명하는 것은 하나님의 특수성에 기인한다. 그렇게 하나님의 특수성은 예수 그리스도이다. (4) 명백하게 하나님의 드러남의 사건과 역사는 일반사나 이성을 통해 알려지는 것이 아니라, 하나님 자신을 통해 또는 신앙을 통해 알려지는 질적인 역사를 말한다. (5) 명백하게도 하나님은 항상 주체이시다. 계시는 하나님으로부터, 그리고 하나님을 통해서 오는 하나님에 관한 지식이다. 우리가 하나님의 말씀을 성서를 통하여 들을 때, 그분은 주체로서 존재하신다. (6) 명백하게도 하나님의 계시의 과정은 배움이며, 그 내용은 말씀이다. 그것은 인간의 말들과는 다르다. 그것은 로고스이고 지성적인 소통이며, 하나님이 우리에게 말 건넴은 인식이 되며, 우리에게 소통되는 하나님의 마음을 생각한다. 이것은 하나님의 생각이고, 우리에게 경청과 순종을 요구한다. 하나님의 생각은 우리와 다르다. 그분의 길은 우리와 다르다(사 55:8). 이것은 주님의 말씀이며, 말하는 것과 듣는 것의 좁은 길을 의미한다(마 7:13). 바르트의 교의학은 *Deus dixit*를 향해 좁은 문으로 들어간다(GD, 58-63). 눈 내리는 겨울밤에 말을 타고 자기도 모르는 사이에 살포시 언 250미터 수심의 보덴호수를 건넌 사람처럼?―어쩌면!

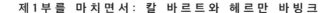

제1부를 마치면서 : 칼 바르트와 헤르만 바빙크

북미에서 신칼뱅주의(Neo-Calvinism)와 바르트 신학은 공동의 유산 위에 서서 새로운 교회일치의 길을 모색하면서 연구되는 중이다. 이전 세대처럼, 특히 루이스 벌코프나 코넬리우스 반틸처럼 바르트에 대해 적대적인 입장을 취하기보다는 예일 대학교의 교수인 니콜라스 월터스토프(Nicholas Wolterstorff)는 바르트의 신학에서 악의 문제에 주목을 하면서 비판적이지만 대단히 긍정적인 평가를 한다. 오랫동안 분열되었던 화란의 개혁교회가 2005년 루터주의와 더불어 화란 개신교로 통합되고, 2002년 북미에서 그리스도교 개혁교회가 세계 개혁교회 연맹에 가입했다. 이런 변화된 교회일치 운동으로 인해 북미에서 신칼뱅주의 또는 화란 개혁주의의 전통에 서 있는 학자들이 바르트에 대한 새로운 연구와 대화를 발전시키고 있다. 칼 바르트와 신칼뱅주의 사이의 대화는 주로 베르카우어(G. Berkouwer)의 고전적인 연구인 『칼 바르트』와 『칼 바르트 신학에서 은총의 승리』를 통해서 진척되어왔다. 국내에서 바르트의 『교회교의학』이 한국어로 번역되고 있고, 헤르만 바빙크의 『개혁 교의학』도 번역되어 출간된 것은[1] 장로교의 분열을 치유하고 공동의 유산을 향해 나아가는 데 큰 의미를 준다.

---

1   헤르만 바빙크, 『개혁 교의학 1-4』, 박태현 옮김 (부흥과개혁사, 2011).

헤르만 바빙크가 칼 바르트에게 미친 영향

바르트와 신칼뱅주의 사이의 대화는 무엇보다도 헤르만 바빙크 신학
에 대한 해석학적 회복을 통해 시작된다. 바르트는 괴팅겐 대학교 교
수 시절에 교의학에 몰두했다. 성서적인 종교개혁 신학에 접근하기 위
해 바르트는 종교개혁 이후 정통주의 교의학을 통과해야 할 관문으로
파악했다. 1924년에 바르트는 슈미트(H. Schmidt)의 루터교 정통주의
교의학과 더불어 하인리히 헤페(Heinrich Heppe)의 개혁주의 교의학
을 집중적으로 공부했다. 바르트에 의하면 정통 개혁주의 교의학을 통
해 종교 개혁자들의 신학에 접근하는 것이 슐라이어마허나 리츨을 통
하는 것보다 훨씬 더 풍부하고 의미가 있다. 정통주의 교의학이 바르트
의 관심을 끈 것은 교회론 때문이다. 바르트가 볼 때 정통주의 교의학
의 교회론은 풍부한 문제의식과 더불어 아름다운 사고유형을 표현하
며, 진리와 생명의 문제를 진지하게 취급한다. 나아가 바르트는 개혁자
들의 성서 주석을 통해 중요한 지식을 얻고자 했다(헤페, 『개혁파 정통
교의학』, 10-11).

괴팅겐 대학교 교수 시절에 바르트는 헤르만 바빙크의 계시신학의
영향을 받았다. 바르트는 자신의 삼중적인 말씀의 신학을 발전시키면
서 바빙크의 핵심 개념인 *"Deus dixit"*를 매우 중요하게 수용했다(GD,
10). 계시란 "하나님이 말씀하시는 것"인데, 이것은 원래 칼뱅의 계시
개념인 "인격적으로 말씀하시는 하나님"(*Dei loquentis persona*)으로
부터 온 개념이다(GD, 15). 바빙크에 의하면 "교의학에서 신 인식이란
하나님이 그분의 말씀 안에서 스스로를 계시하셨다는 사실을 아는 지
식을 각인하는 것이다"(GD, 12). 하나님의 말씀은 하나님이 스스로 하
시는 말씀이며, 이 점에서 하나님과 동일시된다. 이것이 계시의 의미

이다. 이 점에서 바르트는 칼뱅과 바빙크의 전통에 서 있다.

그러나 바르트는 말씀의 두 번째 형식으로서 성서를 언급한다. 성서는 계시인 *Deus dixit*를 직접 만나는 장소이고, 살아 계신 하나님에 대한 증언이다. 세 번째 형식은 설교이다. 설교를 통해서 "*Deus dixit*"를 듣는 것이 가능해진다. 여기서 바르트는 계시(영원한 형식), 성서(역사적 형식), 설교(현재적 형식)를 구분했다. 이러한 삼중적인 구분을 바르트는 삼위일체론의 언어를 통해 논의한다. 교의학적으로 성찰되는 "계시-성서-설교"는 서로 혼동되거나 분리되어서는 안 된다. 세 가지 형식은 일치 가운데 존재한다. 역사적인 형식으로서의 성서는 영원한 계시로부터 나오며, 설교는 계시와 성서로부터 나온다. 그러나 동시에 성서는 하나님의 말씀이며, 설교 또한 하나님의 말씀이다. 이것을 바르트는 삼위 가운데 있는 하나(*unitas in trinitate*), 그리고 하나 가운데 있는 삼위(*trinitas in unitate*)라고 표현했다(GD, 15).

보론에서 나는 계시 이해를 중심으로 바르트와 바빙크의 차이와 공통성을 검토할 것이다. 먼저 바빙크가 바르트의 하나님의 말씀론과 계시론에 어떤 영향을 주었고, 그다음에 그것이 삼위일체론과 어떤 관계를 갖는지 살펴보겠다. 마지막으로 바빙크의 창조와 계시에 대한 성찰과 더불어 그의 문화 위임(cultural mandate)이 바르트의 문화 이해와 화해론의 주요 부분인 "빛과 빛들의 교리"에 대해 어떤 관련을 가질 수 있는지를 살펴보고, 창조와 문화를 위한 교회의 제자직의 가능성을 기술하도록 하겠다. 결론에서 바빙크와 바르트가 갖는 공동의 유산을 서술할 것이며, 이를 통해―자유주의를 넘어서려는―후기 자유주의 신학과 개혁주의 인식론에 대해 해석학적인 보충 설명을 더하도록 하겠다.

바르트의 교의학과 하나님의 말씀

바르트의 교의학은 설교를 위해 존재한다. 설교가 직접 여과 없이 하나님의 말씀으로 되지는 않는다. 교의학의 과제는 하나님의 말씀의 빛에서 설교를 비판하고 수정하는 것이다. 그렇기에 설교는 교의학의 출발과 목표가 된다. 출발점으로서의 설교는 교의학적 성찰의 원 자료가 된다. 설교는 계시와 성서로부터 오며, 바른 설교는 바른 교리의 문제가된다(GD, 23).

바르트는 교의학을 정규 교의학(regular dogmatics)과 비정규 교의학(irregular dogmatics)으로 나눈다. 『괴팅겐 교의학』에서 삼중적인 하나님의 말씀과 교의학의 상관관계(정규/비정규)는 『교회교의학』 I권에서도 그대로 이어진다. 정규 교의학은 성서와 교리와 교회의 가르침과 전통을 연구하지만, 비정규 교의학은 정규 교의학이 스콜라주의적인 경향으로 인해 사회나 정치나 문화의 문제를 간과할 수 있는 약점을 게릴라 전쟁과 같은 방식으로, 그러나 책임 의식과 함께 성찰한다.

더욱이 바르트의 삼위일체론의 기본 구조는 계시에 대한 분석에 근거한다. 하나님의 자기해석으로서의 계시는 바르트로 하여금 성서적인 구조를 통하여 삼위일체를 이해하게 한다. 계시자-계시-계시됨(CD I/1, 295)이 그 구조이다. 여기서 계시는 삼위일체 교리의 근거이지만, 계시가 삼위일체 하나님의 근거라고 말할 수는 없다(CD I/1, 312). 왜냐하면 영원히 살아 계신 하나님은 역사적인 계시에 의존하지 않으시며, 오히려 그 계시를 위한 은혜의 예정의 근거이시기 때문이다. 하나님이 말씀하신다면, 하나님은 아버지와 아들과 성령으로 계시되시며, 이러한 삼위일체론적인 접근은 삼중적인 하나님의 말씀의 구조의 기반이된다. 이러한 신학적인 구조를 통해 바르트는 타락 이전의 영원한 예정

(supralapsarian)을 다루는데, 예정은 신론의 중요한 부분을 구성한다.

바르트는 삼위일체론을 바로 "하나님이 말씀하셨다"(*Deus dixit*)에 대한 성서적인 진술을 통해 해명한다. 하나님의 말씀하심과 성서적인 증언을 떠난 삼위일체는 exegesis(주석)이 아니라 eisegesis(독자가 자신의 편견과 의도를 성서 본문에 집어넣고 읽는 주관적인 방식)가 되고 만다. 여기서 성서 주석은 바르트의 삼위일체론의 해명에 중심 역할을 하며, 바르트는 바빙크의 입장을 중요하게 인용한다. 계시는 "인격적으로 말씀하시는 하나님"이시다(*Dei loquentis persona*, 칼뱅, CD I/1, 304). 바르트는 바빙크의 『개혁 교의학』에 나오는 다음의 말을 인용한다. "그리스도교 전체와 특수 계시 전체는 삼위일체의 고백과 더불어 서고 넘어진다. 이것은 그리스도교 신앙의 핵심이고 모든 교리의 뿌리이며, 새로운 계약의 본질이다.…여기서 문제가 되는 것은 일반적·형이상학적 원리나 철학적인 사변이 아니라, 바로 그리스도교 종교의 심장이며 본질이다.…모든 그리스도교적인 고백과 교리에서 가장 심오한 질문은 이것인데, 즉 어떻게 하나님이 한분이 되시면서 동시에 세 분일 수 있는가 하는 것이다.…삼위일체론 안에서 인류의 구원을 위한 하나님의 계시의 심장이 맥박으로 뛴다"(CD I/1, 302).

바르트와 바빙크: 비교 연구

1. 바르트가 영향을 받고 적극적으로 평가한 헤르만 바빙크(1854--1921)는 누구인가? 그는 캄펜과 암스테르담 자유대학교의 교의학 교수였다. 계시신학에 대한 그의 공헌은 근대성의 도전 앞에서 개혁주의의 보편성을 수호했다는 점이다. 계시는 교리들 가운데 하나가 아니라, 모든 교리를 아우르는 건축술적인 지반에 속한다. 하나님에 대한 모든

인식은 계시에 근거한다. 바빙크에게 계시신학은 형식적으로는 삼위일체론이다. 모든 신학은 계시론에 의존하거나 아니면 넘어진다.

이러한 삼중적인 형식은 아버지와 아들과 성령의 일에 상응하며, 점유의 방식으로 알려진다(*per appropriationem*). 말씀과 성령을 통한 창조의 사역은 역사적인 계시의 시작과 근거가 된다. 창조는 계시의 장소가 아니라 이후의 역사에서 이어지는 계시들의 콘텍스트를 형성한다. 계시는 창조의 콘텍스트 안에 존재하기 때문에, 창조의 매개를 사용한다. 물론 바빙크의 이러한 입장이 특별한 "접촉점"을 필요로 하거나 거기에 의존한다고 오해할 필요는 없다. 바빙크에 의하면 창조 안에는 여전히 죄의 현실이 있으며, 계시를 위험에 빠뜨리는 요소가 있다(Bavinck, *Reformed Dogmatics*, 1, 307; 이후부터 RD로 표시함).

말씀으로 세상을 창조하시고 성령으로 생명을 얻게 하심으로써, 하나님은 이미 역사에서 발생하는 계시에 기본적인 윤곽을 제시하신다(RD 1, 307.20). 하나님은 자연과 우리 주변에서 스스로를 계시하시면서 그분 자신의 영광과 신성을 드러내신다. 그분의 축복과 심판에서 그분의 선하심과 분노가 나타난다. 이러한 하나님의 계시는 일반적이며 모든 사람에게 알려진다. 자연과 역사는 하나님의 전능하심과 지혜, 그분의 선하심과 정의를 드러내는 책들이며, 모든 사람이 어느 정도까지는 이러한 일반계시를 인식한다(RD 1, 310.21). 하나님은 끊임없이 자신을 계시하신다. 하나님은 자신을 역사로부터 철회하지 않으신다. 우리는 자연에서 하나님의 음성을 들을 수 있으며, 모든 것은 그분을 향해 말한다(RD 1, 310.38). 이것은 계속적 창조(*creatio continua*)를 뜻한다. 바빙크의 *Deus dixit*는 끊임없이 말씀하시는 하나님의 현재성과 관련되어 있다(God speaks). 일반적으로 자연신학이 이신론과 연관되어 있다면, 개혁교리인 계속적 창조는 하나님의 역사적인 섭리를 강화한다.

1.1 바빙크의 입장은 벨기에 신조(1561)의 제2조항에서 확인될 수 있다. 벨기에 신조는 이렇게 말한다. "우리는 두 가지 수단을 통해서 하나님을 알게 된다. 하나는 하나님의 창조, 보존, 통치를 통해서인데, 여기서 창조는 우리의 눈앞에 펼쳐진 "아름다운 책"과 같다. 둘째, 하나님은 보다 분명하게 그분의 거룩하고 신성한 말씀을 통해서 우리에게 알려지신다. 이것은 그분의 영광과 인간의 구원을 위한 것이다." 창조가 "아름다운 책"이라는 고백은 창조가 "하나님의 영광을 위한 무대"라는 칼뱅의 표현과 연관된다.

1.2 이러한 개혁교리의 입장은 신(新)루터주의(알트하우스와 베르너 엘러트)의 입장과는 다르다. 신루터주의자들은 교회(그리스도의 왕국)와 창조(국가)를 이분법적으로 나누어 창조의 영역을 구원의 은혜를 얻는 독립적인 것으로 파악한다. "안스바흐 성명"(Ansbach Schläge)에서 그들은 히틀러가 하나님이 보내신 위대한 지도자라고 추켜세우면서 바르트가 주도했던 고백교회의 "바르멘 선언"을 비난했다. 그런가 하면 개혁교리의 입장은 가톨릭교리와도 다르다. 가톨릭교리는 믿음과 이성의 영역을 이분화하고 각각의 길을 통해 하나님을 만나고 구원을 얻는다고 말한다(토마스 아퀴나스의 다섯 가지의 길). 이에 대해 개혁교리가 말하려는 것은 자연이 아니라 창조의 영역에서 하나님의 섭리를 바라보며, 오로지 그리스도의 계시 안에서 믿음을 가진 자들이 이러한 섭리를 고백하고 문화 위임(cultural mandate)과 책임성을 갖는 것을 말한다.

2. 바빙크에 의하면 세계는 하나님의 계시에 의존하며, 계시는 모든 존재하는 것들의 전제, 근거, 비밀이 된다. 유한은 무한에 의해 지지되며, 그처럼 하나님이 피조물에게 다가가신다(infinitum capax finiti).

그리고 모든 생성되는 것은 하나님의 존재에 뿌리를 둔다. 그럼에도 불구하고 자연계시는 제한적이다(RD 1, 312). 세계는 하나님의 창조이지만 거기에는 죄와 심판과 저주가 같이 있다. 바빙크는 모든 계시란 은총의 행동이며(RD 1, 310.23), 현대신학의 언어로 번역하자면 "궁극적 관심"(틸리히), "절대 의존의 감정"(슐라이어마허), "두려움과 떨림의 경험"(루돌프 오토)으로 표현할 수도 있다. 그러나 이것들이 구원의 은총에 대한 접촉점을 구성하지는 못한다. 일반계시는 오히려 복음의 메타 내러티브(구원의 큰 이야기)에 근거되며, 이러한 복음의 "일부"가 된다. 달리 말하면 특수계시는 창조의 현실 없이는 적절하게 이해될 수 없다. 이런 점에서 바빙크는 슐라이어마허를 거절하지 않는다.

여기서 우리는 바빙크의 접근법이 "창조는 계약의 외적 근거"이며 "계약은 창조의 내적 근거"라는 바르트의 입장에 가까이 있음을 본다. 물론 바빙크에 의하면 창조의 현실들은 단순히 외적인 요인일 뿐만 아니라, 인간의 삶에 본래적인 질문도 형성한다. 창조의 계시와 구원이 서로 확인할 때, 복음은 진정으로 인간의 문제에 대답한다는 것이다. 그리스도는 "살아 계시고 기록된 말씀"으로서 모든 계시의 "유기적인 중심"을 이룬다. 일반계시는 그리스도 없이는 생명을 주는 결과를 가져올 수 없다(RD 1, 313). 여기서 바빙크의 그리스도 중심의 신학과 바르트의 그리스도론적인 집중의 공통점이 있다. 그럼에도 불구하고 바르트는 창조를 일반계시로 표현하기보다는 계약(복음/은총)의 외적 근거로 말한다. 그리고 바빙크의 "살아 계시고 기록된 말씀"에 대한 유기적 개념은 성령의 내적 증거와 특수한 성서 해석학에 대한 바르트의 이해와 좋은 대화의 파트너가 될 수 있다. 둘 다 기계론적인(mechanical) 영감을 거절했기 때문이다.

3. 어떻게 일반계시가 유기적으로 특수계시에 연결되는가? 바빙크

칼 바르트 말씀의 신학 해설

에 의하면 그리스도의 복음은 일반계시를 포괄한다. 이것은 바르트의 화해의 복음에 가깝다. 바르트는 『교회교의학』을 쓰기 전 괴팅겐 대학교 교수 시절에 바빙크의 교의학을 읽고 가르치기도 했다.[2] 암스테르담 강연인 "교회와 문화"(1926)에서 바르트는 신학의 문화적인 지평을 성찰했다(Barth, "Church and Culture," 334-54). 그리고 창조주와 피조물 사이의 부서진 관계는 화해의 사역을 통해 회복된다고 말했다. 예수 그리스도는 문화의 세계와 창조의 전 영역에서 주님이시며, 화해의 복음을 통하여 이러한 창조의 영역에도 약속이 주어졌다. 창조와 세속의 영역은 하나님 나라의 약속에 대한 "유비론적인" 증거가 될 수 있다. 이런 점에서 바르트는 토마스 아퀴나스의 명제를 비판적으로 고려한다. "은총은 자연을 파괴하는 것이 아니라 완성한다"(Barth, "Church and Culture," 342).

그러나 개혁교리의 로고스 씨앗론을 언급하면서 바르트는 만일 자연신학이 자연과 문화를 설득력 있게 말하려면, 그것은 계시신학 즉 화해의 복음을 피해갈 수 없다고 말한다. 모든 문화적 활동은 하나님 나라를 향한 종말론적인 기대 속에서 인간의 삶을 위해 가능한 한 가장 좋은 것을 얻어내려고 한다. 교회는 문화의 흐름과 더불어 나아가며, 사회 및 문화와 연대한다. 바르트에 의하면 문화는 하나님의 말씀을 통해 설정된 과제이며, 영혼과 몸의 일치 안에 있는 인간의 조건을 성취하려고 한다. 문화에 대한 "예언자적이며 윤리적인 책임성"을 위하여 바르트는 영과 자연의 이분법, 영혼과 몸의 이분법, 종교의 내적 영역과 사회적 영역의 이분법을 극복하려고 한다. 이러한 입장은 바

---

2   Vissers, "Karl Barth's Appreciative Use of Herman Bavinck's Reformed Dogmatics," *Calvin Theological Journal* 45, no.1 (2010): 79-86.

르트의 제3의 태도, 즉 문화에 대한 예언자적이며 윤리적인 이해와 상통한다. 이것을 통해 바르트는 화해론과 종말론의 기대 속에서 토마스 아퀴나스와 자유주의적 문화개신교의 약점을 넘어간다(Winzeler, *Widerstehende Theologie*, 341-2).

4. 바르트의 이러한 입장은 『교회교의학』 I/1의 하나님의 말씀론에서 잘 표현된다. 여기서 문화란 인간이 되는 문제에 속하며, 신학자에게 필수적이다. 신학은 인간의 특수한 문화적인 형식이기 때문에, 이런 맥락에서 본다면 문화를 비판하거나 무시하는 것은 넌센스에 속한다. "신학과 교의학의 문제는 문화의 문제의 틀 안에서 온전히 설정될 수가 있다"(CD I/1, 284). 『괴팅겐 교의학』에 나타나는 바빙크의 영향은 바르트로 하여금 바빙크의 일반계시를 *Deus dixit*의 비정규적인 차원으로부터 새롭게 성찰하게 만들고, 일반계시나 접촉점(에밀 브룬너)을 통해서가 아니라 오히려 문화와 창조를 통해 말씀하시는 하나님의 말씀 사건을 통해 일반계시를 발전시키게 한다.

이러한 입장은 바빙크적인 *Deus dixit*를 통해 일반계시가 화해의 복음 안에서 비판적으로 수용되는 길로 인도하며, 바르트의 화해론의 "빛과 빛들의 교리"에서 꽃을 피우게 된다(CD IV/3.1, 110). 더욱이 바빙크와의 친화력은 바르트가 창조론(CD III/1, 12223)에서 "창조를 공동의 은혜"라는 측면에서 성찰할 때도 나타난다. 예수 그리스도가 창조의 진정한 근거이다. 그리스도와 창조 사이에는 "존재론적인 연관성"이 있다(CD III/1, 51). 예수 그리스도의 이름은 창조에서 아버지 하나님과 더불어 만물의 창조주가 되신다. 창조주의 영인 성령은 모든 것에 생명을 주고 유지하며 이끌어간다. 여기서 바르트는 성령에 대한 칼뱅의 우주적 사역 또는 창조 안에서 활동하는 성령에 대한 특수 교리를 언급한다(CD III/1, 58; CD IV/3.2, 756). 성령을 통한 하나님의 섭리, 보존,

통치를 바르트는 계속적 창조(*creatio continua*)라고 부른다(CD III/1, 60).

Tohu wa-bohu("혼돈과 공허"; 창 1:2)에서 분리되어 나타나는 창조를 하나님은 선한 것으로 보았고, 그리스도론적인 구원과 해방에 연관시켰다(고후 5:17; CD III/1, 110). 바빌론의 티아마트로부터의 분리와 해방은 창조가 역사적인 사건임을 말해준다. 이러한 역사적인 사건을 시적인 언어로 표현하는 것이 창조의 언어이다. 창조의 은총은 하나님이 이러한 것을 선한 것으로 간주하시는 것에 상응한다(CD III/1, 122). 동시에 창조는 "무성"과 무질서(tohu wa-bohu; Das Nichtige)에 대한 저항을 의미한다. 바빙크의 일반계시(공동의 은혜)를 바르트는 창조의 은혜로 파악하고, 그리스도론적으로 발전시키면서 무성에 대한 영적 전쟁을 문화·사회적인 영역에서 열어 놓는다. 이런 점에서 바르트는 바울의 영적 전쟁(엡 5:12)을 불트만처럼 비신화화하지 않고, 역사적·사회적인 현실에서 정치권력, 맘몬 추구, 불의 등에 대한 저항으로 구체화시켰다.

바르트는 교의학 III/3의 무성(Das Nichtige)을 "주님 없는 권세들"(Herrenlose Gewalten)로 해석하면서, 교회로 하여금 그런 "힘들"에 굴복하지 말고 영적이고 사회적인 저항을 수행하도록 촉구한다. 이 점에서 바르트의 신학은 사회·정치적 영역에 대한 예언자적 책임성을 강조한다. 이러한 바르트의 예언자적·윤리적인 차원은 흔히 바르트의 화해론을 헤겔적인 것으로 주장하는 학자들의 견해와 날카롭게 대립한다. 전적 타자로서의 하나님이 창조의 영역에서 그리스도의 화해 사건을 통해 말씀하시고, 죄와 악의 현실에 저항하며, 교회를 그리스도의 투쟁을 향한 계약의 파트너로 부르는 것은 헤겔적인 것이 아니라 철저히 성서 주석에 근거하고 있다.

예정과 종말론적인 구원의 드라마

1. 바빙크에게 모든 계시는 삼위일체론적이며, 특별계시는 삼위일체 하나님의 사역에 속한다. 일반계시는 삼위일체의 흔적에 속할 수 있다. 더욱이 바빙크는 일반계시가 특별계시에 의존할 뿐만 아니라, 특별계시 또한 일반계시에 의존한다고 본다. 구약의 일반계시는 특별계시로 나아가며, 특별계시는 구약의 일반계시를 뒤돌아 가리킨다. 둘 다 창조와 구원에서 드러나는 하나님의 다양한 지혜를 선포한다. 그럼에도 불구하고 특별계시가 일반계시 전체를 포괄한다(RD 1, 321). 바빙크에게서 세계 일반에 대한 하나님의 포괄적인 관계는 "존재론적으로 그리고 관계론적으로" 창조에서 설정되며, 역사적인 계시 이전에 온다. 인식론적으로 볼 때 구속의 계시는 창조의 계시보다 앞서 있다.[3] 그리스도는 창조의 로고스이며 구원의 주님인데, 일반계시와 특별계시는 유기적인 연관성과 일치 안에서 설정된다. 바빙크가 이해하는 예정은 유기론적으로 모든 인류를 향해 있으며, 영원 전 선택과 유기라는 이분법을 거절한다. 교회의 선택은 전 인류를 위한 중요성을 갖는다. 그리스도는 그의 성육신에서 모든 인류에 공통적인 육체를 입으심으로써 인류를 존중했다(RD 3, 470-71).

2. 개혁신학의 전통에서 예정론을 둘러싼 논쟁은 오랜 논의를 거쳐 왔다. 칼뱅은 『기독교 강요』에서 예정을 다루면서, 하나님이 창세 이전에 구원으로 예정된 자와 심판으로 예정된 자를 정하였다고 했다. 이것은 하나님의 영원 전 결의(eternal decree)라고 말해진다. 그런데 이것

---

3 Covolo, "Herman Bavinck's Theological Aesthetics," *The Bavinck Review 2* (2011): 53-55.

을 인간이 어떻게 알 수 있을까? 알 수 없다. 그러나 이것을 인간의 경험적인 사실에 근거하여 추론할 수는 있다. 복음을 전했을 때 복음을 영접하는 자들이 있는가 하면, 거절하는 자들이 있다. 복음을 완강하게 거절하는 자들을 볼 때 이들은 영원 전부터 유기된 자들이 아닐까? 이런 논리에 따라 칼뱅은 창조 이전에 하나님의 영원한 결의에서 선택된 자와 유기된 자를 말했다. 이러한 입장은 타락 전 예정(supralapsarian)이라고 부른다. 죄와 타락 이전에 또는 위로부터(above) 선택과 유기가 결정되었다는 것이다. 이때 신학적인 사고의 순서는 예정—타락으로 전개되는데, 이런 틀에서 하나님의 절대 주권성이 강조된다. 인간은 타락하도록 창조된 존재(homo creabilis et labilis)라고 하더라도, 그럼에도 불구하고 하나님은 죄의 원인자는 아니시고 죄는 오로지 인간의 책임이다.

이러한 영원 전 결의에 대하여 개혁신학의 전통에서는 다른 한편으로 예정은 아담의 타락 이후에 온 것으로 말하기도 한다. 이것은 타락 후 예정론(Infralapsarian)이며, 죄와 타락 이후에 또는 타락 아래서(below) 인간의 구원을 위해 하나님이 예정과 유기를 결정했다는 것이다. 이런 입장의 신학자들은 하나님이 아담의 타락과 죄를 미리 알고 있었고 허락하셨지만, 죄를 짓도록 유발하지는 않으셨다고 생각한다. 신학적 사고의 순서는 타락—예정으로 전개되고, 하나님의 공의로움과 은혜가 강조된다.

3. 바빙크는 개혁파 교리 안에서 타락 전 예정(supralapsarian)과 타락 후 예정(infralapsarian)의 두 가지가 다 공존한다고 본다. 칼뱅 역시 타락 전 예정을 말하지만, 하나님은 모든 인류에게 하나님의 임재를 알 수 있는 감각을 부여하셨고, 인류의 심성 안에는 하나님을 찾는 종교의 씨앗이 심어져 있다고 말한다. 그리고 성령은 창조의 영으로

서 복음을 영접하지 않거나 심지어 이방 문화의 사람들 안에서 신비한 자극으로 역사한다고 말한다. 이것은 공동은혜라고 부를 수 있다. 그러나 동시에 공동은혜는 그리스도의 복음을 떠나면 인간의 내면에 우상을 만들어내는 공장이 될 수도 있다. 바빙크에게 예정은 원인론적(supralapsarian)이며 또한 목적론적이다(teleological)이다. 여기서 바빙크의 중요한 공헌은 다가오는 미래가 과거와 현재를 결정한다는 사실을 밝힌 것이다. 하나님의 결의 또는 인도하심(counsel)은 풍부하며 모든 측면을 포함하는 상호성을 갖는데, 예정은 이러한 풍부하고 다양한 하나님의 인도하심의 한쪽 측면을 표현한다. 하나님의 결의 내지 인도하심은 하늘과 땅, 보이는 것과 보이지 아니한 것을 포함하는 모든 차원을 통합한다. 과거, 현재, 미래를 포함하는 전체 우주에 대해 하나님의 뜻이 존재한다.

하나님의 영원한 결의의 교리에서 공동은혜는 단순히 타락 전 예정(supralpsarian)이나 타락 후 예정(infralapsarian)으로 설명될 수 없다. 그것은 하나님의 영광을 위하여 상호 유기적으로 연관된 영원한 개념으로 파악된다. 바빙크에게 예정은 하나님의 종말론적인 결의 내지 인도하심이라는 미래의 차원으로 통합되며, 이 점에서 예정은 미래의 하나님의 영광을 위한 인류의 초대가 된다. 인류에게 허락된 공동은혜는 종말론적으로 개방된다. 하나님의 주권성과 공의로움과 은혜는 예정을 폭넓은 스펙트럼으로 파악하게 하고, 하나님이 창조 이전에 누군가를 저주로 유기한 것이 아니라 모두를 공동은혜와 그리스도를 통하여, 그리고 종말의 완성을 향하여 구원으로 초대했다고 말한다. 바빙크의 종말론적인 통찰은 칼 바르트의 예정론과 좋은 대화의 파트너가 될 수 있다.

칼 바르트의 예정론의 공헌은 칼뱅의 타락 전 예정을 수용하면서,

칼 바르트 말씀의 신학 해설

삼위일체 하나님 안에서 예정된 분은 예수 그리스도임을 밝히는 데 있다. 예수 그리스도는 예정하시는 하나님이고 동시에 예정된 인간이다. 그리스도가 우리의 선택을 위해 예정되시고 그리스도의 영원 전의 예정이 역사적으로는 십자가에서 일어난다. 그리스도에게는 심판이, 그리고 인류에게는 선택이 주어진다. 이 점에서 바르트의 예정 안에는 내재적·삼위일체론적(supralapsarian)인 모티브와 창조와 계약(infralapsarian)의 모티브가 공존한다. 하나님은 예수 그리스도 안에서 모든 인류를 선택하셨다. 이것이 역사적으로 십자가에서 일어났고 화해의 복음이 되었다. 예정은 영원 전에 하나님이 인간들 가운데 누군가를 거절하기 위한 것이 아니라, 복음의 총괄로서 그리스도의 선택을 통하여 인류를 하나님의 영광에 참여하도록 만드는 것이다(CD II/2, 94). 이와 같은 예정은 본래 모든 것을 포괄하는 예정이며(CD III/2, 117), 그래서 이스라엘도 예정 안에 자신의 자리를 갖는다. 예수 그리스도의 자연적인 환경을 이루는 이스라엘과 역사적 환경으로서의 교회(CD II/2, 296)는 하나의 계약의 무지개 안에 서 있다(CD II/2, 200). 이스라엘과 교회는 하나님 나라의 공동상속자로서 인류를 위한 화해 사건으로 초대되며, 새 하늘과 새 땅을 향하여 그리스도의 계약의 파트너로 불린다. 화해의 복음을 통하여 예정은 인류를 마지막 새 하늘과 새 땅의 완성과 구원으로 초대가 된다.

이런 맥락에서 일반계시(공동은총)와 특별계시(특별은총)는 그리스도의 속죄의 보편적인 중요성으로부터 온다. 바빙크의 해석학적·종말론적 입장은 존재의 유비와 신앙의 유비 사이의 "중도의 길"을 지적한다. 그리스도 안에서 유기적으로 선택된 사람들은 선택되지 않은 사람을 위해 책임지는 존재가 된다.

그러나 바르트의 은혜의 예정은 "복음의 총괄"에 속하며 "예정하시는 하나님"인 그리스도가 십자가에서 "예정된 인간"이 되어 심판을 받음으로써, 예정은 모든 인간을 위한 하나님의 은혜의 선택이 된다. 그렇다고 해서 바르트는 흔히 잘못 말하는 것처럼 만인구원론으로 가려고 하지는 않았다. 왜냐하면 바르트는 여전히 화해되지 않은 악의 현실과 "주님 없는 권세들"에 대한 비판적인 성찰을 간과하지 않기 때문이다. 바빙크가 예정을 새 하늘과 새 땅의 완성인 종말론적인 관점에서 바라보고 모든 인류가 하나님의 영광을 위하여 초청된 것으로 파악한다면, 이것은 바르트의 그리스도론적인 예정과 더불어 나타나는 삼중적인 종말론(부활/성령의 부어짐/마지막 완성)과 심도 있는 대화의 가능성을 열어줄 수 있다.

바빙크의 입장은 창조와 문화에 적극적인 의미를 부여한다. "모든 시간 안의 순간에는 영원의 맥박"이 뛰며, 모든 공간의 내면과 외면은 하나님의 임재로 채워진다. 그럼에도 불구하고 바빙크는 만유재신론자들처럼 하나님과 세계의 본질적인 일치의 주장을 받아들이지 않는다(RD 2, 419). 그의 문화적 개방성은 칼뱅의 예정론을 복음적 포괄주의의 빛에서 숙고하도록 도움을 준다.

우리 주변의 세계는 하나님의 "말씀-행동"의 장소이며, 이것은 성서의 스토리에서 확인된다. 이러한 바빙크의 입장은 바르트의 "빛과 빛들"의 교리와 공통점을 가지며, 충분한 대화와 연구를 요청한다. 세상에 존재하는 빛들과 말씀들은 바르트로 하여금 화해의 보편적인 차원과 그리스도와 인류 사이의 존재론적인 연관성을 강조한다. 그리스도의 화해의 복음 안에 있는 사람들이 바로 창조와 문화의 영역에서 다양하게 말씀하시는 하나님의 음성을 듣고 책임성을 가지고 응답한다. 바빙크와 바르트는 루터주의의 자연신학이나 가톨릭 교리의 존재의 유비와는 다른 새로운 길, 즉 문화적 위임에 대한 예언자적·윤리적 책임성의 길을 강조한다.

4. 바빙크에게 교회 밖에 거주하는 자들은 단순한 아웃사이더들이 아니다. 이미 그들도 일반계시를 통해 말씀하시는 하나님의 공동의 은혜의 수여자들이다. 바빙크는 다른 문화와 종교들도 하나님의 존재와 생명에 참여할 수 있다고 본다. 그러나 이것은 자유주의적인 다원주의를 말하는 것이 아니라, 그리스도의 특별계시의 보편적인 현실을 의미한다. 하나님은 스스로 자족하는 필연적인 존재(*ens per essentiam*)이며, 피조물은 하나님의 생명에 참여하면서 존재한다(*ens per participationem*, RD 2, 419). 구약의 거룩한 이방인들은 아브라함 이전에 본래적인 세계의 상태를 말한다. 아브라함을 부르기 전까지 일반계시와 특별계시(이스라엘의 계약)에 대한 구분은 없었다.

바빙크의 기여는 개혁주의 신학이 이방 문화와 종교의 영역을 하나님의 말씀하심과 특별계시를 통하여 비판적으로 그리고 건설적으로 평가하게 한다. 칼뱅은 종교의 씨앗을 말하지만 또한 인간의 내면에 존재하는 종교적 씨앗이 우상을 만들어내는 공장의 역할을 할 수 있다고 동시에 경고한다. 그럼에도 불구하고 칼뱅에게서 창조는 하나님의 영광을 드러내는 무대이다. 그리고 성령은 우주적 사역을 포함하며, 이방인들의 삶 속에서 신비스런 자극을 통해 역사한다. 칼뱅은 이런 사고를 체계적으로 발전시키지 못하고 후예들에게 과제로 남겨 두었다. 바빙크는 계시—*Deus dixit*—를 통하여 교회와 문화를 통전시킨다. 성령의 역사와 하나님의 공동의 은총은 자연과학, 예술, 도덕적인 삶, 그리고 문화와 종교들에서 드러난다. 칼뱅의 종교적 씨앗과 하나님의 임재에 대한 감각(*sensus divinitatis*)에서 바빙크는 타문화의 사람들에 대한 배타주의자로 머무는 것이 아니라, 그들의 종교적인 삶 속에는 오류와 결점이 있음에도 불구하고 초월적인 분을 향한 신뢰와 소망과 인내를 본다(RD 1, 319). 다른 한편에서 바빙크는 특별계시와 *Deus dixit*에 기초해서 교회가 문화와 종교를 위한 인식론적인 자리와 근거를 갖는다고 본다. 나아가 예정과 문화적인 삶은 종말의 완성에서 하나님의 작정(God's council)과 영광을 위해 초대되고 변화할 것이다.

공동의 유산: 성서, 개혁주의 인식론, 자유주의 이후의 신학

바빙크의 성서이해는 정통 칼뱅주의 전통에서 매우 신선한 관심을 불러일으킨다. 이미 칼뱅은 성서론에서 성령의 내적 증거를 매우 중요하게 파악했고, 성서를 통해 인격 안에서 우리에게 말씀하시는 하나님의 계시를 듣는 것을 성령의 내적 증거와 연결시켰다. 칼뱅의 성서론은 기계론적인 축자무오설이나 성서를 "종이 교황"으로 만드는 것과는 상관이 없다. 바빙크의 유기적 성서영감론 역시 근본주의자들이 주장하는 축자무오설이나 기계론적 영감설과는 거리가 멀다. 바빙크나 바르트는 칼뱅의 성서영감론의 영향을 받았고, 『기독교 강요』에서 칼뱅은 항상 반복적으로 성령의 영감설을 주장한다. 이러한 영감설을 통해 칼뱅의 주석을 살펴보면 하나님의 말씀으로서의 신약성서와 구약성서 사이의 교의학적인 일치가 강조된다. 구약의 경륜을 신약의 복음을 통해 해석하면서도 구약의 역사적인 제한성이나 문화적인 한계 또는 율법적인 제사의식들은 날카롭게 비판된다. 성서의 역사적인 연구를 통해 칼뱅이 말하려고 하는 것은 하나님이 성서 안에서 인격적으로 우리에게 말씀하시는 동시대적인 차원에 있다.

이와 같은 맥락에서 바빙크와 바르트는 역사비평의 한계를 일찍이 간파했고, 역사적 제한성과 문화를 넘어서는 하나님의 살아 계심과 성서를 통해 말씀하시는 차원을 칼뱅주의 전통 안에서 밝힌다. 칼뱅이 종종 성서의 저자가 "하나님"이라고 말하는 것은 성서 안에서 모세와 예언자와 사도들은 살아 계신 하나님을 체험하고 그분을 제한된 인간의 언어로 증언하기 때문이다. 이러한 제한된 언어와 인간의 문화에도 불구하고 하나님이 적응(accommodation)해 주시는 것을 칼뱅은 은혜라고 표현한다. 성서를 매개로 하여 하나님은 성령을 통해 나의 삶에서 체험되고 고백되어야 한다. 칼뱅의 언어로 말하자면 성서를 통해 오는 하나님의 은혜는 *extra nos*(우리 밖에서), *pro nobis*(우리를 위하여), *cum nobis*(우리와 함께) 성령의 사역에 의해 이어진다.

이 점에서 칼뱅은 미국의 근본주의적 복음주의를 대변하는 칼 헨리 (Carl F. H. Henry, 1903-2003)와 구분된다. 칼 헨리는 예일 대학교 강연에서 포스트-자유주의 신학자인 한스 프라이와 논쟁을 벌였는데, 칼 헨리는 성서의 권위와 무오설을 성령의 영감과 하나님의 말씀하심에서 찾기보다는 과학적으로 입증된 진리체계에서 찾으려고 했고, 그와 동시에 구약에 나오는 모든 기적과 사건들이 역사적인 것이라고 주장 했다. 이렇게 되면 성서의 모든 고대 근동적인 세계관과 과학적 지식은 오늘날의 양자물리학을 통해 진리로 입증되어야 한다.

오히려 포스트-자유주의 신학자들은 칼 헨리보다는 카이퍼(1837-1920)나 바빙크에게서 더 나은 통찰을 발견한다(Hunsinger, *Disruptive Grace*, 347). 카이퍼와 바빙크의 신칼뱅주의는 부드러운 정통주의를 대변하며, 성서의 무오와 권위는 성서 전체가 증언하는 그리스도에 근거해 있으며, 성서는 그리스도의 복음의 진수를 우리의 의식에 각인시 킨다. 영원한 말씀이신 그리스도는 성서에서 구현되지만, 또한 창조 세계 안에서도 주님으로서 활동하신다. 성서를 하나님의 말씀으로 만들고 권위를 부여하시는 분은 하나님이고, 하나님은 고대 근동의 세계관이나 문화적인 관습을 통해서, 또한 그 제한성을 넘어서서 우리 시대에 역사하신다. 바빙크에 의하면 성서의 말씀은 성령의 영감에 의해 기록된 예언이지, 고대 근동의 역사나 세계관이 진리임을 입증하는 책이 아니다. 성서의 무오와 권위는 고대 근동의 제한된 지질학이나 역사적인 기록이 아니라, 그리스도 안에서 우리에게 부어진 진리에서 찾아져야 한다(RD 1, 447-448).

칼 헨리와 바빙크의 성서무오설의 차이를 예로 들어보자. 칼 헨리는 그리스도의 부활에 대한 믿음을 위해서는 빈 무덤이 과학적으로 입증될 수 있으니 빈 무덤을 진리 자체로 말해야 한다고 주장한다. 하지만 예수의 빈 무덤이 과학적으로 입증된다고 하더라도 이것을 통해 부활을 믿을 수 있는 사람이 얼마나 될까? 바빙크의 의미에서 말해본다면 빈 무덤이 아니라 부활의 그리스도를 체험하는 나의 신앙에서 빈 무덤은 하나님의 은혜의 기적에 대한 사도들의 증언으로 받아들일 수 있게 된다. 살아 계신 하나님의 은혜의 세계를 믿음을 통해 만나는 사람들에게 역사적 기록이나 기적의 이야기들은 하등의 문제가 되지 않는다. 이런 점에서 역사비평이 고대근동의 역사와 문화를 통해 성서의 역사적 기록을 비판하는 것은 성서의 진리에 다가가지 못한다. 바빙크는 역사비평을 긍정하기보다는 성서의 세계와 자연과학의 세계를 구분하기를 원한다. 역사비평은 일반 역사를 자연과학적으로 연구한 성과를 그대로 여과 없이 성서연구에 적용하려고 한다. 여기서 필연적으로 eisegesis가 나타나는데, 이것은 객관적인 성서 텍스트를 독자의 주관적·과학적인 견해나 편견으로 환원시키는 것을 뜻한다. 일반 역사에 대해 자연과학은 경험적으로 파악할 수 있는 것만을 말한다. 이것은 역사 실증주의라고 말할 수 있다. 거기서 성서의 진리를 판단하는 비판적인 기준은 하나님의 말씀이 아니라 자연과학적 이성이다.

칼 바르트 말씀의 신학 해설

트뢸치의 역사비평은 "비판, 유비, 상호연관성"이라는 세 가지 축으로 움직이면서 성서 본문을 그러한 방법론적 토대 위에서 잘라내어 이성이 수긍할 수 있는 것만 취하려고 한다. 이러한 태도는 계몽주의 전통에서 나오는 이신론과도 맥을 같이 한다. 일례로 토마스 제퍼슨은 성서에서 이해가 되지 않는 기적이나 신화적인 이야기들을 칼로 오려내어 버리고 자신의 이성으로 받아들일 수 있는 부분만 믿는다고 공언했다. 트뢸치의 역사비평이 지닌 최대 약점은 전통과 언어가 독자의 비평적 연구에 이미 영향을 미친다는 사실을 간과한 것이다. 비판적인 의식에 앞서 독자는 자신의 삶의 자리, 즉 가정환경, 역사, 문화, 교육 배경의 영향을 피해가지 못한다. 인간의 비판적인 의식은 데카르트처럼 자명하지 않다. 이미 자명하다고 여겨지는 합리성은 역사, 전통, 언어, 교육을 통해 매개된 것이고 확실한 것도 아니다. 성서의 진리를 판단하는 나의 비판적 이성은 제한적이고 문제투성이일 수 있다.

폴 리쾨르는 데카르트와 훗설의 합리적인 전통을 역사, 사회, 문화라는 넓은 스펙트럼에서 비판하고 텍스트 자체가 갖는 우위권을 밝힌다. 텍스트는 자신의 생활세계를 가지고 있으며, 독자들은 텍스트가 이야기하는 것을 귀담아 들어야 한다. 구약성서는 바빌론 포로기 이후 에스라의 주도권을 거쳐 기원후 90년경 갈릴리 근처 야브네(얌니아)에 소재한 유대 공동체에서 경전으로 선포된다. 오랜 세월에 걸쳐 유대의 종교지도자들에 의해 편집되고 읽혀지면서 경전화 과정을 거쳤는데, 경전으로서의 성서는 우리에게 영향사로서 작용하고, 나의 비판적인 의식에 종속되는 것이 아니라 거꾸로 그 의식을 갱신하고 변혁해나간다. 신약성서의 경전사 역시 역사 문제를 자체적으로 진지하게 취급한다. 이러한 경전의 역사와 과정을 거치면서 성서는 바르트가 말한 것처럼 오랜 세월을 거치면서 성서의 편집자들에게 성령의 내적 증거를 통하여 스스로 능력을 드러낸다. 출애굽 사건이나 예언자들의 사회 정의 혹은 그리스도의 십자가와 부활은 역사비평적 의식이나 자연과학적 방법으로 환원되는 것이 아니라, 잘못된 그리스도교의 발전을 수정하는 내재적 비판의 원류로서 작용한다.

이에 대해 비트겐슈타인은 언어란 사회적 실천의 형식을 담고 있고, 그러한 맥락에서 벗어나서는 이해될 수가 없다고 말한다. 쉽게 말하면 그리스도교의 언어가 자연과학의 언어와 전혀 다를 수밖에 없는 이유는 종교의 사회적인 실천이나 역사적인 콘텍스트 안에서 사용되는 언어가 각각 다른 방향의 함의와 내용을 가지기 때문이다. 오늘날 이러한 해석학적 성찰을 통해 역사비평은 제한되며, 독자의 비판의식은 텍스트의 지평과의 만남과 대화를 통해 새로운 이해를 향해 나아간다. 자연과학적인 언어와 역사 실증주의적 언어는 성서 본문의 언어와 그것의 사회적·역사적인 의미를 파악하지 못한다. 언어의 실천 형식과 맥락이 다르기 때문이다. 성서의 이해는 성서적인 언어, 스토리, 역사에서 파악된다.

다시 바빙크로 돌아가 보면 그는 슐라이어마허를 석사학위 논문에서 집중적으로 연구했고, 근대성에 대한 학문적 비판을 비난하기보다는 그 한계를 예리하게 파악한다. 성서는 우리에게 하나님의 은혜를 가르치는 말씀이고 성서와 그리스도교 믿음의 전통 안에서 나타나는 언어는 역사비평이나 자연과학적 이성으로 환원되지도 않으며, 성령의 영감을 통해 우리에게 여전히 진리로 나타난다. 물론 성서의 언어는 자연과학의 연구를 중세 가톨릭교회처럼 감시하거나 권위로 억압해서는 안 된다. 자연과학자들이 연구하는 자연의 세계 안에는 하나님의 공동의 은혜가 있으며, 그것은 장차 하나님이 열어주실 창조의 완성에 기여를 할 수 있다. 칼뱅 역시 창조를 "하나님의 영광을 드러내는 무대"라고

칼 바르트 말씀의 신학 해설

매우 아름답게 표현했고, 벨기에 신앙고백은 창조를 하나님의 "아름다운 책"이라고 말한다.

바빙크는 창조 안에서 나타나는 하나님의 공동의 은혜를 탁월하게 발전시키고, 그가 주장하는 유기적 성서영감론에 관련하여 성서 텍스트에 대한 역사적·비판적 연구의 자리를 열어준다. 이것이 칼뱅이나 바빙크, 더 나아가 칼 바르트가 말하는 성서영감설이고, 이러한 유기적인 성서 해석은 근본주의자들이 주장하는 기계론적인 영감설―성서 안에 나타나는 과학적인 지식에 기초해서 21세기의 발전된 자연과학의 영역을 단죄하려는 반지성적 태도―을 넘어서서 하나님의 영광을 위한 새로운 지평을 열어준다.

그리스도의 "말씀과 빛"이 문화와 창조 안에 있는 "말씀들과 빛들"을 가능하게 한다. 여기서 슐라이어마허적인 절대 의존의 감정이 자리를 잡지만, 동시에 새로운 존재로 만들어가는 은혜 속에서 타문화와 종교의 제한성을 넘어간다. 바빙크는 슐라이어마허를 자신의 교의학적인 체계 안에서 긍정적으로 평가하지만, 그 자신은 슐라이어마허와는 달리 계시의 객관적인 자리를 그리스도의 특별계시를 통해 중요하게 확립한다. 그리스도교의 진리는 인간의 경험이 아니라 성령을 통한 하나님의 말씀에 근거한다. 신앙의 경험은 계시와 독립적이지 않다. 종교적 경험은 주관적이며, 그래서 종교의 모든 자의적인 것들을 향해 문을 열고 무질서를 야기할 수 있다(RD 1, 535). 그럼에도 불구하고 바빙크는 슐라이어마허의 경험을 배제하지 않는다. 왜냐하면 그리스도교 신앙은 믿음의 사람에게서 시작하기 때문이다. 지식과 학문의 영역은 인간 주체의 외부에서 출발점을 갖지 않는다(RD 1, 582). 그리스도교 신학은 신앙에서 생겨나고 교회와 연결된다. 여기서 슐라이어마허의 자의식이 수용되고, 계시의 이해로 통합된다. 그러나 주관적인 경험을 넘어서는 객관성이 신학 안에 여전히 존재한다. 성서가 일차적인 규범이며, 성령이 객관적인 하나님의 은혜를 믿는 자들에게 증언한다(RD 1, 534). 로고스는 인간의 주관적 경험과 객관적 진리를 상응관계 안으로 옮겨 놓는다. 창조의 사역에 관여하는 영원한 말씀인 로고스는 세계 안에 빛을 비추며, 또한 인간의 의식도 밝혀준다(RD 1, 231, 233).

바르트 역시 슐라이어마허의 주관적인 측면을 그리스도의 객관적 계시를 통해 극복하지만 또한 믿음과 경험의 문제를 말씀과 성령론 안에서 중요하게 취급한다. 인격으로 말씀하시는 계시의 빛에서 볼 때, 신앙은 풍부한 경험의 내용을 담고 있다. 이러한 경험의 차원은 특히 바르트가 루터와 칼뱅의 "그리스도와의 연합"을 고려하는 부분에서 잘 드러난다(CD I/1, §5.3.4). 하나님의 말씀은 인간의 경험을 배제하는 것이 아니라, 말씀에 대한 경험으로 인도하고 그것을 포괄한다.

이와 같은 이해는 바빙크가 바르트와 대립한다는 것을 의미하는 것이 아니라, 개혁교회를 위한 공동의 유산일 수 있다. 교회의 미래는 인류를 향한 보다 넓은 인식론을 필요로 하며 "살아 있는 기록된 말씀"을 통하여, 그리고 성령의 사역을 통하여 공공영역으로 책임적으로 부르심을 받는다. 하나님이 창조와 문화의 틀에서 역사하신다면, 개혁신학은 다양한 문화적인 텍스트의 문법을 발전시킬 필요가 있다.

바빙크과 바르트의 공동유산에 기초하여 나는 개혁주의 인식론을 현상학적인 해석학을 통해 좀 더 가다듬기를 원한다. 하나님의 "말씀-행위"는 성서와 세계 사이에서 상호교차 하면서(inter-textuality) 발생한다. 그리고 바르트는 화해의 빛(*analogans*) 안에서 문화의 영역을 유비론적으로(*analogata*)으로 보았다. 오늘날 개혁주의 인식론을 주장하는 신학자나 철학자들은 종교적 신념의 합리성에 관한 테제를 제시하는데, 칼뱅에 근거할 때 종교적인 신념은 논쟁이나 증거를 요구하지 않고서도 인간 내면의 종교성을 통하여 합리적일 수 있다고 주장한다.

그들은 증명주의(종교적인 신념이 합리적이려면 증거에 의해 지지되어야 한다는 주장, evidentialism)나 또는 믿음주의(종교적인 신념은 비합리적이며, 믿음을 위하여 비인식론적인 근거를 갖는다는 주장, fideism)를 넘어서려고 한다. 삼위일체 하나님, 성육신, 그리스도의 부활, 속죄론에 대한 믿음 등은 지성의 희생을 요구하는 것이 아니라 오히려 정당화되고 합리적일 수 있다고 말한다. 성령의 역사를 통하여 신자들은 그러한 믿음으로 안내되기 때문이다. 그러나 이것은 유비론적이다. 증명주의와 믿음주의를 넘어서는 것은 이해를 추구하는 신앙이며, 이것은 해석학적인 순환과 이해를 요구한다.

만일 개혁주의 인식론(알빈 플랜팅가/니콜라스 월터스토프)이 모든 사람 가운데 존재하는 하나님 임재에 대한 신적 감각 내지 종교적 씨앗(칼뱅)을 정당화하고 합리적으로 발전시키기를 원한다면, 문화를 텍스트로 해석하는 의미론적인 방법을 수용할 필요가 있다. 믿음의 사람들은 자신이 서 있는 역사적·문화적·사회적인 영역에서 영향을 받으며, 그러한 삶의 자리에서 성령을 통해 부르심을 받는다. 믿음의 사람들이 서 있는 전통과 역사의 영향으로부터 자유로울 수 있는 사람은 없으며, 모두가 언어와 문화적인 실천과 더불어 사회적인 규범에 의해 지배된다.

폴 리쾨르에 의하면 "무엇에 관해 무엇을 말한다는 것"은 거기에 담겨 있는 의미를 해독하는 것이다. 우리는 의미 있는 것을 실제로 말함으로써 그것을 해석한다(Ricoeur, *Freud and Philosophy*, 22). 일반화된 해석이나 주석에 대한 보편적인 규칙이 존재하는 것이 아니라, 해석의 규칙을 둘러싼 다양한 이론들이 있다. 해석학의 다양한 영역을 보면서, 해석의 갈등 내지 "의심의 해석학"이 나타나지만 "무엇에 관한 무엇을 말하는 것"은 바빙크와 바르트의 *Deus dixit* 신학에 도움이 될 수 있다. 클리포드 거츠(Clifford Geertz)는 리쾨르의 해석학을 문화이해와 연관시키면서, 문화를 텍스트로 파악한다. 거츠는 하나님의 영광의 무대 즉 자연의 해석에 대한 개혁신학의 전통을 수용하고, 여기서 그는 문화의 영역과 실천을 텍스트의 총체(앙상블)로 파악한다. 텍스트의 앙상블로서 문화는 우리에게 의미 있는 "어떤 것에 관해 무엇"을 말한다 (Geertz, *The Interpretation of Cultures*, 448-9, 452). 하나님이 문화를 통해 말씀하실 때, 문화의 상징적인 시스템, 종교, 그리고 사람들의 삶에 대한 신중한 분석과 두텁고 심층적인 기술(thick description)이 요구된다.

예일 대학교의 조지 린드베크는 비트겐슈타인과 거츠를 수용하면서 자신의 포스트-자유주의 신학을 "문화-언어적인 틀"을 통해 발전시켰다. 여기서 종교는 문화-언어적인 틀로 간주되며, 교리는 신앙의 문법이 된다. 믿음은 이러한 교리의 언어에 의해 영향을 받으며, 교회 공동체의 경험은 타종교나 문화의 경험과는 전혀 다를 수밖에 없다(비트겐슈타인). 이런 점에서 종교는 언어처럼 또는 문화처럼 개인의 의식과 삶을 형성한다. 이런 맥락에서 "종교는 문화의 본질"이며 "문화는 종교의 형식"이라는 폴 틸리히의 명제는 뒤집어진다. 종교와 교리의 언어가 그리스도인의 문화적 의식을 형성한다. 린드베크의 유명한 표현을 보자. "세계를 흡수하는 것은 말하자면, [성서] 텍스트이다. 세계가 텍스트를 흡수하는 것이 아니다"(Lindbeck, *The Nature of Doctrines*, 118).

그럼에도 불구하고 창조와 문화는 여전히 하나님이 말씀하시는 텍스트(칼 바르트), 혹은 공동의 은총의 무대(칼뱅/바빙크)로서의 의미를 갖는다. 이런 점에서 린드베크의 포스트-자유주의 신학은 바빙크와 바르트의 *Deus dixit*로부터 배울 수 있다. 이러한 공동의 유산은 바빙크에게는 그리스도인의 제자직에 속하며, 칼뱅의 성찰(하나님의 영광의 무대로서의 창조)의 윤리적 실천으로 볼 수 있다. "살아 있는 그리고 기록된 말씀"의 콘텍스트 안에서 그리스도인은 하나님의 말씀하심을 통하여 초자연적이고 계시적인 세계의 성격을 주목해야 한다. 교회와 그리스도인은 세상이 보지 못하는 것을 보고, 하나님의 영광을 위하여 불가능한 것도 해낼 수 있어야 한다(『기독교 강요』, I. vi. 1).

바빙크에 의하면 교회는 세계 안에서 성령을 통하여 계시의 사역에 주목하면서 교회 외부에 있는 사람들의 질문에 책임적인 대답을 줄 수 있어야 한다. 바르트 역시 문화개신교주의에 저항하는데, 그 이유는 복음이 문화로 환원되기 때문이다. 하지만 앞서 본 것처럼 문화는 바르트의 신학 안에서도 중요한 자리를 차지한다. "문화-언어학적" 종교이해는 바빙크와 바르트를 통해 예언자적이고 윤리적인 길로 나아갈 필요가 있다. 교회는 일반계시 안에 있는 세계 사람들을 향하여 케리그마를 선포할 사명을 가지고 있으며, 교회에 위임된 특별계시의 복음을 파레시아의 정신(복음의 진리를 담대하게 증언하는 정신, 바르트)으로, 혹은 그리스도인의 제자직의 정신(칼뱅/바빙크)으로 수행해야 한다. 이것은 개혁주의 신학과 교회의 전통에 서 있는 한국교회에게 바빙크와 바르트가 공동의 유산으로 선사할 수 있는 것이다.

참 고 문 헌

Anselm, *St. Anselm Basic Writings*, trans. S. N. Deane (La Salle: Open Court, 1993).

Balthasar, H. U. v. *The Theology of Karl Barth*, trans. J. Drury (New York: Holt, Rinehart and Winston, 1971).

Barbour, Ian G. *Religion and Science: Historical and Contemporary Issues*. Rev. and exp. ed. of *Religion in an Age of Science* (San Francisco: HarperSanFranscisco, 2000).

Barth, K. *Die protestantische Theologie im 19. Jahrhundert* (Zurich: TVZ, 1981).

_____. *Briefe 1916-1968*, eds. Jürgen Fangmeier and H. Stoevesandt (Zurich: TVZ, 1975).

_____. "Church and Culture," in *Theology and Church: Shorter Writings, 1920-1928* (London: SCM, 1962).

_____. "The Christian Community and the Civil Community," in Karl Barth: *Theologian of Freedom*, ed. Clifford J. Green, (Minneapolis: Fortress, 1991), 265-95.

_____. "The Christian's Place in Society," in *The Word of God and the Word of Man*. Trans. D. Horton, (New York: Harper, 1957), 272-327.

_____. *Der Götze wackelt: Zeitkritische Aufsätze, Reden und Briefe von 1930 bis 1960*. Ed. Karl Kupisch (Berlin: Vogt, 1961).

_____. *How I Changed My Mind* (Edinburgh: The Saint Andrew Press, 1969).

_____. *The Humanity of God*, trans. J. N. Thomas (Atlanta: John Knox, 1960).

_____. *Eine Schweizer Stimme, 1938-1945* (Zurich: EVZ, 1945).

_____. trans. Gabriel Vahanian and ed. Jean-Louis Leuba (New York: Meridian, 1963).

_____. *Ad Limina Apostolorum: An Appraisal of Vatican II* (Richmond: John Knox, 1968).

_____. *Dogmatics in Outline*, trans. G. T. Thomson (London: SCM, 1949).

Bauckham, Richard, ed. *God will be All in All: The Eschatology of Jürgen Moltmann* (Edinburgh: T & T Clark, 1999).

Bavinck, Herman. *Reformed Dogmatics*, ed. John Bolt and trans. John Vriend. 4 Volumes. (Grand Rapids: Baker Academic, 2008).

Benjamnin, W. *Illustrations: Essays and Reflections*, ed. H. Arendt (New York: Schocken, 1968).

Berkouwer, G. C. *The Triumph of Grace in the Theology of Karl Barth* (Grand Rapids: Wm. B. Eerdmans, 1956).

Bieler, A. *The Social Humanism of Calvin*, trans. P. T. Fuhman (Richmond, Virginia: John Knox Press, 1964).

Bonhoeffer, D. *Creation and Fall*, ed. John W. De Gruchy, and trans. Douglas Stephen Bax, DBW 3. (Minneapolis: Fortress Press, 1997).

Braaten, Carl E. and Robert W. Jehnson, eds. *Union with Christ: The New Finish Interprettaion of Luther* (Grand Rapids, Wm.B. Erdmans, 1998).

Brunner E. and Karl Barth, *Natural Theology* (Eugene: Wipf and Stock, 2002).

Busch, E. *Karl Barth: His Life from Letters and Autobiographical Texts*, trans. J. Bowden (Grand Rapids: Eerdmans, 1994)

_____. *Unter dem Bogen des einen Bundes: Karl Barth und die Juden 1933-1945* (Neukirchen-Vluyn: Neukirchener, 1996).

Chakrabarty, Dipesh. *Provincializing Europe: Postcolonial Thought and Historical Difference* (Princeton: Princeton University Press, 2000).

Childs, B. S. *Introduction to the Old Testament as Scripture* (Philadelphia: Fortress, 1979).

Chung, Paul. *Comparative Theology among Multiple Modernities* (N.Y.: Palgrave, 2007).

_____. "Karl Barth and Christian Theology of Religions: An Asian Response to Ensminger" in *Ching Feng*, 15.1-2 (2016), 177-188.

Chung Paul S. and Andreas Pangritz, eds. *Theological Audacities: Selected Essays by F. W. Marquardt* (Eugene: Pickwick, 2010).

Clooney, Francis X. *Comparative Theology: Deep Learning across Religious Boarders* (Malden, Mass.: Wiley-Blackwell, 2010).

_____. *Theology after Vedanta: Am Experiment in Comparative Theology* (Albany: SUNY, 1993).

_____. *Hindu God, Christian God: How Reason Helps Break Down the Boundaries between Religions* (Oxford: Oxford University Press, 2001).

Covolo, Robert S. "Herman Bavinck's Theological Aesthetics: Asynchronic and Diachronic Analysis," *The Bavinck Review 2* (2011): 53-55.

Dannemann, U. *Theologie und Politik im Denken Karl Barths* (Munich: Chr. Kaiser, 1977).

Davies, Brian. *The Thought of Thomas Aquinas* (Oxford: Clarendon, 1992).

Ensminger, Sven. *Karl Barth's Theology as a Resource for a Christian Theology of Religions* (Bloomsbury: T & T Clark, 2014).

Foucault, Michel. *Fearless Speech* (Los Angles: Semiotexte, 2001).

Gadamer, H. G. *Truth and Method*, 2nd ed., trans. and rev. Joel Weinsheimer and Donald G. Marshall (New York, London: Continuum, 2004).

Geertz, Clifford. *The Interpretation of Cultures* (New York: Basic, 1973).

Gollwitzer. H. *Befreiung zur Solidarität: Einführung in die Evangelische Theologie* (Munich. Chr. Kaiser, 1984).

_____. "Historischer Materialismus und Theologie: Zum Programm einer materialistichen Exegese," in *Auch das Denken darf dienen: Aufsätze zu Theologie und Geistesgeschichte 1* (Munich: Chr. Kaiser, 1988).

_____. "Reich Gottes und Sozialismus bei Karl Barth," in *Auch das Denken darf dienen: Aufsätze zu Theologie und Geistesgeschichte 1* (Munich: Chr. Kaiser, 1988).

_____. "Bemerkungen zur materialistischen Bibellektüre," in Gollwitzer, *Umkehr und Revolution: Aufsätze zu christlichen Glauben und Marxismus, 1* (Munich: Chr. Kaiser, 1988).

_____. "Die Kapitalistische Revolution" in...*daß Gerechtigket und Friede sich küssen: Aufsätze zur politischen Ethik, 1* (Munich: Chr. Kaiser, 1988).

_____. *Krummes Holz-Aufrechter Gang: Zur Frage nach dem Sinn des Lebens* (Munich: Kaiser, 1970).

Gonzalez, Justo L. *The History of Christianity: The Reformation to the Present Day*, rev. and updated. Vol. II (N.Y: HarperCollins, 2010).

Gould, Stephen J. *Rocks of Ages: Science and Religion and the Fullness of Life* (New York: Ballatine, 1999).

Greene, Lorenzo J. *The Negro in Colonial New England, 1620-1776* (N.Y.: Columbia University Press, 1942).

Habermas, J. *The Theory of Communicative Action, II. Lifeworld and System: A Critique of Functionalist Reason*, trans. Thomas McCarthy (Boston: Beancon Press, 1981).

Heron, Alasdair I. *The Holy Spirit in the Bible, the History of Christian Thought, and Recent Theology* (Philadelphia: Westminster, 1983).

Hunsinger, George. *Disruptive Grace: Studies in the Theology of Karl Barth* (Grand Rapids: Eerdmans, 2000).

_____. *Reading Barth with Charity: A Hermeneutical Proposal* (Grand Rapids: Baker Academic, 2015)

Jüngel, Eberhard. "Die Moglichkeit theologischer Anthropology auf dem Grunde der Analogie, in Jüngel, *Barth-Studien* (Zurich-Köln: Benzinger Verlag, Gütersloh: Gütersloher Verlaghaus Gerd Mohn, 1982).

_____. *God's Being Is in Becoming: The Trinitarian Being of God in the Theology of Karl Barth* (London: T. & T. Clark, 2001).

_____. *Karl Barth: A Theological Legacy*, trans. Garrett E. Paul (Philadelphia: The Westminster Press, 1986).

Iwand, Hans. J. *Luthers Theologie*, ed. H. Gollwitzer, et al. In Nachgelassene Werke, vol.5 (Munich: Kaiser, 1983).

Knitter, Paul F. *No Other Name?: A Critical Survey of Christian Attitudes Toward the World Religions* (Maryknoll, New York: Orbis, 1996).

LaCugna, Catherine M. *God for Us: The Trinity & Christian Life* (Chicago: HarperSanFrancisco, 1973).

Lindbeck, George A. *The Nature of Doctrine: Religion and Theology in a Postliberal Age* (Louisville: Westminster John Knox, 1984).

Lochman, J. M. *The Faith We Confess: An Ecumenical Dogmatics*, trans. D. Lewis (Philadelphia: Fortress, 1982).

_____. *The Lord's Prayer*, trans. G. W. Bromiley (Grand Rapids: Wm.B.Erdmans,1990).

Lossky, V. *The Mystical Theology of the Eastern Church* (London: James Clarke, 1957).

Lukacs, Georg. *History and Class Consciousness: Studies in Marxist Dialectics* (Cambridge, MA: The MIT Press, 1971).

Luxemburg, R. *Kirche und Sozialismus* (Frankfurt: Stimme, 1974).

Mandel, Ernest. *Late Capitalism*, trans. Joris De Bres (London, New York: Verso, 1975).

Marquardt, F. W. *Eia, wärn Wir da-eine theologische Utopie* (Munich: Kaiser, 1997).

_____. *Was dürfen wir hoffen, wenn wir hoffen dürften? Eine Eschatologie* 3 vols (Chr. Kaiser/Gütersloh, 1993-1996).

_____. *Von Elend und Heimsuchung der Theologie: Prolegomena zur Dogmatik* (Munich: Chr. Kaiser, 1988).

_____. *Das christliche Bekenntnis zu Jesus, dem Juden: Eine Christologie.* 2 vols (Munich: Kaiser, 1991).

_____. *Gott Jesus Geist & Leben, erläutert und entfaltet das Glaubensbekenntnis* (Tübingen: TVT, 2004).

_____. *Theologie und Sozialismus: Das Beispiel Karl Barths* (Munich: Chr. Kaiser, 1974).

_____. *Die Entdeckung des Judentums für die christliche Theologie: Israel im Denken Karl Barths* (Munich: Kaiser, 1967).

_____. *Verwegenheiten: Theologische Stücke aus Berlin* (Munich: Chr. Kaiser, 1981).

_____. "Exegese und Dogmatik in Karl Barths Theologie," in *Dogmatik*, Registerband, 651-676.

_____. *Der Christ in der Gesellschaft, 1919-1979: Geschichte, Analyze und aktuelle Bedeutung von Karl Barths Tambacher Vortrag* (Munich: Chr. Kaiser, 1980).

Marx, K. "A Contribution to the Critique of Political Economy," in *Karl Marx Selected Writings*, ed. David McLellan (Oxford: Oxford University Press, 1988): 텍스트에서 사용되는 마르크스 저작들은 맥렐란의 편집본에 근거한다.

_____. *Capital I: A Critique of Political Economy*, trans. Ben Fowkes (London: Penguin, 1990).

A. E. McGrath. *Iustitia Dei: A History of the Christian Doctrine of Justification* (Cambridge: Cambridge University Press, 1998).

McCarthy, Thomas. *Race, Empire, and the Idea of Human Development* (Cambridge: Cambridge University Press, 2009).

McCormack, Bruce L. *Karl Barth's Critically Realistic Dialectical Theology: Its Genesis and Development, 1909-1936* (Oxford: Clarendon, 1995).

_____. *Orthodox and Modern: Studies in the Theology of Karl Barth* (Grand Rapids, MI: Baker Academic, 2008).

_____. "Grace and Being: the Role of God's Gracious Election in Karl Barth's Theological Ontology," in John Webster, ed. *The Cambridge Companion to Karl Barth* (Cambridge: Cambridge University Press, 2000), 92-110.

Mckenzie, S. L. and Haynes, S. R, eds. *To Each Its Own Meaning: An Introduction to Biblical Criticisms and their Application*, rev. exp. (Kentucky: WJK, 1999).

McMaken, Travis W. *The Sign of the Gospel: Toward an Evangelical Doctrine of an Infant Baptism after Karl Barth* (Minnesota: Fortress, 2013).

Miller, Kenneth R. *Finding Darwin's God: A Scientist's Search for Common Ground between God and Evolution* (New York: Harper Perennial, 1999).

Miskotte, Kornelis H. *When the Gods are Silent* (London: Collins, 1967).

Moltmann, J. *The Coming of God: Christian Eschatology* (Minneapolis: Fortress, 1996)

_____. *History and the Trinue God: Contributions to Trinitarian Theology* (New York: Crossroad, 1992).

_____. *The Way of Jesus Christ: Christology in Messianic Dimensions* (Minneapolis: Fortress, 1993).

_____. *The Spirit of Life: A universal Affirmation* (Minneapolis: Fortress, 1992).

_____. *The Trinity and the Kingdom of God: The Doctrine of God* (London: SCM, 1981).

_____. *Ethics of Hope*, trans. M. Kohl (Minneapolis: Fortress, 2012).

_____. *The Crucified God: The Cross of Christ as the Foundation and Criticism of Christian Theology* (Minneapolis: Fortress, 1993).

_____. *The Theology of Hope: On the Ground and the Implication of a Christian Eschatology* (Minneapolis: Fortress, 1993).

_____. *Experiences in Theology: Ways and Forms of Christian Theology* (Minneapolis: Fortress, 2000).

Olivelle, Patrick, trans. *Upanisad* (Oxford: Oxford University Press, 1996).

Pangritz, Andreas. *Karl Barth in the Theology of Dietrich Bonhoeffer*, trans. Barbara and Martin Rumscheidt (Grand Rapids: Eerdmans, 2000).

Panikkar, R. *The Trinity and World Religions* (Madras: The Christian Literature Society, 1970).

Pannenberg, W. *Theology and the Philosophy of Science*, trans. F. McDonagh (Philadelphia: Westminster, 1976).

_____. *Systematic Theology 1*: trans. G. W. Bromiley (Grand Rapids: Eerdmans, 1991).

Peterson, E. "Was is Theologie?", in *Theologische Traktate* (Munich: Im Koesel, 1951), 9-43.

Polkinghorne, John. *Scientists as Theologians: A Comparison of the Writings of Ian Barbour, Arthur Peacocke and John Polkinghorne* (London: SPCK, 1996).

_____. *The Faith of A Physicist: Reflections of a Bottom-Up Thinker* (Minneapolis: Fortress, 1996).

Rahner, K. *The Trinity* (New York: Crossroad, 1998).

_____. "Jesus Christ in the non-Christian Religions," in Karl Rahner, *Theological Investigations*, vol. 17 (23 volumes; Baltimore: Helicon Press, London: Darton, Longman & Todd, 1961-92), 39-50.

Rendtorff, Trutz. *Theorie des Christentums* (Gütersloh: Gütersloher Verlaghaus Gerd Mohn, 1972).

칼 바르트 말씀의 신학 해설

_____. "Karl Barth und die Neuzeit. Fragen zu Barth-Forschung," *Evangelische Theologie* 46/1986, 298-314.

Ricoeur, Paul. *Freud and Philosophy: An Essay of Interpretation* (N.Y.: Binghamton, 1970).

Rogers, Eugene F. Jr. *Thomas Aquinas and Karl Barth: Sacred Doctrine and the Natural Knowledge of God* (Notre Dame/London: University of Notre Dame Press, 1995).

Schellong, Dieter. *Bürgertum und christliche Religion: Anpassungsprobleme der Theologie seit Schleiermacher* (Munich: Kaiser, 1975).

Scholem, G. *The Messianic Idea in Judiasm and Other Essays on Jewish Spirituality* (New York: Schocken Books, 1995).

Taylor, Charles. "Two Theories of Modernity," in *Alternative Modernities*, ed. Gaonkar, Dilip P. (Durham & London, Duke University Press, 2001).

Tillich, P. *Systematic Theology*. 3 vols. (Chicago: University of Chicago Press, 1951-1963)

_____. *Christianity and the Encounter of World Religions* (Minneapolis: Fortress, 1994).

Torrance, Thomas, *Theological Science* (Oxford: Oxford University Press, 1969).

Vissers, John A. "Karl Barth's Appreciative Use of Herman Bavinck's Reformed Dogmatics," *Calvin Theological Journal* 45, no.1 (2010): 79-86.

Weber, Max. *The Protestant Ethic and The Spirit of Capitalism*, trans. Talcott Parsons (Mineola, New York: Dover Publications, 2003).

_____. *From Max Weber: Essays in Sociology*, trans. and ed. H. H. Gerth and C. Wright Mills (New York: Oxford University Press, 1958).

Winzeler, Peter. *Widerstehende Theologie: Karl Barth 1920-35* (Stuttgart: Alektor, 1982).

헤르만 바빙크,『개혁 교의학』1-4, 박태현 옮김 (부흥과개혁사, 2011)

하인리히 헤페,『개혁파 정통 교의학』, 이정석 옮김 (크리스천다이제스트, 2007)

정승훈,『칼 바르트와 동시대성의 신학』(대한기독교서회, 2006)

_____,『종교개혁과 칼뱅의 영성 』(대한기독교서회, 2000).

정승훈 편저,『프리드리히 빌헬름 마르크바르트: 아우슈비츠와 이스라엘의 하나님』
    (한국장로교출판사, 2004)

권오성 옮김,『하이델베르크 교리문답』(한국기독교장로회 신학연구소, 1995).

칼 바르트 말씀의 신학 해설

칼 바르트 말씀의 신학 해설

Copyright ⓒ 정승훈 2017

1쇄발행_ 2017년 11월 29일

지은이_ 정승훈
펴낸이_ 김요한
펴낸곳_ 새물결플러스
편 집_ 왕희광·정인철·최율리·박규준·노재현·한바울·신준호·정혜인·김태윤
디자인_ 김민영·이지훈·이재희·박슬기
마케팅_ 임성배·박성민
총 무_ 김명화·이성순
영 상_ 최정호·조용석·곽상원

아카데미_ 유영성·최경환·이윤범

홈페이지 www.holywaveplus.com
이메일 hwpbooks@hwpbooks.com
출판등록 2008년 8월 21일 제2008-24호
주소 (우) 07214 서울특별시 영등포구 양평로 11, 4층(당산동5가)
전화 02) 2652-3161
팩스 02) 2652-3191

ISBN 979-11-6129-045-4 93230

책값은 뒤표지에 있습니다.

이 도서의 국립중앙도서관 출판예정도서목록(CIP)은 서지정보유통지원시스템 홈
페이지(http://seoji.nl.go.kr)와 국가자료공동목록시스템(http://www.nl.go.kr/
kolisnet)에서 이용하실 수 있습니다(CIP제어번호: CIP2017030806).